KB272082

피지컬 AI

2026 이미 시작된 미래

피지컬 AI

2026 이미 시작된 미래

초판 인쇄 2026년 4월 10일
초판 발행 2026년 4월 17일

지은이 김덕진·이승환
펴낸이 유해룡
펴낸곳 (주)스마트북스
출판등록 2010년 3월 5일 | 제2021-000149호
주소 서울시 영등포구 영등포로5길 19, 동아프라임밸리 1007호
편집전화 02)337-7800 | **영업전화** 02)337-7810 | **팩스** 02)337-7811
원고투고 smartbooks1@naver.com
홈페이지 www.smartbooks21.com

ISBN 979-11-93674-38-3　03300

copyright ⓒ 김덕진·이승환, 2026
이 책은 저작권법에 따라 보호받는 저작물이므로, 서면 허락을 받지 않은 무단 전재와 무단 복제를 금합니다.
Published by SmartBooks, Inc. Printed in Korea

피지컬 AI 2026

이미 시작된 미래

Physical AI

김덕진(IT커뮤니케이션연구소 소장) & 이승환(경기연구원 AI연구실장) 지음

스마트북스

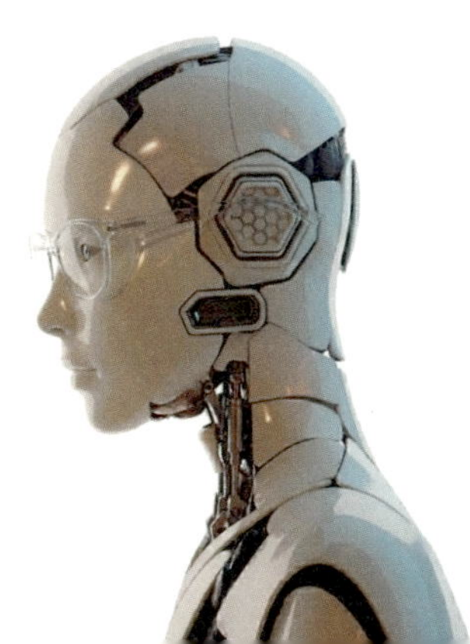

3년 전 챗GPT를 알아봤더라면…, 다음 3년을 위한 선택

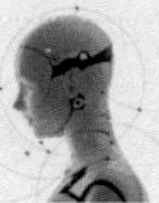

2026년 1월, 라스베이거스 CES 전시장을 걸으며 묘한 기시감에 사로잡혔습니다. 3년 반 전, 챗GPT가 처음 세상에 나왔을 때의 느낌과 흡사했습니다. 무언가 거대한 것이 시작되고 있는데, 대부분의 사람들은 아직 그 규모를 가늠하지 못하고 있다는 감각 말입니다. CES 2026에서 그때와 같은 전율을 느꼈습니다. 다만, 이번에는 화면 속이 아니라 눈앞의 물리적 공간에서 벌어지고 있었습니다.

전시장 곳곳에서 로봇이 움직이고 있었습니다. 춤을 추거나 물구나무를 서는 수준이 아니었습니다. 무거운 부품을 들어올리고, 미끄러지는 상자를 감지해 다시 잡고, 사람의 시범을 보고 스스로 조립 순서를 익히는 로봇들이었습니다.

매해 CES를 다녀오고 있지만, 이렇게 많은 로봇이 이렇게 다양한 형태로 쏟아져 나온 것은 처음이었습니다. 엔비디아 젠슨 황 CEO가 기조연설에서 "피지컬 AI의 '챗GPT 모멘트'가 왔다"고 선언했을 때, 그것이 과장이 아님을 현장에서 두 눈으로 확인할 수 있었습니다.

피지컬 AI가 화면 밖으로 나와 로봇 팔을 움직이고, 자율주행차를 운전하며, 공장 설비를 스스로 판단해 제어하는 시대가 열린 것입니다. 이것은 단순한 기술 트렌드가 아닙니다. '산업의 판을 바꾸는 구조적 전환'입니다.

◆

3년 반 전 챗GPT를 떠올려 보십시오. 그때 이 기술의 의미를 정확히 읽고 움직인 사람과 기업들, 그리고 그렇지 않은 사람과 기업들의 지금은 다릅니다. 엔비디아 주가는 2022년 말 대비 10배 이상 올랐고, 생성형 AI를 선제적으로 도입한 기업들은 산업의 주도권을 잡았습니다. 반면 "아직 먼 얘기"라며 관망했던 곳들은 지금 따라잡기에 급급합니다.

피지컬 AI 앞에서 우리는 다시 한번 갈림길에 서 있습니다. 이번에는 생성형 AI보다 훨씬 더 큰 판입니다. 화면 속 텍스트와 이미지를

넘어, 전 세계 수십억 대의 자동차·산업기계·가전·의료기기 등에 AI
가 심어지는 시장이기 때문입니다.

◆

그런데 여기서 흥미로운 점이 있습니다. 생성형 AI 경쟁에서 한국은
솔직히 주도권을 잡지 못했습니다. 오픈AI·구글·앤트로픽 같은 미국
빅테크가 장악한 게임이었죠. 그러나 피지컬 AI는 다른 종류의 싸움
입니다. 알고리즘만으로는 로봇을 만들 수 없고, 소프트웨어만으로는
공장을 돌릴 수 없습니다. 하드웨어·제조역량·현장 데이터·시스템
통합 능력이 동시에 필요합니다. 이는 바로 한국이 수십 년간 쌓아온
것들입니다.

CES 2026에서 한국 휴머노이드 로봇 기업들이 연합해 꾸린 전시
관에 전 세계 관람객이 몰려들었습니다. 그들이 가장 많이 한 질문은
"이거 중국 것 아니에요?"였습니다. 그런 질문을 많이 받다 보니, 아
예 옷에 태극기를 달고 설명해야 했을 만큼, 한국 로봇의 존재감이 의
외였던 것입니다.

중국 로봇들이 격투기와 춤을 선보이는 동안, 한국관에서는 공장

에서 일하는 로봇을 보여주었습니다. 관람객의 반응이 달랐습니다. "재밌네" 하고 지나가는 것이 아니라, "저 로봇, 우리 공장에 도입할 수 있을까요?"라고 물었습니다. 제조업 강국 대한민국이 가진 데이터·현장경험·정밀기술이 피지컬 AI 시대에 얼마나 강력한 자산인지를 세계가 알아보기 시작한 것입니다.

◆

『피지컬 AI 2026』은 바로 그 이야기를 하기 위해 쓰였습니다.

피지컬 AI가 정확히 무엇이고, 왜 지금 폭발하고 있으며, 엄청난 규모로 추산되는 이 시장에서 누가 돈을 벌게 될 것인지를 알아봅니다. 또한 미국과 중국은 어떤 전략으로 움직이고 있고, 그 틈에서 한국은 무엇을 할 수 있는지, 삼성·현대·SK·LG 같은 대기업들이 가진 카드는 무엇이며, 그것을 어떻게 써야 하는지를 살펴봅니다. 아울러 이 거대한 변화 속에서 우리의 일자리와 삶은 어떻게 달라질 것인지를 알아봅니다. 『피지컬 AI 2026』은 기술 전문가의 시선이 아니라, 대학생, 직장인, 비즈니스 리더와 의사결정자가 내일의 전략을 세우는 데 실질적으로 도움이 되는 관점으로 썼습니다.

　한국은 피지컬 AI 시대에 큰 잠재력이 있는 나라입니다. 세계 최고 수준의 완성품으로 만들어내는 통합 역량, 반도체·자동차·배터리·디스플레이에서 이미 증명한 능력이 피지컬 AI 시대에 다시 한번 빛을 발할 수 있습니다. 다만, 조건이 있습니다. 이번에는 개별 산업의 경쟁력이 아니라 하나의 시스템으로 통합되어야 합니다. 그리고 그 전환의 속도가 피지컬 AI 시대의 승패를 가릅니다. 이 책이 그 속도에 불을 붙이는 역할을 할 수 있기를 바랍니다.

2026년 봄
김덕진 드림

거대한 변화의 시대를 준비하며

서울의 한 백화점에 사람들이 몰렸습니다. 냉장고나 세탁기를 보러 온 것이 아니라, 두 발로 서 있는 휴머노이드 로봇, 4족 로봇, 바둑 로봇 앞에 발길이 멈춘 것입니다. 그 광경을 보고 누군가 중얼거렸습니다. "세상 많이 바뀌었네."

사실 세상이 많이 바뀐 것이 아니라 완전히 바뀌고 있습니다. 그것도 우리가 눈치채기도 전에 말입니다.

지금 전 세계에서는 공장 자동화를 훨씬 넘어선, 거대한 변화가 일어나고 있습니다. 피지컬 AI가 직접 몸을 움직여 현실세계로 걸어 나오고 있습니다. 계단을 오르고, 문을 열고, 낯선 환경에서도 스스로 판단해 행동합니다. 아직은 백화점 한 귀퉁이의 구경거리처럼 보이지만, 피지컬 AI와 로봇은 지금 이 순간에도 사람과 부딪히고 넘어지고 다시 일어서며 데이터를 쌓고 있습니다. 내일은 오늘보다 조금 더 영리해질 것입니다. 그 속도가 어느 임계점을 넘는 순간, 우리의 일터와 일상은 미처 준비하기도 전에 달라져 있을 것입니다.

◆

『피지컬 AI 2026』에는 지금 세계 곳곳에서 실제로 벌어지고 있는 장면들이 담겨 있습니다. 불 꺼진 공장에서 혼자 묵묵히 작업하는 로봇, 사람보다 120배 빠르게 면화를 수확하는 로봇의 108개 팔, 할리우드 촬영장을 누비는 촬영 로봇, 호주 목장에서 소들이 어느 순간 진짜 목동으로 받아들이기 시작한 로봇….

하나하나는 그냥 흥미로운 뉴스처럼 보입니다. 그러나 이것들을 연결하면, 전혀 다른 그림이 보이기 시작합니다. 『피지컬 AI 2026』은 그 흩어진 점들을 잇는 여정입니다.

왜 게임 회사였던 엔비디아가 로봇 시대의 최강자가 되었는지, 왜 중국의 작은 도시 선전이 전 세계 로봇 공급망의 심장이 되었는지, 왜 지금 당장 움직이지 않으면 3년 후엔 이미 늦는다고 하는지…. 이 질문들에 답을 하다 보면, 백화점에서 우연히 마주친 로봇이 그냥 신제품이 아니라 거대한 변화의 맨 앞줄에 서 있다는 것을 깨닫게 될 것입니다.

◆

로봇이 아무리 빠르게 진화해도, 그 변화 앞에서 무엇을 선택하느냐는 결국 사람의 몫입니다. 개인도 기업도 나라도 마찬가지입니다.

『피지컬 AI 2026』을 다 읽고 나면, 뉴스에서 흘려듣던 '로봇', 'AI', '자동화'라는 단어들이 전혀 다르게 들릴 것입니다. 출근길 지하철 안에서도, 아이와 백화점을 걷다 로봇을 마주쳤을 때도, 회사 회의실에서 자동화 도입 이야기가 나올 때도 말입니다.

변화는 준비된 사람에게는 기회의 문으로, 그렇지 않은 사람에게는 갑자기 닫혀버린 문으로 나타납니다. 『피지컬 AI 2026』이 그 문을 여는 열쇠가 되길 바랍니다.

마지막으로, 이 책이 세상에 나오기까지 묵묵히 곁을 지켜준 아내 지연에게 깊은 감사를 전합니다. 그리고 이 책을 쓴 진짜 이유가 되어준 딸 윤아에게, "네가 어른이 되어 살아갈 세상이 어떤 모습일지, 아빠는 그게 늘 궁금하고 또 설렌다. 이 책은 그 세상을 조금이라도 더 잘 이해하고 싶었던 아빠의 기록이기도 하다"는 말을 전하고 싶습니다.

2026년 봄
이승환 드림

목차

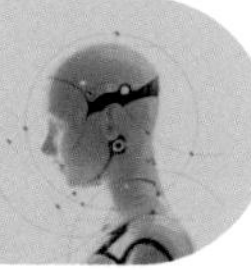

1장 피지컬 AI, 이미 예견됐던 미래

모든 것이 피지컬 AI였다   027

엔비디아의 GTC, 「겨울왕국」 눈사람 캐릭터 로봇 올라프 | CES 2026, 피지컬 AI의
서막이 오르다 | 한 줄로 정리하면?, AI가 밖으로 나왔다! | AI가 몸을 만나다 |
피지컬 AI의 '챗GPT 모멘트' | 현대차 아틀라스, 왜 가장 뜨거운 주목을 받았나?:
'구경거리 로봇'에서 '일하는 로봇'으로 | 화려한 쇼 뒤의 팩트, 조이스틱으로 조종되는
중국 로봇들 | 피지컬 AI의 캄브리안 모멘트 | 여러 로봇을 이끄는 스마트한 컨트롤
타워 | 왜 모든 것이 피지컬 AI였나?: AI 대융합 | 한국 기업들의 존재감 |
피지컬 AI 시대, 경쟁의 본질이 바뀐다 | CES에서 돌아오며, 그리고 그 이후

게임회사가 어떻게 피지컬 AI 시대의 대장이 되었나?   045

게임에서 시작된 혁명, GPU의 탄생 | AI가 GPU를 만났을 때 | 게임 기술이 만든
로봇 훈련장, 옴니버스와 코스모스 | 생각하는 로봇의 탄생, 추론 시스템 |
왜 게임 회사가 대장이 되었나?

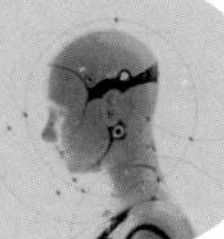

2장 피지컬 AI 생태계 들여다보기

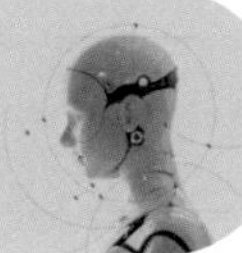

**3장　피지컬 AI
미중 패권 전쟁**

5장 넥스트 머니 Next Money
피지컬 AI 시장에서 돈은 어떻게 흐르는가?

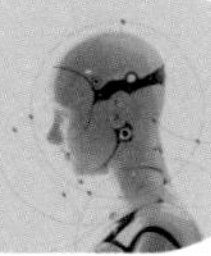

6장 한국은 어디에 서 있는가?

7장 　피지컬 AI 판을
뒤집을 수 있을까?

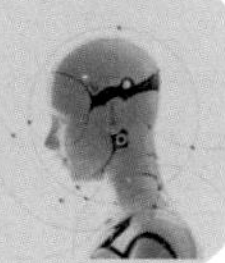

8장   K-피지컬 AI로 리딩하는 대기업

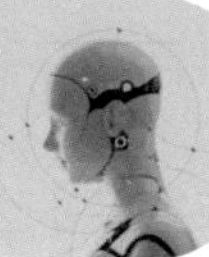

9장 작지만 날카로운 칼날들, 스타트업 생태계

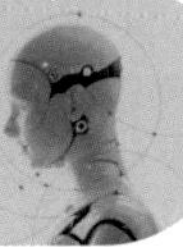

10장 피지컬 AI와 함께 사는 시대

피지컬 AI,
이미 예견됐던 미래

모든 것이
피지컬 AI였다

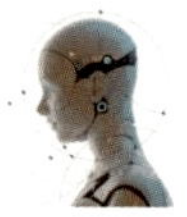

엔비디아의 GTC, 「겨울왕국」 눈사람 캐릭터 로봇 올라프

2026년 3월 16일, 미국 캘리포니아 산호세의 SAP 센터, 엔비디아
(NVIDIA)의 연례 개발자 행사인 GTC에서 3만 명이 넘는 관중이 숨죽
이고 지켜보는 가운데 검은 가죽 재킷의 남자가 말했습니다.

"신사 숙녀 여러분, 올라프입니다."

무대 옆에서 뒤뚱뒤뚱 걸어나온 것은 디즈니 애니메이션 「겨울왕
국」의 눈사람 캐릭터 올라프였습니다. 사전에 녹화된 영상이 아닙니
다. 로봇 올라프는 실시간으로 걸어나와 엔비디아 젠슨 황 CEO와 농
담을 주고받고, 무대 위를 자유롭게 돌아다니며 장애물을 스스로 피
했습니다. 젠슨 황이 올라프에게 말했습니다.

"네 (두뇌 역할을 하는) 컴퓨터는 내가 준 젯슨(Jetson)이야."

"젯슨이 뭐예요?"

"네 몸 속에 들어 있어. 그리고 넌 엔비디아의 옴니버스(Omniverse) 안에서 걷는 법을 훈련받았지."

청중들은 웃었지만, 업계 관계자들은 웃지 못했습니다. 이 짧은 대화에 피지컬 AI의 모든 핵심 기술이 담겨 있었기 때문입니다. 로봇의 두뇌 칩 젯슨, 가상세계 훈련장 옴니버스, 물리법칙 시뮬레이션 엔진 뉴턴(Newton), 구글 딥마인드와 공동 개발한 강화학습 기술까지, 이 눈사람 캐릭터 로봇 올라프는 가상세계에서 수백만, 수천만 번의 실패를 경험하며 걷는 법을 배운 뒤 현실로 나온 것입니다.

올라프 로봇은 2026년 3월 29일부터 디즈니랜드 파리에서 실제 방문객을 맞고 있습니다. 영화 속 캐릭터가 AI로 생명을 얻어 현실에 걸어나온 것입니다.

불과 약 2개월 전인 1월, 미국 라스베이거스 컨벤션센터에서 열린 세계 최대 가전·IT 전시회(CES) 현장에서 수십 대의 휴머노이드 로봇이 쏟아져 나오는 것을 보며 놀랐습니다. 그런데 2개월 후, GTC 2026 무대 위에 선 올라프 로봇을 보며, 1월에 CES 현장에서 목격한 것은 시작에 불과했다는 것을 깨달았습니다.

2026년 1분기, 세계 3대 기술 행사가 연달아 피지컬 AI를 무대 위에 올렸습니다.

1월 라스베이거스에서 열린 CES에서 젠슨 황이 "피지컬 AI의 '챗GPT 모멘트'가 왔다"고 비전을 선언했고, 3월 초 스페인 바르셀로나에서 열린 세계 최대 이동통신 박람회 MWC에서는 글로벌 통신사들이 "AI 기업으로 전환한다"며 피지컬 AI 시대의 인프라 준비를 선언했으며, 3월 중순 미국 산호세에서 열린 GTC에서 그 비전을 실현할 구체적인 기술 로드맵이 발표되었습니다.

2026년 CES가 "AI가 밖으로 나왔다!"는 충격의 현장이었다면, 엔비디아의 GTC는 "그래서 이렇게 만든다"는 설계도가 펼쳐진 자리였습니다. 그리고 그사이에 열린 MWC는 피지컬 AI 시대에 통신 인프라가 어떤 역할을 해야 하는지를 보여준 무대였습니다.

여기서는 이 3가지 행사를 관통하는 하나의 흐름을 따라가 보겠습니다. 피지컬 AI라는 거대한 파도가 어디서 시작되어 어디로 향하고 있는지, 그리고 왜 이것이 '이미 예견됐던 미래'인지를 말입니다.

CES 2026, 피지컬 AI의 서막이 오르다

시간을 약 2개월 전으로 돌려보겠습니다. 모든 것은 CES 2026에서 시작되었습니다.

2026년 1월 미국 라스베이거스 컨벤션센터, CES를 취재한 지 벌써 몇 해가 됐지만, 이전과는 전혀 다른 분위기였습니다. 축구장 350개를 합친 것보다 넓은 전시공간을 6일 동안 발이 부르틀 정도로 다녔지만 다 보지 못할 정도였습니다.

무엇보다 2025년까지만 해도 사람 형태의 휴머노이드 로봇은 한두 대 볼까말까였는데, 이번에는 로봇 관련 출품 기업 598개 중 휴머노이드 로봇 관련 기업만 해도 40개 가까이 되었습니다. 한때 드론이 전시장을 가득 메웠던 것처럼, 이번에는 휴머노이드 로봇이 CES의 진정한 주인공이 된 것이죠.

한 줄로 정리하면?, AI가 밖으로 나왔다!

그동안 AI라고 하면 챗GPT처럼 대화, 이미지 생성, 코드 작성 등 전부 화면 안에 갇혀 있었습니다. 그런데 이제 AI가 현장으로 나와 사람과 함께 움직이고 판단하며 행동하는 존재가 되었습니다. CES 현장에서 피지컬 AI가 로봇 팔을 움직이고, 자율주행차를 운전하며, 공장 설비를 직접 제어하는 모습을 생생하게 볼 수 있었습니다.

라스베이거스 현장에서 직접 죽스(Zoox)라는 자율주행 셔틀을 타보았는데요. 앱으로 죽스를 부른 후 스마트폰으로 문을 열고 타면 됩니다. 운전대와 운전석 없이 4명이 마주보고 앉는 셔틀 구조인데, 최

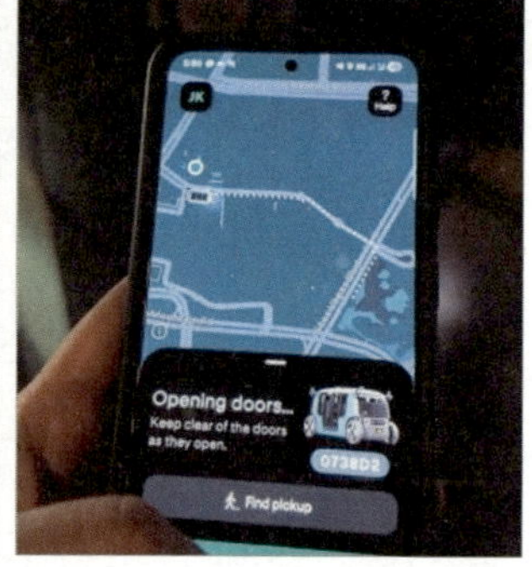

라스베이거스 CES 현장에 등장한 자율주행 셔틀 죽스. 앱으로 불러 타면 되며, 내부는 개인 맞춤형 사무실 느낌이었다.

대 시속 120km까지 달릴 수 있고, 라스베이거스 호텔을 중심으로 시범 운행 중이었습니다. 직접 타보니 내부는 음악이나 조명도 조절할 수 있는 개인 맞춤형 사무실 같은 느낌이었습니다.

다만, 도로 위에서 '눈치 싸움'이 문제였습니다. 사람이 운전하는 차가 끼어들려고 하면, 죽스가 지나치게 방어적으로 멈춰버려 서로 양보하느라 5분 동안 꼼짝도 못하는 상황이 벌어지기도 했습니다. 기계와 인간 운전자의 상호작용 문제는 여전히 해결해야 할 과제로 보였습니다. 그럼에도 진짜 피지컬 AI와 함께하는 세상이 오고 있구나, 직관적으로 느낄 수 있었습니다.

AI가 몸을 만나다

피지컬 AI(Physical AI)는 말 그대로 물리적 세계와 만나는 AI를 말합니다. AI가 몸을 입고 현실세계로 걸어나온 것이죠. 로봇만이 아니라 자율주행차, 공장 전체를 디지털로 복제해 시뮬레이션하고 최적화하는 산업용 디지털 트윈, 집 안의 상황을 파악하고 조용히 개입하는 스마트홈, 농작물의 상태를 파악하고 필요한 곳에만 물과 비료를 주는 정밀 농업 시스템…, 이 모든 것이 해당됩니다.

예를 들어 피지컬 AI 시대가 오면서 자동차 산업의 경계도 무너지고 있습니다. 이제 바퀴만 달려 있으면 모두 모빌리티(Mobility)로 정의되는 시대입니다. 현대자동차는 모베드(MobED)라는 플랫폼을 선보였습니다. 납작한 판에 바퀴 4개가 달린 형태인데, 그 위에 배달통을 얹으면 배달 로봇, 골프 캐디백을 얹으면 캐디 카트, 의자를 얹으면 퍼스널 모빌리티가 됩니다.

가전제품도 마찬가지입니다. LG전자는 CES 2026에서 클로이드(CLOiD)라는 AI 홈 로봇을 공개했는데, 두 다리에 바퀴가 달려 집 안을 자유롭게 돌아다니며 가사노동을 돕습니다. 로봇 청소기 역시 진화하여 높은 문턱을 넘거나 계단을 오르고, 드론이 청소기를 싣고 층간 이동을 시키기도 합니다. 현대자동차그룹 정의선 회장이 삼성전자 부스의 로봇 청소기를 보고 "바퀴가 달려 있으니 모빌리티네요"라고 했다는 것처럼, 이제 자동차회사와 가전회사가 서로의 영역에서 경쟁하는 시대가 되고 있습니다.

이들의 공통점이 뭘까요? AI가 센서를 통해 물리적 세계를 '보고', 알고리즘으로 상황을 이해하고 '판단'하며, 액추에이터(Actuator, 구동장치)나 제어 시스템을 통해 물리적 세계에서 '행동'합니다. 피지컬 AI를 통해 인식(Perception)·추론(Reasoning)·행동(Action), 이 3가지 요소가 결합되고 있는 것입니다.

피지컬 AI의 '챗GPT 모멘트'

CES 2026 개막 전날 기조연설에서 엔비디아 젠슨 황 CEO는 전 세계 기술업계에 강력한 메시지를 던졌습니다.

"피지컬 AI의 '챗GPT 모멘트'가 왔다."

2022년 말 챗GPT가 등장해서 생성형 AI 시장이 폭발적으로 성장했던 것처럼, 2026년은 물리적 세계를 이해하고 행동하는 피지컬 AI가 급성장할 것이라는 선언입니다. 그는 "AI 중 가장 크고 중요한 것은 피지컬 AI"라고 덧붙였습니다.

더 놀라운 것은 그다음 발언이었습니다. 기자회견에서 "인간 수준의 로봇이 언제 등장할까요?"라는 질문에 젠슨 황은 단호하게 대답했습니다. "올해인 2026년입니다. 기술발전 속도가 매우 빠릅니다."

회의론자들은 휴머노이드 로봇의 작업 수행 능력이 아직 초보 수준이라며 의심하지만, 젠슨 황은 "제가 (로봇 분야) 기술발전 속도가 얼마나 빠른지 잘 알고 있다"며, "먼저 이동능력이 해결되고, 대근육 운동과 물체 잡기, 미세 운동 능력 순으로 기술이 완성될 것"이라고 전망했습니다. 이게 단순한 과장일까요? CES 2026 현장에서 그의 말이 과장이 아니라는 것을 직접 목격할 수 있었습니다.

현대차 아틀라스, 왜 가장 뜨거운 주목을 받았나?

'구경거리 로봇'에서 '일하는 로봇'으로

CES 2026에서 가장 핫한 아이템은 테슬라도 애플도 아니라, 현대자동차그룹의 보스턴다이내믹스(Boston Dynamics)가 선보인 휴머노이드

현대차그룹의 보스턴다이내믹스가 선보인 휴머노이드 로봇 아틀라스. 구경거리가 아니라 실제 공장에서 일하는 로봇으로 설계되어 큰 화제를 모았다. (출처: 현대자동차그룹, "AI 로보틱스 생태계를 이끌 아틀라스와 스팟", www.hyundaimotorgroup.com/ko/tv/CONT0000000000198432?listYn=N)

로봇 아틀라스(Atlas)였습니다. 전시관에는 개막 첫날부터 관람객들이 인산인해를 이루었습니다. 흥미롭게도, 이 대형 부스에 완성차는 단 두 대뿐이었습니다. 사람들이 1시간 이상 줄을 서서 보려고 한 것은 자동차가 아니라 로봇이었습니다.

왜 수십 대의 로봇 중에서 유독 아틀라스가 주목받았을까요? 아틀라스는 목적이 달랐기 때문입니다.

CES 현장에서 중국 유니트리 로보틱스(Unitree Robotics) 같은 회사의 로봇들은 권투를 하거나, 물구나무를 서거나, 점프를 하는 퍼포먼스를 선보였습니다. 유튜브 영상으로 보면 굉장히 인상적입니다.

반면, 아틀라스는 공장에서 일하는 로봇으로 설계되었습니다. 키

190cm, 무게 90kg인 거구로, 가장 큰 특징은 관절이 360도로 회전한다는 점입니다. 손가락 하나를 굽히는 것을 1자유도(Degrees of Freedom, DOF)라고 할 때, 아틀라스는 관절 자유도가 무려 56에 달해 허리와 무릎 등 대부분의 관절을 돌릴 수 있고, 좁은 공간에서 몸 전체를 움직이지 않고도 관절만 360도 회전시켜 작업을 할 수 있습니다. 최대 50kg까지 들어올릴 수 있고, 손가락과 손바닥에 탑재된 정밀한 촉각 센서로 깨지기 쉬운 물건도 섬세하게 다룹니다. 배터리 1회 충전 시 4시간 동안 작동하고, 배터리가 떨어지면 스스로 알아서 충전 스테이션으로 가서 3분 만에 교체합니다.

현장에서 만난 보스턴다이내믹스의 수석 엔지니어 브라이언 링글리에게 왜 아틀라스는 손가락이 4개뿐인지 물었더니, 돌아온 대답이 명쾌했습니다. "돈이 많이 들어서요." 사실 새끼손가락이 없어도 악력이 좋으면 작업에 지장이 없습니다. 아틀라스는 인간을 완벽히 모방하기보다 공장환경에서의 실용성을 택한 것입니다.

휴머노이드 로봇의 키를 사람과 비슷하게 만든 것도 공장의 작업대나 통로가 인간의 신체 크기에 맞추어져 있기 때문입니다. 작업효율을 위해서라면 팔이나 허리가 기괴하게 360도 돌아가는 편이 낫고, 굳이 비싼 비용을 들여 5개의 손가락을 구현할 필요가 없다는 것이죠.

CES 2026에서 아틀라스가 부품을 정확한 순서로 정리하고, 작업 흐름에 맞춰 움직이며, 사람의 작업을 자연스럽게 보조하는 모습에 관람객들은 '멋지다'를 넘어 '우리 현장에 바로 투입할 수 있겠다'고 느끼기 시작했습니다.

이번에 보스턴다이내믹스는 구글의 딥마인드와 손을 잡았습니다. 로봇에 구글 딥마인드의 제미나이 로보틱스(Gemini Robotics) AI 모델이 통합되어 시각과 청각 정보를 통해 주변환경을 인지하고, 스스로 추론해서 작업을 수행하며, 수만 대의 로봇이 데이터를 쌓고 커뮤니케이션하는 그림을 보여준 것입니다. 현대차그룹은 2030년까지 아틀라스를 3만 대 이상 양산하여 실제 공장에 투입하겠다는 구체적인 로드맵을 발표했습니다.

로봇 하드웨어의 보스턴다이내믹스, AI의 구글, 그리고 양산과 적용의 현대차그룹, 이 완벽한 삼각편대가 로봇 상용화의 시계를 앞당기고 있습니다. '구경거리에서 실용으로의 전환', 이것이 피지컬 AI 시대의 핵심입니다.

화려한 쇼 뒤의 팩트, 조이스틱으로 조종되는 중국 로봇들

그런데 전시장에서 화려하게 움직이는 로봇들이 모두 스스로 움직이는 것은 아닙니다. 중국 유니트리 로보틱스의 휴머노이드 로봇 두 대가 링 위에서 주먹을 주고받으며 권투를 하는 모습은 마치 영화 같았습니다. 그런데 자세히 보니 옆에서 한 사람이 조이스틱으로 조종하고 있었습니다. 대부분의 중국 로봇들은 로봇의 껍데기를 잘 만드는 수준이지, 아직 스스로 판단하고 움직이는 진정한 의미의 피지컬 AI 단계에는 도달하지 못한 경우가 많았습니다.

하지만 이들을 무시할 수 없는 진짜 이유는 가격에 있습니다. 유니트리 로보틱스는 소형 휴머노이드 로봇 유니트리 R1을 불과 4,900달

권투를 하고 있는 중국의 유니트리 로봇 G1

러(약 700만 원)에 내놓았습니다. 마치 드론 시장 초기에 중국의 DJI사가 저렴한 드론 제품을 뿌려 데이터를 장악했던 전략과 유사합니다. 전 세계에 압도적인 가성비로 하드웨어를 보급하고, 이를 통해 데이터를 긁어모아 지능을 완성하겠다는 무서운 계산이 깔려 있는 것입니다.

피지컬 AI의 캄브리안 모멘트

지구의 역사에서 캄브리아기(약 5억 4,100만~4억 8,500만 년 전)는 '생명의 대폭발 시대'로 불립니다. 지질학적으로 찰나에 불과한 이 약 1,000만 년 기간 동안 갑자기 눈과 감각 기관을 갖춘 생명체들이 폭발적으로 나타났습니다. 과학자들은 그 원인 중 하나를 시각의 획득에서 찾습니다. 보는 능력을 갖게 되면서 포식과 방어가 복잡해졌고, 살아남기 위해 다양한 형태로 진화가 폭발했다는 것이죠.

CES 2026에서 '피지컬 AI의 캄브리안 모멘트'라는 말이 회자되었습니다. AI가 마침내 '눈'과 '손'과 연결되기 시작했습니다. 생성형 AI

의 지능이 센서·액추에이터·제어 시스템과 융합하면서 다양한 형태와 기능을 가진 지능형 기계들이 한꺼번에 쏟아져 나오기 시작한 것입니다.

이제 피지컬 AI는 미래 성장산업일 뿐만 아니라 생산성과 안전성을 동시에 재편하는 운영 인프라로 자리잡아 가고 있습니다. 1990년대 초중반 대중화된 인터넷은 전 산업의 운영 인프라를 바꾸었습니다. 마찬가지로 이제 피지컬 AI는 전기·통신·물류처럼 산업활동의 기반시설이 되어가며, 필수 인프라로서 산업현장의 운영 원리 자체를 바꾸고 있습니다. 5억 년 전 캄브리아기가 오늘날 모든 동물의 원형을 만들어냈듯, 지금의 피지컬 AI 캄브리안 모멘트는 향후 수십 년간 산업과 일상의 모습을 결정할 것입니다.

여러 로봇을 이끄는 스마트한 컨트롤 타워

특히 CES 2026 이후 가장 두드러진 변화는 AI가 분석의 도구를 넘어 실행의 주체로 진화하고 있다는 점입니다. 로봇·센서·장비·공간이 하나의 지능 시스템으로 연결되면서, 이제 AI는 산업현장의 흐름을 직접 만들어가는 핵심적인 역할을 맡고 있습니다. 'AI 디지털 전환(AX, AI Transformation)→피지컬 AI→현장 지능화'로 진화하고 있는 것입니다.

현대차그룹의 전시관에서는 보스턴다이내믹스의 4족 보행 로봇 스팟(Spot)이 바쁘게 움직이는 모습도 볼 수 있었는데요. 이 로봇들을 움직이는 것은 로봇 관제 플랫폼 '오르빗 AI(Orbit AI)'라는 피지컬 AI

보스턴다이내믹스의 4족 보행 로봇 스팟 (출처: 현대자동차그룹, "AI 로보틱스 생태계를 이끌 아틀라스와 스팟",
http://www.hyundaimotorgroup.com/ko/tv/CONT0000000000198432?listYn=N)

솔루션입니다. 수많은 로봇을 원격으로 동시에 관리하고, 현장에서 발생하는 데이터를 모아 분석하는 중앙지휘본부 역할을 합니다.

이제 로봇이 컨트롤 타워를 중심으로 현장에 바로 투입되는 실전 운영의 시대가 다가오고 있습니다. 이러한 흐름 속에서 AI·로봇·데이터·운영을 하나로 연결하는 통합 플랫폼은 피지컬 AI 시대의 핵심 인프라가 될 것입니다.

왜 모든 것이 피지컬 AI였나?: AI 대융합

CES 2026의 전시장을 걸으며 이 변화가 체감되었습니다. 모빌리티·스마트홈·헬스케어·로보틱스·에너지라는 별도의 산업 카테고리가 있었지만, 그 모든 카테고리를 관통하는 하나의 공통 분모가 바로 AI였습니다.

AI GPU(그래픽처리장치)의 강자 엔비디아가 자동차 산업의 AI 기술

스택(Tech Stack)의 표준을 제시하고, 독일 지멘스가 제조업의 AI 운영체제를 정의하며, 삼성이 스마트홈의 상황 인지 플랫폼을 선보이고, 수십 개의 휴머노이드 로봇 기업들이 피지컬 AI의 캄브리안 모멘트를 연출한 것은 모두 같은 이야기의 다른 장면입니다.

AI가 디지털 세계를 넘어 물리적 세계로 확장하면서 모든 산업이 AI를 중심으로 재편되고 있습니다. 이런 변화를 'AI 컨버전스(AI Convergence)', 즉 AI 대융합이라고 할 수 있습니다.

앞으로의 경쟁은 AI를 중심으로 데이터·프로세스·운영구조를 어떻게 재구성했는가에서 갈릴 가능성이 큽니다. 이런 점에서 AI 대융합은 산업이 변화하는 방향을 보여주고 있습니다.

100년 역사의 건설·광산·에너지 중장비 회사 캐터필라의 CEO가 CES 기조연설에서 한 말이 이를 잘 보여줍니다. "기술의 병목은 소프트웨어가 아니라 물리적 세계에 있습니다."

AI 칩을 만들려면 구리가 필요하고, AI 인프라를 짓는 물리적 능력이 필요하며, 데이터센터는 전력 그리드의 한계를 돌파하는 수준의 전력을 요구합니다. 캐터필라 같은 전통산업 기업이 AI 생태계의 최전선에 서게 된 이유입니다. 캐터필라의 메시지는 AI 시대의 경쟁이 결국 디지털과 물리세계의 결합 능력에서 갈라지게 될 것임을 보여줍니다.

한국 기업들의 존재감

CES 2026에서 젠슨 황의 기조연설 인트로 영상에 한국 스타트업 에이로봇(AeiROBOT)의 휴머노이드 로봇 앨리스(ALICE)가 조선소에서 배

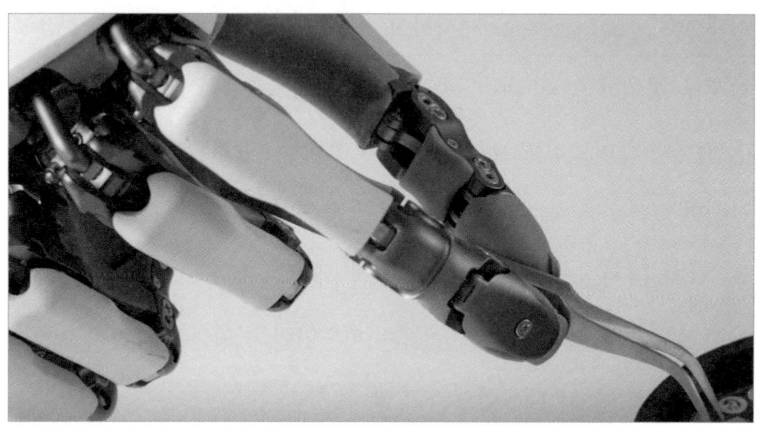

위로보틱스의 휴머노이드 로봇 알렉스의 손 (출처: 위로보틱스 홈페이지)

를 용접하는 장면이 등장했습니다. 물구나무나 권투 같은 엔터테인먼트가 아니라 실제 공장에 적용될 솔루션을 가지고 나왔으며, 이미 조선소나 제조현장에서 실제로 활용되고 있습니다.

삼성전자 출신들이 창업한 위로보틱스(WIRobotics)는 웨어러블 보행 보조 로봇 윔(WIM)을 선보이며, 로봇이 산업현장을 넘어 일상의 재활과 보조 영역으로 확장될 수 있음을 보여주었습니다. 또한 이 회사의 범용 휴머노이드 로봇 알렉스(ALLEX)는 모터 대신 와이어와 인공 근육구조를 활용한 '사람 같은 손'으로 눈길을 끌었습니다. 알렉스와 직접 악수를 해보았는데, 딱딱한 기계 손이 아니라 제 손의 힘에 따라 자연스럽게 반응했습니다.

만드로(Mand.ro)는 의수 제작기술을 적용해 손가락 관절 하나하나를 움직이는 초소형 모터 모듈을 선보였는데, 이탈리아의 휴머노이드 로봇 기업 오버소닉에 400대 규모의 공급 계약을 체결하는 성과를 거두었습니다. 로봇 한 대당 손가락 모터가 약 10개씩 들어가니, 부품

기업으로서의 가능성은 무궁무진합니다. 중국 기업들이 센서에는 강하지만 정작 손가락을 움직이는 초소형 모터 기술에는 약점이 있다는 빈틈을 파고든 결과입니다.

이제 로봇도 대량양산이 가능한 시대로 가고 있습니다. 여기서 한국의 기회가 있다고 봅니다. 로봇을 대량생산할 수 있는 제조역량을 갖춘 나라가 별로 없습니다. 마치 엔비디아가 설계하고 TSMC가 칩을 만들듯, 로봇도 설계와 양산이 분업화될 수 있는데, 한국이 그 양산을 담당할 수 있다는 것이죠. 앞으로 3~4년 동안 피지컬 AI 패권 경쟁이 치열할 것입니다.

피지컬 AI 시대, 경쟁의 본질이 바뀐다

CES 2026에서 확인한 가장 중요한 변화는 경쟁의 본질이 바뀌고 있다는 점입니다. 생성형 AI 시대에는 알고리즘과 데이터가 경쟁력의 핵심이었고, 가장 큰 모델을 가장 많은 데이터로 학습시키는 기업이 승리했습니다. 하지만 피지컬 AI 시대에는 하드웨어·소프트웨어·제조역량·운영 노하우가 동시에 필요합니다. 이것이 피지컬 AI가 한국에 기회인 이유입니다.

거대언어모델(LLM) 경쟁에서는 오픈AI·구글·앤트로픽을 따라잡기 어렵지만, 피지컬 AI는 다른 게임입니다. 소프트웨어만의 싸움이 아니라 하드웨어·제조·현장 데이터·시스템 통합의 총체적 경쟁이기 때문입니다.

한국에는 삼성전자·SK하이닉스의 메모리 반도체, 현대차·기아의 자동차 제조, LG에너지솔루션의 배터리, 현대로보틱스·두산로보틱스의 산업용 로봇, 그리고 수십 년간 축적된 정밀제조와 공정 자동화 노하우가 있습니다. 이것들이 피지컬 AI 시대의 핵심 자산이 될 것입니다.

CES에서 돌아오며, 그리고 그 이후

CES 2025에서 젠슨 황이 대중에게 처음으로 피지컬 AI를 언급했을 때, 많은 사람들이 "그게 뭐지?"라고 했습니다. 그런데 불과 1년 만에 피지컬 AI가 CES의 핵심 키워드로 등장하며 무대를 장악했습니다. 젠슨 황은 기자회견에서 "정말 즐겁다(It's really fun)"고 했습니다. 자신이 예견했던 미래가 현실이 되어가고 있으니까요.

돌아오는 비행기 안에서 '이 속도라면 다음 행사에서는 뭘 보게 될까?' 하는 생각이 들었습니다. 그런데 그 답은 생각보다 빨리 왔습니다.

불과 두 달 뒤, 3월에 열린 GTC 2026에서 젠슨 황은 디즈니 캐릭터 올라프 로봇을 무대에 세우고, 엔비디아 플랫폼에 대한 누적 수요가 1조 달러(약 1,400조 원)에 달할 것이라고 선언했습니다. 산업용 로봇 분야의 세계 4대 기업들이 엔비디아 플랫폼을 채택했고, 현대차·BYD·닛산이 로보택시 생태계에 합류했습니다. 1월에 열린 CES 2026에서 '비전'이었던 것이 70일 만에 '설계도'가 된 것입니다.

중요한 것은 앞으로 3~4년입니다. 이 기간에 피지컬 AI의 표준과 주도권이 결정될 것입니다. 미국의 빅테크 기술력과 중국의 저가 물량 공세 사이에서 우리는 무엇을 해야 할까요?

게임회사가 어떻게 피지컬 AI 시대의 대장이 되었나?

CES 2026 현장에서 만난 한 기업 임원은 이렇게 운을 뗐습니다. "엔비디아는 원래 게임회사였는데, 지금은 가장 중요한 AI 인프라 회사가 되었네요." 이 얘기를 하려면 1993년으로 거슬러 올라가야 합니다.

게임에서 시작된 혁명, GPU의 탄생

1993년 젠슨 황 등 세 명의 엔지니어가 게임 및 멀티미디어 시장에 3D 그래픽을 도입하겠다는 비전을 가지고 엔비디아를 창업했습니다. 1995년 출시한 첫 제품은 실패했고, 회사는 거의 문을 닫을 뻔했습니다. 하지만 1999년 세계 최초로 'GPU(Graphics Processing Unit)'라는 이름을 달고 나온 그래픽 처리용 반도체 칩인 지포스(GeForce) 256을 출시하며 모든 것이 바뀌었습니다.

게임 화면이나 이미지 처리는 수백만 개의 작은 점(픽셀) 하나하나

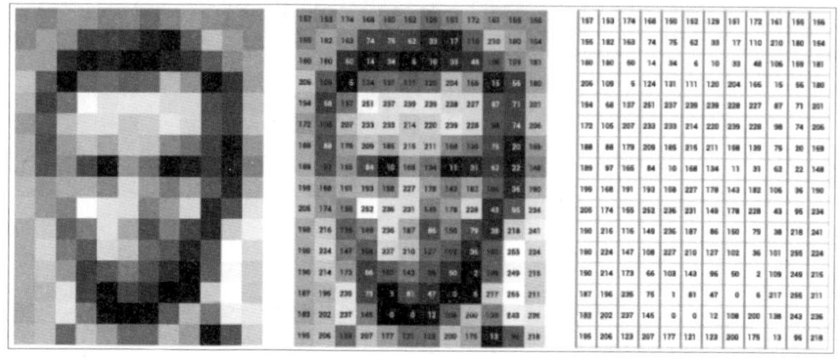

디지털 이미지는 여러 개의 픽셀로 이루어져 있다.

(출처: https://ai.stanford.edu/~syyeung/cvweb/tutorial1.html, 『AI 내부자들』 72쪽 재인용)

에 대해 색·밝기 등을 동시에 단순 행렬 연산을 해야 하는데, 기존 컴퓨터의 CPU(중앙처리장치)는 한 줄의 작업을 끝내야 다음 줄로 넘어가는 구조라서 계산에 시간이 너무 많이 걸렸습니다. 반면 GPU는 수천 개의 작은 계산장치를 동시에 움직이는 '병렬 연산'에 특화되어 있어, 당시 게이머들이 원하던 더 화려하고 사실적인 화면을 효율적으로 표현할 수 있었습니다. 당시만 해도 GPU는 고사양 게임을 즐기려면 필요한 비싼 그래픽카드 정도로만 인식되었습니다.

2006년 엔비디아가 쿠다(CUDA)를 선보였는데, 이는 훗날 엔비디아의 미래를 결정적으로 바꾸는 중요한 전환점이 됩니다. 쿠다로 인해 이제 개발자들은 일반적인 프로그래밍 언어를 사용해 GPU에 계산 작업을 시킬 수 있었습니다.

과학과 금융, 산업현장에는 같은 계산을 엄청난 횟수로 반복해야 하는 문제가 많았습니다. GPU는 CPU보다 태풍 예측 같은 기상 시뮬레이션, 지진파 데이터 분석, 신약개발을 위한 양동학, 금융권의 시뮬레이션 등에서 압도적으로 효율적이었습니다. 이에 GPU는 쿠다 플랫폼을 통해 그래픽 칩을 넘어 대량 계산을 수행하는 범용 연산장치로 자리잡게 되었습니다.

AI가 GPU를 만났을 때

진짜 전환점은 2011년에 찾아왔습니다. 당시 AI 연구자들은 큰 문제에 부딪히고 있었습니다. 수천만, 수억 개의 파라미터(매개변수)를 가진 신경망을 훈련시키려면 엄청난 양의 행렬 연산이 필요했습니다. 이에 스탠퍼드대학·구글·뉴욕대학의 AI 연구자들이 딥러닝 모델을 학습시키는 데 GPU를 사용하기 시작했습니다. CPU로는 몇 주씩 걸리던 작업을 GPU는 며칠, 심지어 몇 시간 만에 끝낼 수 있었습니다.

2012년 토론토대학의 알렉스 크리제브스키가 엔디비아 GPU로 훈련시킨 알렉스넷(AlexNet)이 이미지넷 대회에서 압도적 성능을 보여주면서, 이제 AI 연구에서 GPU는 필수가 되었습니다. 그리고 2016년 젠슨 황은 오픈AI에 최초의 DGX-1 AI 슈퍼컴퓨터를 기증했고, 이 시스템은 2022년 세상을 바꾼 챗GPT의 학습에 사용되었습니다.

CPU로는 몇 주씩 걸리던 AI 모델 학습 작업을 GPU로는 며칠, 심지어 몇 시간 안에 끝낼 수 있었다. (출처: 「AI 내부자들」 73쪽, AI 생성 이미지)

게임 기술이 만든 로봇 훈련장, 옴니버스와 코스모스

2025년을 기점으로 상황이 또 한 번 바뀌기 시작했습니다. 로봇이나 자율주행차를 학습시키려면 물리세계의 데이터가 필요합니다. 그런데 실제 세계에서 훈련 데이터를 수집하려면, 시간이 오래 걸리고 비용이 많이 들며 데이터도 충분하지 않습니다. 이 문제를 해결할 답으로 합성 데이터(Synthetic Data)가 부각되었습니다.

여기서 엔비디아의 게임회사 DNA가 다시 한번 빛을 발합니다. 지난 30년간 게이머들에게 점점 더 사실적인 가상세계를 제공하기 위해 쌓아온 기술, 즉 3D 렌더링·물리엔진·광원효과·충돌감지 같은 기술이 피지컬 AI를 위한 '가상 훈련장'을 만드는 데 활용될 수 있었던 것입니다.

엔비디아는 게임 엔진 기술을 발전시켜 옴니버스(Omniverse)라는 시뮬레이션 플랫폼을 만듭니다. 실제 공장·창고·도로를 그대로 재현

엔비디아의 피지컬 AI를 위한 가상 훈련장 옴니버스에서 로봇은 수천만 번 실수하며 학습한다. (AI 생성 이미지)

한 가상공간에서 로봇을 무한대로 훈련시킬 수 있습니다. 실제 세계에서는 로봇이 실수하면 장비가 망가지고 사람이 다칠 수 있지만, 가상세계에서는 수천만 번을 실패해도 괜찮습니다.

여기에 더해 2025년 엔비디아가 공개한 코스모스(Cosmos)는 '월드 파운데이션 모델(World Foundation Model, WFM)'이라는 새로운 개념을 제시했습니다. 쉽게 말하면, 로봇이 컵을 집기 전에 '이 각도로 잡으면 컵이 넘어질 것 같아'라고 예측할 수 있게 물리적 상상력을 AI에게 준 것입니다. 코스모스는 합성 데이터를 생성하여 훈련 프로세스를 향상시키는 풍부하고 다양한 데이터 세트를 제공합니다.

생각하는 로봇의 탄생, 추론 시스템

GPU와 데이터만 있다고 피지컬 AI가 완성되는 것이 아닙니다. 이제 세 번째 요소가 등장합니다. 바로 '추론(Reasoning)'입니다.

CES 2026에서 엔비디아는 자율주행 모델 알파마요(Alpamayo)를 공개했는데, 알파마요는 '사고의 사슬(Chain of Thought)' 추론 능력을 갖고 있습니다. 기존 자율주행차가 '장애물 감지→제동' 방식이었다면, 알파마요는 '전방 50m에 공 형태의 물체 인식→아동의 돌발 출현 가능성 높음→미리 감속 및 우측 차선 공간 확보→비상 정지 준비' 식으로 사고의 흐름을 보여줍니다. AI가 추론 과정을 사람의 말(자연어)로 설명할 수 있다면, 규제당국도 보험사도 일반 대중도 AI의 판단을 이해하고 신뢰할 수 있게 될 것입니다. 이는 규제당국과 개발자가 자율주행차를 이해하는 데 결정적인 투명성을 제공하는 것이죠.

왜 게임회사가 대장이 되었나?

결론적으로, 엔비디아가 피지컬 AI 시대의 대장이 된 이유는 30년간 게임산업에서 쌓아온 3가지 핵심 역량이 맞아떨어졌기 때문입니다.

먼저, 게이머들에게 화려한 그래픽을 제공하기 위해 개발된 GPU 기술이 AI 학습과 추론에 최적화된 구조였습니다.

둘째, 시뮬레이션과 합성 데이터 생성 능력입니다. 게임을 위한 가상세계를 만들어온 30년의 노하우가 로봇을 위한 가상 훈련장을 구축하는 데 활용되었습니다.

마지막으로, 추론 시스템과 플랫폼 생태계입니다. 엔비디아는 GPU뿐만 아니라 데이터 생성부터 모델 학습, 시뮬레이션, 배포까지 전체 파이프라인을 제공합니다. 전체 시스템을 구축해 AI 풀스택(Full-stack, 모든 기술)을 주는 것이죠.

엔비디아의 생태계 확장은 하드웨어 제조사와의 연합으로 더욱 공고해지고 있습니다. 실제로 CES 2026에서 글로벌 PC 판매량 1위 레노버(Lenovo)는 엔비디아와 협력하여 'AI 클라우드 기가팩토리'를 만들겠다고 발표했습니다. 젠슨 황이 직접 레노버의 기조연설 무대에 올라 양사의 협력을 과시했습니다. 이는 AI 학습은 클라우드에서, 추론은 기기 내부의 엣지(Edge) 디바이스에서 수행하는 '하이브리드 AI' 시대를 열기 위한 인프라 동맹입니다. 엔비디아는 이처럼 파트너사들을 자사의 플랫폼 안으로 끌어들이며 대체 불가능한 AI 운영체제가 되어가고 있습니다.

플랫폼 회사 엔비디아,
치맥 회동·지포스 행사

젠슨 황은 왜 한국에 26만 장의 GPU를 약속했나?

2025년 10월 30일 저녁, 서울 삼성동에서 놀라운 장면이 연출됩니다. 세계 시가총액 1위 엔비디아의 젠슨 황 CEO, 삼성전자 이재용 회장, 현대자동차그룹 정의선 회장이 치킨집 테이블에 둘러앉아 맥주를 마시며 환하게 웃고 있는 모습 말입니다. 언론은 이를 '치맥 회동'이라 불렀고, 한국 재계는 들썩였습니다. 젠슨 황은 치맥 회동 직후 서울 코엑스 K팝 광장에서 지포스 게이머 페스티벌에 참석해 지포스 한국 진출 25주년 기념 행사를 했습니다. 여기에는 이재용 회장과 정의선 회장도 참석해 메인 무대에 올랐습니다.

다음 날 경주 APEC 정상회의장에서 젠슨 황은 한국 정부와 기업들에 26만 장의 최신 GPU를 공급하겠다고 선언했는데, 거래규모는 무려 14조 원에 달합니다.

젠슨 황이 본 피지컬 AI 시대 한국의 가치

본격적으로 열리고 있는 피지컬 AI 시대에 젠슨 황이 본 한국의 가치는 3가지라고 할 수 있습니다.

첫째, 세계적으로 봤을 때 상위권인 한국의 AI 기술력, 둘째, 반도체·자동차·조선·로봇·디스플레이 등 세계 최고 수준의 제조업 기반, 셋째, 차세대 GPU인 루빈과 베라 루빈의 핵심 부품인 HBM(고대역폭 메모리) 시장의 80%를 SK하이닉스와 삼성전자가 장악하고 있다는 점입니다. 여기에 로봇과 자동차를 생산하는 현대차그룹까지, 이것이 바로 젠슨 황이 한국을 '피지컬 AI를 실현할 중요한 파트너'이자 '테스트베드(시험대)'라고 한 이유입니다.

실제로 삼성전자는 GPU 5만 장으로 'AI 팩토리'를 구축해 반도체 설계부터 제조까지 전 과정에 AI를 접목할 예정이고, 현대차그룹 역시 5만 장으로 자율주행차·스마트 팩토리·로보틱스 모델을 훈련시킬 계획입니다. SK그룹은 5만 장으로 '제조 AI 클라우드'를, 네이버는 6만 장으로 '피지컬 AI 플랫폼'을 만들 예정입니다. 엔비디아의 옴니버스 플랫폼과 아이작 심(Isaac Sim) 로봇 시뮬레이터를 활용해 가상공간에서 로봇을 훈련시킨 뒤 현실세계에 배치하는 것이죠.

특히 주목할 점은 엔비디아와 현대차그룹이 한국 정부의 피지컬 AI 클러스터 구축에 약 30억 달러(약 4조 원)를 공동 투자하는 양해각서(MOU)를 체결했다는 것입니다. 이는 한국을 아시아 피지컬 AI 허브로 만들겠다는 의지의 표현으로 볼 수 있습니다. 정치적으로 미국과 동맹관계이면서, 제조업과 AI 기술을 모두 갖춘 한국은 엔비디아에 장기적이고 안정적인 시장이자 파트너라고 할 수 있는 것이죠.

다만, 2025년 11월 트럼프 대통령이 최첨단 칩은 미국 외에는 누구도 갖지 못하게 하겠다고 선언했는데요. 엔비디아가 한국에 GPU 26만 장을 공급한다는 사실이 알려지자 나온 발언이었죠. 하지만 엔비디아가 한국에 공급 예정인 데이터센터용 AI 슈퍼컴퓨터의 뇌인 GB200 그레이스 블랙웰과 전문가용 고성능 그래픽카드 RTX 6000 시리즈는 이미 생산라인에 올라 있고, 한국은 미국의 핵심 동맹국이라는 점에서 실제 영향은 제한적일 것으로 전망됩니다.

젠슨 황은 왜 자녀들을 로보틱스 분야로 보냈나?

젠슨 황의 두 자녀 스펜서 황과 매디슨 황은 로보틱스와 AI 분야에서 커리어를 쌓고 있습니다. 이는 피지컬 AI와 로보틱스가 지금 당장 폭발하고 있는 현실이기 때문입니다.

미국 스타트업 어질리티 로보틱스(Agility Robotics)의 휴머노이드 로봇 디지트(Digit)는 이미 아마존과 세계 최대 계약 물류회사 GXO의 물류창고에서 일하고 있습니다. 디지트는 자율이동 로봇(AMR)과 컨베이어벨트 사이를 오가며 물품이 담긴 플라스틱 토트 박스(Tote box)를 옮깁니다. 컨베이어에 실을 수 없을 만큼 박스가 많으면, 옆에 차곡차곡 쌓은 후 나중에 다시 컨베이어로 이동시키는 유연성까지 발휘합니다. AI가 우리가 사는 물리적 세계에서 함께 일하고 살아가는 시대가 이미 폭발하는 현실이 되고 있는 것입니다.

이들의 행보는 한국과의 파트너십을 다지는 데에도 결정적인 역할을 했습니다. 2025년 가을, 젠슨 황의 방한에 앞서 딸 매디슨 황은 핵심 조직의 일원으로 서울을 먼저 찾았습니다. 삼성전자 수원 생산기술연구소와 국내 로봇 기업 부스를 비공개로 방문해 기술력을 점검했고, 아들 스펜서 황 역시 서울 코엑스에서 열린 콘퍼런스 패널로 나서 휴머노이드 로봇의 미래를 논했습니다. 이는 엔비디아가 한국을 피지컬 AI의 핵심 전초기지로 보고, 실무 차원에서 치밀하게 사전검증을 마쳤음을 보여준다고 할 수 있습니다.

플랫폼 회사 엔비디아, AI 시대의 운영체제

엔비디아는 더이상 GPU만 파는 회사가 아닙니다. 칩부터 인프라·모델·애플리케이션에 이르기까지 AI 풀스택을 만들고 있습니다. 또한 칩 제조사를 넘어 'AI 시대의 운영체제'가 되려고 합니다.

CES 2026에서 엔비디아가 공개한 5가지 핵심 자산을 보면 이 전략이 더 명확해집니다.

먼저, 피지컬 AI 풀스택 플랫폼입니다. 로봇 및 자율주행차용 추론 칩 토르(Thor), 훈련용 고성능 GPU GB300, 시뮬레이션용 RTX 프로, 시뮬레이션 가상환경인 옴니버스 플랫폼, 제품개발 과정에서 활용되는 AI 모델까지 갖추고 있습니다. 그리고 월드 파운데이션 모델인 코스모스, 휴머노이드 로봇을 위한 비전-언어-행동(VLA) 모델 그루트(GR00T) N1.6, 자율주행용 오픈소스 모델 알파마요, 차세대 AI 슈퍼 컴퓨팅 플랫폼 베라 루빈이 있습니다. 젠슨 황은 피지컬 AI를 구현하기 위해 훈련용·추론용·시뮬레이션용 3가지 컴퓨팅이 필요하다고

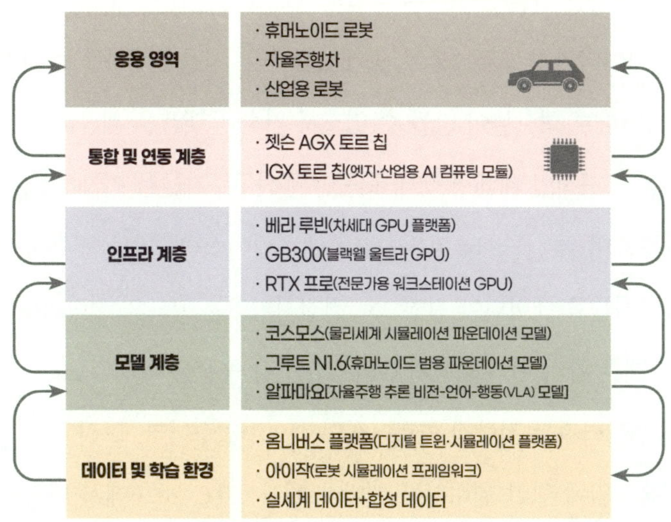

강조한 바 있습니다.

CES 2026에서 공개한 이 5가지 핵심 자산은 2개월 뒤인 3월, 엔비디아의 연례 개발자 행사인 GTC에서 한 단계 더 업그레이드되었습니다. 로봇 파운데이션 모델 그루트는 N1.7로 상용 라이선스 단계에 접어들었고, 차세대 N2를 곧 공개할 예정이라고 밝혔습니다. 코스모스는 3세대로 진화해 합성 세계 생성, 비전 추론, 행동 시뮬레이션을 하나로 통합했습니다. 그리고 에이전트 시대를 위한 새로운 무기로 네모클로(NemoClaw)라는 오픈소스 에이전트 플랫폼을 공개했습니다. 이 진화의 상세한 내용은 이 장의 뒤에서 더 깊이 다루겠습니다.

오픈소스 전략으로 생태계 장악

엔비디아는 자율주행을 위한 알파마요 모델뿐만 아니라, 훈련에 사용된 데이터까지 오픈소스로 공개했습니다. 자율주행차를 직접 만들지 않고, 다른 회사들이 만들 수 있도록 기술 플랫폼을 제공하는 것이죠. 이는 독자적인 폐쇄형 생태계를 만든 선두주자들을 견제하고, 재규어 랜드로버·루시드(미국 전기차 회사)·메르세데스-벤츠 등 전통적 자동차 제조사들을 엔비디아 진영으로 결집시키려는 고도의 전략입니다.

젠슨 황의 치맥 회동과 GPU 26만 장 공급은 피지컬 AI 시대를 함께 열어가자는 전략적 파트너십의 선언이었습니다. 그리고 이 파트너십은 3월에 열린 엔비디아 개발자 행사 GTC 2026에서 더욱 구체화되었습니다.

SK그룹 최태원 회장이 처음으로 GTC를 직접 방문해 젠슨 황과 AI 동맹을 재확인했고, 삼성전자는 차세대 고대역폭 메모리인 HBM4E 실물 칩을 세계 최초로 공개했습니다. 젠슨 황은 기조연설 직후 삼성전자 부스를 찾아서 "생큐, 삼성"이라며 양사의 협력을 과시했습니다. 현대차와 기아는 엔비디아와 자율주행 레벨 2 이상부터 레벨 4 로보택시까지 공동개발에 착수했습니다.

더 인상적인 것은 젠슨 황이 GTC 기자회견에서 한국을 직접 언급한 대목입니다. "한국, 독일, 일본이 IT 혁명을 건너뛰고 AI와 메카트로닉스로 직행하면, 로보틱스와 피지컬 AI의 새로운 중심이 될 수 있다." 한국이 이 기대에 부응할 준비가 되어 있는지, 이제 우리가 답할 차례입니다.

비전이 설계도가 되다

CES에서 GTC까지 70일의 기록

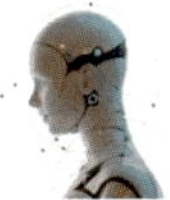

CES 2026에서 '피지컬 AI의 챗GPT 모멘트'를 선언한 지 불과 70일 뒤, 젠슨 황은 GTC 2026 무대에 '설계도'를 들고 나왔습니다. 2시간 30분에 걸친 기조연설에서 AI 산업의 모든 계층을 하나하나 짚으며, 엔비디아가 칩 회사를 넘어 'AI 시대의 운영체제'를 완성해가고 있음을 보여주었습니다.

AI가 AI를 고용하는 시대, 에이전틱 스케일링

젠슨 황이 던진 가장 파괴적인 메시지는 '에이전틱 스케일링(Agentic Scaling)'이라는 새로운 개념입니다.

AI 산업에서 스케일링 법칙은 쉽게 말해, 더 많은 컴퓨팅 자원을 투입하면 더 강력한 AI가 나온다는 법칙입니다. 그동안 이 법칙은 3가지 단계로 진화해 왔습니다.

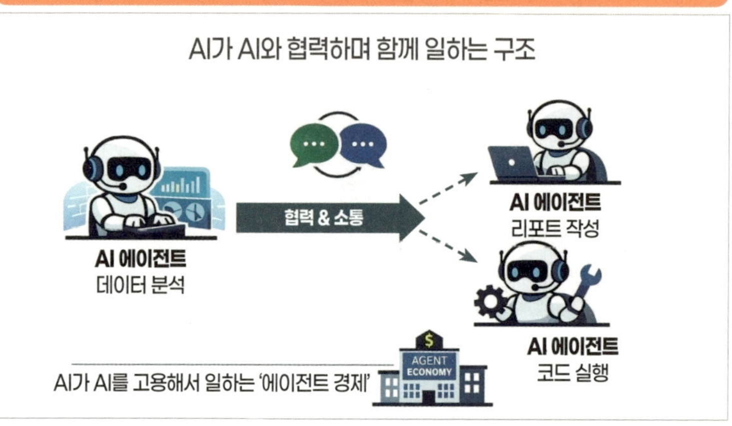

첫째, 더 큰 모델과 더 많은 데이터로 사전학습하는 것, 둘째, 학습된 모델을 사후학습으로 미세조정하는 것, 셋째, 오픈AI의 o1 모델이 보여준 것처럼 더 오래 생각하게 하는 '추론 시간 스케일링'입니다.

젠슨 황은 여기에 4번째 법칙을 추가했습니다. AI가 인간뿐 아니라 다른 AI와 소통하고 협력하면서 더 나은 결과를 만들어내는 '에이전틱 스케일링'입니다. 하나의 AI 에이전트가 데이터를 분석하면, 다른 AI가 보고서를 작성하고, 또 다른 AI가 코드를 실행합니다. AI가 AI를 '고용'해서 일을 시키는 구조, 이것이 '에이전트 경제(Agent Economy)'의 시작인 것입니다.

이것이 피지컬 AI와 무슨 관계가 있느냐고요? 공장에서 로봇 여러 대가 동시에 작업할 때를 생각해 보세요. 하나의 로봇이 부품을 인식하면, 다른 로봇이 경로를 계획하고, 또 다른 로봇이 실제 조립을 합니다. 이를 뒷받침하기 위해 엔비디아는 네모클로(NemoClaw)라는 오픈소스 에이전트 플랫폼을 공개했습니다. 최근 전 세계적으로 화제가 된 AI 에이전트 프레임워크 오픈클로(OpenClaw)에 엔비디아의 AI 모델 네모트론(NemoTron)과 보안 런타임을 결합한 것입니다.

1조 달러 파이프라인

GTC 2026에서 월스트리트의 눈을 번쩍 뜨이게 한 숫자가 나왔습니다. 바로 '1조 달러(약 1,400조 원)'입니다.

젠슨 황은 2025~2027년 엔비디아의 차세대 GPU인 블랙웰과, 다음 세대인 베라 루빈 플랫폼에 대한 누적 수요가 최소 1조 달러에 달할 것이라고 선언했습니다. 불과 1년 전에 열린 GTC 2025에서 전망치로 5,000억 달러를 제시했는데, 두 배로 올린 것이죠.

기자회견에서 "베라 루빈이 블랙웰 수요를 잠식하는 것 아닌가요?"라는 질문에 젠슨 황은 이렇게 대답했습니다.

"아이폰 3가 출시되었을 때, 기존 아이폰 1 수요를 잠식한 비율이 얼마였나요? 99.9%가 신규 수요였습니다. 앞으로 발생하는 AI 수요의 99%는 신규 수요일 것입니다."

골드만삭스는 이 발표가 "AI 인프라 투자가 정점을 찍고 하락할 것이라는 '자본지출 피크아웃 공포'를 해소했다"고 평가했습니다.

피지컬 AI 기술 스택의 완성

CES 2026에서 엔비디아는 코스모스(Cosmos)라는 월드 파운데이션 모델과 아이작 그루트(Isaac GR00T) N1 시리즈를 공개했습니다. 그런데 불과 70일 만에 이 기술들이 한 세대 더 진화했습니다.

GTC 2026에서 공개된 코스모스 3는 엔비디아 최초의 '통합 월드 파운데이션 모델'입니다. 합성 세계 생성, 비전 추론, 행동 시뮬레이션을 하나의 모델로 통합했습니다. 로봇에게 '상상력'을 부여한다고 할까요? 로봇에게 아직 겪지 않은 상황을 미리 시뮬레이션하고, 그 결과를 예측한 뒤에 행동을 결정하는 능력을 준 것이죠.

그루트 N1.7은 상용 라이선스로 정식 출시 전 체험 서비스가 시작되었고, 차세대 모델인 그루트 N2도 2026년 말 출시 예정입니다. 그루트 N2는 드림제로(DreamZero) 연구에 기반한 '월드 액션 모델' 아키텍처를 사용하며, 기존 비전-언어-행동(VLA) 모델 대비 새로운 환경에서 새로운 작업의 성공률이 2배 이상 높다고 합니다.

또한 아이작 랩(Isaac Lab) 3.0이 뉴턴 물리엔진(Newton Physics Engine) 1.0과 함께 사전 체험 서비스를 시작했습니다. CES에서 제시된 '옴니버스+코스모스+그루트' 3종 세트가 70일 만에 각각 한 세대씩 업그레이드된 것입니다.

110대의 로봇과 200만 대의 설치 기반

GTC 2026 전시장에는 110대의 로봇이 전시되었는데요. 스위스의 세계적인 산업용 로봇 회사 ABB, 일본의 화낙(FANUC)과 야스카와전기(YASKAWA), 독일의 쿠카(KUKA)가 모두 엔비디아의 옴니버스 라이브 러리를 자사 로봇 시뮬레이션 도구에 통합했습니다. 젠슨 황은 "모든 산업 기업이 로보틱스 기업이 될 것"이라고 선언했습니다.

자율주행 분야에서도 중국의 BYD·지리, 한국의 현대자동차, 일본의 닛산 등 연간 1,800만 대를 생산하는 완성차 업체들이 엔비디아의 로보택시 플랫폼을 신규 채택했습니다. 우버는 2027년부터 엔비디아 기반 로보택시 네트워크를 운영하고, 2028년까지 4개 대륙 28개 도시로 확장하겠다고 발표했습니다.

디즈니 올라프 로봇의 기술 해부

이 장의 맨 앞에서 소개한 GTC 2026의 디즈니 올라프 로봇 시연은 단순한 퍼포먼스가 아닙니다. 디즈니의 연구개발 부서인 월트 디즈니 이매지니어링은 엔비디아, 구글 딥마인드와 함께 '카미노(Kamino)'라는 시뮬레이터를 개발해 올라프 로봇에게 걷는 법을 학습시켰습니다. 올라프의 두뇌는 젯슨 칩, 물리법칙은 뉴턴 엔진, 걷는 법은 옴니버스에서 익혔습니다.

올라프가 배 위에서도 균형을 잡을 수 있도록 훈련된 것도 주목할 점입니다. 디즈니랜드 파리의 쇼가 해안 호수 위의 배에서 진행되기 때문입니다. 흔들리는 바닥 위에서 넘어지지 않고 걸어다니는 로봇은 공장 바닥의 산업용 로봇과는 차원이 다른 도전입니다.

젠슨 황은 올라프 로봇을 바라보며 말했습니다. "상상해 보세요. 디즈니랜드의 미래를. 이 모든 캐릭터들이 돌아다니는 모습을." 피지컬 AI는 더 이상 공장에만 머무는 기술이 아닙니다. 우리 아이들이 좋아하는 캐릭터에게 생명을 불어넣는 기술이기도 합니다.

CES에서 GTC까지, 피지컬 AI 70일의 진화

CES 2026에서 피지컬 AI의 비전이 선언되었고, GTC 2026에서 기술 스택이 한 세대씩 업그레이드되어 공개되었습니다. 산업용 로봇 업계의 4대 거인이 엔비디아 플랫폼을 채택했고, 시장 전망은 1조 달러로 두 배가 되었으며, 디즈니 올라프 로봇은 피지컬 AI가 우리 일상에 들어오는 순간을 보여주었습니다.

또한 GTC 2026은 AI 산업이 '모델 경쟁'에서 '에이전트 경제 경쟁'으로 이동하고 있음을 보여주었습니다. 엔비디아는 에이전트 경제의 인프라 기업으로 진화하고 있습니다.

MWC 2026, 통신의 미래도 피지컬 AI를 향한다

CES와 GTC 사이인 3월 초, 스페인 바르셀로나에서는 세계 최대 이동통신 박람회(MWC)가 열렸습니다. 이번 MWC의 5대 핵심 트렌드에 피지컬 AI가 포함된 것은 의미심장합니다.

첫째, 통신사들의 대전환입니다. SK텔레콤·KT·LG유플러스 3사가 한목소리로 "AI 기업으로 전환한다"고 선언했습니다. SK텔레콤은 전국 1기가와트 이상 규모의 초대형 AI 데이터센터를 구축하겠다고 발표했으며, LG유플러스는 국내 통신사 중 유일하게 기조연설에 나서 AI 에이전트 '익시오(ixi-O)'가 휴머노이드 로봇과 결합하는 미래 비전을 발표했습니다.

왜 통신사들이 피지컬 AI에 열을 올리는 것일까요? 로봇과 자율주행차가 실시간으로 움직이려면 초저지연 네트워크가 필수이고, 전국에 기지국을 보유한 통신사야말로 이 인프라를 가장 현실적으로 구현할 수 있는 주체이기 때문입니다. 엔비디아가 MWC에서 SKT·소프트뱅크·T모바일 등과 함께 'AI 네이티브 6G' 플랫폼을 공동 구축하기로 한 것도 같은 맥락입니다.

둘째, 로봇폰(Robot Phone)의 등장입니다. 중국 아너(Honor)가 세계 최초로 공개한 '로봇폰'은 뒷면에 접이식 짐벌 카메라 암이 탑재된 스마트폰입니다. 스마트폰이라는 가장 친숙한 기기 안에도 피지컬 AI의 DNA가 스며들고 있는 것이죠.

셋째, 중국의 전략입니다. 샤오미의 전기 하이퍼카, 차이나모바일의 컴퓨팅-네트워크 통합 기술, 화웨이의 AI 중심 네트워크 솔루션까지, 미중 기술 경쟁이 AI 인프라 전반으로 확대되고 있습니다.

CES에서 로봇들이 움직이는 모습을 봤다면, 세계 최대 이동통신 박람회인 MWC에서는 그 로봇들이 실제로 작동하기 위해 어떤 인프라가 필요한지를 보여준 셈입니다. 피지컬 AI는 로봇 하드웨어만의 경쟁이 아니라, 네트워크·엣지 컴퓨팅·데이터센터·에너지까지 총체적 시스템의 경쟁인 것입니다.

3년 전에 챗GPT를 알아봤더라면

2022년 11월, 그날의 선택이 가른 것

2022년 11월 30일, 샌프란시스코의 스타트업 오픈AI가 공개한 AI 모델 하나가 세상을 완전히 뒤집어 놓을 줄은 몰랐습니다. 심지어 이 기술을 만든 오픈AI의 CEO 샘 올트먼조차 그냥 연구용 프리뷰(Preview) 정도라고 생각했다고 합니다.

하지만 3년이 지난 지금, 세상이 빠르게 변했습니다. 만약 2022년 겨울, 생성형 AI인 챗GPT 공개가 갖는 진짜 의미를 꿰뚫어 보았다면 어땠을까요? 구체적으로 말해, 그때 엔비디아 주식을 샀다면 말입니다. 엔비디아 주가는 2022년 11월 말 143달러에서 불과 3년 만인 2025년 말 1,700달러를 돌파하며 약 1,087% 상승했고, 시가총액은 세계 최초로 5조 달러를 돌파했습니다.

많은 사람들이 챗GPT 사용자가 출시 5일 만에 100만 명, 두 달

만에 1억 명을 돌파하는 것을 보며 놀라고, 실제로 써보면서 신기해했지만, 소수의 사람들은 다른 질문을 던지고 있었습니다. "이 AI가 전 세계에서 돌아가려면, 도대체 무엇이 필요한가?" 그 답을 알아챈 사람들의 계좌는 3년 만에 12배로 불어난 것입니다.

표면이 아닌 구조를 읽는 법

흥미로운 점은, 당시 이 모든 변화가 충분히 예측 가능했다는 것입니다. 챗GPT를 전 세계 수억 명에게 서비스하기 위해서는 물리적 생태계가 필요합니다. 대부분의 사람들은 기술의 화려한 결과(표면)만 보았지만, 그 밑단에 있는 구조, 즉 생태계 전체를 읽어낸 투자자와 기업가들은 다음과 같은 '보이지 않는 승자들'을 찾아냈습니다.

먼저, 반도체 생태계의 폭발입니다.

챗GPT 같은 거대언어모델을 돌리려면 엄청난 연산능력이 필요한데, 덕분에 엔비디아의 GPU는 '21세기의 원유'가 되었습니다. 또한 GPU가 제 성능을 내려면 엄청난 양의 데이터를 빠르게 처리할 고속도로가 필요한데, 이것이 바로 HBM(고대역폭 메모리)입니다. 이 시장을 선점한 SK하이닉스는 영업이익률이 2023년 적자에서 2025년 약 47조 원 규모의 흑자로 돌아섰으며, 주가는 2023년 말 13만~14만 원 수준에서 2026년 2월 100만 원을 넘어서는 등 특수를 톡톡히 누렸습니다. 이 모든 칩을 실제로 만들어내는 파운드리 업체 TSMC와 이를 추격하는 삼성전자도 엄청난 수혜를 입었습니다.

둘째, 클라우드 인프라 전쟁입니다.

반도체를 대규모로 사들여 거대한 'AI 공장'을 지은 기업들입니다. 마이크로소프트는 오픈AI에 130억 달러를 과감히 투자하고, 자사의 모든 제품(윈도우·오피스·빙 등)에 AI를 장착하며 주가를 두 배 가까이 끌어올렸습니다. 아마존은 2024년 한 해에만 AI 인프라 구축에 750억 달러를 쏟아부었습니다.

셋째, 대부분이 미처 예상하지 못한 '전력 인프라'의 부상입니다.

AI 데이터센터가 먹어 치우는 전력량은 상상을 초월합니다. 오픈AI의 데이터센터 전기료는 시간당 수십만 달러에 달합니다. 2024년 글로벌 AI 데이터센터의 전력 소비량이 벨기에의 전체 소비량과 맞먹는다는 보고가 나오면서 전력시장이 요동쳤습니다. 미국의 비스트라 에너지(Vistra Energy), 컨스텔레이션 에너지(Constellation Energy) 같은 발전 기업의 주가가 150~200% 폭등했습니다.

역사는 반복된다

CES 2026에서 엔비디아 젠슨 황 CEO의 "피지컬 AI의 '챗GPT 모멘트'가 왔다"는 선언은 '역사는 반복된다'는 생각을 떠오르게 합니다. 3년 전 챗GPT를 보고 그냥 신기하다며 지나쳤듯, 지금 피지컬 AI를 보고 신기하다며 그냥 지나친다면, 어쩌면 3년 뒤 똑같은 후회를 하게 될 수도 있습니다.

챗GPT가 디지털 생태계를 흔들었다면, 피지컬 AI는 제조·물류·건설·에너지 등 실물경제 전체를 뒤흔들 것입니다. 그렇다면 이번에는 어떤 생태계가 움직일까요? 다음 장에서 이 점을 살펴보겠습니다.

피지컬 AI 생태계 들여다보기

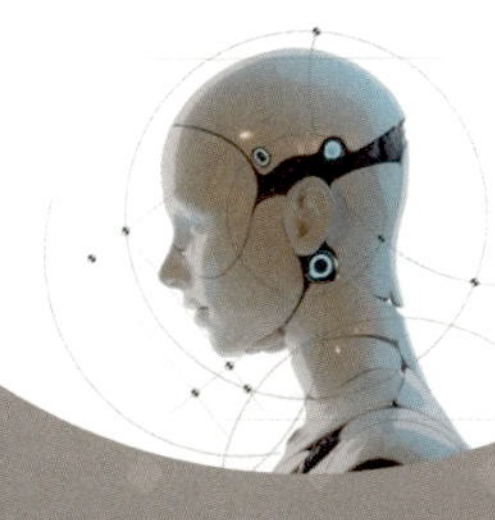

피지컬 AI는
어떻게 진화하고 있는가?

피지컬 AI의 4가지 구분

엔비디아와 글로벌 리서치 업계는 피지컬 AI를 상호작용 방식에 따라 이동·조작·관측·운영 통합 등 4가지로 구분합니다.

이동 기반 피지컬 AI는 자율주행차가 대표적인데, 병원·캠퍼스·공항 등 복합 공간에서 사람과 물류의 흐름을 인식하고 경로를 조정하는 자율 이동 로봇(AMR)도 여기에 속합니다. 조작 기반 피지컬 AI는 제조현장의 산업용 로봇 팔부터 수술 보조 로봇, 물류센터의 피킹 로봇까지 범위가 넓습니다.

관측 기반 피지컬 AI는 물리적 상태를 감지하고 데이터를 해석하는데, 풍력 터빈을 점검하는 드론, 송유관을 모니터링하는 자율 로봇, 재난현장을 탐색하는 구조 로봇 등이 여기에 해당합니다.

아울러 운영 통합 피지컬 AI는 공간·설비·사람의 활동을 하나의

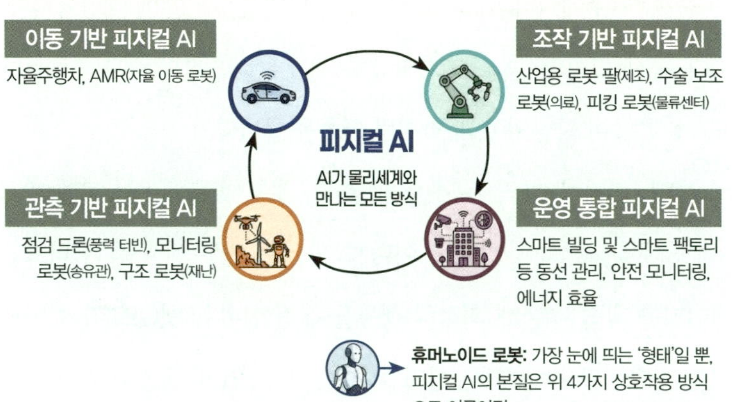

시스템으로 연결해 관리합니다. 스마트 빌딩에서 카메라와 센서, AI를 연동해 동선 관리, 안전 모니터링, 에너지 효율을 통합적으로 최적화하는 것이 대표적 사례죠. 이 경우 피지컬 AI는 운영체계의 일부로 작동합니다. 이처럼 피지컬 AI는 물리환경을 인식·판단·제어로 연결하는 상호작용 방식 전체를 포괄하는 개념으로 확장되고 있습니다.

피지컬 AI를 가능케 하는 4가지 핵심 요소

먼저, 피지컬 AI를 가능케 하는 핵심 요소 중 하나는 센서와 비전 시스템으로 피지컬 AI의 '눈'과 '귀'에 해당합니다. 카메라·라이다(LiDAR)·깊이 센서·촉각 센서 등이 외부환경을 실시간으로 감지합니다. 라이다는 레이저를 쏘아 돌아오는 시간으로 물체와의 거리·형상·위치를 3차원으로 정밀하게 측정한 원격 감지 기술을 말합니다. 최근에 피지컬 AI는 3D 공간을 인식하고 물체가 단단한지, 부드러운지,

미끄러운지까지 파악하는 수준으로 발전했습니다.

둘째, 액추에이터(Actuator)로 피지컬 AI의 '손'과 '발'에 해당합니다. 모터·관절·그리퍼(Gripper, 로봇 팔 끝에 부착되어 물건을 집고 들거나 조작하는 핵심 손 장치) 등이 사람의 손과 발처럼 행동을 합니다.

셋째, 피지컬 AI의 '두뇌'에 해당하는 로봇 파운데이션 모델(Robot Foundation Model, RFM)입니다. 이미지·텍스트·음성·센서 등 멀티모달 데이터를 학습·추론해 최적의 행동을 결정합니다. 챗GPT가 언어모델을 기반으로 작동하듯, 피지컬 AI는 비전-언어-행동(VLA) 모델을 기반으로 돌아갑니다.

넷째, 이 모든 요소를 연결하고 즉각적인 반응을 가능하게 하는 '신경계' 같은 역할을 하는 실시간 제어 네트워크입니다. 로봇이 물건을 집으려다 미끄러지면 밀리초(ms) 단위로 잡는 힘을 조정해야 하는데, 이런 실시간 피드백 루프가 없으면 피지컬 AI는 작동할 수 없습니다.

이 4가지 요소가 유기적으로 결합될 때, 비로소 로봇은 상황에 따라 유연하게 대응하는 물리적 지능을 갖추게 됩니다.

AI의 4번째 진화 단계, 피지컬 AI

AI는 지금 4번째 진화 단계를 향해 달려가고 있습니다. 언어모델(LLM)에서 비전-언어 모델(VLM)→비전-언어-행동 모델(VLA)→월드 모델(World Model)로 진화하고 있습니다. 이 진화의 끝에 피지컬 AI가 완성될 것입니다.

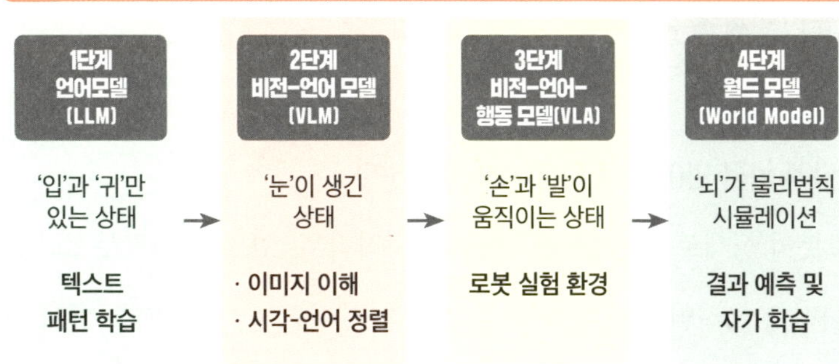

1단계 언어모델(LLM): 텍스트를 이해하다

챗GPT·제미나이·클로드 등 거대언어모델들은 엄청난 양의 텍스트 데이터로 학습했고, '다음 단어 예측'을 통해 "나는 오늘 아침에 커피를"이라는 문장 다음에 올 단어를 "마셨다"로 예측하는 식으로 텍스트를 생성합니다.

2단계 비전-언어 모델(VLM): 눈을 뜨다

비전-언어 모델(Vision-Language Model)은 이미지와 영상을 보고 그 의미를 언어로 이해하고 설명합니다. 이 분야의 시작을 연 것은 2021년 오픈AI의 CLIP 모델입니다. 비전 모델과 언어모델을 결합하여 대조학습을 통해 강아지 이미지와 '강아지'라는 텍스트를 벡터 공간에 가깝게 두어 학습시켰습니다. 당시로서는 놀랍게도, CLIP은 '높은 파도에서 서핑하는 사람' 같은 학습하지 않은 개념도 '사람, 서핑, 높은 파도'라는 개별 개념들을 조합해 이해할 수 있었습니다.

2023년에 등장한 LLaVA 모델은 한 발 더 나아가 이미지에서 학습된 개념을 기존 언어모델 공간으로 매핑시켜 주는 방식을 도입했습니다. 훨씬 효율적인 학습이 가능해진 것이죠.

3단계 비전-언어-행동 모델(VLA): 행동하다

로봇이 실제로 물건을 집고 옮기고 조작할 수 있으려면, 로봇 스스로 '어떻게 움직일 것인가'까지 결정할 수 있어야 합니다. 비전-언어-행동 모델(Vision-Language-Action Model)은 AI가 보고 이해할 뿐만 아니라 행동을 결합한 것입니다. 구글 딥마인드가 2022년과 2023년에 연이어 발표한 RT-1과 RT-2가 이 분야의 문을 연 혁신적인 연구입니다.

구글의 RT-1, 로봇에 트랜스포머를 심다 | RT-1(Robotics Transformer 1)은 로봇이 앞뒤 맥락을 이해할 수 있게 트랜스포머 아키텍처를 적용한 첫 시도였습니다. 구글 딥마인드는 로봇 13대를 17개월 동안 운용해서, 13만 개 이상의 시연 데이터를 수집해 700개 이상의 서로 다른 작업 데이터를 하나의 모델로 학습시켰습니다.

RT-2, 웹 지식을 로봇에 전수하다 | RT-1이 로봇 시연 데이터만으로 학습했다면, RT-2는 한 단계 더 나아가 인터넷에서 학습한 대규모 비전-언어 모델(VLM)의 지식을 로봇 제어에 직접 전이(transfer)했습니다. 또한 로봇의 행동을 하나의 단어(텍스트 토큰)처럼 다루어, "사과를 집어라"라는 명령을 들으면 일련의 사고과정이 텍스트로 생성되고, 그다음에 로봇의 움직임을 위한 액션 토큰이 생성되어 순서대로 행동을

하게 했습니다.

아울러 RT-2는 '사고의 연쇄 추론' 능력이 있어서, 사용자가 "망치를 들고 못을 박아줘"라고 명령했는데 주변에 망치가 없으면, 로봇이 스스로 옆에 있는 돌을 망치로 써야겠다고 판단할 수 있습니다. RT-2는 RT-1 대비 새로운 명령에서 2~3배 높은 성능을 기록했습니다. 웹에서 학습한 방대한 지식이 로봇 제어에 직접 전이되었기 때문입니다.

엔비디아의 그루트 N1.6과 제미나이 로보틱스 비교 | 엔비디아는 2025년 휴머노이드 로봇을 위한 비전-언어-행동(VLA) 모델 그루트(GR00T) N1.6을 발표했습니다. 구글 딥마인드 또한 제미나이 2.0을 기반으로 한 '제미나이 로보틱스'를 통해 100회 미만의 시연만으로 새로운 작업을 70% 이상의 성공률로 수행하는 획기적인 진전을 이루어냈습니다.

이후 진화 속도는 놀라웠습니다. 2026년 3월 GTC에서 그루트 N1.7이 상용 라이선스로 정식 출시 전 체험 서비스에 들어갔고, 차세대 모델인 그루트 N2가 사전 공개되었습니다. 그루트 N2는 '드림제로(DreamZero)' 연구에 기반한 월드 액션 모델 아키텍처를 사용하는데, 기존 비전-언어-행동(VLA) 모델 대비 처음 보는 환경에서 처음 하는 작업을 성공하는 비율이 2배 이상 높아졌습니다. 로봇이 '배운 것을 반복'하는 수준을 넘어 '처음 보는 상황에서도 적응'하는 수준으로 진화하고 있는 것입니다.

엔비디아가 '시뮬레이션과 합성 데이터'로 접근했다면, 구글은 '대규모 멀티모달 거대언어모델의 추론 능력'을 로봇에 이식한 것입니다. '이것은 컵이다'라고 인식하는 수준을 넘어 '컵이 테이블 끝에 있으니 떨어뜨리지 않으려면 어떻게 잡아야 할까?'라는 체화 추론(Embodied Reasoning)을 하는 것이죠.

4단계 월드 모델: 물리법칙을 이해하다

1998년 개봉한 영화 「매트릭스」에서 네오(키아누 리브스 분)는 가상환경에서 모피어스와 대련하고, 에이전트들과 무수히 싸우면서 쿵푸를 익힙니다. 실제 세계에서는 몇 년이 걸릴 훈련을 금방 끝냅니다.

피지컬 AI 시대의 월드 모델도 마찬가지입니다. 가상세계를 만들고, AI가 거기서 수천만 번, 수억 번 넘어지며 학습합니다. 거대언어모델이 텍스트의 다음 단어를 예측했다면, 월드 모델은 물리세계의 다음 장면, 즉 어떤 행동을 하기 전에 그 행동의 결과를 머릿속에서 시뮬레이션해서 예측하는 것이죠.

(AI 생성 이미지)

엔비디아의 자율주행 모델 알파마요는 이 월드 모델 기반의 추론 과정을 잘 보여줍니다. 앞에서 달리던 택시가 갑자기 속도를 줄이며 도로 가장자리로 붙어 멈추면, 알파마요는 그 택시의 차문이 열리고 승객이 내릴 가능성이 있다고 보고, 비상 정지 준비라는 인간 수준의 사고 흐름(Trace)을 생성하며 운전합니다.

이 학습을 가능하게 하는 것이 합성 데이터입니다. 현실에서 로봇 데이터를 수집하는 것은 너무 비싸고 느린데, 엔비디아의 시뮬레이션 플랫폼인 옴니버스와, 월드 파운데이션 모델인 코스모스는 가상환경에서 물리법칙을 반영한 사실적인 데이터를 무한히 생성해냅니다. 특히 코스모스는 3D 장면 설명을 입력받아 현실적인 영상을 생성하고, 추론·궤적 예측·상호작용 시뮬레이션 같은 핵심 기능을 수행합니다.

엔비디아·구글, 그리고 중국의 피지컬 AI 모델 전략

엔비디아와 구글이 시뮬레이션과 합성 데이터, 그리고 추론 능력으로 승부를 본다면, 중국은 전혀 다른 전략을 취하고 있습니다. 바로 '인해 전술'입니다.

중국의 경우 데이터 팩토리라는 산업을 통해 AI를 학습시키는 데이터를 생성하기도 합니다. 이를테면 요리사나 간호사가 실제로 하는 시연 행동을 통해 물리적 데이터를 축적하는 것이죠. VR 기기를 끼고 행동하면 그 데이터가 AI에 전달됩니다. 미국은 고급 기술로, 중국은 물량으로 같은 목표를 향해 달리고 있는 것입니다.

그런데 월드 모델과 합성 데이터가 만능은 아닙니다. '시뮬레이션-현실 간 전이 격차(Sim-to-Real Gap)' 문제가 있습니다. 현재 이 문제를 해결하기 위해 고충실도 시뮬레이션, 시뮬레이션에서 조명·색상·마찰 계수 등을 무작위로 변화시켜 학습하는 도메인 랜더마이제이션(Domain Randomization), 시뮬레이션에서 사전 학습한 뒤 소량의 실제 데이터로 미세 조정하는 방법 등이 모색되고 있습니다.

'비디오'로 로봇 행동 생성하는 새로운 학습 방식 등장

비전-언어-행동(VLA) 모델은 이미지와 언어를 행동으로 직접 연결하려고 했다면, 노르웨이의 로봇 스타트업 1X 테크놀로지스가 공개한 월드 모델 1XWM은 비디오 사전학습 기반으로 비디오 생성을 통해 로봇의 행동을 유도하는 새로운 방식입니다.

로봇에게 명령을 하면, 먼저 그 작업을 성공적으로 수행하는 미래 비디오 프레임을 생성하고, 그 비디오 픽셀의 움직임을 파악한 후 액추에이터 등을 제어해 움직입니다. 쉽게 말해, 유튜브 등에 있는 영상을 통해 물리법칙과 사물 상호작용을 학습하고, 학습 데이터에 없던 새로운 물체나 환경에서도 유연하게 대처하는 것이죠. 테스트 결과, 비디오 생성 품질이 높을수록 실제 작업 성공률도 높아진다고 합니다.

1X 테크놀로지스는 가정용 로봇 개발을 목표로 실제 가정에서 테스트를 시작했습니다. 구글·메타·엔비디아·월드랩스·런웨이, 그리고 중국 기업들도 비디오/3차원 기반 월드 모델을 연구 중인 것으로 알려져 있습니다. 피지컬 AI를 위한 월드 모델이 어디까지, 어떻게 진화해갈지 기대됩니다.

다음 3년을 위한 보물지도,
피지컬 AI 생태계 7계층

생성형 AI인 챗GPT가 디지털 생태계를 흔들었다면, 피지컬 AI는 어떤 생태계를 움직일까요? 피지컬 AI 생태계는 디지털 생태계보다 훨씬 광범위합니다. 피지컬 AI 두뇌부터 로봇 몸체, 이를 움직이는 에너지까지 마치 7층짜리 건물처럼 촘촘하게 연결되어 있습니다.

피지컬 AI의 7단계 밸류 체인

1층 전력 & 에너지 인프라(Foundation) | 전력과 에너지는 모든 것의 토대입니다. 데이터센터뿐만 아니라 로봇과 자율주행차가 움직이려면 막대한 이동형 에너지가 필요합니다. 고밀도 배터리 기술을 보유한 LG에너지솔루션·삼성SDI·SK온 같은 한국 기업들이 핵심입니다. 또한 자율주행 트럭이나 로봇을 위한 충전 인프라 기업들이 주목받을 것입니다.

아울러 거대한 로봇과 자율주행차를 빠르게 충전할 수 있는 인프라도 필수적입니다. 승용차뿐만 아니라 대형 모빌리티까지 커버하는 '메가와트 충전 시스템(MCS)' 같은 초고속 충전 기술이 로봇 물류망의 동맥 역할을 하게 될 것입니다.

2층 클라우드&데이터센터(External Brain) | 로봇의 지능을 학습시키는 훈련장입니다. 로봇이 현실세계에서 제대로 걷고 물건을 집으려면 가상세계(클라우드)에서 수억 번의 시행착오를 거쳐야 합니다. 이를 위한 AI 데이터센터 수요는 계속 폭증할 것입니다.

3층 AI 칩&메모리(Brain&Memory) | 로봇의 두뇌와 기억입니다. 데이터센터에서 로봇을 가르칠 엔비디아의 훈련용 칩, 로봇 머릿속에 들어가 순간적인 판단을 내릴 엣지 AI 칩(퀄컴·미디어텍 등)이 필요합니다.

특히 엔비디아는 데이터센터용 GPU뿐만 아니라 로봇 내부에 탑재되는 두뇌인 젯슨 토르(Jetson Thor) 같은 엣지 AI 플랫폼을 통해 로봇의 자율적인 판단을 지원하며 하드웨어 생태계까지 장악력을 넓히고 있습니다. 또한 글로벌 PC 판매량 1위 레노버 등도 엔비디아와 협력하여 AI 추론을 위한 엣지 서버와 인프라를 구축하며 피지컬 AI 시대를 대비하고 있습니다. 그리고 이 모든 칩에는 SK하이닉스와 삼성전자의 고성능 메모리(HBM·LPDDR)가 필수적으로 들어갑니다.

4층 센서&인식 기술(Eyes etc) | 인간이 눈으로 세상을 보듯, 자율주행차와 로봇은 라이다와 고성능 카메라로 세상을 봅니다. 소니의 이미지 센

피지컬 AI의 7단계 밸류 체인

7층: 응용 서비스(Application)

· 자율주행: 테슬라 · 웨이모 · 메르세데스-벤츠 · 현대차

· 스마트 제조: 두산 에너빌리티 · LS일렉트릭 · 포스코

· 물류 자동화: 아마존 로보틱스 · CJ대한통운

6층: 로보틱스 하드웨어(Body)

· 휴머노이드 로봇: 보스턴다이내믹스 · 테슬라 · 피겨AI · 1X 테크놀로지스 · 유니트리

· 산업용 로봇: ABB(스위스) · 화낙(일본) · 쿠카(독일)

· 한국: 현대로보틱스 · 두산로보틱스 · 레인보우로보틱스

5층: AI 플랫폼&소프트웨어(Mindset)

· 시뮬레이션: 엔비디아 옴니버스 · 제민스 디지털 트윈

· AI 모델: 엔비디아 코스모스/그루트(GR00T)/알파마요, 구글 RT-2

· 로봇 OS: 로스(ROS, 오픈소스) · 엔비디아 아이작 SDK

4층: 센서&인식 기술(Eyes etc)

· 라이다: 루미나 테크놀로지스 · 벨로다인 · 아우스터

· 카메라/이미지 센서: 소니 · 온세미컨덕터

· 한국: LG이노텍 · 삼성전기

3층: AI 칩&메모리(Brain&Memory)

· GPU/훈련 칩: 엔비디아 · AMD

· 추론 칩: 엔비디아 · 퀄컴 · 미디어텍

· 메모리: SK하이닉스 · 삼성전자 · TSMC(파운드리)

2층: 클라우드&데이터센터(External Brain)

· 하이퍼스케일러(초거대 클라우드 인프라 및 서비스 기업): 마이크로소프트 · AWS · 구글 · 메타

· 데이터센터: 디지털 리얼리티(Digital Reality) · 에퀴닉스(Equinix)

· 한국: LG CNS · 삼성SDS

1층: 전력&에너지 인프라(Foundation)

· 발전: 컨스텔레이션 에너지(Constellation Energy) · 비스트라(Vistra, 원전/천연가스)

· 배터리: LG에너지솔루션 · 삼성SDI · SK온

· 냉각/전력관리: 버티브(Vertiv) · 슈나이더 일렉트릭(Schneider Electric)

가치 창출 방향 ←

에너지/데이터 흐름 →

서, 루미나 테크놀로지스(Luminar Technologies)·벨로다인(Velodyne)·아우스터(Ouster)의 라이다와 함께 한국의 LG이노텍·삼성전기가 이 시장의 핵심 플레이어입니다.

5층 AI 플랫폼&소프트웨어(Mindset) | 로봇에게 '생각하는 법'을 가르치는 단계입니다. 엔비디아의 옴니버스 같은 시뮬레이션 플랫폼에서 로봇은 가상훈련을 마치고 현실로 나옵니다. 엔비디아의 코스모스 같은 AI 모델이 로봇의 운영체제(OS)가 될 것입니다. 이 흐름은 더욱 구체화되고 있습니다.

엔비디아는 범용 휴머노이드 파운데이션 모델인 아이작 그루트(Isaac GR00T)를 공개하며, 개발자들이 복잡한 코딩 없이도 로봇에 작업을 가르칠 수 있는 환경을 만들고 있고, 구글 딥마인드는 보스턴다이내믹스와 손잡고 로봇이 사물을 인지하고 추론하는 제미나이 로보틱스 모델을 상용화하기 시작했습니다.

6층 로보틱스 하드웨어(Body) | 미국의 피겨AI, 보스턴다이내믹스, 테슬라뿐만 아니라 한국 기업들의 약진이 기대됩니다. 현대로보틱스·두산로보틱스·레인보우로보틱스 등은 제조용 로봇을 넘어 서비스 로봇 시장을 노리고 있습니다. 로봇의 가장 어려운 기술 중 하나인 손과 정교한 조작 분야에서는 위로보틱스와 만드로 등 한국 스타트업들이 약진하고 있습니다.

7층 응용 서비스(Application) | 스마트 팩토리와 물류 자동화에 사활을 건 두산에너빌리티·LS일렉트릭·포스코, 물류 혁신을 이끄는 아마존 로보틱스, CJ대한통운 등이 피지컬 AI를 가장 먼저 도입해 생산성을 혁신할 기업들입니다.

응용 분야는 공장을 넘어 거친 야외 현장으로 확장되고 있습니다. 두산로보틱스는 AI가 스스로 경로를 생성해 용접이나 연마 작업을 수행하는 '스캔 앤 고(Scan&Go)' 솔루션을 선보였고, 농기계 업체 존디어(John Deere)는 자율주행 트랙터로 농업의 패러다임을 바꾸고 있습니다. 이제 바퀴가 달린 모든 것이 로봇이 되고, 그 로봇들이 일하는 모든 현장이 데이터센터가 되는 세상이 오고 있습니다.

다음 3년을 위한 선택

기술 트렌드를 읽는 능력이 곧 기회를 보는 눈입니다. 기술 생태계를 읽는 안목이 필요합니다.

지금 열리고 있는 피지컬 AI 시대에도 다시 두 부류가 생길 것입니다. 전력&에너지 인프라부터 로봇, 응용 서비스로 이어지는 피지컬 AI의 7단계 밸류 체인을 깊이 있게 들여다보세요.

3년 뒤, 2026년 초를 되돌아보았을 때, '그때 피지컬 AI 생태계를 이해해서 무척 다행이야. 미리 준비하길 정말 잘했다'고 생각할 수 있기를 바랍니다. 지금이 바로 우리의 다음 3년이 결정되는 순간입니다.

기술권력의 이동, 클라우드에서 엣지로

생성형 AI 거품론의 대두

2025년 8월, MIT 미디어랩 산하 난다(NANDA) 프로젝트 팀이 발표한 보고서는 실리콘밸리를 충격에 빠뜨렸습니다. 미국 기업들은 생성형 AI에 300억~400억 달러를 투자했는데, 무려 95%의 조직이 제로 수익을 기록하고 있다는 내용이었습니다. 시장 한 켠에서 생성형 AI에 대해 거품론의 목소리가 커졌습니다. IMF 역시 AI 투자 버블이 터질 수 있으며, 이는 닷컴 버블과 비교될 만한 수준일 것이라고 경고했습니다.

반전의 열쇠, 피지컬 AI의 등장

그런데 AI 거품론이 한창일 때, 엔비디아의 젠슨 황 CEO는 다보스 포럼과 CES 2026에서 이는 거품이 아니며, 오히려 피지컬 AI가 본격적인 성장 국면에 진입했다고 역설했습니다.

시장 잠재력은 숫자로 증명되고 있습니다. 휴머노이드 로봇 스타트업 피겨AI(Figure AI)는 2025년 하반기 시리즈 C 투자 라운드에서 기업가치를 약 390억 달러(약 52조 원)로 평가받았습니다. 이팩토리 뉴스의 기사에 따르면, 글로벌 피지컬 AI 시장이 2030년까지 약 1조 달러(약 1,400조 원)로 가파르게 성장할 것으로 전망됩니다.

투자시장의 흐름도 바뀌고 있습니다. 실리콘밸리의 벤처캐피털인 제너럴 카탈리스트는 최근 오하이오주의 비영리 병원 시스템인 서마 헬스(Summa Health)를 직접 인수했습니다. 병원에 AI 기술을 직접 도입하여 운영효율을 높이고, 병원 자체를 테크 기업으로 탈바꿈시키겠다는 '바이 투 트랜스폼(Buy to Transform)' 전략입니다. AI가 화면 밖으로 나와 실제 산업의 비효율을 해결하는 도구로 쓰이기 시작했음을 보여줍니다.

클라우드에서 엣지로

피지컬 AI의 부상은 컴퓨팅 권력의 이동을 가져오고 있습니다. AI가 중앙집중식 클라우드에서 현장 환경인 엣지(Edge)로 중심이 옮겨가고 있습니다. 이러한 흐름은 온디바이스 AI 제품의 폭발적인 증가로 이어지고 있습니다.

글로벌 PC 판매 1위 레노버는 CES 2026에서 스마트폰·PC·웨어러블을 아우르는 개인용 AI 에이전트 '레노버 키라'를 공개했습니다. 퀄컴 역시 향후 2년 내에 AI 웨어러블 기기 시장이 1억 달러 규모로 성장할 것이라 예측합니다. 클라우드를 거치지 않고 내 기기에서 즉

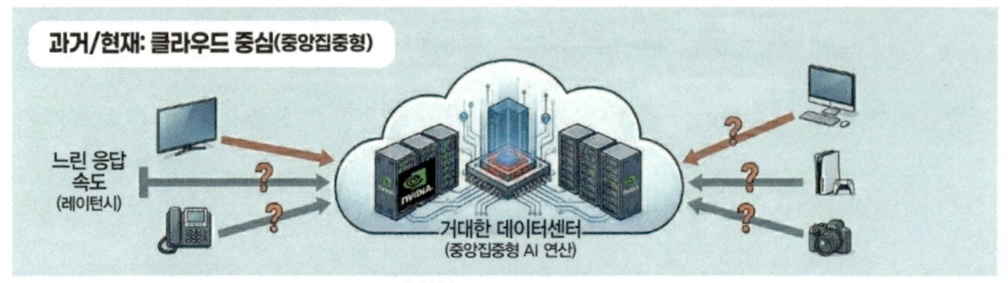

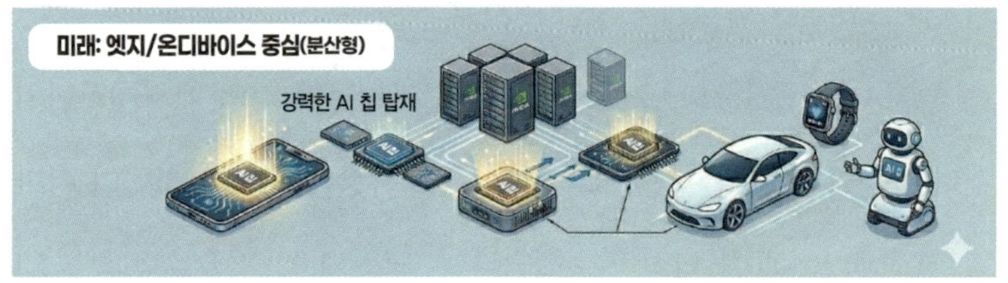

각적으로 반응하는 AI, 이것이 바로 '지능형 전환'의 핵심입니다.

컴퓨팅 권력의 중심 이동은 크게 3가지 이유로 설명할 수 있습니다.

먼저, 유럽의 GDPR(일반데이터보호규정) 등 각국의 규제로 인해 핵심 데이터의 역외 이전이 제한되고 있습니다. 삼성전자가 반도체 공정 데이터를 외부 클라우드로 보내기 꺼려 하는 것과 같은 맥락입니다.

둘째, 물리적 한계 때문입니다. 시내에서 시속 60km로 달리는 자율주행차가 센서 데이터를 클라우드로 보내고 결과를 받는 데 불과 0.3초만 지연되어도 차량은 판단을 내리기도 전에 이미 5미터 이상을 전진해 버립니다. 이는 횡단보도 하나를 통째로 지나칠 수 있는 거리입니다. 반면 차량 내부의 엣지 AI는 7밀리초 만에 판단하여 즉각적으로 행동하게 할 수 있습니다.

셋째, 반복적인 추론 작업을 자체 서버(온프레미스)에서 실행할 경우 클라우드 대비 비용을 획기적으로 절감할 수 있습니다.

이러한 변화에 따라 AI 칩 시장에서도 학습에 최적화된 엔비디아의 독점체제에 균열이 생기며, 추론 작업에 특화된 칩을 내세운 AMD·인텔·퀄컴 등이 부상하고 있습니다.

거품 속에서 피어나는 기회

지금의 AI 시장은 거품 붕괴가 아니라 '조정'이라고 볼 수 있습니다. 닷컴 버블 붕괴 후 아마존과 구글이 폐허 속에서 일어섰듯, 이제 실체 없이 AI 타이틀만 내세운 기업은 사라지고, 실제 가치를 창출하는 기업은 더 강해질 것입니다.

젠슨 황이 말한 인프라는 클라우드 데이터센터만이 아니라 공장을 움직이는 로봇, 도로를 달리는 자율주행차, 환자를 돌보는 케어 로봇 등입니다. 생성형 AI의 거품 논란 속에서 피지컬 AI라는 실체 있는 기회가 피어나고 있습니다. 이 기회는 가상세계의 환호성이 아니라 물리세계의 실행력에 달려 있다고 볼 수 있을 것입니다.

2026년 3월, GTC에서 젠슨 황이 밝힌 숫자는 이 판단에 더 큰 확신을 줍니다. 젠슨 황은 2027년까지 엔비디아 플랫폼에 대한 누적 수요가 최소 1조 달러에 달할 것이라고 말했습니다.

골드만삭스는 이 발표가 "AI 투자 피크아웃 공포를 해소했다"고 평가했고, 모건스탠리는 엔비디아를 반도체 최선호주로 재편입했습니다. 시장은 이미 답을 내리고 있습니다. 이것은 거품이 아니라, '새로운 산업 인프라가 구축되는 초기 단계'라고 말입니다.

피지컬 AI
데이터 전쟁의 서막

물리 데이터의 무주공산(無主空山)

챗GPT가 잘 작동하는 이유는 인류가 쌓아온 방대한 웹페이지·책·논문, 그리고 소셜미디어의 텍스트를 학습했기 때문입니다. 그런데 피지컬 AI에는 물리 데이터가 필요합니다. 이 데이터는 로봇이 공장·집·병원 등 어느 현장에서 일하느냐에 따라 다르고, 같은 공장이라도 어떤 라인이냐에 따라 다르며, 다루는 물건에 따라 다릅니다. 누가 먼저 이 물리 데이터를 대규모로 축적하느냐가 피지컬 AI 시대의 승자를 결정할 것입니다.

중국, 일단 뿌리고 보자 vs 서구, 신뢰성부터 확보하자

중국은 이 상황을 정확히 이해하고 있습니다. 유니트리 로보틱스 같은 중국 기업들은 일단 전 세계에 로봇을 가장 빠르게 많이 뿌리자는 전략을 취하고 있습니다.

CES 2026에서 유니트리 로보틱스가 내놓은 가장 저렴한 휴머노이드 로봇 유니트리 R1의 가격은 4,900달러(약 700만 원)입니다. 로봇이 싸야 전 세계 이곳저곳에서 사서 연구하고 실험하고 데이터를 만들어 낼 거니까요. 일단 하드웨어 생태계를 먼저 만드는 것이죠. 이것은 마치 10년 전 드론 시장과 똑같은 패턴입니다. 중국 광둥성의 선전을 중심으로 부품 생태계가 만들어지고, 수많은 회사들이 드론을 조립해서 경쟁하며, 그 과정에서 DJI가 살아남아 시장을 독점했죠. 지금 휴머노이드 로봇 시장이 딱 그 단계입니다.

CES 2026 현장에서 중국 로봇 회사들에 물어보았습니다. "이 로봇 자율로 움직이나요?" 대답이 재미있었습니다. "아뇨. 그래서 저희는 파트너를 찾고 있어요." 하드웨어는 준비되었고, 이제 휴머노이드 로봇의 뇌를 채울 파트너를 찾는 단계라는 것이죠.

반면 미국과 유럽 기업들은 먼저 현장에서 정말 쓸 수 있다는 신뢰성을 확보하는 데 집중하고 있습니다. 앞에서 말했듯, 어질리티 로보틱스는 '99.9999%의 신뢰성'을 강조했고, 지금 보스턴다이내믹스 아틀라스의 목표는 현대차 공장에서 실제 작업을 수행하는 것입니다.

1X 네오, 2만 달러짜리 데이터 수집기

미국의 로봇 스타트업 1X 테크놀로지스(1X Technologies)가 가정용 휴머노이드 로봇 네오(NEO)의 판매계획을 발표했습니다. 가격은 일시불 2만 달러, 또는 월 499달러 구독형입니다. 간단한 작업은 수행하지만,

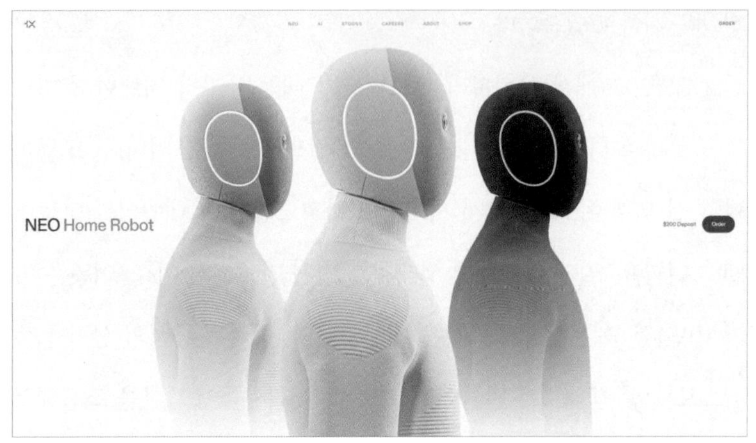

미국의 로봇 스타트업 1X 테크놀로지스는 가정용 휴머노이드 로봇 네오의 판매계획을 발표했다.
(출처: 1X 테크놀로지스 홈페이지)

아직 상당 부분을 인간의 원격 조종에 의존하고 있습니다. 복잡한 작업은 VR 헤드셋을 쓴 사람이 뒤에서 조종하는 방식인 것이죠. 그런데 1X는 이걸 숨기지 않았으며, 네오는 얼리어답터 프로그램에 가깝다고 했습니다.

1X의 가정용 휴머노이드 로봇 네오의 비즈니스 모델은 실제 가정이라는 복잡한 환경에서 다양한 사용자들이 엄청난 사례를 만들고, 그 데이터를 기반으로 업데이트하는 구조입니다. 가정에서의 데이터 휠(Data Wheel)을 누구보다 빠르게 돌리겠다는 전략이죠.

그런데 네오가 집 안을 돌아다니면서 모든 상황을 보고 듣고, 그것이 원격 운영자에게도 전달될 수 있습니다. 1X는 데이터 공유에 대한 사전동의, 원격 운영자 화면에서 사람 얼굴 자동 블러 처리, 침실과 욕실 같은 민감한 공간 출입 금지 설정, 사용자 승인 기반 접속, 암호화 저장 등 몇 가지 방어 장치를 발표했습니다. 상당히 신경 쓴 설계이지만, 일반 소비자가 과연 어느 정도까지 받아들일 수 있을 것인가 하는 문제는 여전히 남아 있습니다.

자율주행차도 비슷한 문제를 겪고 있습니다. 대부분의 상황에서는 자율주행차가 알아서 주행하지만, 특정 위험 상황에서는 원격 관제센터에서 사람이 개입합니다. 휴머노이드 로봇도 초기 단계에서는 같은 패턴을 따를 것으로 보입니다.

로봇 데이터 전쟁의 서막일 뿐

지금 벌어지고 있는 것은 로봇 데이터 전쟁의 서막일 뿐입니다. 중국은 저가 하드웨어를 대량으로 뿌려서 생태계를 장악하려 하고, 미국 기업들은 실제 산업현장에서 운영을 통해 검증된 데이터를 축적하려 합니다. 1X 같은 스타트업은 소비자의 가정을 데이터 수집 플랫폼으로 활용하려 합니다.

누가 이 데이터 전쟁에서 승리할지는 아직 모릅니다. 그 데이터가 어디로 가는지를 봐야 합니다. 거기에 피지컬 AI 시대의 진짜 승부가 걸려 있습니다.

마트에서 로봇을 사도
바로 쓸 수 없는 이유

서비스 vs 구매

이마트에서 휴머노이드 로봇을 파는 시대

2026년 1월, 이마트 일렉트로마트 영등포점에 휴머노이드 로봇이 등장했습니다. CES 2026에서 복싱 시연으로 화제를 모은 중국 유니트리 로보틱스의 G1 기본형 모델이 3,100만 원에 정식 판매되기 시작한 것입니다. 4족 보행 로봇은 399만 원, 바둑 로봇은 158만 원, 반려 로봇은 10만~100만 원대에 살 수 있습니다. 또한 롯데온에서도 온라인 판매가 시작되었습니다. 로봇이 TV나 냉장고처럼 매장에 진열되고 가격표가 붙은 시대가 된 것이죠.

많은 분들이 "그러면 로봇을 사면 바로 집에서 설거지를 해줄 수 있나요?"라고 물었습니다. 답부터 말하면, 아닙니다. 지금 당장 3,100만 원을 내고 휴머노이드 로봇을 구매해도 집에서 바로 설거지를 시킬 수는 없습니다.

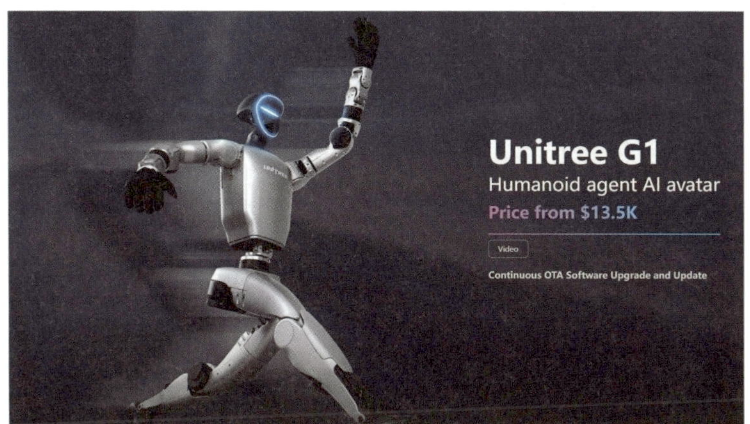

유니트리 로보틱스의 G1 기본형 모델은 국내에서도 판매되고 있다. (출처 유니트리 로보틱스 홈페이지)

현재 판매되는 유니트리 G1 기본형은 걷기, 앉기, 손 흔들기 같은 기본 동작은 가능하지만, 싱크대 앞에 서서 그릇을 하나씩 집어 스펀지로 닦는 복합 작업은 전혀 다른 차원의 기술이 필요합니다. 설거지 하나만 해도 물의 온도를 느끼고, 그릇의 재질에 따라 힘을 조절하며, 미끄러운 접시를 떨어뜨리지 않으면서 세제 거품 속에서 정밀하게 조작해야 합니다. 로봇 손의 기술적 한계, 센서 퓨전의 복잡성, 그리고 시뮬레이션과 현실의 격차가 모두 이 작은 일상 작업에 집약되어 있는 셈이죠.

로봇 자체보다 비싼 통합 비용

로봇을 기존 시설, 안전 시스템, 작업 흐름과 연동시키려면 상당한 개발이 필요합니다. 또한 범용 로봇 모델도 결국 각 현장의 특성에 맞게 데이터를 수집하고 미세조정을 해야 합니다. 이것은 구매 시점에 완료되는 것이 아니라 운영하면서 계속 진행되는 과정입니다. 그리고 유지보수·업데이트·모니터링·작업자 교육 등 지속적인 서비스가 동반되어야 합니다.

어질리티 로보틱스의 한 임원은 "로봇 자체 비용보다 기존의 인간 중심 시설에 통합하는 비용이 더 크다"고 말한 바 있습니다. 핵심은 로봇 하드웨어가 아니라 로봇을 현장에 통합하는 소프트웨어와 서비스라는 것입니다.

구매에서 로봇 서비스로, RaaS의 부상

로봇 산업의 비즈니스 모델 자체가 이런 현실을 반영해서 바뀌고 있습니다. 로봇 판매 모델에서 '로봇 서비스(Robot-as-a-Service, RaaS)' 모델로 전환되는 것이죠.

RaaS 모델에서 고객은 로봇 자체를 구매하는 대신, 로봇이 수행하는 '작업'이나 '시간'에 대한 비용을 지불합니다. 필요한 만큼의 로봇 자동화 역량을 '구독'하는 것이죠.

이 경우 초기 투자비용이 낮아지고, 로봇 회사가 기존 시스템과의 연동, 소프트웨어 업데이트, 고장 수리, 성능 개선 등을 책임집니다. 또한 기업이나 소비자가 성수기에 로봇을 늘리고 비수기에 줄이는 것이 가능해집니다.

웨이모나 죽스는 자율주행 차량을 개인에게 판매하지 않고, 여러 대의 차량(Fleet)을 통합적으로 관리·유지보수·운용하는 플리트(Fleet) 기반 서비스로 운영합니다. 개별 차량의 성능보다 전체 차량군의 가동률, 고객 경험, 안전 프로세스, 정비 인프라가 더 중요하기 때문이죠. 로봇도 마찬가지로, 로봇 플리트를 통합 운영하는 시스템이 경쟁력의 핵심이 되고 있습니다.

로봇 도입은 생태계 구축이다

로봇은 하나의 제품으로서만이 아니라 시스템으로 봐야 합니다. 구매가 아니라 생태계 구축이 필요한 것이죠. 이것이 피지컬 AI 도입을 고려하는 기업이 명심해야 할 첫 번째 원칙입니다.

피지컬 AI의 확산은 이런 복잡성 때문에 생성형 AI보다 확산 속도가 느릴 수밖에 없습니다. 하지만 역설적으로, 이 높은 진입장벽 때문에 한번 자동화 시스템을 구축하면 경쟁우위가 더욱 공고해집니다. 아마존이 물류 로봇에 막대한 투자를 하고, 테슬라가 휴머노이드 로봇 옵티머스(Optimus)에 천문학적 자원을 쏟아붓는 이유가 바로 여기에 있습니다.

우리는 이 게임에 뛰어들 준비가 되어 있을까요? '로봇 몇 대 사겠다'가 아니라 '우리 현장에 맞는 자동화 시스템을 어떻게 구축하고 운영할 것인가'를 고민해야 합니다. 그것이 피지컬 AI 시대를 준비하는 첫걸음입니다.

피지컬 AI의 숨겨진 전쟁터

배터리, 센서, 로봇 손, 에너지

겉으로 드러나는 화려한 휴머노이드 로봇의 퍼포먼스 뒤에는 배터리·센서·모터·감속기 같은 '보이지 않는 부품'들의 치열한 기술경쟁이 숨어 있습니다. 피지컬 AI와 로봇 시장이 열리면, 그 안에 들어가는 핵심 부품 시장도 함께 폭발할 것입니다. 이 시장에서 누가 주도권을 쥐느냐가, 피지컬 AI 시대의 승자를 가늠하게 될 것입니다.

로봇의 '심장'을 둘러싼 전쟁, 배터리

피지컬 AI의 가장 근본적인 제약은 에너지입니다. 현재 대부분의 휴머노이드 로봇은 연속 작동 시간이 고작 1~2시간에 불과한데, 로봇 업계에서는 이를 '에너지 케이지(Energy Cage)'라고 합니다. 휴머노이드 로봇은 왜 아직 에너지 새장에 갇혀 있을까요?

먼저, 두 발로 걷는 휴머노이드 로봇은 중력에 맞서 끊임없이 균형을 잡아야 하며, 걸을 때, 물건을 들 때, 심지어 가만히 서 있을 때도 수십 개의 액추에이터가 동시에 작동하며 엄청난 전력을 소모합니다.

또한 창고에서 굴러다니는 무인운반차(AGV)는 넓은 바닥에 큰 배터리를 실을 수 있어 10~20시간도 작동하지만, 휴머노이드 로봇은 인간과 비슷한 체형 안에 넣어야 하기에 배터리의 크기가 제한됩니다.

아울러 피지컬 AI 시대의 휴머노이드 로봇은 카메라로 주변환경을 인식하고, AI가 상황을 판단하며, 실시간으로 행동을 결정해야 하는데, 이 모든 과정이 로봇 내부, 즉 엣지(Edge)에서 이루어져야 합니다. 이에 필요한 고성능 AI 칩은 전력을 많이 소비합니다.

업계에서는 리튬이온 배터리의 에너지 밀도가 연 5~8% 수준으로 개선될 것으로 예상합니다. 배터리 기술은 매년 조금씩 좋아지는데, AI가 요구하는 전력은 훨씬 빠르게 늘어나고 있습니다. 이 격차가 휴머노이드 로봇의 상용화를 가로막는 가장 큰 장벽 중 하나입니다. 이 문제를 해결할 수 있는 기술로 주목받는 것이 바로 전고체 배터리(Solid-State Battery)입니다.

한편, CES 2026에서 공개된 아틀라스의 배터리 수명은 최대 4시간으로 업계 평균 1~2시간보다는 길지만, 24시간 공장 가동을 위해서는 여전히 부족합니다. 아틀라스는 배터리가 부족해지면 스스로 충전 스테이션으로 이동해 3분 만에 교체하고 복귀합니다. 배터리 기술의 한계를 당장 극복하기 어려우니, 운영방식의 혁신으로 우회한 것입니다.

로봇의 '눈과 귀와 피부', 센서

센서는 로봇의 감각기관으로 눈(카메라·라이다)·귀(마이크로폰·음향 센서)·피부(촉각 센서)에 해당합니다. CES 2026에서 가장 주목받은 센서 기술은 크게 3가지입니다.

먼저, 비전 센서(카메라 시스템)입니다. 보스턴다이내믹스의 아틀라스는 머리 부분에 고해상도 카메라가 탑재되어 물체를 인식하고 거리를 측정합니다. 미국의 퀄컴은 로봇에서 스마트폰 수준의 경량 AI 모델을 구동할 수 있는 고효율 칩셋을 강조했는데, 이 역시 비전 처리를 위한 것입니다.

둘째, 원래 자율주행차에서 발전하던 라이다 기술이 로봇으로 옮겨오고 있습니다. 세계 라이다 1위인 중국의 허사이(Hesai)가 선보인 로봇 개 부이봇(BuiBot)은 360도 인식이 가능한 라이다를 장착했습니다. 로봇 개를 만들어 파는 것보다, 부품을 공급하는 것이 목적인 점이 흥미롭습니다. 휴머노이드 로봇 시장이 열리면 라이다 수요도 폭발할 것이라는 계산인 것이죠.

셋째, 촉각 센서도 주목받았는데요. 아마존의 물류 로봇 벌컨(Vulcan)은 촉각 센서 덕분에 의류나 불규칙한 물체를 손상 없이 집어 올릴 수 있고, 보스턴다이내믹스의 아틀라스도 손가락과 손바닥에 정밀한 촉각 센서를 탑재해 깨지기 쉬운 물건을 섬세하게 다룰 수 있습니다.

센서 기술에서 핵심은 여러 종류의 센서에서 들어오는 정보를 실시간으로 통합하고 분석하는 센서 퓨전(Sensor Fusion) 기술입니다. 카메라·라이다·촉각 센서·관성 측정 장치(IMU) 등에서 동시에 데이터가 쏟아지는데, 이를 밀리초 단위로 처리해 로봇의 행동으로 연결해야 합니다. 이것이 제대로 작동하지 않으면 휴머노이드 로봇은 데모 모드를 벗어날 수 없습니다.

휴머노이드 로봇 상용화의 최대 난제, 로봇 손

CES 2026에서 로봇 전문가들이 가장 주목한 부분은 손이었습니다. 큰 동작은 관절 균형 제어를 잘하면 되지만, 정밀한 손가락 움직임은 다른 차원의 기술이 필요합니다. 아틀라스의 손은 부드럽게 움직이는 반면, 일부 중국 로봇들의 손은 움직임이 약간 끊기는 느낌이었습니다. 최근에는 "로봇 몸보다 손이 비싸다"는 말이 나올 정도로 손 연구에 투자가 집중되고 있습니다.

CES 2026에서 손 기술로 가장 주목받은 회사는 싱가포르의 샤르파(Sharpa)입니다. 설립 1년 남짓 된 스타트업인데, 시리즈 A에서 무려 1억 달러를 투자받았습니다. 이 회사는 오직 로봇 손만 만듭니다.

샤르파의 부스는 인기가 대단했습니다. 22개의 자유도를 가진 로봇 손 샤르파웨이브(SharpaWave)가 정교하게 움직이며 바람개비를 접고, 블랙잭 카드를 나눠주며, 사람과 탁구를 치고, 셀카를 찍어주는 시연을 했습니다. 특히 손가락 끝마다 1,000개 이상의 촉각 픽셀이 탑재되어 0.005뉴턴(N)의 미세한 압력 차이까지 감지할 수 있다고 합니다.

샤르파의 비전은 "우리는 전 세계 모든 로봇에 우리의 손이 쓰이길 원한다. 테슬라 옵티머스보다 더 좋은 손을 만드는 것이 목표다"입니

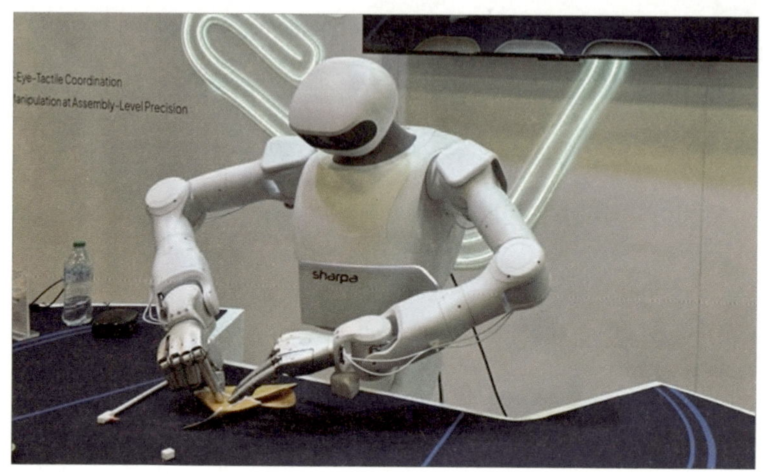

싱가포르 샤르파의 로봇이 종이접기를 하고 있는 모습

다. 손이라는 핵심 부품의 글로벌 표준을 만들겠다는 전략입니다. 이 외에도 앞에서 소개한 한국의 위로보틱스와 만드로의 손 기술도 주목을 받았습니다.

샤르파의 다음 도전, 로봇이 사과를 깎다

CES 2026에서 블랙잭 카드를 나눠주고 바람개비를 접던 샤르파의 로봇 손이, 불과 두 달 뒤 훨씬 더 어려운 도전에 성공했습니다. 3월, 샤르파는 로봇이 두 손으로 사과 껍질을 깎는 데 성공했다는 연구를 공개했습니다. 로봇의 이름은 샤르파노스(SharpaNorth), 양팔에 총 63개의 관절을 가진 로봇입니다.

사과를 깎아보면, 한 손으로 사과를 잡고, 다른 손으로 필러(껍질 벗기는 도구)를 쥐고, 사과를 조금씩 돌리면서 일정한 힘으로 껍질을 밀어내야 합니다. 두 손의 힘이 0.1초 단위로 서로 조율되어야 하는 작업입니다.

　기존 로봇 AI가 비전-언어-행동(VLA) 모델을 통해 카메라로 보고 언어 명령을 이해하며 동작을 결정했다면, 샤르파가 개발한 손재주 전문가 혼합 모델인 MoDE-VLA 모델은 여기에 손끝의 촉각과 관절의 힘(토크) 정보를 통합했습니다. 손가락 끝 내부에 카메라를 심어 물체에 닿을 때 생기는 변형을 포착하고, 어느 방향으로 미끄러지려 하는지를 6가지 방향으로 추정합니다. 손끝 안에 눈이 달린 셈이죠. 또한 '손 안 미세 조작' 전문 보조 AI인 IMC 코파일럿(In-hand Manipulation Copilot)도 도입했습니다.

　결과는 어떨까요? 기존 최고 수준 비전-언어-행동(VLA) 모델의 사과 깎기 성공률은 0%였지만, 샤르파 모델의 성공률은 30%였다고 합니다. "과일을 잡고 위에서부터 껍질을 벗겨라"라는 명령 하나만으로, 사과를 스스로 집어들며, 어떻게 잡을지 판단하고, 두 손을 조율하며 껍질을 벗긴 것이죠. 성공률 30%가 아직 낮아 보일 수 있지만, 중요한 것은 성공률이 0에서 30%로 성장했다는 점입니다.

　2007년 아이폰이 처음 나왔을 때, 통화 품질은 기존 휴대폰보다 좋지 않았고, 배터리는 더 빨리 닳았으며, 앱은 거의 없었습니다. 그 아이폰이 지금의 세상을 만들었죠. 2026년 1월 CES에서 카드를 나누던 로봇 손이 불과 두 달 뒤엔 사과를 깎았습니다. 아직 느리고 자주 실패하지만, '두 손을 가진 범용 로봇이 도구를 쥐고 자율적으로 작업할 수 있다'는 가능성이 열렸습니다. 피지컬 AI 기술이 진화하는 속도가 눈부시게 빠릅니다.

액추에이터와 모터, LG전자의 숨은 무기

액추에이터는 전기신호를 물리적 움직임으로 바꿔주는 장치, 쉽게 말해 로봇의 '근육'이라고 할 수 있습니다. 모터·감속기·인코더·센서가 하나의 모듈로 통합된 형태입니다.

CES 2026에서 LG전자는 가정용 로봇 클로이드를 선보이면서, 동시에 액추에이터 B2B 사업을 강조했습니다. LG전자가 왜 액추에이터를 잘 만들 수 있을까요? 바로 세탁기 때문입니다.

LG전자의 세탁기 모터 기술은 세계 최고 수준으로, 수십 년간 세탁기용 고효율 모터를 연구하고 양산해 왔습니다. 세탁기 모터와 로봇 액추에이터는 기본 원리가 같습니다. 전기를 회전운동으로 바꾸고 이를 정밀하게 제어하는 기술이죠. LG전자는 글로벌 로봇 회사들에 핵심 부품인 액추에이터를 공급하는 B2B 사업의 강자가 되려 합니다. 마치 퀄컴이 스마트폰을 만들지 않고 칩을 공급하는 것처럼요.

휴머노이드의 숨은 병목, 네오디뮴 자석

강력한 영구자석인 네오디뮴 자석(NdFeB)은 고출력·고효율 모터의 핵심 소재로서, 휴머노이드 로봇의 모든 관절에 들어가는 모터에 필수적입니다.

그런데 이 소재의 공급망이 중국에 압도적으로 집중되어 있습니다. 이는 휴머노이드 로봇 경쟁이 AI 알고리즘 싸움뿐만이 아니라 부품·소재·제조역량의 문제임을 보여줍니다. 중국이 희토류 채굴에서 정제, 자석 제조까지 이어지는 완결된 공급망을 갖추고 있는 것이 중국 휴머노이드 로봇 업체들의 숨은 경쟁력입니다.

에너지 효율을 위한 경쟁

피지컬 AI 로봇은 센싱·인지·계획·제어를 모두 기기 내에서 즉시 수행해야 합니다. 클라우드에 데이터를 보내고 응답을 기다릴 시간이 없습니다. 이것을 '엣지 컴퓨팅(Edge Computing)'이라고 합니다. 그런데 피지컬 AI의 추론 성능을 높이려면 더 강력한 칩이 필요하고, 강력한 칩은 더 많은 전력을 소모하며, 전력 소모가 늘면 배터리가 빨리 닳고 발열도 심해집니다.

퀄컴은 CES 2026에서 엣지 AI를 강조하며, 스마트폰의 경량화 AI 시스템을 개발해온 경험을 로봇에 적용하겠다고 했습니다. 로봇의 뇌 역할을 하는 칩을 작은 크기와 낮은 전력 소모로 구현하는 것이 목표입니다.

결국 피지컬 AI의 성능 경쟁은 제한된 전력 예산 안에서 얼마나 효율적으로 설계하느냐의 문제로 귀결됩니다. 가장 오래 작동하는 로봇이 승리하는 시대가 올 수 있는 것이죠.

부품 공급망 전쟁의 서막

한국은 피지컬 AI를 둘러싼 하드웨어 경쟁에서 어떤 포지션을 잡아야 할까요? 중국과 비교했을 때 규모의 경제로 압도하기는 어렵습니다. 따라서 현장경험과 기술 노하우가 결정적인 영역을 잡아야 합니다.

한국의 강점은 '정밀 제조'입니다. 삼성전자의 반도체 공정, LG에너지솔루션의 배터리 셀 조립, 현대차의 자동차 생산라인에서 축적된 밀리미터 단위의 정밀 제어 노하우, 이것이 휴머노이드 로봇 부품 시장에서 경쟁력이 될 수 있습니다. 만드로의 손가락 모터, 위로보틱스의 케이블 구동 시스템, LG의 액추에이터가 그 예입니다.

또한 테슬라나 중국 업체들이 반드시 필요로 하는 핵심 부품을 공급하는 전략도 고려할 만합니다. 초정밀 공정장비, 고신뢰 부품(센서·모터·전력반도체·열관리), 제조공정 소프트웨어[차세대 스마트 팩토리 플랫폼인 소프트웨어 정의 공장(SDF), 제어 운영체제], 안전·신뢰·인증이 필요한 시스템이 그 예입니다.

아직 글로벌 로봇 공급망의 게임은 시작되지 않았습니다. '휴머노이드 로봇의 원년'이라 불리는 2026년, 전 세계 휴머노이드 로봇 출하량은 5만 대를 넘어서며 전년 대비 700% 이상 성장할 것으로 예상됩니다. 하지만 아직 부품시장에서 누가 표준을 장악하느냐는 결정되지 않았습니다.

피지컬 AI 시대의 진정한 승자는 로봇 안에 들어가는 심장과 근육, 신경을 공급하는 회사가 될 수도 있습니다. 반도체 시장에서 파운드리 기업 TSMC가 그런 것처럼요. 이 전쟁터에서 한국은 아직 기회가 있습니다.

피지컬 AI와 로봇의
민낯 & 한계

앞에서도 말했듯, CES 전시장에서 중국 유니트리 로봇의 권투 장면이 화제가 되었지만, 옆을 보면 무표정한 연구원이 조이스틱 같은 것을 잡고 열심히 조종하고 있었습니다. 완전 자율 동작은 아니라는 것이죠. 피지컬 AI와 로봇의 현실적인 민낯을 들여다보죠.

모터의 트레이드오프, 관절

로봇에게는 물구나무서기나 쿵푸보다 무거운 물건을 천천히 들고 옮기는 게 훨씬 더 어렵습니다. 인간의 몸에는 근육이 있어 뼈를 잘 지탱해주고, 관절마다 연골이 있어 부드럽게 움직이죠. 반면 로봇의 모터는 작게 만들면서 빠르게 하면 힘이 약해지고, 힘을 세게 하려면 느려지거나 모터 자체가 커져야 합니다. 또한 로봇 모터에는 인간의 천연 윤활유 같은 게 없어서 무거운 걸 오래 들고 있으면 열이 엄청나게

납니다. 모터의 속도·힘·크기 3가지를 동시에 최적화하는 것은 현재 기술로는 아직 어렵습니다.

로봇 몸보다 더 비싼 병목, 손

인간의 손에는 27개의 뼈와 34개의 근육이 있으며, 의식하지 않고도 손가락을 굽히고 펴며 섬세하게 힘을 조절할 수 있습니다. 무거운 가방을 들 수도 있고, 달걀을 깨지지 않게 집을 수도 있죠. 이것을 로봇에 구현하려면 관절 하나하나에 모터를 넣어야 하는데, 모터 크기를 사람 손가락보다 작게 만들면서 충분한 힘을 내게 하는 것은 쉽지 않습니다. 결국 로봇의 손이 말도 안 되게 커지거나, 아니면 손가락 굽힘을 3번에서 1번으로 줄이는 식으로 타협하기도 합니다.

4시간 vs 8시간, 배터리의 딜레마

보스턴다이내믹스 아틀라스의 배터리 수명은 최대 4시간입니다. 배터리가 부족하면 스스로 충전 스테이션으로 이동해서 교체하고 작업에 복귀하는데, 교체 시간은 3분입니다. 그런데 공장에서 일하려면 최소 8시간은 가동되어야 합니다. 물론 24시간 가동할 수 있으면 더 좋고요.

더 근본적인 문제는 배터리 기술발전 속도와 AI 연산 수요 증가 속도의 격차입니다. 업계에서는 리튬이온 배터리의 에너지 밀도 개선 속도를 연 5~8% 수준으로 봅니다. 반면에 AI 모델의 연산량과 센서 데이터 처리 요구량은 기하급수적으로 늘어나고 있습니다. 추론 성능을 높여 로봇 제어의 즉시성을 확보하려면, 소비 전력과 발열이 늘어나서 운용 시간과 안정성이 떨어지는 딜레마에 빠집니다.

99.9999%가 아니면 데모일 뿐

어질리티 로보틱스의 프라스 벨라가푸디 CTO는 "로봇에 99.9999%의 신뢰성을 구축하지 않는다면, 그것은 기본적으로 데모용을 만드는 것에 불과하다"고 말합니다.

미국의 한 테크 미디어가 CES 2026에서 휴머노이드 로봇들에게 빨래를 시키는 테스트를 했습니다. 빨래는 수거·분류·세탁기 투입·꺼내기·개기·운반까지 해야 하는 복합 작업이죠. 거의 모든 휴머노이드 기업들이 가능하다고 주장했지만, 실제 테스트 결과는 실망스러웠습니다. 아직 현실과의 간극이 있는 것이죠.

가상에선 100점, 현실에선 60점

산업현장에는 시뮬레이션만으로는 포착하기 어려운 변수가 많습니다. 시뮬레이션에서는 완벽했던 작업이 현장의 예외 상황에서 실패할 수 있습니다. 피지컬 AI, 특히 휴머노이드 로봇은 아직 데모와 실전 사이의 깊은 골짜기를 건너는 중입니다. 화려한 시연 영상에 현혹되면 안 됩니다.

피지컬 AI의 진정한 경쟁력은 화려한 데모가 아니라 '멈추지 않는 로봇'을 만드는 데 있습니다. 99.9999%의 신뢰성을 확보하고, 현장의 롱테일 문제(예외 상황)를 해결하며, 비용 효율적인 양산체계를 만드는 것, 그것이 진짜 피지컬 AI 시대를 여는 열쇠입니다.

준비가 덜 된 로봇이 사람을 놀래다

화려한 데모 뒤에는 준비가 덜 된 로봇이 사람을 놀라게 하는 사건들도 벌어지고 있습니다. 2026년 들어 유니트리 로봇과 관련된 안전사고가 연이어 발생하면서, 피지컬 AI의 현실적인 위험성이 수면 위로 떠올랐습니다.

2026년 1월, 유니트리 G1이 무술 훈련 시연 중 엔지니어의 급소를 발차기로 가격하는 영상이 수백만 조회수를 올리며 SNS에 퍼졌습니다. 로봇이 사용자의 동작을 따라 하는 과정에서 0.1초의 지연이 과격한 동작으로 이어진 것입니다. 다행히 부상은 경미했지만, 이 사건은 로봇의 힘 제어가 얼마나 중요한지를 보여주었습니다.

같은 달, 유니트리 H2는 중국 이벤트에서 360도 공중회전 후 수박과 멜론을 격파하는 퍼포먼스를 선보였습니다. 3킬로와트급 강력 모터의 위력을 과시한 것이지만, 파편이 사방으로 튀는 장면에 안전 우려가 제기되었습니다.

2월에는 더 심각한 사건이 있었습니다. 중국의 한 시연 행사에서 G1이 중심을 잃고 넘어진 뒤, 일어나려고 팔다리를 사방으로 휘둘러 사람의 얼굴을 가격했습니다. 직원들이 겨우 제지했습니다. 원인은 강화학습의 '복구 본능' 오류였습니다. 로봇이 "넘어지면 일어나라"는 학습만 하고, "주변에 사람이 있으면 조심해라"는 학습은 하지 못한 것이죠. 비상 정지(E-stop) 버튼도 제대로 작동하지 않았습니다.

3월에는 미국 산호세의 중식당 하이디라오에서 홍보용으로 배치된 G1이 춤을 추다가 팔을 휘둘러 카운터의 접시와 식기를 파손하는 사건이 발생했습니다. 소프트웨어 오류가 원인이었는데, 물리적 비상 정지 버튼이나 전원 버튼이 외부에 노출되어 있지 않아 즉각적인 제어가 불가능했습니다. 마카오에서는 홍보 이벤트 중 G1이 70대 여성을 뒤쫓아 경찰이 개입하기도 했습니다. 센서와 경로 알고리즘 오류로 사람을 장애물로 인식하지 못한 것입니다.

이 사건들은 로봇의 하드웨어 성능은 빠르게 발전하고 있지만, 안전 소프트웨어와 비상 제어 시스템은 아직 그 속도를 따라가지 못하고 있다는 것을 보여줍니다. 이는 앞서 피지컬 AI와 로봇에 왜 99.9999%의 신뢰성이 필요한지를 증명합니다.

피지컬 AI 시대가 열린다는 것은 로봇이 우리 가까이 온다는 것이고, 안전은 선택이 아니라 필수입니다. 로봇의 힘과 속도가 강해질수록 안전 소프트웨어·비상 정지 시스템·현장 테스트의 중요성은 더 커집니다. 화려한 데모 영상에 현혹되면 안 되는 이유가 여기에 있습니다.

텔레오퍼레이션의 또 다른 의미

유튜브 영상에서 보는 대부분의 로봇 시연에는 사람의 개입이 있습니다. 조이스틱으로 로봇을 직접 조종하거나, VR 헤드셋을 쓰고 원격으로 조작하거나, 최소한 오류가 날 때 즉시 개입할 수 있도록 대기하고 있습니다.

2024년 말 공개된 테슬라 옵티머스 2세대 로봇의 유명한 캐치볼

영상에서는 옵티머스가 날아오는 테니스 공을 낚아챕니다. 당시 진짜 자율 로봇인가에 대한 논란이 분분했습니다. 이에 테슬라 옵티머스 엔지니어링 책임자는 텔레오퍼레이션(Teleoperation, 로봇 원격 조종)으로 촬영한 것이라고 밝혔습니다.

그러자 사람들은 원격 조종인데도 이렇게 정밀하게 공을 잡을 수 있는가 놀라워 했습니다. 로봇이 공을 잡을 때 0.1초만 늦어도 놓치는데, 테슬라는 리얼타임과 완벽하게 일치하는 끝판왕 수준의 원격 조종 기술을 보여주었던 것입니다.

그런데 텔레오퍼레이션은 로봇 AI를 학습시키는 핵심 방법론 중 하나입니다. 사람이 VR 헤드셋을 쓰고 특정 동작을 하면, 로봇이 그 동작을 따라 하며, 이 과정에서 로봇의 센서가 수집하는 모든 데이터

테슬라 옵티머스 2세대 로봇, 2024년 말 테니스 공을 받는 장면으로 큰 화제를 모았다.
(출처: 테슬라, "Optimus catching ball with new hand", www.youtube.com/watch?v=pqlbLwlm_Qk)

가 기록됩니다. 이 데이터가 쌓이면 로봇은 모방학습을 통해 사람의 동작을 학습하는 것이죠.

보스턴다이내믹스 아틀라스, 5시간 학습의 비밀

CES 2026에서 보스턴다이내믹스의 아틀라스는 자동차 부품을 들어서 옆으로 옮기는 시연을 했습니다. 이게 어떻게 가능했을까요?

직접 현장에서 담당자에게 물었더니, 실제로 사람이 VR 기기를 끼고 약 5시간 정도 학습을 시켰으며, 기본적인 움직임은 이미 학습되어 있는 상태에서 그 특정 작업에 맞게 추가 학습을 한 것이라고 대답했습니다.

시연 도중에도 옆에서 VR 기기를 끼고 대기하는 사람이 있었습니다. 혹시라도 로봇이 제대로 동작하지 못할 경우 즉시 개입해서 교정해 주려는 것입니다. 그 교정 과정 자체도 다시 학습 데이터가 됩니다.

"공장에서도 5시간 만에 되나요?"라고 물었더니, 담당자가 웃으면서 "이건 단순 작업입니다. 공정이 여러 개 합쳐진 경우 며칠이 걸릴 수도 있습니다"라고 대답했습니다.

3년 후엔
이미 늦는다

글로벌 투자은행 모건스탠리는 2025년 5월 휴머노이드 로봇 시장이 2050년까지 5조 달러(약 7,000조 원)에 달할 것이라고 전망했습니다. 이는 전 세계 자동차 산업의 연간 시장규모 약 3조 달러보다 많은 것입니다. 자동차 산업이 100년에 걸쳐 이 규모에 도달했다면, 휴머노이드 로봇 시장은 불과 25년 만에 그 두 배 규모로 성장할 것이라고 예상한 것이죠.

그런데 휴머노이드 로봇은 피지컬 AI라는 거대한 빙산의 일각에 불과합니다. 자율주행차·산업용 로봇·스마트 팩토리·드론·의료 로봇·서비스 로봇 등 피지컬 AI가 물리적 세계와 만나는 모든 영역을 아우르면 시장규모는 상상을 초월합니다.

투자시장은 이미 이 방향으로 움직이고 있습니다. 피겨AI는 2024년 2월 아마존 창업자 제프 베이조스, 엔비디아·마이크로소프트·오픈AI로부터 6억 7,500만 달러의 투자를 유치했습니다. 경쟁관계인 빅테크들이 이 로봇 스타트업에 동시에 투자했다는 것은 시장 잠재력이 얼마나 큰지를 보여줍니다. 또한 월마트는 물류 자동화 기업 심보틱(Symbotic)의 로봇 플랫폼을 물류센터에 도입하기 위해 5억 2,000만 달러를 투자했습니다. 실제 유통망의 혈관을 로봇으로 교체하겠다는 선언인 것이죠. 국방용 자율 시스템을 개발하는 안두릴(Anduril)은 기업가치 305억 달러를 인정받았습니다. 세계에서 가장 똑똑한 투자자들, 거대한 기업들이 피지컬 AI에 베팅하고 있는 것입니다.

판이 바뀔 때, 누가 이기는가?

이미 빅테크가 장악한 생성형 AI 시장과 달리, 피지컬 AI는 자동차·가전·산업기계 등 수십억 대의 기기에 도입되는 완전히 새로운 성장축입니다. 이러한 변화는 경쟁의 패러다임을 바꿉니다. 그리고 산업의 판이 바뀔 때, 승자는 예상치 못한 곳에서 나오기도 합니다. 새로운 판에서는 새로운 규칙이 적용되고, 그 규칙에 가장 빨리 적응하는 자가 승리합니다.

PC 시대의 승자는 산업의 주도권이 완제품에서 플랫폼과 칩으로 이동함에 따라, 하드웨어 PC를 만든 IBM에서 마이크로소프트와 인텔로 옮겨갔습니다. 스마트폰 시대의 승자는 노키아가 아니라 애플과 삼성이었습니다. 전기차 시대의 승자는 GM이나 포드가 아니라 테슬라와 BYD입니다.

피지컬 AI 시대도 마찬가지입니다. 생성형 AI를 지배한 빅테크들이 피지컬 AI까지 지배하리라는 보장은 없습니다. 오히려 '만드는 것'에 강한 기업, 현장을 잘 아는 기업에 기회가 열릴 것입니다. 다만, 판이 바뀌고 있다는 것을 인식하고 빠르게 움직여야 합니다.

지금 움직이지 않으면, 3년 후에는 이미 늦습니다. 2026년 1월 CES 2026에서 피지컬 AI의 비전이 선언되었고, 3월 초에 세계 최대 모바일·통신 전시회인 MWC에서 인프라가 준비되기 시작했으며, CES가 열린 지 불과 70일 뒤인 3월 중순에 엔비디아의 개발자 행사인 GTC에서 1조 달러 규모의 시장이 설계도와 함께 확인되었습니다.

산업용 로봇 분야의 4대 거인이 엔비디아 플랫폼을 채택했고, 현대차·BYD·닛산이 로보택시 생태계에 합류했습니다. 한국의 통신 3사는 AI 기업으로의 전환을 선언했고, 삼성전자와 SK하이닉스는 GTC 현장에서 엔비디아와의 기술 동맹을 한층 더 강화했습니다. 그리고 GTC 행사에서 디즈니 캐릭터 올라프 로봇이 무대 위를 걸어다녔습니다.

젠슨 황은 GTC 기자회견에서 한마디를 더 남겼습니다. "한국은 IT 혁명을 건너뛰고, AI 혁명으로 직행할 수 있다." 이 말은 격려인 동시에 경고입니다. 직행할 수 있다는 것은, 지금 출발하지 않으면 영원히 도착하지 못할 수도 있다는 뜻이기도 합니다. 버스는 이미 출발했습니다.

3장

피지컬 AI
미중 패권 전쟁

미국,
피지컬 AI 전쟁에 맞서다

백악관이 로봇에 올인하는 이유

2025년 12월 하반기부터 미국 하워드 러트닉 상무장관은 로봇 기업 CEO들을 직접 만나기 시작했고 일정표가 바빠졌습니다. 실리콘밸리 벤처 캐피털리스트도 반도체 재벌도 아닌 로봇 기업 경영자들과의 면담이 급격히 늘어났습니다. 미국 정치 전문 매체 폴리티코는 이를 두고, "백악관이 2026년 중 로봇 산업 관련 행정명령을 검토하고 있다"고 보도했습니다.

미국 상무부 대변인의 발언은 더욱 직설적입니다. "로봇공학과 첨단 제조업은 핵심 생산기반을 미국으로 되돌리는 데 필수적이다." 한편 미국 교통부는 피지컬 AI 시대를 대비해 로봇공학 실무그룹 신설을 추진 중입니다. 아울러 공화당 주도의 의회는 국방수권법 개정 과정에서 국가로봇기술위원회 신설안을 밀어붙이고 있습니다. 미국 정부가 이렇게 서두르는 이유는 무엇일까요? 바로 로봇 경쟁에서 중국에 위협을 느끼고 있기 때문입니다.

AI의 다음 전쟁터는 '움직이는 AI'다

미국 정치 전문 매체 폴리티코는 "로봇공학이 미중 경쟁에서 AI 다음의 주요 전선으로 부상하고 있다"고 한 바 있습니다. 업계는 이미 로봇을 피지컬 AI, 즉 'AI의 물리적 구현체'로 규정하고 있습니다. 챗GPT가 화면 속에서 대화한다면, 로봇은 공장에서 부품을 조립하고 창고에서 물건을 옮기며 병원에서 환자를 돌봅니다.

구글의 투자를 받은 로봇 스타트업 앱트로닉(Apptronik)의 CEO는 "미국도 경쟁력을 유지하려면 국가 로봇 전략을 마련하고, 급성장 중인 로봇 산업을 적극 지원해야 한다"고 강력하게 주장했고, 보스턴다이내믹스의 부사장은 더 긴박하게, "특히 로봇공학의 미래를 선점하려는 중국의 움직임이 두드러지고 있다"고 말했습니다.

중국은 이미 4배 앞서 달리고 있다

이들이 긴장하는 이유는 숫자가 말해줍니다. 2023년 중국 공장에 설치된 산업용 로봇은 180만 대인데, 미국은 그 4분의 1 수준입니다. 국제로봇연맹(IFR) 집계에 따르면, 2024년 중국의 신규 로봇 설치량은 17만 대로, 전 세계 신규 설치의 57.6%를 차지했습니다.

더 심각한 것은 휴머노이드 로봇 분야입니다. 유비테크, 유니트리 로보틱스 같은 중국 기업들은 이미 로봇을 산업현장에 투입하고 있습니다. 2024년 전 세계 휴머노이드 로봇 시장점유율에서 중국은 30%로 1위이며, 미국은 25%로 2위, 일본 10%, 한국은 5%에 불과합니다.

중국 정부는 2027년까지 세계 최고 수준의 휴머노이드 로봇 산업을 구축하겠다는 국가계획을 발표했습니다. AI·로봇 스타트업 지원을 위해 208조 원 규모의 기금을 조성하겠다고 밝히기도 했습니다. 미국이 연구실에서 논문을 쓰는 동안, 중국은 공장에서 로봇을 찍어내고 있는 것입니다.

전기차 기술이 로봇으로 넘어온다

중국의 비밀 무기는 전기차 공급망입니다. 카메라·센서·배터리 같은 전기차 부품이 로봇에도 쓰입니다. 전기차 생산으로 단련된 중국의 제조 인프라가 로봇 생산으로 자연스럽게 확장되고 있습니다.

중국의 샤오펑 같은 전기차 기업들은 로봇을 구매하는 단계를 넘어 직접 생산에 뛰어들었습니다. 2026년 휴머노이드 로봇 대량생산이 목표입니다. 또한 중국은 이미 로봇 핵심 부품의 57%를 국산화했습니다. 가격 경쟁력까지 확보한 것입니다. '휴머노이드 로봇 마라톤 대회', '로봇 올림픽' 같은 이벤트는 기술력 과시용 쇼케이스입니다. 중국은 속도전에서 압도적으로 앞서고 있는 것입니다.

미국의 강점은 '풀 스택 AI'다

그렇다면 미국은 완전히 뒤처진 것일까요? 그렇지 않습니다.

미국의 강점은 AI 통합 능력입니다. 테슬라의 휴머노이드 로봇 옵티머스가 대표적입니다. 호주 코보틱스 센터의 앨런 버든 박사는 미국은 고성능 AI 제어 시스템에서 앞서 있다며, "미국은 비전 시스템부터 신경망까지 AI를 로봇의 모든 구성요소에 통합하는 '풀 스택 AI' 전략을 구사하고 있다"고 진단합니다.

그런데 문제는 하드웨어입니다. 미국은 로봇 하드웨어를 상당 부분 일본과 유럽에서 수입합니다. 부품 조달부터 조립까지 자체 공급망이 취약한 것입니다. 소프트웨어 천재가 부품이 없어 로봇을 못 만드는 상황이라고 할 수 있죠.

AI 전쟁은 더 이상 모델의 성능만으로 결정되지 않습니다. AI가 몸을 얻는 순간, 국가의 제조·공급망·표준이 함께 시험대에 오릅니다.

미국이 가장 두려워하는 것은 중국의 드론 기업인 DJI가 일으킨 악몽입니다. 한때 미국 기업들도 드론 시장에서 경쟁했지만, 2020년에 들어서면서 DJI가 전 세계 드론 시장의 70% 이상을 장악했습니다. 미국 정부가 아무리 중국산 드론은 국가안보에 위협이라고 외쳐도, 드론 시장은 이미 DJI 없이 돌아가지 않습니다.

로봇 분야에서도 같은 일이 벌어진다면, 그때는 손쓸 방법이 없기에 미국이 서두르는 것입니다. 2026년 로봇 행정명령 준비가 그 증거입니다. 하워드 러트닉 상무장관은 테슬라·보스턴다이내믹스·피겨 AI·앱트로닉 같은 로봇 기업 CEO들을 연이어 만나며, 정부가 전폭 지원하겠다고 약속했습니다. 그의 말은 간결했습니다. "우리는 로봇 개발 가속화에 올인(all in)한다."

중국의 로봇 혁명,
세계 지도를 다시 그리다

76초마다 전기차 한 대씩, 재고 없는 공장의 비밀

"이미 중국은 우리를 앞섰습니다. 이제는 한국이 중국을 추격하는 시대입니다."

2025년 12월, 산업통상부 김정관 장관이 강연장에서 입을 열었을 때 청중석이 술렁였습니다. 대한민국 산업을 책임지는 최고위 관료의 입에서 나온 이 말은 단순한 겸손이나 수사가 아니었습니다. 그는 며칠 전 중국 출장에서 직접 목격한 것을 이야기했습니다. 그가 7년 만에 열린 한중 상무장관회의차 방문한 중국에서 본 것은, 우리가 상상했던 짝퉁 중국이 아니라 피지컬 AI의 산실(産室)이었습니다.

베이징에 있는 샤오미 전기차 공장은 겉보기에는 평범한 제조시설이었지만, 김 장관이 공장 내부로 들어선 순간, 그는 자신이 알던 공장이라는 개념을 재정의해야 했습니다.

베이징 샤오미 전기차 공장의 91% 자동화율, 이는 100개의 작업 중 91개를 로봇과 AI가 처리한다는 뜻입니다. 3교대로 24시간 쉬지 않고 돌아가는 이 공장에서 정밀하게 움직이는 로봇 팔과 그것을 지휘하는 것은 AI입니다.

더 놀라운 것은 속도입니다. 베이징 샤오미 전기차 공장에서는 76초마다 완성된 전기차 한 대가 라인을 빠져나옵니다. 커피 한 잔 마실 시간도 안 되는 그 짧은 순간에 수천 개의 부품이 조립되고 검수되며 출고 준비를 마치는 것입니다.

김 장관을 더욱 놀라게 한 것은 또 있었습니다. "재고가 하나도 없었습니다!" 연간 15만 대를 생산하는 공장에 재고가 없다니, 이게 가능한 일일까요? 비밀은 주문과 동시에 시작되는 생산 시스템에 있습니다. 고객이 앱에서 차량을 주문하는 순간, 공장의 AI가 즉각 반응합니다. 필요한 부품을 계산하고 생산라인을 조정하며 물류를 최적화합니다. 제품을 만들어 놓고 기다리는 것이 아니라 주문받고 만드는 것입니다. 이것이 바로 '스마트 제조'의 완성형입니다. "재고는 곧 묶여 있는 자본이고, 낭비이며, 위험이다." 샤오미는 재고를 제로로 만들었고, AI가 그것을 가능하게 한 것입니다.

공장 바닥에서 시작된 조용한 혁명

상하이의 한 전기차 공장, 새벽 5시, 사람보다 먼저 출근하는 존재들이 있습니다. 바로 휴머노이드 로봇들입니다. 휴머노이드 로봇들이 팔을 움직이고 부품을 조립하며 불량품을 검사하는 모습은 이제 중국 제조업 현장에서 낯선 풍경이 아닙니다.

　중국이 지난 5년간 출원한 휴머노이드 로봇 관련 특허는 7,705건으로, 이는 미국의 1,561건과 비교하면 약 5배에 달하는 수치입니다. 중국이 로봇 기술개발에 얼마나 적극적으로 뛰어들고 있는지를 보여주는 명확한 증거입니다.

전 세계 로봇의 절반이 중국에 있는 이유

현재 전 세계 산업용 로봇의 54%가 중국에 설치되어 있습니다. 전 세계 로봇의 절반 이상이 중국 땅에서 작동하고 있는 셈입니다. 이는 중국을 제외한 나머지 모든 국가들의 설치량을 합한 것보다 많은 수치입니다. 왜 이런 일이 벌어졌을까요?

　답은 의외로 단순합니다. 중국 기업들이 로봇을 실제 현장에 투입하는 속도가 빠르기 때문입니다. BYD·샤오미·하이얼 같은 주요 전기차 및 가전 업체들은 앞다투어 로봇을 도입하고 있습니다. 완벽함을 추구하며 기다리는 대신, 일단 써보고 개선하는 방식, 이것이 중국식 로봇 혁명의 핵심입니다.

테슬라도 중국 없이는 못 만든다

또 하나 흥미로운 사실이 있습니다. 모건스탠리의 분석에 따르면, 만약 테슬라의 옵티머스 2세대 로봇 제작에서 중국 공급업체들을 배제한다면 제조비용이 거의 3배로 뛴다고 합니다. 로봇의 근육 역할을 하는 액추에이터 하나의 가격만 해도 2만 2,000달러에서 5만 8,000달러로 치솟을 수 있다고 합니다. 이는 중국이 단순히 로봇을 많이 만드는 것을 넘어 로봇 부품 생산 생태계를 구축했다는 것을 의미합니다. 스마트폰 부품의 대부분이 동아시아에서 생산되듯, 로봇 부품 역시 중국을 중심으로 한 아시아 공급망이 형성되고 있습니다. 미국의 로봇 기업들조차 이 공급망에 의존할 수밖에 없는 구조가 만들어지고 있는 것입니다.

2050년, 10억 대 로봇이 사는 세상

전문가들은 2050년까지 전 세계에 휴머노이드 로봇이 10억 대 배치될 것으로 전망합니다. 2050년 세계 인구 예측치가 97억 명이니, 사람 10명당 로봇 한 대가 있는 세상이 온다는 것입니다. 고령화가 빠르게 진행되고, 제조업 밀도가 높으며, 기술 인프라가 잘 갖추어진 지역이 로봇 도입의 최전선이 될 것으로 보입니다.

중국의 로봇 산업 성장은 기술경쟁만의 이야기가 아니라 제조업의 미래, 일자리의 변화, 그리고 국가 경쟁력의 재편을 의미합니다.

중국은 14억 인구라는 거대한 내수시장을 가지고, 자국 시장에서 로봇을 테스트하고 개선할 수 있는 최적의 환경을 가지고 있습니다. 공장 하나에 수백 대의 로봇을 투입하여 실시간으로 데이터를 축적하고, 그 데이터로 다시 로봇을 업그레이드하는 '선순환 구조'가 중국 로봇 산업의 경쟁력을 빠르게 높이고 있습니다.

중국이 만드는 '로봇 도시', 왜 지금인가?

거리를 걷는 로봇이 당연해지는 날

중국 남부 광둥성 선전의 한 거리에서 휴머노이드 로봇이 커피잔을 들고 빌딩 로비로 걸어 들어갑니다. 도로 차선에서는 배달 로봇이 신호를 기다리고, 지하철역 앞에서는 정비 로봇이 보도블록을 점검합니다. 이 풍경이 현실이 되고 있습니다.

중국은 선전을 중심으로 세계 최초의 '로봇 친화 도시'를 만들고 있습니다. 이것은 단순한 실험이 아닙니다. 로봇을 도시에 풀어놓고, '현장에서 배우게' 하는 중국식 피지컬 AI 혁명의 새로운 장입니다.

'선전'이라는 도시가 로봇을 만드는 방식

중국 남부의 광둥성은 중국에서 가장 부유하고 시끄럽고 바쁘게 돌아가는 곳입니다. 인구가 1억 2,706만 명으로 중국에서 가장 많은 성이며, GDP는 약 1조 9억 6,000만 달러로 한국의 약 1.15배입니다. 공장과 항구, 세계로 나가는 컨테이너가 밤낮없이 움직입니다. 이 광둥성 안에 불과 40여 년 전까지만 해도 지도에도 제대로 표시되지 않던 선전(深圳)이라는 작은 어촌이 있었습니다.

지금 이 도시를 보고 있으면 과거를 상상하기가 어렵습니다. 선전은 1980년 중국 최초의 경제특구로 지정된 후, 현재는 인구가 약 1,756만 명이며, 베이징·상하이·광저우와 함께 중국 4대 도시로 꼽히고, '중국의 실리콘밸리'라 불리는 세계적 기술 및 제조 중심지로 성장했습니다. 고층 빌딩 사이로 전기차가 미끄러지듯 지나가고, 로봇이 공장을 오가며, 드론이 하늘을 가릅니다. 선전은 중국이 미래를 실험하는 거대한 시험장이자, 로봇이 태어나는 도시인 것입니다.

광둥성과 선전, 같은 듯 다른 두 얼굴

행정적으로 보면 선전은 광둥성 소속이지만, 실제로는 광둥성 안에서 따로 움직이는 도시라고 할 수 있습니다. 중국 정부는 선전에 유독 많은 자유를 주었습니다. 1980년 경제특구로 지정해서 경제·무역·세제에서 특별한 자율권, 그리고 성에 준하는 경제 관리 권한을 주었습니다. 다시 말해 중국 정부는 선전에 돈을 벌어도 좋고, 실패해도 좋고, 외국 기술을 들여와도 좋다고 했습니다. 대신 조건은 하나였습니다. "빨리 결과를 보여라!"

광둥성이 '몸'이라면, 선전은 '두뇌'라고 할 수 있습니다. 광둥성 곳곳에는 여전히 수많은 공장이 있습니다. 둥관과 포산에서는 모터와

선전은 생각하고, 광둥성은 만든다

기계가 찍혀 나오며 컨베이어벨트가 멈추지 않습니다. 그런데 무엇을 만들지 결정하는 곳, 어떤 기술로 승부할지를 정하는 곳은 선전입니다. "선전은 생각하고, 광둥성은 만든다." 이 단순한 분업이 중국 제조업의 속도를 완전히 바꿔놓았습니다.

선전이 로봇 도시가 된 이유는 기술력이 뛰어나서만이 아닙니다. 그보다는 로봇을 만들 수 있는 조건이 완벽했기 때문입니다. 로봇은 아이디어만으로 만들어지지 않으며 손과 발, 눈과 귀, 신경과 근육이 필요합니다. 모터와 센서, 카메라와 배터리, 그리고 이 모든 것을 연결하는 칩이 있어야 합니다. 다른 나라에서는 이 부품들을 모으는 데 몇 달이 걸리지만, 선전에서는 하루면 됩니다.

도시 안에 세계 최대 전자부품 시장이 있고, 몇 블록만 이동하면 시제품 공장이 나옵니다. 문제가 생기면 회의실이 아니라 작업대에서 해결합니다. 말로 설명하는 대신 바로 분해하고 다시 조립합니다. 실패는 비용이 아니라 과정입니다. 그래서 선전에서는 로봇이 자주 넘어지고 자주 다시 일어납니다. 그 속도가 상상을 초월합니다.

선전에서는 아이디어가 곧 제품이 된다

선전에서는 기획서보다 프로토타입(시제품)이 더 중요합니다. 오늘 떠올린 아이디어는 밤에 형태를 가지게 되며, 내일은 움직이고, 다음주에는 공장에 들어갑니다. 이러한 속도는 바로 선전이라는 도시의 구조에서 나옵니다.

AI 개발자와 하드웨어 엔지니어, 양산 전문가가 같은 건물에서 일합니다. 문제가 생기면 화상회의 일정을 잡는 것이 아니라 엘리베이터를 탑니다. 그래서 이곳에서는 로봇이 연구실에 갇히지 않습니다. 공장으로 나가고 병원으로 들어가고 물류창고를 누빕니다. 선전의 로봇은 실험 대상이 아니라 생활의 일부인 것입니다.

'선전'이라는 완벽한 실험실

선전은 중국 로봇 산업의 심장입니다. 2023년 기준 선전의 로봇 산업 생산액은 약 1,797억 위안(약 34조 원)이며, 로봇·자동화 관련 기업이 7만 개 이상 밀집해 있습니다. 유비테크나 유니트리 로보틱스 같은 휴머노이드 로봇 스타트업들의 본거지이기도 합니다.

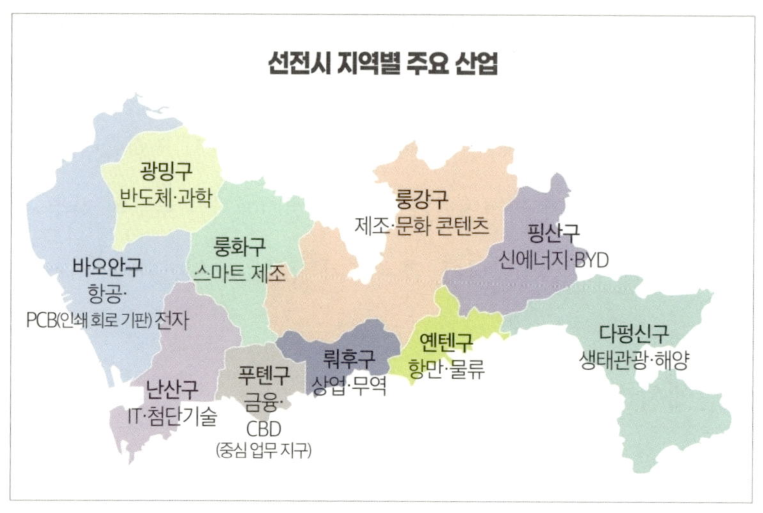

더욱 중요한 것은 공급망입니다. 로봇 하나를 만들려면 모터·센서·배터리·제어 칩 등 수백 개의 부품이 필요한데, 선전은 이 모든 것을 반경 30km 안에서 조달할 수 있습니다. 전자제품 제조의 메카인 이 도시에서는 아침에 설계를 바꾸면 저녁에 샘플이 나옵니다.

유비테크는 최근 단일 계약으로 2억 5,000만 위안(약 480억 원) 규모의 휴머노이드 로봇 주문을 받았으며, 유니트리 로보틱스는 로봇 전용 앱스토어까지 만들고 있습니다. 스마트폰처럼 로봇에도 다양한 앱을 깔아 기능을 확장하겠다는 것입니다. 그리고 보면 선전은 로봇 생태계 전체가 작동하는 살아 있는 유기체라고 볼 수 있습니다.

로봇 전용 도로가 생긴다는 것의 의미

선전 로봇 도시계획에는 독특한 인프라 설계가 포함되어 있습니다. 우선 사람과 차가 다니는 길과 분리된 로봇 전용 통행구역이 있습니

중국 선전시는 도시 자체가 로봇 실험실이다. 곳곳에 로봇 전용 통행구역이나 로봇 충전 스테이션이 있다. (AI 생성 이미지)

다. 로봇들은 로봇만의 레인에 깔린 고밀도 센서 네트워크를 통해 서로 소통하고 중앙 관제센터와 연결됩니다. 스마트폰 충전기처럼, 로봇이 배터리가 떨어지면 스스로 찾아가서 충전하는 충전 스테이션도 곳곳에 설치되어 있습니다. 원격 정비 센터도 있는데, 로봇이 문제가 생기면 인간 전문가가 원격으로 진단하고 수리합니다.

이러한 인프라는 로봇이 더 이상 특별한 존재가 아니라 일상의 일부가 된다는 것을 의미합니다. 자동차가 처음 등장했을 때 전용도로가 필요했고, 지금 우리는 자동차 없는 도시를 상상할 수 없습니다. 로봇도 마찬가지 경로를 밟고 있는 것입니다.

로봇이 배우는 것은 '기술'이 아니라 '세상'이다

선전 로봇 도시에서 휴머노이드 로봇들이 배우는 것은 배달 잘하는 법이나 물건 나르는 법이 아니라 훨씬 복잡한 것입니다. 예를 들어 커피숍에서 손님이 "따뜻한 거 하나!"라고 하면, 로봇은 따뜻한 게 뭔지, 음료 한 잔인지 샷 하나인지를 파악해야 합니다. 손님의 표정, 날씨, 시간대까지 고려해서 말입니다.

또 다른 예시로 로봇이 빌딩 복도에서 대화하는 두 사람과 마주쳤다고 해보죠. 로봇이 지나가도 될까요, 기다려야 할까요? 얼마나 가까이 접근해도 될까요? 로봇의 매뉴얼에 이런 암묵적 사회규칙은 없습니다. 이런 것은 실제 상황에서 수천 번 겪어봐야 학습됩니다. 중국은 로봇 도시를 '살아 있는 실험실(Living Lab)'이라고 하는데, 도시 전체가 로봇의 학교이자 직장이자 놀이터가 되는 것입니다.

선전시, 2027년까지 1,000억 위안 시장 목표

선전시가 내놓은 목표를 보면 입이 떡 벌어집니다. 2027년까지 휴머노이드 로봇 산업규모를 1,000억 위안(약 19조 원)으로 키우고, 관련 기업 1,200개 이상, 그중 100억 위안(약 1조 9,000억 원) 이상 기업을 10개 이상 만들겠다고 합니다. 불가능한 목표처럼 들립니다.

하지만 중국의 이전 기록을 보면 방심할 수 없습니다. 2010년대 초반, 중국은 전기차 시장에서 미국과 유럽, 한국보다 뒤처져 있었습니다. 하지만 중국은 국가 차원의 보조금, 충전 인프라 투자, 배터리 생태계 육성을 동시에 밀어붙였으며, 현재 BYD는 테슬라를 제치고 세계 1위 전기차 기업이 되었습니다.

로봇도 이와 같은 시나리오를 밟고 있습니다. 거대한 내수시장, 완벽한 공급망, 정부의 전폭적 지원, 여기에 도시 전체를 실험장으로 내

주는 과감함까지, 이 조합은 무시할 수 없습니다.

광둥성의 1+1+N 전략, 거창한 이름 뒤의 진짜 의도

중국 광둥성이 내놓은 '1+1+N' 전략은 얼핏 들으면 또 하나의 정부 슬로건처럼 들립니다. 하지만 그 속을 들여다보면 치밀한 계산이 보입니다.

첫 번째 '1'은 광둥성 전체를 아우르는 중앙 훈련기지를 말합니다. 여기서 휴머노이드 로봇들은 걷기·물건 잡기·장애물 피하기 같은 기본기를 배웁니다. 통제된 환경에서 안전하게 실패하며 학습합니다.

두 번째 '1'이 핵심입니다. 바로 선전의 '실전 데모 구역'으로, 훈련장에서 배운 로봇들이 진짜 도시로 나와서 실제 거리, 사람들, 예측 불가능한 상황들에 놓입니다. 로봇은 여기서 세상이 어떻게 돌아가는지 배웁니다. 그리고 여기서 'N'은 여러 개의 특화 훈련장을 말합니다. 제조공장·물류창고·병원·레스토랑 등 각 산업현장에 맞춤형 테스트 베드를 만들어 로봇이 특정 업무에 능숙해지도록 만듭니다.

광둥성의 '1+1+N' 전략은 곧 하나의 거대한 로봇 교육 시스템입니다. 초등학교–고등학교–특성화고 같은 구조를 로봇 훈련에 적용한 것이죠.

도시 자체가 로봇 훈련장이 되는 이유

그런데 왜 굳이 도시 전체를 로봇 친화적으로 바꿔야 할까요? 공장이나 실험실에서 훈련하면 안 되는 것일까요? 핵심은 '체화형

AI(Embodied AI)'라는 개념에 있습니다.

휴머노이드 로봇은 몸을 가진 AI로 문을 열고 계단을 오르며 물건을 옮깁니다. 그런데 물리세계는 예측 불가능하며, 미끄러운 바닥, 갑자기 튀어나오는 아이, 고장 난 엘리베이터…, 시뮬레이션으로는 이 모든 걸 재현할 수 없습니다. 그래서 중국은 도시 자체를 훈련장으로 만들기로 한 것입니다. 실제 환경, 실제 사람들과 부딪히며 배우는 것, 이것이 가장 빠른 학습법이라고 판단한 것입니다.

중국식 '빠른 실패, 빠른 학습' 전략

서구 기업들이 완벽한 제품을 만들려고 몇 년을 연구실에서 보낼 때, 중국은 '일단 시장에 내놓고 고치자'라는 접근을 선호합니다.

테슬라의 휴머노이드 로봇 옵티머스는 아직 제한적 상용화 초기 단계입니다. 테슬라 공장에서 실무에 배치되어 학습 중이며, 2026년을 기점으로 본격적인 상용화에 나서려는 단계입니다. 보스턴다이내믹스의 아틀라스는 놀라운 기술이지만 상용화에는 시간이 걸립니다.

반면 중국의 휴머노이드 로봇 개발기업 애지봇(AgiBot)은 이미 5,000대 이상을 생산했습니다. 애지봇이 내놓은 인터랙티브 서비스용 로봇 A2나 하이브리드 휴머노이드 로봇 X2-N 등을 보면, 완벽하지 않으며, 여전히 넘어지기도 하고 정교한 작업은 서툽니다. 하지만 실제 공장·물류창고에서 일하고 있으며, 그 과정에서 쌓이는 데이터와 노하우가 다음 세대 로봇을 더 좋게 만드는 원동력이 됩니다.

선전 로봇 도시도 마찬가지 철학을 가지고 있습니다. 완벽한 시스템을 설계하고 시작하는 것이 아니라, 일단 로봇을 거리에 풀어놓고 문제가 생기면 해결합니다. 이 속도감이 바로 중국의 무기입니다.

중국의 로봇이 무서운 이유는 정교해서가 아니며, 완벽해서도 아닙니다. 오히려 투박하고 가끔은 어설픕니다. 그럼에도 중국의 로봇이 무서운 이유는 단 하나, 속도가 압도적으로 빠르기 때문입니다.

미국은 최고의 AI를 가지고 있지만, 제조시설이 없으며 먼 곳에 있습니다. 일본은 부품이 강하지만, 완성품으로 가는 속도가 느립니다. 한국은 제조역량은 있지만, 생태계가 흩어져 있습니다. 하지만 중국의 선전은 아이디어·부품·공정·양산이 한 도시 안에서 순환합니다. 그래서 한 번의 실패가 끝이 아니라 다음 버전의 시작이 되며, 이 반복이 쌓여 어느 순간 양산 가능한 로봇이 튀어나오는 것입니다.

다시 말해 선전은 로봇이 자라날 수 있는 환경을 만든 도시입니다. 이 도시는 "완벽한가?"를 묻지 않고, 대신 "지금 만들 수 있는가?"라고 묻습니다. 선전은 그 질문이 쌓여 오늘도 새로운 로봇을 세상에 내보냅니다. 그리고 광둥성이라는 거대한 몸은 그 로봇을 수백만 대로 증식시킵니다. 중국의 로봇 도시는 그렇게 작동합니다. 조용히, 그러나 압도적인 속도로!

로봇 도시는 시작일 뿐이다

2000년대 초반, 사람들은 인터넷이 얼마나 세상을 바꿀지 몰랐습니다. 그리고 2010년대 초반, 사람들은 스마트폰이 모든 산업을 재편할 줄 몰랐습니다. 지금 우리는 로봇이 일상이 되는 시대의 초입에 서 있습니다. 중국은 '일단 시작'했습니다. "완벽하지 않아도 좋고, 실패해도 괜찮다. 중요한 것은 가장 먼저 경험을 쌓는 것이다." 그 경험이 곧 경쟁력이 되기 때문입니다.

선전의 거리를 걷는 휴머노이드 로봇들은 배달이나 청소를 하는 것이 아니라, 미래를 학습하고 있고, 그 미래는 생각보다 빨리 우리에게 다가올 것입니다. 로봇 도시는 시작일 뿐입니다. 진짜 질문은 이제부터입니다. 우리는 이 변화에 어떻게 대응해야 할까요?

'로봇 친화 도시'가 열어줄 미래

선전의 실험은 '인간과 로봇이 공존하는 사회를 어떻게 설계할 것인가'에 대한 거대한 사회 실험입니다. 지금 선전에서는 로봇 전용 차선, 충전 인프라, 안전규칙, 사회적 규범, 이 모든 것을 만들고 있습니다. 10년 후, 우리 도시에도 휴머노이드 로봇이 걸어다닐 것입니다. 커피를 배달하고 택배를 나르며 노인을 돌볼 것입니다. 그때 우리는 선전이 지금 겪고 있는 시행착오를 또 겪을 것인가요? 아니면 그들의 경험에서 배울 것인가요?

중국은 지금 로봇 OS(운영체제), 로봇 앱스토어, 로봇 친화 도시의 표준을 만들고 있습니다. 이것들이 글로벌 스탠더드가 되면, 스마트폰 시장에서 안드로이드와 iOS가 지배하듯, 로봇 시장도 중국의 표준이 지배할 수도 있을 것입니다.

중국의 제조업 대전환,
그 속도와 방향이 말해주는 것

2025년, 중국 제조업 현장은 두 가지 상반된 풍경을 동시에 보여주고 있었습니다. 한쪽에서는 500개가 넘는 스마트 공장이 24시간 작동하며 미래를 만들어내고, 다른 한쪽에서는 낡은 설비의 공장들이 하나둘 문을 닫았습니다. 이것은 중국이 선택한 제조업 미래 전략의 실제 모습입니다.

새장을 바꾸는 전략, '등롱환조'의 작동 원리

중국 정부는 등롱환조(騰籠換鳥), 즉 '낡은 새가 떠나면 새장을 비우고, 새로운 새를 맞이한다'는 명확한 방향성을 가지고, 제조업을 재편하고 있습니다. 오래된 산업이 차지했던 공장부지와 자원을 첨단산업으로 교체하는 것이죠.

중국 정부의 이러한 제조업 전환을 추동하는 것은 환경 기준, 에너지 효율, 디지털 역량이라는 3가지 기준입니다. 이 기준을 충족하지 못하는 기업들은 자연스럽게 밀려나게 됩니다. 2024년 장쑤성과 광둥성에서만 14만 개 이상의 중소기업이 폐업했고, 전체 중소기업의 60%가 디지털 전환에 어려움을 겪고 있다는 통계가 이를 보여줍니다.

빠른 변화 뒤에 숨은 선택의 문제

중국의 제조업 전환이 이렇게 빠른 속도로 진행되는 이유는 무엇일까요? 중국 정부의 명확한 방향 제시와 기업의 빠른 적응이 맞물린 결과입니다. 하지만 이 과정에서 모든 기업이 동일한 출발선에 서 있는 것은 아닙니다.

자본과 기술력을 갖춘 대기업들은 스마트 공장으로의 전환에 상대적으로 수월하게 적응하고 있지만, 중소기업들은 디지털 설비투자, 인력 재교육, 시스템 구축에 필요한 자원 확보가 쉽지 않습니다. 결과적으로 산업 재편 과정에서 기업 간 격차가 더욱 벌어지는 양상이 나타나고 있습니다.

세계가 주목하는 '등대 공장'의 의미

그렇다면 중국이 비운 공장부지에는 어떤 시설들이 들어설까요? 세계경제포럼(WEF)이 선정한 '등대 공장(Lighthouse Factory)' 목록을 보면 흥미로운 사실이 드러납니다. 전 세계 최고 수준의 스마트 공장 중 42%가 중국에 있습니다. AI 칩 생산부터 로봇 제조까지, 중국의 첨단 제조 인프라는 이미 세계 최고 수준에 이르렀습니다. 이것은 시장의 자연스러운 진화만으로는 설명되지 않습니다. 중국 정부의 체계적인 정책 설계와 기업의 적극적인 투자가 만나 만들어낸 결과입니다.

자동화가 가져온 예상치 못한 풍경

세계에서 가장 많은 인구를 가진 중국에서 공장 안 작업자들의 수가 가장 빠르게 줄어들고 있습니다. 스마트 공장 확대는 필연적으로 노동집약적 일자리의 감소를 동반합니다. 한 대의 로봇이 여러 명의 작업자를 대체하고, AI 시스템이 품질관리 인력을 대신합니다. 제조강국을 향한 중국의 전략은 분명한 성과를 보이고 있지만, 동시에 수천만 명의 제조업 노동자들에게는 새로운 적응을 요구하고 있습니다.

우리가 읽어야 할 신호들

중국의 제조업 대전환은 미래 제조업의 방향성과 그 과정에서 발생하는 구조적 변화를 압축적으로 보여줍니다. 첨단기술과 자동화로 무장한 공장들이 늘어날수록, 우리는 더 많은 질문과 마주하게 됩니다. 전통적 제조업 일자리는 어떻게 변화할까요? 디지털 전환에 필요한 역량을 갖추지 못한 기업들은 어떤 선택지를 가질 수 있을까요? 그리고 이러한 변화의 속도는 사회가 적응할 수 있는 속도와 조화를 이룰 수 있을까요?

중국의 제조업 혁명은 이제 선택이 아닌 현실이 되었습니다. 그리고 이 현실이 던지는 질문들은 한국을 포함한 모든 제조강국들이 함께 답을 찾아가야 할 시대적 과제입니다.

일본의 로봇 전략 실패가
우리에게 알려주는 것

일본의 절박한 고백

2025년 10월, 일본 경제산업성이 발표한 한 문서가 로보틱스 업계에 조용한 충격파를 던졌습니다. 제목은 'AI 로보틱스 검토회 전략의 방향성'. 그런데 내용을 보면 단순한 전략 문서가 아니라 오히려 일본이 뒤처졌다는 솔직한 고백이자, 이제라도 따라잡겠다는 절박한 선전포고에 가까웠습니다.

일본 경제산업성의 이 문서는 충격적인 인정으로 시작합니다. "우리는 AI 기술의 가속도적 발전과 그것을 배경으로 한 다용도 로봇의 실현 가능성을 충분히 예상하지 못했고, 미중을 중심으로 하는 선진적인 연구개발 경쟁에서 뒤처져 있다." 한때 로봇 강국을 자처했던 일본이 스스로 낙오자임을 인정한 것입니다.

왜 지금인가, 산업용 로봇 1위 국가의 위기감

일본은 여전히 산업용 로봇 분야에서 세계 최고 점유율을 자랑합니다. 자동차 공장과 반도체 공장을 누비는 로봇 팔의 상당수가 일제입니다. 그런데 왜 이토록 다급할까요?

그 이유는 게임의 룰이 바뀌었기 때문입니다. 공장 안 정해진 위치에서 정해진 동작만 반복하는 산업용 로봇의 시대는 저물고, 이제 커피숍에서 라테를 만들고, 건설현장에서 자재를 나르며, 요양원에서 노인을 돌보는 '다용도 로봇'의 시대가 열리고 있습니다.

일본은 이 새로운 경주에서 출발선에조차 제대로 서지 못했다고 고백합니다. 서비스 로봇 시장점유율에서 중국과 미국에 한참 뒤처진 것이 이를 증명합니다.

인구 절벽 앞에 선 나라의 선택

일본의 위기감에는 더 근본적인 이유가 있습니다. 바로 '사람이 없다'는 것입니다. 일본 경제산업성이 발표한 이 문서는 "인구 감소를 배경으로 한 구조적 인력 부족으로, 모든 산업에서 심각한 노동공급 제약의 영향이 현재화되고 있다"고 말합니다.

그런데 이것은 한국에도 낯설지 않은 이야기입니다. 저출산·고령화·인구감소, 이 3가지 키워드는 한일 양국이 공유하는 생존과제이기 때문입니다. 일본은 로봇을 선택사항이 아닌 생존조건으로 보고 있는데, 사람이 없어서 할 수 없다면 로봇이 해야만 하기 때문입니다.

흥미롭게도, 일본은 이것을 노동력 대체를 넘어 '새로운 핵심 산업

육성'의 기회로 보고 있습니다. 위기를 기회로 전환하려는 전략적 사고가 엿보입니다.

야심찬 출발, 10년 후 마주한 냉혹한 현실

2015년, 일본은 자신감에 차 있었으며, '로봇 신전략'이라는 이름으로 야심찬 청사진을 펼쳐 보였습니다. 2019년에는 한 발 더 나아가 '로봇에 의한 사회변혁 추진 계획'까지 발표했습니다. 제목만 봐도 웅장한데, 로봇으로 사회 전체를 바꾸겠다는 포부였습니다.

일본 정부는 진지했고 연구개발에 막대한 예산을 쏟아부었습니다. 로봇을 실제로 테스트할 수 있는 실증환경도 조성했으며, 특히 시스템 통합업체(System Integrator, SIer)라는 중간 다리 역할을 하는 기업을 육성하는 데 공을 들였습니다. 로봇 제조사와 실제 현장을 연결해 줄 전문가 집단을 키우려 했던 것입니다.

그로부터 약 10년이 흘렀습니다. 경제산업성이 2025년 10월 발표한 문서를 보면, 일본은 기대한 만큼 로봇이 본격적으로 사회 실제 현장에 적용되지 못했다고 스스로 평가합니다. 화려한 계획과 충분한 예산, 세계 최고 수준의 기술력을 가진 나라가 10년 가까이 노력했지만, 로봇은 여전히 연구실과 전시장에 머물러 있다는 것입니다. 로봇이 공장에도 물류창고에도 식당에도 병원에도 생각만큼 들어가지 못했습니다. 화려한 데모와 실제 현장의 사이, 그 간극이 좁혀지지 않았던 것입니다.

가장 필요한 곳에 닿지 못한 기술

일본의 이전 로봇 전략은 왜 실패했을까요? 2025년 10월 일본 경제산업성이 발표한 문서는 두 가지 핵심 원인을 지적합니다.

첫 번째는 미도입 영역에 대한 접근 실패입니다. 이미 자동화가 쉬운 영역은 진작에 로봇이 들어갔으며, 정확히 반복되는 단순작업, 깨끗하고 통제된 환경, 표준화된 절차가 있는 곳들은 1980~1990년대부터 로봇이 활약하고 있었습니다.

그런데 문제는 나머지입니다. 자동화가 가장 어렵고, 동시에 가장 절실한 곳, 즉 불규칙한 작업, 예측 불가능한 환경, 사람의 판단이 필요한 순간들, 중소기업의 다품종 소량생산 라인, 건설현장, 농업, 간병 현장 같은 곳들 말입니다. 바로 이런 곳이야말로 고령화와 인력난에 시달리는 일본이 가장 로봇을 필요로 하는 영역입니다.

일본은 이전에 시스템 통합업체를 키워 이 문제를 해결하려 했습니다. 이들은 로봇 제조사와 현장을 연결하고, 각 현장의 특수한 요구사항에 맞춰 로봇 시스템을 맞춤 설계해 주는 전문가 집단이었지만, 충분히 성장하지 못했습니다. 가장 어려운 영역을 개척할 만큼의 기술력과 경험을 쌓지 못한 것입니다. 결국 쉬운 곳만 더 효율화되고, 정작 절실한 곳은 여전히 사람 손에 의존하는 상황이 지속되었습니다.

닭이 먼저냐, 달걀이 먼저냐?

일본의 기존 로봇 전략이 실패한 두 번째 원인은 더 근본적입니다. 시장이 형성되지 않았던 것입니다.

일본 경제산업성의 문서에 따르면, "공급 측이 제조라인을 유지할 만큼의 충분한 수요를 창출하지 못했다"고 합니다. 로봇 회사들이 공장 라인을 가동하고 연구개발을 지속하려면 일정 수준 이상의 판매량이 필요한데, 실제로 고객이 충분하지 않았던 것입니다.

왜 안 샀을까요? 로봇이 비쌌기 때문입니다. 왜 비쌌을까요? 로봇이 대량생산이 안 되었기 때문입니다. 왜 대량생산이 안 되었을까요? 로봇 수요가 별로 없었기 때문입니다. 왜 수요가 없었을까요? 로봇이 비쌌기 때문입니다. 즉, 악순환인 것입니다. 전형적인 '닭이 먼저냐, 달걀이 먼저냐' 문제입니다.

더 깊이 들여다보면, 이것은 가격 문제 때문만이 아닙니다. 로봇을 도입하려는 기업 입장에서는 초기 투자비뿐 아니라 유지보수, 직원 교육, 기존 시스템 개편 비용 등이 모두 부담입니다. 게다가 '정말 우리 현장에서 제대로 작동할까?'라는 불확실성도 큽니다. 결과적으로 대부분의 기업들은 관망하는 쪽을 택했습니다. '남들이 먼저 해보고, 잘되면 그때 하지.' 그런데 모두가 이렇게 생각하니, 아무도 먼저 뛰어들지 않았고, 시장이 열리지 않았으며, 로봇 제조사들은 규모의 경제를 만들어내지 못했습니다.

연구실과 현장 사이, 죽음의 계곡

이 모든 것을 한 문장으로 요약하면, 일본은 기술혁신 과정에서 나타나는 함정인 '죽음의 계곡(Death Valley)'을 건너지 못한 것입니다. 연구실에서 기술을 개발하는 것과 그것을 실제 시장에서 작동하게 만드는 것 사이에는 엄청난 간극이 있습니다. 수많은 훌륭한 기술들이 이 계곡을 건너지 못하고 사라집니다.

일본의 로봇 기술은 세계 최고 수준이었으며, 연구실에서는 완벽하게 작동했고, 전시회에서는 감탄을 자아냈지만, 실제 현장에 가면 이야기가 달라졌습니다. 현장은 복잡했습니다. 예측 불가능하고 지저분하며 표준화되지 않았습니다. 무엇보다 돈이 되어야 했습니다. 기술이 아무리 뛰어나도 현장에서 쓰이지 않으면 무용지물이며, 제품이 아무리 좋아도 팔리지 않으면 사업이 지속될 수 없습니다. 일본은 이 냉혹한 진리 앞에서 10년을 허비했던 것입니다.

일본의 로봇 전략 실패가 우리에게 말해주는 것

일본의 솔직한 자기 진단은 역설적으로 희망적입니다. 문제를 인정하는 것이 해결의 첫걸음이기 때문입니다. 이는 값진 교훈이 됩니다.

로봇 도입은 기술개발만의 문제가 아니며, 시장 형성, 생태계 구축, 그리고 실제 현장과 기술 사이의 간극을 메우는 실행력의 문제입니다. 화려한 전략 문서와 충분한 예산만으로는 부족하며, 누군가는 먼저 뛰어들어 시행착오를 겪어야 하고, 그 과정을 견딜 수 있는 인내심과 지속성이 필요합니다. 무엇보다 기술과 시장이 함께 성장할 수 있는 선순환 구조를 만들어내야 합니다.

일본의 지난 10년 로봇 전략은 실패였을지 모르지만, 이 실패를 직시하는 용기가 다음 10년을 바꿀 수 있습니다. 문제는 이미 진단되었고, 이제 처방전을 쓸 차례입니다.

피지컬 AI,
일본 역습의 4가지 청사진

절박함이 때로는 명쾌한 전략을 낳습니다. 일본은 4가지 축으로 반격을 준비하고 있습니다.

스마트폰처럼 진화하는 로봇: SDR·AIDR·개방형 수평 분업

먼저, SDR(Software Defined Robot, 소프트웨어 정의 로봇) 시대에 맞는 산업 구조를 만드는 것입니다. SDR은 쉽게 말하면 '스마트폰처럼 진화하는 로봇'을 말합니다. 3년 전에 산 스마트폰이라도 앱을 새로 깔면, 하드웨어는 그대로지만 소프트웨어가 업데이트되면서 기능이 확장되죠? SDR 로봇도 마찬가지입니다.

전통적인 로봇은 특정 작업을 위해 하드웨어부터 소프트웨어까지 모두 맞춤 제작되었습니다. 용접 로봇은 용접만, 운반 로봇은 운반만 했으며, 다른 일을 시키려면 거의 새로 만들어야 했죠. 하지만 SDR은 다릅니다. 하드웨어 플랫폼을 표준화하고, 그 위에서 소프트웨어로 다양한 기능을 구현합니다. 오늘은 물건을 나르는 일을 하다가, 소프트웨어를 업데이트하면 내일은 조립 작업을 할 수 있는 식입니다.

최근에는 여기에 AI까지 통합되면서 AIDR(AI Defined Robot, AI 정의 로봇)이라는 용어까지 등장했습니다. 이는 AI로 스스로 학습하고 진화하는 로봇을 말합니다.

그런데 일본의 진짜 전략은 여기서 한 걸음 더 나갑니다. 바로 SDR 시대에 맞는 '개방형 수평 분업' 구조를 만들겠다는 것입니다.

과거 일본 기업들은 수직 통합을 좋아했으며, 모든 것을 내부에서 해결하려 했습니다. 한 회사에서 부품부터 조립, 소프트웨어까지 다 하는 방식입니다. 이는 통제는 쉽지만 유연성이 떨어지며, 무엇보다 느립니다. 반면 개방형 수평 분업은 역할을 나눕니다. 설계만 전문으로 하는 팹리스(Fabless) 회사, 생산만 전문으로 하는 EMS(Electronics Manufacturing Service) 회사가 있으며, 핵심 부품 공급업체, 서비스 업체 등이 각자 잘하는 것에 집중하면서 협력합니다.

스마트폰 산업을 보면, 애플은 설계만 하고, 생산은 폭스콘 같은 EMS에 맡기며, 부품은 전 세계에서 최고 성능의 것을 골라 씀으로써 빠르고 유연하게 혁신할 수 있었습니다. 마찬가지로, 일본은 이제 로봇 산업도 폐쇄적이고 느린 수직 통합 대신 개방적이고 빠른 수평 분업 구조로 만들겠다는 것입니다.

물론 일본은 순진하지 않습니다. 모든 것을 다 개방하지는 않으며, 모터·감속기·컴퓨팅 기반 같은 핵심 하드웨어 컴포넌트와 소프트웨어 스택은 '특정'하여 반드시 국산화하겠다고 밝힙니다. 바로 '경제 안보' 때문입니다.

2020년대 들어 세계는 급속히 진영 논리로 재편되고 있습니다. 미중 갈등이 격화되면서 핵심 기술과 부품을 외국에 의존하는 것은 위험해졌으며, 언제 공급이 끊길지 모릅니다. 예로, 미국은 중국에 첨단 반도체 수출을 막았으며, 중국은 희토류 수출을 무기화했습니다. 일본 역시 한국에 반도체 소재 수출을 규제했던 적이 있습니다.

로봇의 핵심 부품도 마찬가지입니다. 이것들을 전부 외국에 의존하면 언젠가 목줄이 잡힐 수 있습니다. 그래서 일본은 개방은 하되, 핵심 기술만큼은 반드시 내부에 확보하겠다는 이중 전략을 펼치고 있습니다. 협력은 하되 종속되지 않겠다는 것입니다.

대뇌와 소뇌를 모두 가진 AI 엔진

일본 정부의 두 번째 전략은 더욱 야심찹니다. 인간의 뇌처럼 작동하는 AI 엔진을 개발하겠다는 것입니다.

인간의 뇌는 크게 대뇌와 소뇌로 나누어 볼 수 있습니다. 대뇌는 사고하고 계획하며, 소뇌는 정밀하게 동작을 제어합니다. 로봇도 마찬가지입니다. 로봇도 '인식'하고 '계획'하는 고차원 기능과, 실제로 몸을 '제어'하는 저차원 기능이 모두 필요합니다.

일본이 목표로 하는 AI 엔진은 1단계로 시각·청각·촉각 등 다양한 센서 정보를 '인식'하고, 2단계로 목적 달성을 위한 적절한 동작을 '계획'하며, 3단계로 로봇의 구성요소가 조금씩 다르더라도 유연하게 적응하며 실제 동작으로 구현하도록 '제어'하는 것입니다. 손가락이 5개든 3개든, 팔이 길든 짧든 상황에 맞게 조정해야 하는 것이죠. 이때이 모든 것이 하나의 일관된 시스템으로 작동해야 하며, 각 단계가 따로 놀지 않고 매끄럽게 연결되어야 합니다.

그런데 이런 AI 엔진을 어떻게 만들까요? AI는 데이터를 먹고 자랍니다. 얼마나 많은, 얼마나 질 좋은 데이터를 학습하느냐가 AI의 성능을 결정합니다. 피지컬 AI는 수많은 작업 상황, 다양한 물체, 예상치 못한 돌발상황에 대한 데이터가 있어야 제대로 학습할 수 있습니다.

일본의 전략은 다음과 같습니다.

1단계: 로봇을 '학습용으로 정비된 환경'에서 실제로 굴리며 데이터를 수집합니다. 통제된 환경에서 체계적으로 데이터를 모으는 것이죠.

2단계: 이 데이터를 가공하여 '범용적인 국산 로봇 기반 모델'을 개발합니다. 여러 상황에서 두루 쓸 수 있는 AI 두뇌를 만드는 것입니다.

3단계: 이렇게 만든 모델을 실제 현장에 도입하고, 거기서 발생하는 '고품질 실전 데이터'를 다시 피드백합니다.

4단계: 이 데이터로 AI를 더욱 개선하고, 다시 현장에 투입합니다.

일본의 전략은 이처럼 AI가 점점 똑똑해지는 고속 순환 사이클을 구축하겠다는 것입니다. 여기서 특히 시뮬레이션-현실 간 전이 격차(Sim-to-Real Gap)의 해소를 강조하고, 이를 위해 물리적 환경 구축에 투자하겠다고 합니다. 시뮬레이션을 현실에 가깝게 만들거나, 아예 현실에서 대규모로 데이터를 수집할 수 있는 테스트 환경을 만들겠다는 것입니다.

모든 전선에서 싸우지 않는다, 전략적 선택과 집중

일본은 솔직하게 중국처럼 물량으로 밀어붙일 수 없고, 미국처럼 무한정 자본을 쏟아부을 수도 없다고 밝힙니다. 그렇다면 어떻게 하겠다는 것일까요? 일본은 싸울 곳을 고릅니다.

일본은 다음의 두 가지 기준으로 우선순위를 정합니다.

1. 경제적 임팩트: 그 분야에 로봇을 투입하면 노동력 부족 문제가 얼마나 해결되고, 생산성이 얼마나 오르는가?
2. 도입 가능성: 현재 기술로 실제로 로봇을 투입할 수 있는가? 작업환경이 너무 복잡하지 않은가? 실패해도 다시 시도할 수 있는가?

"롱테일 영역을 공략하라. 아무도 가지 않은 곳에 답이 있다." 일본이 이 기준으로 콕 찍은 영역들을 보면 흥미롭습니다.

- 다품종 소량 제조: 대량생산이 아니라 작은 규모로 다양한 제품을 만드는 공장들
- 건축현장: 3D 업종의 대표주자
- 의료·간호: 고령화 사회의 최대 과제
- 소매: 편의점·슈퍼마켓 같은 곳
- 물류: 창고·배송센터
- 농업: 고령화로 인력난이 가장 심각한 분야
- 방재·인프라: 재난 대응, 시설 점검 같은 공적 영역

이들을 묶어 '롱테일 영역'이라고 할 수 있습니다. 대중적인 히트 상품(머리 부분)이 있고, 그 뒤로 소량씩 팔리는 수많은 틈새 상품들(긴

꼬리)이 있는데, 이 롱테일 영역은 개별로는 작지만 합치면 엄청난 시장이 됩니다.

로봇도 이와 마찬가지입니다. 자동차 공장 같은 대규모 제조업(머리)은 이미 로봇이 많이 들어가 있지만, 중소공장·건설·간병·농업 같은 롱테일 영역은 아직 대부분 사람 손에 의존합니다. 일본은 바로 여기를 노립니다. 경쟁이 덜하고 수요는 상대적으로 크기 때문입니다.

세계가 찾아오는 메카를 만들어라

네 번째 전략이 가장 야심찬데, 일본은 세계적 AI 로보틱스 CoE(Center of Excellence), 즉 최고 수준의 거점을 구축하려고 합니다. "AI 로보틱스를 중핵 산업으로 발전시키려면, 일본 국내에 세계 톱클래스의 인재와 정보가 모이고, 젊은이들이 자극을 받는 장소를 만드는 것이 중요하다." 즉, 생태계의 중심을 만들겠다는 것입니다.

일본이 구상하는 세계적 AI 로보틱스 CoE의 핵심은 물리적 공간과 사이버 공간의 융합, 즉 두 개의 세계를 하나로 묶는 것입니다.

먼저 물리적 공간에는 모터를 설계하는 기계공학자, 센서를 다루는 전자공학자, 정밀 제어 시스템을 만드는 엔지니어 등 하드웨어 전문가들이 모여듭니다. 동시에 AI 알고리즘을 짜는 개발자, 로봇 제어 프로그램을 작성하는 코더, 데이터 분석 전문가 등 소프트웨어 전문가들도 합류합니다. 그리고 각 산업 분야의 티칭 커스터머도 모입니다.

티칭 커스터머(Teaching Customer)란 초기 채택자, 즉 새 기술을 가장 먼저 도입하여 피드백을 주는 선구적인 고객을 말합니다. 제조현장의 베테랑 기술자, 물류창고 관리자, 간병시설 운영자 같은 사람으로서, 이들은 실제로 로봇이 필요한 현장의 목소리를 대변합니다.

하드웨어 전문가, 소프트웨어 전문가, 그리고 티칭 커스터머 등 이 세 부류의 사람들이 한 공간에서 함께 일하는데, 그저 회의실에서 PPT를 보며 토론만 하는 것이 아닙니다.

실제 현장과 유사하게 만든 모형, 로봇을 개발하고 검증하며 시험할 수 있는 설비가 갖추어져 있습니다. 공장 라인의 축소판, 물류창고의 모형, 간병시설을 흉내낸 공간 같은 것들입니다. 여기서 엔지니어가 만든 로봇을 현장 전문가가 직접 테스트하고 즉각적인 피드백을 주며, 소프트웨어 개발자는 그 자리에서 코드를 수정하고, 하드웨어 엔지니어는 설계를 조정합니다.

그리고 이 모든 물리적 활동을 뒷받침하는 거대한 사이버 공간이 있습니다. 로봇들이 움직이며 생성하는 대량의 데이터들이 실시간으로 수집되며, 클라우드 기반 AI 학습 환경이 구축되어 있어서 수백 대의 컴퓨터가 동시에 데이터를 분석하고 AI 모델을 훈련시킵니다. 아울러 이 모든 것은 전 세계와 연결된 협업 플랫폼을 통해 공유됩니다. 다른 나라의 연구자들도 접속하여 데이터를 보고 의견을 나누며 함께 문제를 해결합니다.

쉽게 비유하자면, 실제로 로봇을 만지고 테스트할 수 있는 '물리적 놀이터'가 있고, 그 놀이터에서 얻은 경험을 바탕으로 엄청난 데이터로 AI를 훈련시키는 '디지털 체육관'이 있으며, 이 두 공간이 끊임없이 정보를 주고받으며 서로를 발전시킵니다. 현장에서 얻은 통찰이 AI를 똑똑하게 만들고, 똑똑해진 AI가 다시 현장으로 돌아가 새로운 시도를 가능하게 합니다.

인재가 모이면 혁신이 일어납니다. 하지만 아무리 훌륭한 시설을 갖추어도 사람이 없으면 소용없습니다. 일본은 이 점을 잘 알고 있습니다. 그래서 일본이 만들고자 하는 세계적 AI 로보틱스 CoE의 핵심 기능 중 하나는 인재를 끌어들이고 키우는 것입니다.

일본은 해커톤(Hackathon)을 열고 있습니다. 예를 들어 '간병 로봇을 위한 가장 혁신적인 AI 알고리즘 만들기' 같은 주제가 주어지며, 젊은 개발자들이 모여 팀을 구성하고, 며칠 밤을 새우며 쉬지 않고 집중적으로 아이디어를 코드로 구현하고, 마지막에 발표하며, 심사를 받고, 상을 받습니다. 또한 대학생·대학원생·스타트업 창업자·기업 연구원들이 참가하는 경진대회도 열고 있습니다. 이러한 행사들에는 명확한 전략적 목적이 있습니다.

먼저, 숨어 있는 인재를 발굴합니다. 어느 지방 대학에 있는 천재적인 알고리즘 개발자를 찾아냅니다. 둘째, 네트워크를 만드는데, 여기서 만난 사람들은 경쟁자이자 동료가 되며, 나중에 함께 회사를 차리거나 서로 협력하는 관계로 발전합니다. 셋째, 시너지를 만들어내며, "나도 저 사람처럼 할 수 있다", "우리가 세계를 바꿀 수 있다"는 열정과 자신감을 불어넣습니다.

실리콘밸리가 왜 여전히 혁신의 중심일까요? 기술이 뛰어나서만이 아닙니다. 이제 기술은 어디에나 있습니다. 자본이 많아서도 아닙니다. 요즘은 중국·한국·일본에도 돈은 넘칩니다.

실리콘밸리의 진짜 경쟁력은 바로 생태계입니다. 뛰어난 사람들이 모여 있습니다. 스탠퍼드대학 출신 박사, 구글 출신 엔지니어, 성공한 창업가가 있으며, 이들이 카페에서 우연히 만나 이야기하다가 새로운 아이디어를 떠올립니다. 저녁에는 미트업(Meetup)이 열리고 거기서 투자자를 만납니다. 주말에는 해커톤에서 함께 코딩하며 밤을 새웁니다. 좋은 아이디어는 고립된 천재의 머릿속에서만 나오지 않으며, 오히려 다양한 사람들이 부딪히며 자극받고 협력하는 활발한 생태계에서 나옵니다.

일본은 로봇 분야에서 그러한 생태계를 만들고자 합니다. CoE는 연구소가 아니라, 사람들이 모이고 에너지가 생기며 혁신이 폭발하는 '장(場)'이 되어야 하는 것이죠.

일본의 역습 전략을 한 문장으로 요약하면, '개방적 생태계'를 만들되 핵심 기술만큼은 자기들 손에 확보하고, 모든 전선에서 싸우지 않고 '선택한 전장'에 집중하며, 세계 최고 수준의 AI 엔진과 인재가 모이는 '허브'로 승부한다는 것입니다.

일본의 이러한 전략이 통할까요? 중국은 물량 공세로 시장점유율을 넓혀가고, 미국은 플랫폼 차원에서 생태계 전체를 장악하려고 합니다. 엔비디아는 하드웨어 인프라를, 구글은 AI 기반 모델을 선점하고 있습니다. 일본이 이번에는 '죽음의 계곡'을 건널 수 있을지, 세계가 주목하고 있습니다.

글로벌 빅테크는
어떻게 뛰고 있는가?

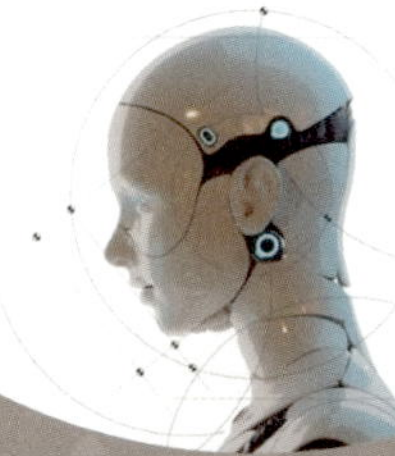

테슬라,
로봇 전쟁의 외로운 늑대

고작 4년, 조롱받던 댄서가 뛰어다니는 로봇이 되기까지

2021년 8월, 전 세계가 테슬라의 'AI 데이'를 주목했습니다. 일론 머스크가 인간형 로봇을 공개한다고 예고했기 때문입니다. 그런데 무대 위에 나타난 것은 로봇이 아니었습니다. 쫄쫄이 타이즈를 입은 사람이 어색한 춤을 추며 손을 흔들었습니다. 관객들은 웃음을 터뜨렸고, SNS는 조롱으로 가득 찼으며, "천재 사업가의 실패", "21세기 최대 사기극"이라는 비난이 쏟아졌습니다. 하지만 일론 머스크는 전혀 개의치 않았고, 오히려 "내년에는 진짜 로봇을 보여드리겠습니다"라고 말했습니다.

걸음마도 못 하는 아기 로봇의 탄생

정확히 1년 뒤인 2022년 9월, 약속대로 테슬라의 휴머노이드 로봇 옵티머스의 초기 시제품 모델인 범블비(Bumblebee)가 무대에 등장했습니다. 이번에는 진짜 로봇이었지만 상황은 크게 나아지지 않았습니다. 기존 부품을 활용하여 겨우 보행이 가능한 수준이었습니다. 몸 곳곳에 전선이 튀어나와 있었고, 걸음걸이는 마치 아기처럼 위태로웠으며, 한 걸음 내디딜 때마다 넘어질 것 같았습니다. 사람들의 반응은 여전히 회의적이었습니다.

주변을 기억하기 시작한 로봇

2023년 상반기 놀라운 변화가 일어났습니다. 옵티머스는 더 이상 비틀거리지 않았습니다. 주변환경을 스캔하고 기억하며 안정적으로 걸어다니기 시작했습니다. 마치 아기가 어느 순간 갑자기 걷고 뛰기 시작하는 것처럼, 옵티머스의 성장 속도는 폭발적이었습니다.

그리고 2023년 9월, 옵티머스가 한쪽 다리로 중심을 잡으며 요가 동작을 하는 영상이 공개되었습니다. 이는 정밀한 모터 제어와 균형 감각을 갖추었다는 증거였습니다. 인간도 연습 없이는 하기 어려운 동작을 로봇이 해낸 것입니다.

인간을 닮아가는 움직임의 완성

2023년 12월, 옵티머스 2세대가 공개되었는데 변화는 극적이었습니다. 무게가 10kg 줄어들어 더욱 민첩해졌고, 보행 속도는 무려 30%나 빨라졌습니다. 특히 움직임이 자연스러워졌습니다. 마치 사람이 운동하는 것처럼 스쾃 동작을 부드럽고 안정적으로 했습니다. 그리고 마

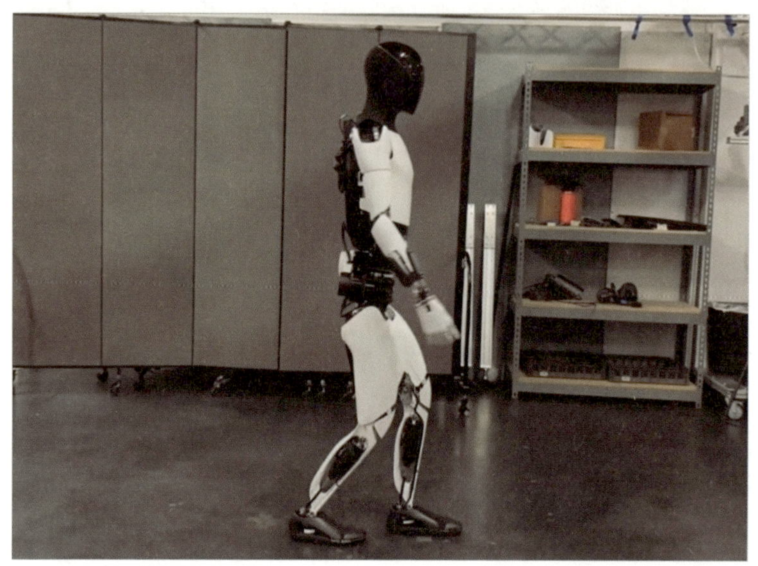

테슬라의 옵티머스 2세대 로봇 (출처: 테슬라, "옵티머스-2세대". www.youtube.com/watch?v=cpraXaw7dyc)

침내 옵티머스는 가볍게 뛰기 시작했습니다. 불과 1년 전만 해도 걷기조차 힘들어하던 로봇이 이제는 달릴 수 있게 된 것입니다.

2021년에 사람들은 무대 위 댄서를 보며 일론 머스크의 꿈이 허황된 것이라고 비웃었지만, 머스크는 조롱 속에서도 멈추지 않았으며, 한 걸음 한 걸음 나아갔고, 결국 세상의 예상을 뒤집었습니다. 오늘 우리가 불가능하다고 여기는 것들 중에서 4년 뒤 현실이 될 것은 무엇일까요? 그 변화의 속도는 우리가 준비할 수 있는 것보다 훨씬 빠를 것입니다.

로봇 전쟁의 론 울프, 속도라는 강점

스마트폰 시장에서 애플은 칩부터 소프트웨어·하드웨어, 심지어 판매매장까지 혼자 만들었습니다. 반면 구글은 안드로이드 운영체제를 공개하고, 삼성·LG·화웨이 등 수많은 제조사들과 연합군을 이루었죠.

지금 로봇 세계에서 똑같은 전쟁이 벌어지고 있습니다. 엔비디아는 구글의 전략을 택했으며, AI 솔루션을 오픈소스로 풀어놓고, 수십 개 로봇 회사들의 연합을 만들고 있습니다. 반면 테슬라는 애플의 길을 걷고 있습니다. 테슬라는 AI부터 모터, 로봇 제조, 그리고 로봇을 사용할 자동차 공장까지 전부 자사의 것입니다.

연구개발은 속도가 생명입니다. 계획하고 설계하며 만들고 테스트하며 피드백을 받고 다시 개선하는 '순환이 얼마나 빠르게 도느냐'가 승패를 가릅니다. 테슬라는 이 모든 과정이 한 회사 안에서 이루어집니다. 반면 연합군은 A 회사가 칩을 만들면, B 회사에 보내고, C 회사가 조립하며, D 회사가 테스트하는데, 각 단계마다 회의하고 조율하고 기다려야 합니다.

이것은 마라톤 선수와 릴레이 팀의 대결이며, 초반에는 혼자 달리는 선수가 빠를 수밖에 없습니다. 테슬라는 지금 그 속도를 즐기고 있습니다.

자동차 공장이라는 최고의 훈련소

테슬라가 가진 가장 큰 무기는 자동차 공장입니다. 자동차 한 대를 만들기 위해서는 수백, 수천 가지 작업이 필요합니다. 부품을 나르고 볼트를 조이며 용접을 하고 검사를 하는데, 사실 이 모든 과정이 로봇의 교과서입니다. 테슬라의 휴머노이드 로봇 옵티머스는 매일 공장에서 실전을 겪으며 실수하고 배우며 다시 시도합니다. 시뮬레이션이 아니라 진짜 현장에서 말입니다.

자동차 제조는 현대 제조업의 집대성입니다. 자동차 공장에서 일할 수 있는 로봇은 세상의 모든 공장에서 일할 수 있습니다. 테슬라는 자기 자동차 공장을 로봇 훈련소로 쓰고 있으며, 이것은 실로 엄청난 경쟁우위라고 할 수 있습니다.

보스턴다이내믹스도 현대자동차라는 든든한 후원자 덕분에 똑같은 전략을 쓸 수 있긴 하지만, 테슬라는 훈련소 주인이 곧 로봇 개발자입니다. 따라서 거리가 없으며, 이것이 속도의 차이를 만듭니다.

혼자서는 세상을 채울 수 없다

테슬라의 전략에는 한계가 있습니다. 아무리 빠르게 달려도 세상 전체를 혼자 채울 수는 없으며, 언젠가 친구가 필요한 순간이 옵니다.

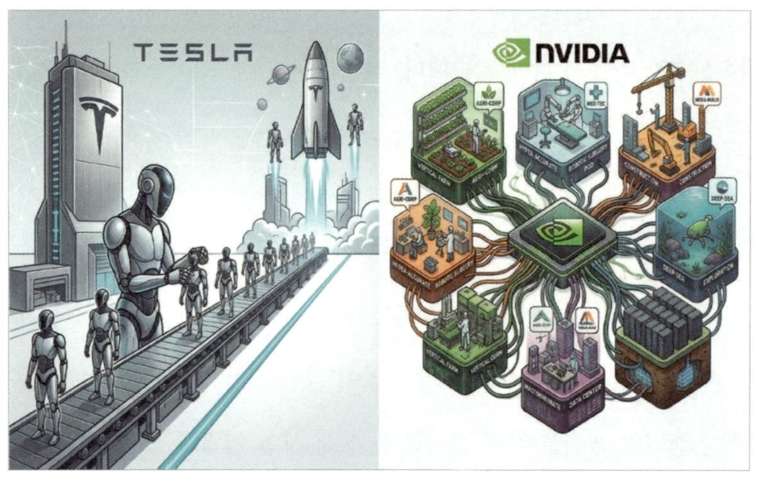

로봇 전쟁의 론 울프 테슬라와 연합군으로 대응하는 엔비디아 (AI 생성 이미지)

애플이 스마트폰 시장의 전부를 장악하지 못한 것처럼, 테슬라도 로봇 시장의 전부를 독차지할 수 없습니다. 확산에는 한계가 있으며, 혼자서 생산능력·공급망·고객관리를 하기에는 세상이 너무 넓습니다. 반면 엔비디아의 연합군은 느리지만 넓게 퍼집니다. 수십 개 회사가 각자의 시장에서 로봇을 만들며, 작은 공장부터 큰 물류센터까지, 병원부터 식당까지, 테슬라가 못 가는 곳까지 갑니다.

속도와 확산, 누가 이 두 마리 토끼를 잡을까요? 답은 아직 없지만 한 가지는 분명합니다. 테슬라는 지금 이 순간 가장 빠르게 달리고 있으며, 그 속도가 초반 경쟁을 지배하고 있습니다.

칩 하나가 로봇 제국의 운명을 가른다

일론 머스크는 2025년 11월 소셜미디어 X에 12개월마다 새로운 AI 칩을 양산하겠다고 선언했습니다. 전기차 회사가 반도체 개발속도로 업계를 압박하기 시작한 것입니다. 엔비디아도 인텔도 아닌 자동차 회사가 칩 개발에 이렇게 매달리는 이유는 무엇일까요?

일론 머스크는 이미 로봇 전쟁의 승패는 소프트웨어를 넘어 하드웨어, 그중에서도 '칩'이 결정할 것이라는 점을 알고 있었습니다. 클라우드만으로는 로봇을 살릴 수 없습니다.

자율주행차 앞에 갑자기 아이가 뛰어들었을 때, 차량의 AI가 멀리 떨어진 데이터센터에 "어떻게 할까요?"라고 물어보고 답을 기다린다면 끔찍한 일이 벌어질 것입니다. 시속 100km로 달리는 차량이 클라우드 서버와 통신하는 데 0.1초가 걸린다면, 차는 이미 2.7m를 더 달려간 상태입니다. 또한 지하주차장·터널·산간도로에서 통신이 끊긴다면 어떻게 될까요?

현실세계에서 움직이는 AI는 그 기계 안에, 바로 그 자리에서 0.001초 단위로 판단하고 움직여야 합니다. 테슬라의 AI 칩은 1밀리초 안에 100만 픽셀의 영상을 처리하며, 눈 깜빡할 사이에 수백 번의 판단을 내릴 수 있습니다. 로봇과 자율주행차의 생존은 이 속도에 달려 있습니다.

하나의 기술로 두 개의 시장을 잡다

테슬라 전략의 진짜 천재성은 따로 있습니다. 대부분의 사람들은 테슬라의 완전자율주행(Full Self-Driving, FSD)과 휴머노이드 로봇 옵티머스를 별개 프로젝트로 보지만, AI의 관점에서 보면 이 둘은 거의 같은 존재입니다. 둘 다 세상을 카메라로 보며 소리로 상황을 파악하고, 정보를 처리해서 모터를 움직입니다. 모터가 바퀴를 돌리면 자동차가 되고, 관절을 움직이면 로봇이 됩니다. 모터 개수만 다를 뿐, AI가 하는 일은 본질적으로 같습니다.

테슬라는 완전자율주행 FSD에서 배운 것을 옵티머스 로봇에 적용하고, 옵티머스 로봇에서 얻은 인사이트를 다시 완전자율주행 기술에 피드백을 합니다. 하나의 AI 기술로 두 개의 시장을 동시에 공략하는 것입니다.

0과 1 사이에서 벌어지는 계산 전쟁

AI 칩의 본질은 거창한 용어를 다 벗겨내면 남는 것은 단순한 산수입니다. 곱셈과 덧셈. 우리를 경이롭게 만드는 챗GPT도 자율주행도 로봇의 유려한 움직임도 결국은 엄청나게 빠른 곱셈과 덧셈의 향연입니다.

그런데 문제는 '얼마나 빠른가'입니다. 칩 설계자들은 하나의 칩 안에 얼마나 많은 계산기를 집어넣을 수 있는지 고민하는데, 이를 '병렬 연산'이라고 합니다. 계산기가 많을수록 동시에 처리할 수 있는 정보가 많아집니다.

하지만 여기에 치명적인 제약이 하나 있습니다. 바로 전력 소비입니다. 로봇은 콘센트에 꽂아둘 수 없으며 배터리로 움직여야 합니다. 아무리 계산이 빨라도 30분 만에 방전된다면 쓸모가 없습니다. 저전력으로 얼마나 많은 계산을 얼마나 빨리 하는가, 이것이 차세대 AI 칩 개발의 핵심입니다. 그리고 테슬라는 이 게임에서 앞서가고 있습니다.

범용성이라는 끝없는 도전

휴머노이드 로봇의 가장 큰 목표는 '범용성'입니다. 용접·운반 등 한 가지 일만 하는 로봇은 이미 공장에 수없이 많지만, 진짜 혁명은 이것도 하고 저것도 하는 로봇에서 옵니다. 아침에는 집 안 청소를 하고, 낮에는 창고에서 물건을 정리하며, 저녁에는 노인을 돌보는 로봇, 이러한 로봇이 가능해지려면 상황에 따라 완전히 다른 일을 할 수 있어야 합니다. 여기서 칩의 성능이 결정적입니다.

범용 로봇은 엄청난 양의 정보를 실시간으로 처리해야 하는데, 현재 칩 성능으로는 한계가 명확합니다. 진짜 범용 휴머노이드 로봇을 만들려면 현재보다 수십 배 강력한 칩이 필요합니다. 이것이 테슬라가 매년 새로운 칩을 개발하는 이유입니다. 범용성의 벽을 넘기 위해서는 칩의 비약적인 발전이 필수적입니다.

심장을 직접 만드는 자의 압도적 우위

냉정한 사실 하나, 로봇은 결국 모터·센서·배터리, 그리고 칩 등 부품의 조립체입니다. 누가 더 좋은 부품을 쓰느냐가 성능을 결정합니다. 그중에서도 가장 중요한 것이 AI 반도체입니다. 좋은 모터를 써도, 정밀한 센서를 달아도, 두뇌가 멍청하면 로봇은 무용지물입니다. 여기서 테슬라의 전략이 빛납니다.

대부분의 로봇 회사는 칩을 직접 만들지 못하며, 엔비디아나 인텔에서 범용 칩을 사다 씁니다. 반면 테슬라는 자사 로봇에 최적화된 칩을 직접 설계하고 생산합니다. 이 차이는 결정적입니다.

남들이 파는 범용 부품으로 조립한 로봇, 그리고 심장부터 직접 만든 로봇의 대결. 5년 뒤, 10년 뒤 이들의 격차는 얼마나 벌어질까요? 수직 통합의 힘은 강력합니다. 이는 애플이 아이폰으로, 삼성이 반도체로 증명한 진리입니다. 그리고 핵심 부품을 장악한 자가 시장을 지배합니다.

엔비디아가 만들어가는
'살아 있는 AI'의 세계

GPU 제국 너머, 젠슨 황이 준비하는 진짜 게임

2025년 1월, 젠슨 황은 CES 무대에서 "피지컬 AI의 시대가 왔다"고 선언했습니다. 이는 지난 10년간 GPU로 AI 혁명의 심장부를 장악한 엔비디아가 이제 물리세계를 AI의 영토로 만들겠다는 야심찬 청사진이기도 했습니다. 그 중심에는 인간처럼 생각하고 움직이는 로봇들이 있습니다.

챗GPT에게 "컵을 밀면 어떻게 되나요?"라고 물으면 컵이 떨어져 깨질 수 있다고 그럴듯하게 답변합니다. 그런데 텍스트로 설명하는 것과 실제로 '컵이 떨어지는 궤적'을 물리법칙에 따라 예측하는 것은 전혀 다른 차원의 지능입니다.

젠슨 황의 표현을 빌리자면, 'AI가 물리세계를 이해하고, 그 안에서 행동하는 능력'이 바로 피지컬 AI의 본질입니다. 이는 로봇 팔이 정해진 동작을 반복하는 수준을 넘어 공장 바닥의 기름 얼룩을 보고 미끄러질 위험을 감지하고, 예상치 못한 장애물 앞에서 스스로 경로를 수정하며, 사람이 다가오면 속도를 조절하는 것입니다. 이 모든 것이 '세상이 어떻게 작동하는지' 아는 피지컬 AI가 필요한 영역입니다.

엔비디아가 준비한 피지컬 AI 설계도

엔비디아는 먼저 가상세계에서 피지컬 AI를 수없이 많은 연습을 시키고 현실로 보냅니다. 엔비디아의 전략은 놀라울 정도로 체계적입니다. 마치 올림픽 선수를 키우듯, 피지컬 AI를 훈련시키는 3단계 시스템을 구축한 것입니다.

첫 번째 열쇠는 '코스모스(Cosmos)'라 불리는 월드 모델입니다. 이는 일종의 물리법칙 교과서 같은 것입니다. 수백 테라바이트(TB)에 달하는 센서 데이터, 자율주행차가 수집한 도로 영상, 로봇이 물건을 집고 내려놓는 수백만 건의 기록을 학습해서 '이 세상이 어떻게 움직이는가'에 대한 거대한 지식 기반을 만듭니다.

엔비디아는 '물리 정렬(Physical Alignment)'이라는 개념을 도입했으며, '중력법칙을 따르는가? 에너지보존법칙이 지켜지는가? 마찰력 계산이 정확한가?' 등 피지컬 AI가 만들어낸 예측이 실제 물리학과 얼마나 일치하는지를 별도로 평가합니다. 이는 로봇이 신뢰할 수 있는 물리적 직관을 갖추게 만드는 핵심입니다.

두 번째 열쇠는 '옴니버스(Omniverse)'라는 가상 훈련장입니다. 옴니버스 안에서는 삼성 반도체 공장의 디지털 트윈을 만들 수 있고, 그곳

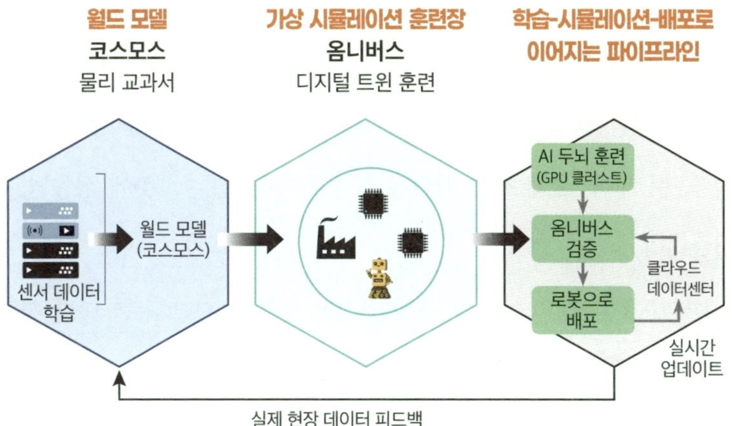

에서 휴머노이드 로봇이 웨이퍼를 옮기는 연습을 수없이 시뮬레이션할 수 있습니다. 실패해도 '리셋' 버튼 하나면 됩니다. 중력을 두 배로 높여보거나, 바닥을 얼음판으로 바꿔보면서 극한 상황도 테스트할 수 있습니다. 마치 게임처럼 말이죠.

세 번째 열쇠는 학습-시뮬레이션-배포로 이어지는 완전한 파이프라인입니다. 데이터센터의 거대한 GPU 클러스터(DGX)에서 AI 두뇌를 훈련시키고, 가상 훈련장 옴니버스에서 검증하며, 최종적으로 젯슨(Jetson) 칩을 장착한 실제 로봇으로 배포합니다. 소프트웨어 업데이트처럼 로봇 지능도 업데이트되는 시대가 온 것입니다.

왜 휴머노이드 로봇에 집중하는가?

엔비디아는 수많은 로봇 형태 중에서 왜 휴머노이드 로봇에 집중할까요? 젠슨 황의 답은 명쾌합니다. "가장 어려운 문제를 먼저 해결하면,

나머지는 자동으로 풀린다.”

휴머노이드 로봇은 로봇공학의 최종 보스입니다. 두 발로 불안정하게 서서 양손으로 섬세하게 물건을 다루고, 계단을 오르며, 예측 불가능한 인간 환경에 적응해야 합니다. 이 과정에서 개발되는 시각 인식, 균형 제어, 물체 조작 기술은 그대로 다른 모든 로봇에 적용될 수 있습니다.

더 중요한 것은 인프라 문제입니다. 인류는 지난 수천 년간 사람 키와 팔 길이에 맞춰 문 손잡이 높이, 계단 폭, 작업대 높이 등을 설계했습니다. 휴머노이드 로봇이 아닌 다른 형태의 로봇을 쓰려면 공장과 건물을 모두 뜯어고쳐야 하지만, 사람 모양 로봇은 기존 인프라를 그대로 쓸 수 있습니다.

엔비디아는 이 분야에서 피겨AI·1X 테크놀로지스·유니트리 로보틱스 같은 휴머노이드 로봇 기업들과 파트너십을 맺었습니다. 하드웨어를 직접 만들지 않고, 대신 ‘로봇의 두뇌와 훈련장’을 제공하는 플랫폼 기업으로 남겠다는 전략입니다. 마치 안드로이드가 스마트폰 운영체제 표준이 된 것처럼, 피지컬 AI 인프라의 표준이 되겠다는 것이죠.

함께 가면 멀리, 개방형 생태계

엔비디아는 로봇 플랫폼도 만드는데, 여기서 엔비디아의 전략이 드러납니다. 중국의 유니트리 로보틱스나 샤오미는 직접 휴머노이드 로봇 완제품을 만들어 대량생산 경쟁에 뛰어든 반면, 엔비디아는 로봇을 만드는 회사가 되는 대신 그들을 훈련시키는 플랫폼을 오픈소스로

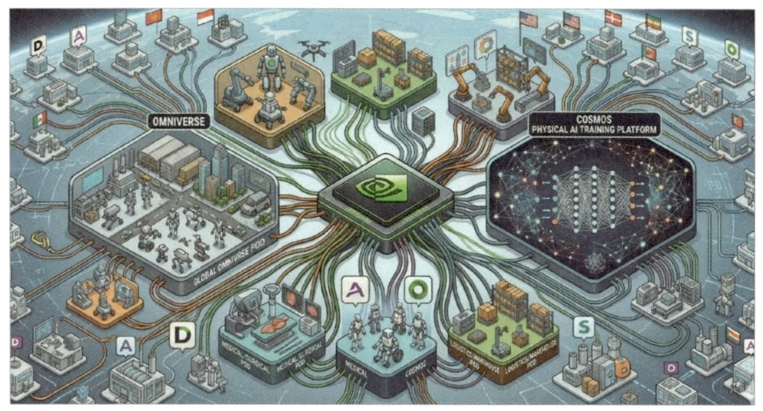

엔비디아는 글로벌 혁신 플랫폼을 통해 피지컬 AI 시대의 승자가 되려 한다. (AI 생성 이미지)

공개했습니다. 옴니버스 플랫폼도 산업별 파트너들이 자유롭게 쓸 수 있게 했습니다. 심지어 코스모스 월드 모델도 공개했습니다. 왜일까요? 생태계가 커질수록 엔비디아의 GPU와 시뮬레이션 플랫폼 수요가 폭발적으로 늘어나기 때문입니다.

전 세계 수천 개 기업과 연구소가 옴니버스에서 로봇을 개발하고, 코스모스로 피지컬 AI를 훈련시킨다면, 엔비디아는 골드러시 시대의 '청바지와 삽'을 파는 상인이 되는 셈입니다.

실제로 엔비디아는 딜로이트·액센츄어 같은 글로벌 컨설팅 기업, 산업별 시스템 통합 업체들과 대규모 파트너십을 맺고 있습니다. 자동차·물류·제조·의료 각 산업의 전문가들이 옴니버스 위에서 맞춤형 로봇 솔루션을 개발하도록 유도하고 있는 것입니다.

인간 없는 창고를 향한 야심,
아마존

로봇이 100만 대가 넘은 아마존

아마존은 전 세계에서 약 150만 명을 고용하고 있으며, 이 중 약 120만 명이 창고에서 근무하고 있습니다. 2025년 7월 아마존은 로봇 보유수가 100만 대를 넘어섰다고 발표했습니다. 이로써 로봇 수가 인간 직원 수와 거의 비슷해졌습니다. 전 세계 물류 패러다임을 근본적으로 바꾸고 있는 것입니다.

아마존의 로봇 혁명은 2012년 물류 자동화 로봇 기술 스타트업 키바 시스템즈를 인수하면서 본격화되었습니다. 당시만 해도 일반적으로 창고에서 작업자가 직접 상품을 찾아다녔는데, 아마존은 G2P(Goods-to-Person) 방식을 도입해 로봇이 물건을 사람에게 가져다주는 혁신적 시스템을 구축했습니다.

현재 아마존 글로벌 배송의 75%가 로봇의 도움을 받고 있습니다.

온라인에서 주문한 상품 4개 중 3개는 로봇이 처리 과정에 관여한다는 것이죠. 당일 배송이나 다음날 배송이 가능한 이유 중 하나가 바로 이런 자동화 시스템 덕분입니다.

초기 아마존 로봇들은 주로 선반을 옮기거나 단순한 반복 작업을 하는 수준이었지만, 최근 아마존이 공개한 벌컨(Vulcan) 로봇은 다른 차원의 능력을 보여줍니다.

벌컨은 두 개의 팔을 가지고 있는데, 하나는 재고를 재배치하는 용도이고, 다른 하나는 카메라와 흡입 컵이 달려 있으며 상품을 집는 역할을 합니다. 촉각 기능을 가지고 있어서 물건을 만져 질감과 무게를 인식하며, 힘 피드백 센서와 AI를 탑재하여 물체와 접촉하는 시기와 방법을 정확히 파악합니다. 제품에 손상을 주기 전에 동작을 멈출 수 있고, 선반에 있는 물건들을 조심스럽게 조작하여 필요한 공간을 확보할 수 있습니다.

아마존이 로봇 100만 대 달성과 함께 2025년 8월 공개한 딥플리트(DeepFleet) AI 모델은 창고 내에서 수많은 로봇들의 동선을 조율하며 속도를 10% 향상시켰습니다. AI가 전체를 조율함으로써 시너지 효과가 극대화되었는데, 이는 지능형 물류 생태계의 구현을 의미합니다.

2024년 10월 아마존이 발표한 차세대 물류센터 계획은 더욱 혁신적입니다. 새로운 창고들은 기존 시설보다 10배 많은 로봇을 보유하게 됩니다.

루이지애나주 슈리브포트 센터에서는 인간 직원과 로봇이 새로운 방식으로 협업합니다. 로봇이 무거운 짐을 옮기고 반복적인 작업을 처리하는 동안, 인간은 복잡한 판단이 필요한 업무나 예외 상황 처리에 집중합니다. 이 센터에서는 첨단 로봇 기술로 인해 신뢰성, 유지보수, 엔지니어링 역할의 직원이 30% 증가했다고 합니다.

아마존의 75% 자동화 계획

아마존 자동화팀은 2027년까지 16만 명 이상의 신규 채용을 로봇으로 대체할 수 있을 것으로 전망합니다. 또한 제품 피킹·포장·배송 과정에서 건당 약 30%의 비용을 절감할 수 있다고 합니다.

아마존 경영진은 2024년 이사회 보고에서 2033년까지 판매량이 현재의 두 배로 증가하더라도, 로봇 자동화를 통해 미국 내에서 추가 고용 없이 운영할 수 있을 것이라고 밝혔습니다. 이는 곧 60만 명 이상의 잠재적 일자리가 로봇으로 대체될 수 있다는 것입니다.

'인간 없는 창고'를 향한 야심

아마존은 초고속 배송을 위해 설계된 시설들에서 사실상 인간이 거의 필요 없는 창고를 만들려고 시도하고 있습니다. 아마존 로보틱스 팀의 궁극적인 목표는 전체 운영의 75%를 자동화하는 것이라고 알려져 있습니다. 루이지애나주 슈리브포트에 건설된 완전 자동화 시범 창고에는 약 1,000대의 로봇이 투입되어 기존 대비 인력 수요를 25% 줄였습니다. 아마존은 이러한 모델을 버지니아 비치, 애틀랜타 스톤마운틴 등 주요 물류센터로 확대할 예정입니다.

생각하는 로봇의 시대를 여는
AI 절대 강자, 구글

로봇이 드디어 '생각'하기 시작했다

2025년 9월, 구글이 발표한 제미나이 로보틱스 1.5는 상황을 파악하고 계획을 세워 행동하는 진정한 의미의 지능형 로봇을 만드는 기술입니다. 기존 로봇들이 "이것을 저기로 옮겨라"라는 단순한 명령만 수행할 수 있었다면, 이제는 "내가 사는 지역의 분리수거 규칙에 맞추어 이 물건들을 올바른 쓰레기통에 분류해 줘" 같은 복잡한 요청도 스스로 해결할 수 있게 되었습니다.

두 개의 똑똑한 뇌가 협력하는 시스템

구글은 제미나이 로보틱스 1.5와 함께 제미나이 로보틱스-ER 1.5도 발표했습니다(ER, Embodied Reasoning, 구체화된 추론). 사람의 뇌에 비유해 설명해 보죠.

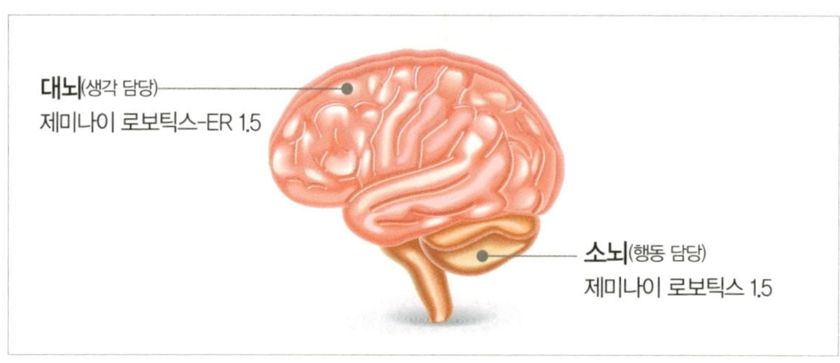

제미나이 로보틱스-ER 1.5는 전략을 짜는 '대뇌'라고 할 수 있으며, 전체적인 계획을 세우고 상황을 판단하는 역할을 합니다. 예를 들어 "방 정리를 해달라"는 요청을 받으면, 먼저 방 상태를 파악하고, 어떤 순서로 무엇을 해야 할지 단계별 계획을 세웁니다. 필요하다면 구글 검색을 통해 추가 정보를 찾기도 합니다.

제미나이 로보틱스 1.5는 실행하는 '소뇌'라고 할 수 있으며, 실제 행동을 담당합니다. 대뇌 역할을 하는 제미나이 로보틱스-ER 1.5 모델이 "빨간 옷을 검은색 바구니에 넣어라"라고 지시하면, 제미나이 로보틱스 1.5가 카메라로 빨간 옷을 인식하고 로봇 팔을 움직여 정확히 집어서 검은색 바구니에 넣는 동작을 수행하는 것입니다.

행동하기 전에 먼저 '생각'한다

제미나이 로보틱스 1.5 모델은 로봇이 행동하기 전에 마치 사람처럼 생각하는 과정을 거칩니다. "색깔별로 빨래를 분류해 달라"는 요청을 받으면, 먼저 '색깔별 분류는 흰색 옷은 흰색 바구니에, 다른 색깔은 검은색 바구니에 넣는 것이구나'라고 이해하고, 다음 단계에서 '빨간 스웨터를 집어서 검은색 바구니에 넣어야겠다'고 계획을 세우고, 그다음 단계에서는 '스웨터를 더 쉽게 집기 위해 먼저 가까이 끌어당기자'라고 세부 동작까지 고민합니다. 게다가 이런 사고과정을 사람의 말로 표현할 수 있기 때문에, 사람이 로봇이 왜 그런 행동을 하는지 이해할 수 있다는 점도 큰 장점입니다.

로봇 간 지식 공유가 가능하다

더욱 놀라운 것은 한 로봇이 배운 기술을 다른 형태의 로봇도 바로 사용할 수 있다는 점입니다. 예를 들어 A 로봇에만 가르친 동작을 B라는 인간형 로봇이나 C라는 두 팔 로봇도 즉시 수행할 수 있습니다. 이는 각 로봇마다 처음부터 다시 학습시킬 필요가 없어 개발시간과 비용을 크게 줄입니다.

안전을 최우선으로 고려한 설계

구글은 로봇의 지능이 높아질수록 안전문제도 더욱 중요해진다는 점을 인식하고 있습니다. 제미나이 로보틱스 1.5는 행동하기 전에 먼저 안전성을 검토하고, 사람과의 대화에서도 예의를 지키며, 충돌 위험이 있을 때는 자동으로 안전 시스템이 작동하도록 설계되었습니다.

피지컬 AI의 패러다임 변화

구글이 2025년 9월 공개한 제미나이 로보틱스 1.5는 피지컬 AI 분야의 패러다임 변화를 보여줍니다.

먼저, '반응형' 로봇에서 '능동형' 로봇으로의 전환입니다. 기존 로봇이 주어진 명령에만 반응했다면, 이제는 로봇이 스스로 상황을 분석하고 최적의 해결책을 찾아 실행하는 능동적 존재가 되었습니다.

둘째, 통합형 지능의 실현입니다. 이제 로봇에서도 인터넷 검색, 시각 인식, 자연어 이해, 물리적 조작이 하나의 시스템에서 원활하게 통합되었습니다. 진정한 의미의 범용인공지능(AGI)에 한 걸음 더 가까워진 것입니다.

셋째, 로봇 생태계의 표준화 가능성입니다. 서로 다른 하드웨어 간 지식 공유가 가능해짐으로써 로봇 개발이 더욱 효율적이고 경제적으로 변할 전망입니다.

넷째, 인간-로봇 협업의 새로운 차원입니다. 로봇의 사고과정이 투명하게 공개됨으로써, 인간과 로봇이 서로를 이해하고 신뢰하며 협력할 수 있는 기반이 마련되었습니다.

이 기술이 상용화되면 집안일을 도와주는 가정용 로봇이 청소뿐만 아니라 냉장고 상태를 확인해서 부족한 식재료를 파악하고, 온라인으로 주문하는 수준까지 가능해질 것입니다. 병원에서는 환자의 상태를 지속적으로 모니터링하면서 응급상황 발생 시 즉시 의료진에게 알리고 필요한 초기 조치를 취하는 간병 로봇이 등장할 수 있습니다. 제조업에서는 복잡한 조립과정을 스스로 최적화하고, 문제 발생 시 원인을 분석해서 해결책을 제시하는 똑똑한 생산 로봇이 활약하게 될 것입니다. 이제 로봇은 더 이상 공상과학이 아닌, 우리와 함께 생각하고 행동하는 동반자가 되어가고 있습니다.

메타의 차기 대박 베팅은 휴머노이드 로봇

2025년 9월, 메타(Meta)의 설립자이자 CEO 마크 저커버그가 또 한 번 수조 원을 던졌습니다. 이번에는 휴머노이드 로봇입니다. 메타의 CTO 앤드루 보스워스는 인터뷰에서 이 프로젝트를 "AR(증강현실) 수준의 베팅"이라고 했습니다. 메타는 2025년 초 마크 저커버그의 지시로 로봇공학 연구팀을 설립했습니다. 메타가 증강현실에 쏟아부은 돈은 수조 원인데, 그 정도 규모의 돈을 로봇에 투자하겠다는 것이었죠.

메타는 로봇 하드웨어를 만들지 않는다

메타는 자체 휴머노이드 로봇인 메타봇(Metabot)을 개발하고 있지만, 이 회사의 CTO는 메타는 하드웨어 제조사가 되는 것에는 관심 없다며, 소프트웨어 플랫폼을 다른 로봇 제조사에 라이선스하는 것을 구상하고 있다고 밝힌 바 있습니다.

이것은 구글이 스마트폰 시장에서 안드로이드로 한 것과 같은 전략입니다. 구글은 스마트폰을 직접 만들지 않았고, 대신 안드로이드 운영체제를 만들어 삼성·LG·샤오미 등 모든 제조사가 쓸 수 있게 했습니다. 결과적으로 전 세계 스마트폰의 70% 이상이 안드로이드 운영체제를 사용하고 있습니다. 메타는 로봇 시장에서 같은 일을 하려는 것입니다.

가장 어려운 것은 '섬세함'이다

이미 로봇이 점프하고 달리는 것은 가능합니다. 유튜브에서 로봇이 춤을 추고 달리는 영상을 보았을 것입니다. 하지만 달걀을 깨지 않고 들어올리고, 기저귀를 갈며, 물컵을 물을 흘리지 않고 나르는 것이 훨씬 어렵습니다. 메타가 집중하는 것이 바로 이 '섬세한 조작' 기술입니다.

메타는 손 추적, 저대역폭 컴퓨팅, 상시 작동 센서 등의 기술을 이미 개발해 왔다고 알려져 있습니다. 메타가 VR 헤드셋, 그리고 AI 기술을 통합한 레이밴 메타(Ray-Ban Meta) 스마트안경을 만들면서 쌓은 기술이 로봇에 그대로 쓰인다는 것입니다. 메타는 2030년까지 휴머노이드 로봇용 AI를 라이선스하는 메타봇 플랫폼을 만들 계획입니다.

휴머노이드 로봇의 아이폰 모멘트를
준비하는 피겨AI

390억 달러의 가치를 인정받은 스타트업

2025년 9월, 실리콘밸리에서 주목할 만한 일이 벌어졌습니다. 휴머노이드 로봇 스타트업 피겨AI(Figure AI)가 단번에 10억 달러를 투자받으며, 기업가치 390억 달러를 인정받았습니다. 엔비디아·인텔·퀄컴 같은 거물들이 투자를 위해 줄을 섰습니다. 이 투자는 휴머노이드 로봇 산업에서 '스마트폰의 등장'과 같은 전환점을 만들겠다는 선언이라고 할 수 있습니다. 피겨AI는 이 막대한 자금으로 3가지 핵심 전략을 실행에 옮기고 있습니다.

로봇이 로봇을 만드는 공장

피겨AI의 첫 번째 목표는 봇큐(BotQ)라는 자체 제조시설의 확장입니다. 2025년 3월 공개한 봇큐는 미국 캘리포니아주의 새너제이에 만든 휴머노이드 로봇 대량생산 시설로 연간 최대 1만 2,000대의 생산이 가능하다고 합니다. 이름부터 독특한 이 공장의 핵심 개념은 간단합니다. "로봇이 로봇을 만든다."

지금까지 휴머노이드 로봇은 연구실에서 엔지니어들이 하나하나 손으로 조립하는 수제품에 가까웠고, 가격이 매우 비싸며, 생산량은 턱없이 부족했습니다. 마치 초창기 자동차가 부자들의 전유물이었던 것처럼 말입니다.

피겨AI의 봇큐는 이러한 구조를 뒤집었습니다. 자동화된 로봇 팔들이 24시간 쉬지 않고 휴머노이드 로봇을 조립합니다. 로봇의 품질은 일정하고 생산속도는 빠르며 생산비용은 급격히 낮아집니다.

헨리 포드가 컨베이어벨트로 자동차를 대중화했듯이, 피겨AI는 휴머노이드 로봇의 '모델T 모멘트', 즉 대량생산의 순간을 준비하고 있습니다. 규모의 경제가 작동하기 시작하면, 현재 수억 원대인 휴머노이드 로봇 가격이 승용차 가격 수준으로 떨어질 수 있을 것입니다. 이것이 피겨AI가 제조에 집중하는 이유입니다.

가상세계에서 압축 학습

피겨AI의 두 번째 전략은 차세대 GPU 클러스터와 시뮬레이션 시스템 구축입니다. 이는 로봇의 학습속도를 획기적으로 높이는 전략입니다.

피겨AI의 AI 시스템 헬릭스(Helix)의 가상세계에서 로봇은 수천, 수만 번 시행착오를 겪습니다. 컵을 떨어뜨리고 물을 넘치게 따르며 손잡이를 놓치지만, 가상이기에 비용도 손상도 없습니다. 비행 시뮬레이터에서 조종법을 익힌 파일럿이 실제 비행도 잘하듯이, 가상에서 훈련된 로봇은 현실에서도 즉시 작동합니다. 학습시간이 몇 주에서 몇 시간으로 단축되며 로봇은 폭발적으로 똑똑해집니다. 이때 GPU 클러스터는 이 압축 학습을 실시간으로 구동하는 엔진 역할을 합니다.

요리사의 직감을 데이터로, 인간 행동의 디지털 복제

피겨AI의 세 번째이자 가장 혁신적인 전략은 '멀티모달 데이터 수집'입니다. 이는 인간의 행동 자체를 디지털로 복제하는 프로젝트입니다.

예를 들어 숙련된 요리사는 레시피만을 따르지 않으며, 냄새를 맡고 색깔을 보고 지글거리는 소리를 들으며, 불을 줄여야 할 때, 소금을 더 넣어야 할 때를 경험으로 알고 직감적으로 판단합니다. 피겨AI는 수천 명의 요리사가 같은 요리를 하는 장면을 다각도로 촬영하고, 미세한 동작과 판단 기준을 데이터로 변환하며, 시각·청각·촉각 정보를 통합적으로 수집합니다.

더 놀라운 것은 학습 생태계입니다. 전 세계에 배치된 수만 대의 피겨AI 로봇들이 각자 현장에서 새로운 상황을 겪으면 데이터를 클라우드로 전송합니다. 뉴욕의 한 로봇이 새로운 청소 기법을 익히면, 그 지식이 즉시 서울·도쿄·파리의 모든 로봇에게 전파됩니다.

로봇을 위한 유튜브 탄생, 고-빅(Go-Big) 프로젝트

컴퓨터 비전은 이미지넷(ImageNet)이라는 대규모 시각(이미지) 데이터베이스 덕분에 발전했고, 자연어 처리는 위키피디아 같은 방대한 텍스트 덕분에 폭발했으며, 생성형 비디오는 유튜브의 수많은 영상 덕분에 가능해졌습니다.

그런데 로봇에는 로봇 행동을 위한 유튜브가 없었습니다. 과거에 로봇에 새 기술을 가르치려면 전문가가 직접 로봇을 조작해야 했으며, 시간도 오래 걸리고 비용도 천문학적이었습니다. 게다가 실험실의 통제된 환경에서만 작동하는 제한적인 학습이었습니다.

하지만 피겨AI는 휴머노이드 로봇의 독특한 장점을 발견했습니다.

첫째, 휴머노이드 로봇은 카메라가 사람 눈높이에 있기 때문에, 인간이 보는 세상과 똑같이 인식합니다.

둘째, 인간과 유사한 운동구조를 가지고 있기에 팔·다리·몸통의 움직임이 인간의 동작을 그대로 따라할 수 있습니다. 즉, 마치 아이가 부모의 행동을 보고 모방학습을 하듯, 로봇이 인간의 일상적인 비디오만 보고도 학습할 수 있는 것입니다.

브룩필드 파트너십의 위력

피겨AI는 이를 실현하기 위해 브룩필드(Brookfield)라는 거대 부동산 투자 및 글로벌 금융기업과 손을 잡았습니다. 브룩필드가 보유한 공간은 상상을 초월합니다. 주거 공간 10만 개 이상, 사무실 약 4,645만m^2(약 1,405만 평), 물류 공간 약 1,486만m^2(약 450만 평)입니다.

피겨AI는 브룩필드와 연합함으로써 이 공간에서 사람들의 일상을 촬영합니다. 요리하고 청소하며 정리하고 이동하는 모든 행동이 데이터가 됩니다. 실제 사람들이 하는 진짜 행동들을 데이터화하는 것이죠.

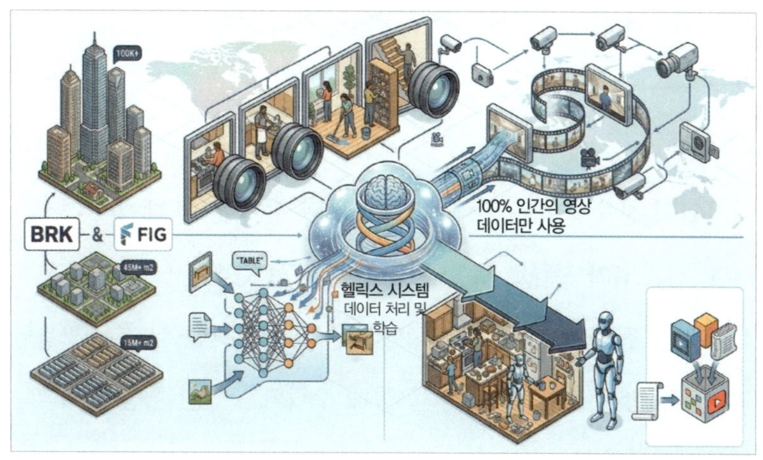

(AI 생성 이미지)

헬릭스의 충격적 성과

피겨AI의 이러한 접근법의 결과물인 헬릭스(Helix) 시스템은 놀라운 성과를 보여주었습니다. 피겨AI의 로봇은 100% 인간 영상으로만 학습했습니다. 브룩필드 가정에서 사람들이 행동하는 1인칭 시점 영상만으로 충분했습니다. "부엌 테이블로 걸어가라"는 자연스러운 명령을 이해하고, 복잡하고 어수선한 실제 가정을 스스로 탐색했으며, 물건 조작과 이동을 하나의 통합 시스템으로 처리했습니다.

피겨AI는 이를 최초의 '제로샷 교차 체화 전이(Zero-shot cross-modality transfer)'라고 합니다. 이는 AI 모델이 학습과정에서 접하지 않은 새로운 유형의 데이터(모달리티) 간 지식을 추가 학습 없이 전달하여 적용하는 기술을 말합니다. 쉽게 말해, 휴머노이드 로봇이 인간 비디오만 보고 전체 시스템 또는 모델을 한 번에 종단 간 학습(End-to-End Learning)을 한 것입니다. 로봇공학 분야에도 드디어 이미지넷·위키피디아·유튜브 같은 대규모 학습 데이터셋이 생긴 것입니다.

데이터가 곧 해자다

피겨AI의 전략에서 보듯, 휴머노이드 로봇 경쟁은 곧 데이터 경쟁입니다. 피겨AI가 봇큐로 로봇을 대량생산해서 가격을 낮추는 것도 중요하지만, 진짜 게임 체인저는 고-빅(Go-Big) 프로젝트입니다. 브룩필드의 방대한 부동산 네트워크를 통해 수집되는 인간 행동 데이터는 복제 불가능한 자산입니다.

로봇의 대규모 배치에 먼저 성공한 기업이 가장 많은 데이터를 모으며, 가장 많은 데이터를 가진 기업이 가장 똑똑한 로봇을 만들며, 가장 똑똑한 로봇이 더 많이 팔립니다. 이 선순환이 시작되면 역전이 불가능해집니다.

수백만 대 로봇 시대의 개막

피겨AI는 이 기술로 수백만 대 규모의 로봇 보급을 목표로 하고 있습니다. 각 가정마다 개인 로봇 비서가 있는 미래는 더 이상 공상과학이 아닙니다. 봇큐의 로봇 대량생산, GPU 클러스터의 로봇 AI 압축 학습, 고-빅(Go-Big)의 인간 데이터 수집이 결합되면서, 휴머노이드 로봇의 아이폰 모멘트가 다가오고 있습니다. 그리고 그 거대한 변화의 물결을 타는 자와 타지 못하는 자 사이의 격차는 스마트폰 혁명 때보다 훨씬 클 것으로 보입니다.

하나의 두뇌가
모든 형태의 로봇에, 스킬드AI

로봇이 현실에서 실패하는 이유

유튜브에서 신기한 로봇 동영상을 본 적이 있을 것입니다. 백플립을 하는 로봇, 계단을 오르내리는 로봇, 춤을 추는 로봇까지! 그런데 이렇게 멋진 로봇들이 왜 우리 일상에서는 보이지 않을까요?

동영상 속 로봇들은 대부분 통제된 환경에서 촬영되었기 때문입니다. 마치 시험문제와 답을 미리 외운 학생이 좋은 점수를 받는 것과 같습니다. 하지만 실제 세상은 예상치 못한 일들로 가득합니다. 바닥이 미끄럽거나 모터가 고장 나거나 다리가 부러질 수도 있으며, 이런 상황에서 기존의 로봇들은 당황하며 넘어지고 맙니다.

만능 몸을 가진 로봇 두뇌

미국의 스타트업 스킬드AI(Skild AI)는 이 문제를 해결하기 위해 혁신적인 아이디어를 내놓았습니다. 하나의 로봇만을 위한 AI를 훈련시키는 대신, 10만 개의 서로 다른 로봇을 모두 조종할 수 있는 AI를 만드는 것입니다(One brain Any Robot). 문제를 푸는 원리 자체를 이해하면, 결과적으로 처음 보는 상황에서도 적응할 수 있는 능력을 갖게 되는 것과 마찬가지입니다.

놀라운 적응 능력, 실패에서 배우는 로봇

스킬드AI는 네 다리를 가진 로봇에 이 AI 두뇌를 넣고 테스트해 보았습니다. 처음에는 AI가 이 네 다리 로봇을 두 다리의 휴머노이드 로봇으로 착각했고, 그러다 보니 네 다리 로봇은 당연히 균형을 잡지 못하고 넘어졌습니다. 하지만 두 번째 시도에서는 이전의 실패 경험을 바탕으로 학습하여 성공적으로 네 다리로 걸을 수 있게 되었습니다.

한 번은 로봇의 다리 일부를 잘라내고 시뮬레이션했는데, 로봇은 처음 몇 초 동안 제자리에서 허우적거렸지만, 곧 스스로 다리를 큰 폭으로 휘두르면 움직일 수 있다는 것을 발견하고 다시 걷기 시작했습니다. 또 한 번은 로봇의 무릎 관절 하나를 소프트웨어적으로 잠갔는데, AI는 2~3초 만에 무게 중심을 뒤로 옮겨 세 다리로도 균형을 잡고 걷는 방법을 터득했습니다.

진짜 지능의 시작

바퀴 달린 로봇의 바퀴가 갑자기 고장 났을 때도 마찬가지였습니다. 스킬드AI의 AI는 이를 즉시 파악하고 다리로 걷는 모드로 전환했으며, 나중에 바퀴가 다시 작동하자 효율적인 바퀴 모드로 되돌아갔습니다. 그뿐만이 아닙니다. 로봇 다리에 죽마를 달아서 다리를 인위적으로 길게 만들자, 처음에는 비틀거렸지만, 곧 긴 다리에 맞게 걸음 타이밍과 발 위치를 조정해 안정적으로 걸을 수 있게 되었습니다.

이 모든 실험에서 주목할 점은 다음과 같습니다. 첫째, 이 로봇들은 훈련 과정에서 한 번도 본 적이 없는 새로운 몸체들입니다. 둘째, 적응 시간이 몇 밀리초에서 몇 분 정도로 매우 빠릅니다. 셋째, 모든 능력이 하나의 똑같은 AI 모델에서 나온 것입니다.

미래를 향한 한 걸음

현실세계는 예측 불가능하며, 환경변화에 적응할 수 있는 생물만이 살아남습니다. 진정한 범용인공지능(AGI)도 이와 마찬가지여야 합니다. 암기가 아닌 적응 능력을 가져야 합니다.

스킬드AI 팀은 이 연구를 통해 "원자 세계에서의 지능의 첫 번째 불꽃"을 보여주었다고 말합니다. 언젠가 공장, 병원, 그리고 우리집에서 진짜로 도움이 되는 로봇을 만나게 될 날을 위한 중요한 첫걸음인 셈입니다. 로봇은 더 이상 실험실 속 신기한 장난감이 아니라, 현재 우리의 현실이 되고 있습니다.

불 꺼진 채 운영되는 다크 팩토리,
샤오미

중국 베이징시 창핑구에 있는 샤오미의 다크 팩토리(Dark Factory)는 피지컬 AI 기반 무인 자동화 공장으로 주목받는 사례 중 하나입니다. 이 공장은 기존 제조업의 패러다임을 근본적으로 전환하는 혁신적 사례로서 입체적인 분석이 가능합니다.

샤오미의 다크 팩토리, 무엇이 다른가?

샤오미의 창핑 다크 팩토리는 완전 자동화를 통한 3무(三無) 시스템을 구현했습니다. 사람이 없으므로 조명이 불필요하고, 냉난방 시설도 필요 없으며, 궁극적으로는 사람의 개입 자체가 배제된 생산 시스템을 만들어냈습니다. 다크 팩토리는 전 공정에 AI·로봇·IoT(사물인터넷)를 적용해 사람이 없이도 24시간 가동되는 제조공장을 말하는데, 사람이 없으니 조명이 필요 없다고 하여 '다크 팩토리'라는 이름이 붙었습니다.

샤오미의 창핑 다크 팩토리는 제조업 운영 철학의 근본적 변화를 보여줍니다. 기존 공장이 사람 중심의 작업환경을 기반으로 설계되었다면, 다크 팩토리는 기계와 AI의 최적화된 작업환경을 중심으로 재구성된 것입니다. 자재 운반부터 조립·검수·포장에 이르는 전체 공정을 100% 자동화로 구현했습니다. 특히 샤오미의 창핑 스마트폰 다크 팩토리는 1초에 한 대의 스마트폰을 생산하고 있는데, 이는 공정 간 연결과 동기화의 정밀성을 보여줍니다.

또한 베이징 다싱구의 샤오밍 자동차 다크 팩토리에서는 76초에 전기차가 한 대씩 생산됩니다. 센서가 제품을 스캔하고 알맞은 부품을 자동으로 배치하는 과정, 로봇 팔이 완성된 제품을 포장하고 출하 준비까지 완료하는 일련의 과정에서 각 단계별 기술의 통합과 조율이 완벽하게 이루어졌음을 시사합니다.

경제적 효과 측면에서 다크 팩토리는 다층적인 비용절감 효과를 창출합니다. 직접적으로는 인건비와 관련 부대비용이 절감되며, 간접적으로는 조명·냉난방 등 운영비용이 대폭 줄어듭니다.

무엇보다 다크 팩토리는 24시간 무정지 운영이 가능합니다. 기존 공장에서는 교대근무·휴일·야간작업에 따른 제약과 추가 비용이 발생했지만, 다크 팩토리는 이러한 시간적 제약에서 자유롭습니다. 이는 단위 시간당 생산성을 극대화하는 동시에 고정비용을 최소화하는 효과를 가져옵니다.

다크 팩토리는 품질 관리 측면에서도 혁신적인 변화가 나타납니다. 인간의 개입이 배제됨으로써 제조공정의 일관성과 정밀도가 크게 향상됩니다. 사람의 실수나 컨디션 변화에 따른 품질 편차가 사라지고, 센서와 AI 기반의 실시간 품질 검증 시스템이 작동함으로써 불량품 발생률을 최소화할 수 있습니다. 특히 스마트폰과 같은 정밀 전자제품의 경우 미세한 조립 오차도 제품 성능에 직접적인 영향을 미치므로, 기계의 정밀성은 품질 향상에 결정적 역할을 합니다.

그러나 샤오미의 다크 팩토리는 현재 기술 수준의 한계도 동시에 보여줍니다. 완전한 다크 팩토리를 위해서는 기계 고장 시 수리와 같은 예외 상황 대응까지 자동화되어야 하지만, 아직 이 부분은 사람의 개입이 필요한 영역으로 남아 있습니다.

또한 제품 라인 변경이나 새로운 모델 생산을 위한 공정 재구성에서는 여전히 상당한 시간과 비용이 들 것으로 예상됩니다. 이는 다크 팩토리가 대량생산에는 최적화되어 있지만, 다품종 소량생산이나 급격한 시장변화에 대한 대응력에서는 한계를 가질 수 있음을 보여줍니다.

글로벌 공급망 재편의 새로운 가능성

지정학적 관점에서 다크 팩토리는 글로벌 공급망 재편의 새로운 가능성을 보여줍니다.

기존에는 인건비가 저렴한 지역에 생산기지를 두는 것이 경제적 합리성을 가졌지만, 다크 팩토리에서는 인건비 요인이 거의 사라집니다. 대신 시장 접근성·물류비용·관세정책 등이 더 중요한 제조공장입지 결정 요인이 됩니다. 이는 선진국 제조업의 본국 회귀나 소비시장 인근으로의 생산기지 이전을 가능하게 하여 공급망 리스크를 줄이는 동시에, 배송시간과 물류비용을 절감할 수 있는 기회를 제공합니다.

사회적 영향 측면에서 샤오미의 다크 팩토리 사례는 미래 노동시장에 대한 중요한 시사점을 던져줍니다. 조립라인과 같은 단순 반복 업무의 자동화는 해당 분야 일자리의 직접적인 감소를 가져옵니다. 동시에 공장 운영과 유지보수, 시스템 관리 등 새로운 형태의 고숙련 일자리가 창출되지만, 기존 제조업 종사자들이 이러한 새로운 역할로 전환하기 위해서는 상당한 재교육과 시간이 필요합니다. 이는 기술발전의 속도와 인력 전환의 속도 간 격차로 인한 사회적 마찰의 가능성을 보여줍니다.

샤오미의 다크 팩토리는 미래 제조업의 모습을 구체적으로 보여주는 선도 사례로서, 기술적 가능성과 경제적 효율성을 입증하는 동시에 사회적 적응과 제도적 준비의 필요성을 제기하고 있습니다. 이러한 변화가 제조업 전반으로 확산되기 위해서는 기술적 완성도 향상뿐만 아니라 노동시장 정책, 교육 시스템, 사회 안전망 등 사회 전반의 준비가 함께 이루어져야 할 것입니다.

로봇 플랫폼 경제,
로봇 임대 시대를 여는 애지봇

중국에서는 스마트폰 앱으로 휴머노이드 로봇을 주문해 하루 만에 배달받을 수 있습니다. 상하이에서는 결혼식에 로봇을 임대해 이벤트를 열 수 있는데, 하루 200위안, 우리 돈으로 약 4만 원 수준입니다. 로봇이 마치 배달음식처럼 손쉽게 빌려쓸 수 있는 상품이 된 것입니다.

로봇 플랫폼 경제가 시작되다

중국 휴머노이드 로봇 기업 애지봇이 선보인 로봇 전용 플랫폼인 칭텐주(Botshare)는 로봇 산업의 판도를 바꿀 가능성을 품고 있습니다. 에어비앤비가 숙박 시장을 플랫폼으로 재편했듯, 칭텐주는 로봇 시장을 플랫폼으로 재편하고 있습니다.

칭텐주 플랫폼에는 2025년 중국 50개 주요 도시에서 600개 이상의 로봇 서비스 기업이 참여했으며, 애지봇은 이 서비스를 2026년에

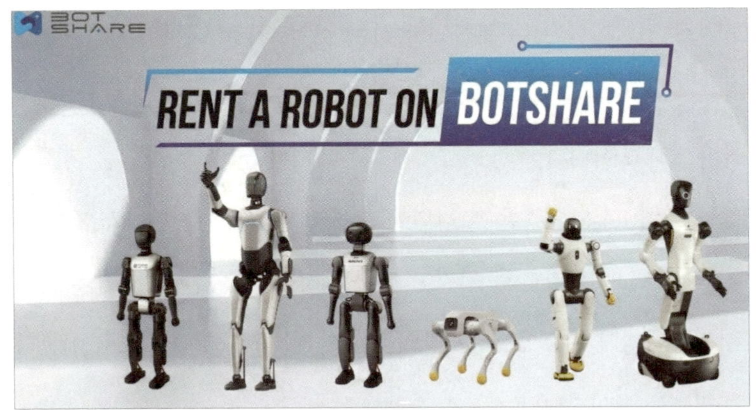

로봇을 임대할 수 있는 칭톈주(Botshare) 플랫폼. 애지봇 자사의 로봇뿐 아니라 여러 제조사의 다양한 브랜드와 모델이 올라와 있다. (출처: 칭톈주 홈페이지)

는 200개 도시로 확대할 계획입니다.

칭톈주에는 애지봇 자사의 로봇만이 아니라 여러 로봇 제조사들의 다양한 브랜드와 모델이 올라와 있습니다. 2족 보행 휴머노이드 로봇부터 반려견 형태의 로봇, 전시회용 로봇까지 라인업도 다양합니다. 결혼식·전시회·콘퍼런스 등 16종 이상의 행사가 주요 타깃이며, 가격대도 4만 원짜리 프로모션용 로봇부터 수천만 원대 고사양 휴머노이드 로봇까지 폭넓게 구성되어 있습니다.

로봇을 빌리는 시대

칭톈주의 등장은 로봇 산업의 근본적 패러다임이 소유에서 '구독'으로 전환하고 있음을 보여줍니다. 전통적으로 로봇은 기업이 거액을 들여 구매해야 하는 설비였으며 고장 나면 수리비도 만만치 않았기에, 중소기업이나 개인은 엄두를 낼 수 없는 영역이었습니다. 이것이 바로 자본지출(CAPEX) 모델입니다. 그런데 칭톈주는 이를 '운영비(OPEX)

모델'로 전환합니다. 로봇을 소유하는 것이 아니라 필요할 때마다 빌려 쓰는 것입니다. 이를 업계에서는 RaaS(Robots as a Service), 즉 '로봇 서비스'라고 합니다.

글로벌 RaaS 시장은 2024년 약 285억 달러(약 40조 원)에서 2030년 765억 달러(약 108조 원)로 커지고 연평균 성장률이 17.9%에 달할 것으로 전망됩니다. 이는 로봇 시장의 주류가 '판매'에서 '구독'으로 이동하고 있음을 보여줍니다.

왜 플랫폼이 게임의 룰을 바꾸는가?

칭텐주 플랫폼은 3가지 구조적 특징으로 기존 로봇 시장의 룰을 다시 쓰고 있습니다.

첫째, 멀티 브랜드 전략입니다. 앞에서 말했듯, 칭텐주는 애지봇 자사의 로봇만이 아니라 여러 제조사의 로봇들을 한곳에 모았습니다. 고객은 다양한 선택지를 비교할 수 있고, 제조사들은 자사의 로봇을 더 많은 고객에게 노출할 수 있습니다.

둘째, 칭텐주 플랫폼은 단기 수요 집중 공략 구조입니다. 하루 단위 임대와 1일 내 배송이라는 초스피드 서비스로 이벤트·전시·결혼식·홍보행사 등 단기 고가치 수요를 겨냥합니다. 로봇을 체험하고 홍보하는 채널로도 기능합니다. 이는 로봇에 대한 사회적 수용성과 인지도를 높이는 라스트 마일(Last Mile) 전략이라고 할 수 있습니다. 물류 공급망의 마지막 구간, 즉 물류센터에서 고객의 문 앞까지 상품을 전달하는 과정을 최적화하여 배송속도를 높이고 비용을 절감하며 고객

만족을 극대화하는 전략인 것이죠.

셋째, 칭톈주는 매칭·결제·평가·보험 등 플랫폼 기능만 제공하며, 실제 설치·운용·사후 서비스는 600개 이상의 참여 기업들이 담당합니다. 이는 우버가 직접 차를 운전하지 않지만 모빌리티 시장을 지배하는 것과 같은 원리입니다.

로봇 플랫폼의 진짜 가치, 데이터

하지만 칭톈주 로봇 플랫폼의 진정한 가치는 따로 있습니다. 바로 데이터의 축적입니다. 수백, 수천 대의 로봇이 다양한 현장에서 작동하면서 엄청난 양의 실전 데이터가 쌓입니다.

첫째, 수많은 현장 데이터를 학습해 로봇이 스스로 더 효율적으로 작동하도록 개선할 수 있습니다. 둘째, 고장이 나기 전에 미리 감지해 수리할 수 있으며, 셋째, 사용량 기반 보험 상품이나 금융 상품을 만들 수 있고, 넷째, '생산량 X개를 보장한다'는 식의 보장성과 보장형 계약도 가능합니다.

결국 로봇 플랫폼 사업자는 로봇 하드웨어를 직접 만들지 않더라도, 데이터와 네트워크 효과로 산업 전체를 장악할 수 있습니다. 스마트폰 제조사보다 앱스토어를 운영하는 애플과 구글이 더 큰 힘을 가진 것처럼 말입니다. 이제 로봇은 중소기업도 소상공인도 심지어 개인도 필요할 때 빌려 쓸 수 있는 일상의 도구가 되고 있습니다. 로봇을 서비스로 이용하는 시대가 왔습니다. 이 시대의 승자는 가장 먼저, 가장 넓은 플랫폼을 구축하고 장악하는 자가 될 것입니다.

로봇 앱스토어 시대를 주도하는
유니트리 로보틱스

2007년의 기억, 모든 것을 바꾼 앱스토어

2007년 애플의 스티브 잡스가 아이폰을 공개했을 때, 사람들은 그저 예쁜 휴대폰이 하나 나왔다고 생각했습니다. 하지만 1년 뒤 앱스토어가 등장하면서 판도가 완전히 바뀌었습니다. 전 세계 수백만 개발자들이 앱을 만들어 올리기 시작했고, 사용자들은 원하는 기능의 앱을 자유롭게 다운로드했습니다. 이제 휴대폰은 통신기기를 넘어 무엇이든 할 수 있는 만능 도구로 진화했습니다.

브루스 리 동작을 다운로드하는 로봇

2025년 12월, 중국 광둥성 선전의 휴머노이드 로봇 기업 유니트리 로보틱스가 똑같은 혁명을 로봇 산업에서 일으키기 시작했습니다. 세계 최초로 휴머노이드 로봇 앱스토어를 공개한 것입니다.

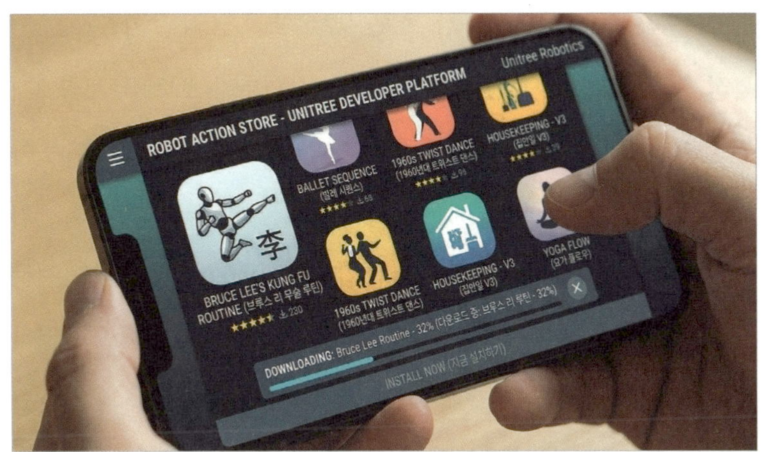

스마트폰에서 유니트리 로보틱스의 개발자 플랫폼에 접속하면 로봇 동작 프로그램을 다운받을 수 있다. (AI 생성 이미지)

사용자가 스마트폰을 열어 유니트리 로보틱스의 개발자 플랫폼에 접속하면, 화면에는 마치 앱스토어처럼 '브루스 리 무술 루틴', '1960년대 트위스트 댄스', '발레 시퀀스' 같은 다양한 로봇 동작 프로그램들이 나타납니다. 사용자가 원하는 동작을 선택하면 휴머노이드 로봇이 그 동작을 할 수 있게 됩니다. 스마트폰에서 게임을 다운로드하듯, 로봇에 새로운 능력을 설치하는 것입니다.

특히 이 로봇 앱스토어에서는 사용자도 자신이 개발한 동작 데이터를 업로드할 수 있습니다. 전 세계 개발자들이 만든 로봇 동작들을 공유하고 다운로드하며, 집단지성으로 로봇의 능력을 키워나가는 생태계가 만들어진 것입니다. 유니트리 로보틱스는 우수 개발자에게 보상까지 제공하겠다고 밝혔습니다. 로봇 산업의 게임 체인저를 노리는 플랫폼 전략입니다.

애지봇 vs 유니트리, 누가 로봇 생태계를 장악할까?

특히 중국 내 경쟁구도가 흥미롭습니다. 유니트리 로보틱스보다 2개월 앞선 2025년 10월, 또 다른 중국 휴머노이드 로봇 강자 애지봇이 링크크래프트(LinkCraft)라는 플랫폼을 선보였습니다.

애지봇의 전략은 '진입 장벽 파괴'입니다. 프로그래밍 지식도 전문 장비도 필요 없습니다. 사용자가 스마트폰으로 사람의 동작을 촬영하면, 로봇이 그 동작을 학습해 재현합니다. "누구나 로봇을 가르칠 수 있다"는 것이 애지봇의 핵심 메시지입니다.

한편, 유니트리 로보틱스는 '생태계 구축'에 집중하고 있습니다. 동작을 만드는 것을 넘어, 그 동작들이 자유롭게 유통되고 거래되는 플랫폼을 만드는 것입니다.

중국 전문가들은 "애지봇이 콘텐츠 제작 도구를 제공했다면, 유니트리 로보틱스는 콘텐츠 유통 채널을 만들고 있다"고 분석합니다. 두 전략 모두 강력하지만, 결국 승자는 더 많은 개발자와 사용자를 끌어모은 쪽이 될 것입니다.

하드웨어 전쟁에서 플랫폼 전쟁으로!

유니트리 로보틱스의 앱스토어 출시는 로봇 산업의 경쟁 축이 완전히 바뀌고 있다는 신호입니다.

2023년까지 휴머노이드 로봇 기업들의 관심사는 단순했습니다. 로봇이 더 빨리 걷고, 더 무거운 물건을 들고, 더 정교하게 움직이게 하는 하드웨어 성능 경쟁이 전부였습니다.

하지만 2024년 하반기부터 분위기가 달라졌습니다. 애지봇은 휴머노이드 로봇 연내 5,000대 생산을 달성하며 대량생산 체제를 증명했습니다. 중국의 여러 기업들이 비슷한 성능의 휴머노이드 로봇을 쏟아내기 시작했습니다.

하드웨어가 상품화되는 순간, 다음 전장은 자연스럽게 소프트웨어와 생태계로 이동합니다. 2010년대 초반 수많은 스마트폰 제조사들이 더 빠른 프로세서, 더 큰 화면, 더 좋은 카메라 등 사양 경쟁을 벌였지만, 결국 승자를 가른 것은 생태계였으며, iOS와 안드로이드, 앱스토어와 구글 플레이가 산업의 주도권을 쥐었습니다.

유니트리 로보틱스와 애지봇의 플랫폼 경쟁은 바로 그런 싸움의 시작입니다. 누가 로봇 산업의 iOS, 또는 안드로이드가 될 것인지, 아니면 전혀 새로운 제3의 플랫폼이 등장할지, 앞으로의 귀추가 주목됩니다.

중국 로봇 기업들의 속도전, 그 이면의 전략

애지봇이 링크크래프트 플랫폼을 발표한 지 불과 2개월 만에, 유니트리 로보틱스는 대응 플랫폼을 공개했습니다. 이런 빠른 실행력은 중국 로봇 기업들의 공통된 특징입니다.

유니트리 로보틱스의 창립자 왕싱싱과 애지봇의 공동 창립자 펑즈후이는 중국 로봇 업계의 '쌍둥이 별'로 불립니다. 왕싱싱은 2024년 중국 공업정보화부 산하 국가로봇위원회 위원으로 임명되었습니다. 이는 중국 정부가 로봇 산업을 얼마나 중요하게 여기는지 보여줍니다.

중국 로봇 기업들의 전략은 "일단 배포하고, 현장에서 개선하라(Deploy first, perfect later)"입니다. 완벽한 제품을 만들 때까지 기다리는 것이 아니라, 80% 완성도에서 출시해서 사용자 피드백을 받으며 빠르게 반복 개선합니다.

스마트폰이 세상을 바꾼 것은 누구나 앱을 만들고 공유할 수 있는 생태계가 만들어졌기 때문입니다. 전 세계 수백만 개발자들의 창의성이 한곳에 모여 폭발한 것입니다.

중국 휴머노이드 로봇 기업 유니트리 로보틱스의 앱스토어는 같은 꿈을 꾸고 있습니다. 로봇에게 새로운 동작을 가르치는 것이 앱을 다운로드하는 것만큼 쉬워지는 세상, 전 세계 개발자들이 로봇의 능력을 만들어 공유하는 생태계, 그리고 그 생태계 위에서 누구나 자신만의 로봇 활용법을 찾는 미래, 로봇 산업의 판도를 바꿀 플랫폼 전쟁이 시작되었습니다.

5장

넥스트 머니 Next Money

피지컬 AI 시장에서 돈은 어떻게 흐르는가?

피지컬 AI의
단계별 머니 플로

2025년, 아마존의 거대한 물류센터에는 100만 번째 로봇이 배치되었습니다. 100만 대라는 숫자도 눈길을 잡지만, 이 로봇들은 딥플리트(DeepFleet)라는 AI 두뇌로 연결되어 있고, 이 시스템은 전체 물류 네트워크의 이동 효율을 개선합니다. 하루에 수백만 개의 상자를 옮기는 아마존에 엄청난 기회이죠. 이러한 혁명은 모든 산업에서 동일한 모습과 속도로 일어나지 않으며, 시차가 존재합니다.

물류·유통, 피지컬 AI의 최전선

피지컬 AI가 가장 먼저 상업적 성과를 내고 있는 곳은 물류창고입니다. 환경이 상대적으로 정형화되어 있고, 오류 시 위험이 적으며, 특히 투자수익률(ROI)을 측정하기 쉽기 때문입니다. 창고에서는 로봇이 처리한 상자의 개수, 실수한 횟수, 절약한 인건비를 정확히 계산할 수 있으며, 투자 대비 수익을 엑셀 시트에 숫자로 명확히 넣을 수 있습니다. CEO에게 "이 로봇을 도입하면 1년에 50억 원을 절약할 수 있다"고 명확하게 말할 수 있는 것이죠.

세계 최대 규모의 순수 계약 물류 기업 GXO 로지스틱은 앱트로닉과 함께 물류창고 환경에서 휴머노이드 로봇 아폴로(Apollo)를 대상으로 초기 실증·시범 운용 중입니다.

세계경제포럼(WEF), 보스턴 컨설팅 그룹 등 주요 기관들은 피지컬 AI가 가장 빠르게 도입될 영역으로 물류와 공급망을 꼽았습니다. 퓨처 마켓 인사이트와 로지틱스IQ 등 주요 기관의 자료를 종합해 보면, 물류창고용 자율이동 로봇 시장은 앞으로 10년간 약 5~6배 커지고, 연평균 20% 가까운 성장률을 보일 것으로 전망됩니다.

흥미로운 사실은 산업현장의 반응입니다. 누무브 그룹이 2025년 발표한 보고서에 따르면, 응답자의 63%가 로보틱스가 '파괴적 경쟁 우위'를 만든다고 답했으며, 83%가 5년 내에 로봇을 도입할 것이라고 예상했습니다. 로보틱스의 영향력에 대한 인식은 전년 대비 크게 상승한 반면, 언어모델 등 화면 속 AI의 영향력에 대한 인식은 거의 그대로였습니다. 이제 화면 속 AI보다 현장에서 움직이는 로봇의 가치를 더 크게 느끼기 시작했다는 것이죠.

제조, 공장에 들어온 두 번째 물결

제조 분야도 피지컬 AI가 비교적 빠르게 들어올 분야입니다. 이 또한 환경이 상대적으로 정형화되어 있고, 투자 대비 수익률을 측정하기 쉬우며, 오류 시 위험이 적기 때문입니다.

BMW·메르세데스-벤츠 같은 거대 자동차 회사들이 이미 휴머노이드 로봇을 공장에 시험 배치하기 시작했습니다. BMW 사우스캐롤라이나 공장에서는 기존 산업용 로봇이 할 수 없었던 정밀한 조작, 복잡한 물건 잡기, 양손을 동시에 사용하는 작업 등을 휴머노이드 로봇이 하고 있습니다. 메르세데스-벤츠는 미국 앱트로닉과 파트너십을 맺고, 휴머노이드 로봇 아폴로를 제조·물류 공정에서 파일럿 운용 중입니다.

제조업에서 로봇 투자의 핵심 동력은 두 가지입니다. 하나는 리쇼어링(Reshoring), 즉 해외로 나갔던 공장을 다시 자국으로 들여오는 재산업화 물결입니다. 다른 하나는 노동력 부족과 인건비 상승 문제입니다. 세계적인 IT 시장조사 기관인 IDC 보고서에 따르면, 글로벌 제조업체의 70% 이상이 로보틱스와 AI 기반 자동화 투자를 확대할 계획이라고 밝혔습니다.

에너지·인프라, 보조에서 시작하는 혁신

다음으로 빠른 영역은 에너지와 인프라입니다. 피지컬 AI는 위험도가 높은 산업일수록 '대체'보다는 '보조' 역할에서 먼저 가치를 입증하는 경향이 있습니다.

송전망 점검, 파이프라인 모니터링, 교량·터널 안전 진단 등에서 사람이 직접 가기 어렵거나 위험한 곳에 드론이나 로봇을 보내 데이터를 수집하고, AI가 이상 징후를 분석하는 방식입니다.

에너지 기업 바텐폴(Vattenfall)은 드론을 활용한 풍력 터빈 점검으로 유지보수 비용을 크게 절감했으며 작업자의 위험을 줄였습니다. 이처럼 피지컬 AI는 에너지·인프라 분야에서는 완전한 자율 운영은 아니지만, 사람의 안전을 지키면서 효율을 높이는 '증강' 역할로 먼저 자리 잡고 있습니다.

자율주행·의료(헬스케어), 기술은 준비됐지만 사회는 아직

네 번째 물결은 헬스케어와 자율주행입니다. 이미 수술 로봇 시장은 100억 달러를 넘어섰고, 향후 10년간 4~5배 성장이 예상됩니다. 수술 로봇 시장의 1인자인 인튜이티브 서지컬(Intuitive Surgical)의 다빈치(da Vinci), 존슨&존슨의 오타바(Ottava) 같은 시스템들이 대표적입니다. 예전에는 배를 크게 갈라야 했던 수술을 이제는 작은 구멍 몇 개로 할 수 있게 되었습니다(최소 침습 수술). 회복 시간이 극적으로 단축되고, 합병증이 줄어들며, 심지어 당일 퇴원도 가능해졌습니다.

하지만 의료 분야는 물류창고나 공장과는 다른 규제 장벽이 있습니다. 그래서 FDA(미국 식품의약국)·CE(유럽)·MFDS(한국 식품의약품안전처) 같은 기관의 인허가를 받아야 하고, 이 과정만 2~3년이 걸립니다.

피지컬 AI 시대에 맞추어 규제 기관이 새로운 안전인증·책임·운영 감독 프레임워크를 개발할 가능성이 있습니다. 수술 로봇이 실수했을 때 누가 책임질 것인가, 어떻게 안전을 보장할 것인가에 대한 새로운 법과 규정을 만들어야 합니다. 그래서 헬스케어는 잠재력은 엄청나지만 그만큼 넘어야 할 산도 높습니다.

자율주행 또한 마찬가지입니다. 웨이모가 미국 일부 도시에서 로보택시를 운영하고 있지만, 전반적인 확산까지는 아직 갈 길이 멉니다. 기술보다 사회적 합의를 기다리는 중입니다.

우리 집에 오는 로봇, 가장 크지만 가장 늦다

흥미롭게도, 가장 큰 시장이 가장 늦게 열릴 전망입니다. 골드만삭스는 휴머노이드 로봇의 장기 총시장(제조·물류·서비스·가정 포함)이 2035년 약 380억 달러 수준까지 커질 수 있다고 봅니다. 특히 장기적으로는 제조·물류 외에도 서비스·가정 영역이 큰 잠재시장이라고 강조합니다. 2030년까지 출하 25만 대 수준은 대부분 공장·물류 등 산업용으로 보고, 소비자용은 그 이후 10여 년 동안 빠르게 늘어나 연간 100만 대 이상으로 성장할 것으로 추정합니다.

RD월드 등은 "가정용 휴머노이드가 2030년 전후부터 로봇 서비스(시간당 과금) 형태로 등장할 수 있다"고 하면서도, 대중적 보급은 2030년대에 걸쳐 점진적으로 진행될 것이라고 봅니다.

이유는 가격 때문입니다. 휴머노이드 로봇 제조원가는 최근 몇 년 사이 약 40% 하락했지만, 이것도 아직 가정용으로는 비쌉니다. 자동차 한 대 값이죠. 공장이나 창고에서 단순 반복 작업을 대체하는 데는 경제성이 있지만, 집에서 청소와 설거지를 하는 로봇에 2,000만 원을 지불할 사람은 많지 않습니다.

왜 속도가 다를까?

피지컬 AI의 산업별 도입 속도가 다른 이유는 크게 3가지입니다.

첫째, 투자수익률을 증명하기가 얼마나 쉬운지에 따라 다릅니다. 물류창고는 투자수익률을 계산하기가 가장 쉽습니다. 처리량, 오류율, 절약한 인건비 등을 정확히 숫자로 환산할 수 있습니다. 전문가들이 "로보틱스는 AI보다 즉각적 적용 가능성이 높다"고 평가한 이유도 여기에 있습니다. 반면 헬스케어의 투자수익률은 환자 예후 개선, 재입원율 감소 같은 장기적이고 간접적인 지표로 측정해야 해서 투자 결정에 상대적으로 시간이 더 걸릴 수 있습니다.

둘째, 규제 장벽의 높이에 영향을 받습니다. 제조업과 물류의 로봇 도입은 비교적 표준화된 안전 규정 안에서 이루어집니다. 규정이 이미 정해져 있어서 그 안에서 움직이면 됩니다. 하지만 수술 로봇은 각국 규제 기관의 인허가 절차가 추가로 2~3년 걸리고, 자율주행 자동차도 각국 교통법 개정을 기다려야 합니다. 법이 기술보다 느리게 움직이는 것입니다.

셋째, 기술 성숙도와 단가의 균형점에 따라 피지컬 AI의 도입 속도가 다릅니다. 아직은 기술이 완벽하지 않고 가격도 비싸지만, 그 균형점이 빠르게 다가오고 있습니다. 단가가 계속 떨어지고, 기술이 계속 개선되면서 어느 순간 폭발적으로 확산될 임계점에 가까워지고 있습니다.

같은 산업 안에서도
피지컬 AI의 확산 속도가 다르다

앞에서 피지컬 AI의 도입은 물류가 빠르고 헬스케어가 느리다는 산업 간 차이를 설명했는데요. 같은 산업 안에서도 세부 분야에 따라 도입 속도가 다를 수 있습니다. 이 미묘한 차이를 이해하는 것이 실제 투자나 사업 결정에서 훨씬 중요합니다.

제조업 안에서도 천차만별이다

같은 제조업이라도, 제품과 작업환경에 따라 피지컬 AI와 로봇 도입 시기가 몇 년씩 차이가 납니다.

제조업에서 자동차 조립 라인은 피지컬 AI와 로봇이 가장 먼저 들어가는 곳입니다. 환경이 극도로 정형화되어 있기 때문입니다. 똑같은 차체가 컨베이어벨트를 타고 일정한 속도로 이동하고, 똑같은 부품을 똑같은 위치에 조립합니다. 피지컬 AI와 로봇 입장에서는 완벽하게 예측 가능한 환경이죠. BMW 공장에서 휴머노이드 로봇이 먼저 투입된 이유입니다. 기본 골격은 정형화되어 있지만, 가끔 정밀한 손 작업이 필요한 부분에서 휴머노이드 로봇의 유연성이 빛을 발합니다.

그런데 반도체 클린룸은 이야기가 조금 다릅니다. 반도체 공장도 먼지 하나도 들어가면 안 되는 극한 환경이며, 사람이 들어가려면 풀 방진복을 입어야 하고, 자동차 공장만큼 정형화되어 있습니다. 하지 만 로봇 도입이 조금 늦는 이유가 있습니다. 클린룸 환경에 맞는 특 수 로봇을 개발하려면 초기 투자비용이 많이 들고, 로봇이 먼지를 발 생시키거나 웨이퍼를 오염시키면 수억 원의 손실이 발생하는 등 실패 비용이 큽니다. 하지만 역설적으로 일단 도입되면 가치가 엄청납니 다. 사람은 교대근무가 필요하지만, 로봇은 24시간 쉬지 않고 일할 수 있고, 무엇보다 오염 위험이 없으니까요.

식품 공장은 또 다른 세계입니다. 위생 기준도 까다롭고 환경도 변 동이 많습니다. 오늘은 빵을 만들고 내일은 케이크를 만들 수 있으며, 같은 제품이라도 계절에 따라 원재료 상태가 다릅니다. 그래서 식품 공장의 피지컬 AI와 로봇 도입은 상대적으로 느립니다. 정형화된 포 장 라인에서는 빠르게 도입되지만, 조리나 가공 과정은 아직 사람의 손길과 판단이 필요한 경우가 많습니다.

물류 분야에서도 격차가 있다

같은 배송이라도, 규모와 환경에 따라 피지컬 AI와 로봇 도입 시기가 다릅니다. 아마존이나 쿠팡 같은 대형 물류센터는 이미 로봇 천국입니다. 다음의 3가지 조건이 완벽하게 맞아떨어지기 때문입니다.

첫째, 평평한 바닥, 정해진 선반 위치, 표준화된 상자 등 환경이 정형화되어 있습니다. 둘째, 물량이 엄청나서 하루에 수백만 개의 상자를 처리하니 피지컬 AI와 로봇 투자가 금방 회수됩니다. 셋째, 실패해도 괜찮습니다. 로봇이 상자를 잘못 옮겨도 사람이 다시 배치하면 됩니다.

하지만 동네의 소형 배송센터로 가면 상황이 완전히 달라집니다. 대형 물류센터에 비해 물량이 적어서 피지컬 AI와 비싼 로봇을 사서 투자를 회수하려면 시간이 더 많이 걸리며, 공간이 좁고 업무가 다양해서 로봇보다 유연한 사람이 더 효율적일 수 있습니다.

냉동·냉장 물류는 또 다른 도전입니다. 영하 20도 환경에서 작동하는 로봇은 일반 로봇보다 훨씬 비쌉니다. 배터리 성능도 떨어지고 센서도 오작동할 수 있습니다. 그래서 도입이 느릴 것 같지만, 역설적으로 이곳이야말로 피지컬 AI와 로봇이 가장 필요한 곳이기도 합니다. 사람이 영하의 환경에서 장시간 일하는 것은 건강에 해롭고 이직률도 높으니까요. 그래서 초기 투자비용이 높아도 장기적으로는 경제성이 있습니다. 이렇게 같은 물류 안에서도 온도라는 변수 하나가 로봇의 도입 시기와 방식을 완전히 바꿔놓습니다.

헬스케어도 영역마다 다르다

피지컬 AI와 의료 로봇도 수술실에서만 쓰이는 게 아닙니다. 병원 안에는 수술 외에도 수많은 업무가 있고, 각각의 도입 속도가 다릅니다.

무릎 인공관절 수술 같은 정형외과 수술의 경우 로봇 도입이 빠릅니다. 작업이 상대적으로 정형화되어 있기 때문입니다. 뼈를 정확한 각도로 자르고 정해진 위치에 인공관절을 끼워 넣는데, 0.1mm 차이가 수술 결과를 좌우할 수 있습니다. 이는 로봇이 할 수 있는 일입니다. 반면 심장수술로 가면 훨씬 복잡해집니다. 심장은 끊임없이 움직이고, 혈관 구조는 환자마다 다르며, 예상치 못한 출혈이나 합병증이 생길 수 있습니다. 한편, 병원 약국의 조제 로봇은 수술 분야보다 빠르게 도입되고 있습니다. 작업이 정형화되어 있기 때문입니다.

농업도 작물에 따라 완전히 다르다

농업 피지컬 AI와 로봇도 모든 농장에 똑같이 들어가지 않으며, 무엇을 어떻게 키우느냐가 결정적인 영향을 미칩니다. 미국이나 호주의 대규모 밀·옥수수 농장은 이미 상당 부분 자동화되어 있으며, 드론으로 농지를 촬영하고, 자율주행 트랙터가 밭을 갈며, AI가 비료와 농약 살포 시점을 결정합니다. 넓은 평지에서 같은 작물을 대량으로 키우므로 좋은 조건입니다.

온실 스마트팜도 비슷하게 빠릅니다. 폐쇄된 환경이라 날씨 변수가 없고, 온도·습도·조명을 정밀하게 통제할 수 있습니다. 특히 딸기나 토마토 같은 고부가가치 작물에서 먼저 도입됩니다. 투자비용이 높아도 작물 가치가 높으니 회수가 가능하기 때문이죠. 그런데 과수원은 나무마다 높이가 다르고, 가지의 위치가 제각각이고, 과일 숙성도가 다릅니다. 기술적으로는 가능하지만 아직 경제성 문제가 남아 있습니다. 하지만 인건비가 계속 오르고 일할 사람이 줄어들면서 균형점이 다가오고 있습니다.

핵심은 환경의 특성이다

같은 산입 안에서도 도입 속도가 다른 이유를 정리하면 5가지 핵심 요소로 압축됩니다.

정형화된 환경일수록 피지컬 AI와 로봇이 먼저 들어갑니다. 작업이 반복적일수록, 실패 비용이 낮을수록 일찍 도입됩니다. 또한 초기 투자를 감당할 자본이 있는가, 즉 투자 여력이 클수록 도입이 빨리 됩니다. 아울러 데이터 축적 가능성도 중요합니다. 하루에 수백만 건의 데이터가 쌓이는 곳일수록 피지컬 AI와 로봇이 빨리 도입됩니다.

산업 안의 산업을 보세요

돈이 움직이는 타임라인

피지컬 AI 투자를 생각한다면, 물류·제조·헬스케어 등 큰 범주만 봐서는 안 됩니다. 그 안에서도 어떤 세부 영역이 먼저 움직이는지를 봐야 합니다. 이를테면 자동차 조립 라인이 먼저이고, 식품 가공은 나중입니다. 대형 물류센터가 먼저이고, 소형 배송센터는 나중입니다. 정형외과 수술이 먼저이고, 복잡한 심장 수술은 나중입니다.

이 미묘하지만 결정적인 차이를 이해하는 것이 피지컬 AI 시대에 돈의 흐름을 읽는 핵심입니다. 같은 산업 안에서도 누가 먼저 움직이는지, 왜 먼저 움직이는지를 알면 한 발 앞서 기회를 잡을 수 있을 것입니다.

1단계 벤처 투자 폭발기

피지컬 AI 시장의 첫 번째 단계는 '돈이 먼저 움직이는 시기'입니다.

아직 제품이 대량으로 팔리기 전인데도 엄청난 투자금이 쏟아지고 있습니다.

주요 투자 사례를 보면 흐름이 보입니다. 미국의 피겨AI는 10억 달러 이상을 투자받았는데, 엔비디아·마이크로소프트·제프 베이조스·오픈AI 등 투자자 명단이 화려합니다. 앱트로닉은 5억 달러 이상을 투자받았고, 구글·메르세데스-벤츠·카타르 국부펀드가 투자했습니다. 중국의 휴머노이드 로봇 기업 갤봇(Galbot)도 대규모 투자를 받았습니다. 이는 글로벌 빅테크들과 자동차 회사들, 심지어 국부펀드까지 피지컬 AI에 베팅하고 있다는 신호입니다.

이 단계는 실제 매출보다 '가능성'에 투자하는 시기입니다. 투자자들은 기술 데모를 보고, 시장 잠재력을 분석하며, 팀의 역량을 평가해서 돈을 넣습니다. 아직 제품이 대량으로 팔리지 않아도 미래가치를 선점하기 위해 움직이는 것입니다.

2단계 파일럿에서 생산으로의 전환

다음 단계는 데모에서 벗어나 본격적인 실전 투입이 시작되는 시기입니다. 이때부터 기업들이 실제로 구매하는 항목들이 구체화됩니다. 고적재 로봇 팔, 비전 및 포스 컨트롤, 협동로봇, 자율이동 로봇, 엣지 AI 스택, 안전 시스템 같은 것들이죠.

이 시기의 핵심은 매출이 아직 작다는 점입니다. 하지만 선점 기업의 데이터 축적이 시작되며, 이 데이터가 향후 경쟁력을 결정합니다. 예를 들어 물류창고에서 로봇 100대가 1년 동안 일하면서 수백만 건의 물건 이동 데이터가 쌓입니다. 어떤 경로가 효율적인지, 어떤 상황에서 실수가 생기는지, 어떻게 협업해야 하는지에 대한 실전 데이터죠. 이 데이터를 가진 회사와 없는 회사는 갈수록 격차가 벌어집니다.

이 단계에서는 매출 규모보다 '누가 먼저 실전 데이터를 확보하느냐'가 중요합니다. 스마트폰 초창기에 앱스토어 생태계를 먼저 구축한 애플이 유리했던 것처럼, 피지컬 AI에서도 실전 데이터를 먼저 모은 기업이 유리해질 것입니다.

3단계 대규모 확산기

마지막 단계는 시장이 폭발적으로 커지는 시기입니다. 이 단계의 특징은 다음의 3가지입니다.

첫째, 단가가 대중화 수준으로 떨어집니다. 고급 자동차 한 대 값이었던 휴머노이드 로봇이 중형차, 그리고 경차 가격 수준으로 내려옵니다. 이렇게 되면 개인 소비자도 구매를 고려하기 시작합니다.

둘째, 기술이 성숙해집니다. 초기에는 특정 작업만 가능했던 로봇이 점점 더 다양한 일을 할 수 있게 됩니다. 물건 옮기기만 하던 로봇이 청소도 하고 정리도 하며 간단한 조립도 할 수 있게 되는 것이죠.

셋째, 생태계가 형성됩니다. 로봇을 만드는 회사뿐 아니라 부품 공급사·소프트웨어 개발사·유지보수 서비스사·교육기관까지 전체 산업 생태계가 갖추어집니다. 마치 자동차 산업이 완성차·부품사·정비소·주유소·보험사까지 거대한 생태계를 형성한 것처럼요.

1,2,3단계의 핵심 차이점은?

이 세 단계를 관통하는 핵심 원리는 무엇일까요?

1단계 벤처 투자 폭발기의 핵심 원리는 '미래 가치에 대한 베팅'입니다. 아직 시장이 없는데 돈이 먼저 들어갑니다.

2단계 생산으로의 전환기는 '경쟁우위 확보'가 중요합니다. 실제 매출보다 데이터와 경험 축적이 중요한 것이죠.

3단계 대규모 확산기는 '시장 지배'가 핵심 원리입니다. 이미 구축한 경쟁우위를 바탕으로 폭발적인 성장을 거둡니다.

투자자 입장에서는 어느 단계에 들어가느냐에 따라 전략이 달라집니다. 1단계는 고위험 고수익, 2단계는 중위험 중수익, 3단계는 저위험이지만 이미 가격에 성장이 반영되어 있을 가능성이 높습니다.

지금 우리는 1단계 벤처 투자 폭발기에서 2단계 파일럿 생산으로 전환하는 시기로 넘어가는 중요한 전환점에 서 있습니다. 데모가 아닌 실전이 시작되는 시점이죠. 그래서 지금이 중요합니다.

피지컬 AI 혁명은 이미 시작되었습니다. 그 돈의 흐름은 우리가 상상하는 것과는 다른 순서로, 다른 속도로 펼쳐지고 있습니다. 실제 현장에서, 실제 문제를, 실제로 해결하고 있는가, 그것이 피지컬 AI 시대에 승자와 패자를 가르는 가장 중요한 기준입니다.

공장이 생각하는 시대

피지컬 AI로 시작된 재산업화와 제조혁신

"공장이 생각하는 기계로 변하고 있다." 엔비디아 CEO 젠슨 황의 이 말이 처음에는 SF 영화 같았지만, 이제 미국의 공장들이 AI를 만나 새로운 모습으로 다시 태어나고 있습니다.

가상 공장에서 먼저 연습, 폭스콘의 휴스턴 공장

예전에는 엄청난 돈을 들여 공장을 짓고 기계를 설치하며 실제로 작동해 보면서 문제를 찾았는데, 비용도 많이 들고 시간도 오래 걸리고 실수하면 큰 손해였죠. 하지만 이제는 다릅니다. 먼저 컴퓨터 속에 똑같은 가상 공장을 만드는데, 이것을 '디지털 트윈'이라고 합니다.

독일의 지멘스는 가상 공장을 만드는 소프트웨어를 처음으로 내놓았고, 일본의 로봇 회사 화낙, 대만의 전자기기 회사 폭스콘도 자기네 로봇의 가상 버전을 만들어 제공합니다. 이제 공장 설계자들은 레고 블록을 끼우듯이 컴퓨터에서 로봇들을 드래그해서 배치할 수 있습니다.

글로벌 전자기기 위탁 생산기업인 폭스콘은 엔비디아의 AI 슈퍼 컴퓨터를 만들기 위해 미국 텍사스 휴스턴에 22,500㎡(약 6,800평) 규모의 공장을 짓고 있습니다. 폭스콘은 이 공장을 짓기 전에 먼저 컴퓨터 속에 가상 공장을 만들고, 로봇을 어디에 놓을지, 부품은 어떤 경로로 이동시킬지, 작업자는 어디서 일할지, 모든 것을 AI가 계산해서 최적화했습니다. 실제로 벽돌 한 장 쌓기 전에 이미 수천 번의 시뮬레이션을 끝낸 것입니다. 이렇게 지은 공장은 처음부터 효율이 최고로 나옵니다.

1.2조 달러, 미국으로 돌아오는 공장들

2025년 한 해 동안 미국에서 발표된 공장 건설 투자액은 무려 1조 2,000억 달러(약 1,600조 원)에 달합니다. 전자제품·약·반도체를 만드는 회사들이 미국으로 공장을 옮기거나 새로 짓고 있습니다.

예전에는 인건비가 싼 나라로 공장을 옮겼지만, 이제 피지컬 AI와 로봇이 일을 하니 인건비 차이가 별로 안 중요해졌습니다. 오히려 전 세계 소비시장의 25% 이상을 차지하는 최대 소비처인 미국에 공장이 있으면, 가까운 곳에서 빠르게 제품을 만들어 팔 수 있습니다.

세계 최대 건설·광산 장비 제조업체인 미국 캐터필라는 가상 공장을 만들어 기계가 언제 고장날지 예측해서 미리 고칩니다. 공장이 멈추는 일이 없으니 생산량이 늘어났습니다. 미국 고급 전기차 스타트업 루시드 모터스(Lucid Motors)도 가상 공장에서 로봇들을 먼저 훈련시킵니다. 공장에 투입하기 전에 수백만 번 연습시키므로, 실제 공장에서는 실수가 거의 없습니다. 도요타는 미국 켄터키주의 도요타 공장을 통째로 컴퓨터 속에 복제했으며, 새로운 자동화 시스템을 도입할 때 가상 공장에서 먼저 테스트함으로써 위험도 줄이고 생산도 멈추지 않습니다.

세계 최대 파운드리(반도체 위탁생산) 기업인 대만의 TSMC는 미국 애리조나주에 짓고 있는 반도체 공장을 가상으로 먼저 만들었고, 이로써 공장 설계도 빨라지고 특수 로봇도 미리 개발할 수 있었습니다.

휴머노이드 로봇이 공장에 온다

공장에 사람 모양의 휴머노이드 로봇이 투입되는 것은, 사람에게 맞춰진 공장을 뜯어고칠 필요 없이 바로 투입할 수 있기 때문입니다.

미국의 로봇 스타트업 피겨AI는 범용 휴머노이드 로봇을 만듭니다. 집안일부터 공장 일까지 사람이 하던 반복적·육체적 노동을 대신하는 범용 노동 로봇입니다. 엔비디아의 AI를 사용해서 로봇이 보고 듣고 판단하고 행동함으로써, AI와 휴머노이드 로봇 하드웨어를 결합한 것에 방점이 있습니다.

미국 어질리티 로보틱스의 디지트 로봇은 바닥이 고르지 않아도 장애물이 있어도 스스로 균형을 잡고 두 발로 걸으면서 물건을 나르는데, 이는 수백만 번의 가상 훈련을 거쳐서 가능해진 일입니다.

아마존의 블루제이(Blue Jay)는 차세대 물류 로봇 시스템으로, 주문 처리 센터(물류창고)의 효율성을 높이고 배송 속도를 향상시키기 위해 개발되었습니다. 블루제이는 여러 개의 팔로 물건을 집고 정리하며 옮깁니다. 놀랍게도, 블루제이 로봇은 개념 도출부터 실제 사용까지 단 1년 만에 가능했습니다. 가상 시뮬레이션 덕분입니다.

공장 곳곳에 눈과 귀

현대 공장에는 카메라·온도계·압력계·진동 감지기 등 수많은 센서가 있으며, 이들이 24시간 공장의 모든 것을 모니터링합니다. 카메라가 생산라인을 찍고, AI가 불량품을 찾아내고 초당 수백 개씩 검사하며 사람 눈으로는 못 보는 아주 작은 결함도 찾아냅니다. 이 모든 데이터가 실시간으로 모여서 AI가 어느 라인이 느린지, 어디서 병목이 생기는지, 어떻게 개선할지를 계속 계산하며 공장 전체를 최적화합니다.

안전한 공장 만들기

공장은 큰 기계들이 움직이고, 무거운 물건들이 오가며, 뜨겁거나 날카로운 것들이 많은 위험한 곳이기도 합니다. 이제 AI가 작업자를 보호합니다. 미국의 네트워크 인프라 기업 벨덴(Belden Inc.)은 사람이 위험한 구역에 들어가면, AI가 즉시 알아채고 기계를 멈추게 하는 가상 안전 펜스를 만들었습니다. 로봇은 이 가상 안전 펜스를 통해 사람을 피해서 움직이며, 사람이 가까이 오면 속도를 줄이거나 멈춥니다.

컴퓨팅 파워, 어디서 나올까?

그런데 이 모든 AI를 돌리려면 엄청난 컴퓨팅 파워가 필요합니다. 엔비디아는 공장 현장에 설치하는 소형 고성능 컴퓨터부터 클라우드의 거대한 서버까지 모두 제공합니다. 공장 안에서 즉시 처리해야 하는 일(예: 로봇 제어)은 현장의 작은 컴퓨터가 하며, 시간이 좀 걸려도 되는 복잡한 분석(예: 1년 치 데이터 분석)은 클라우드 서버가 합니다.

구글과 마이크로소프트도 엔비디아의 최신 AI 칩을 사용하는 클라우드 서비스를 제공하고 있습니다. 이로써 작은 회사도 큰 투자 없이 강력한 피지컬 AI를 쓸 수 있게 되었습니다.

피지컬 AI와 재산업화

미국의 재산업화는 AI·로봇·디지털 트윈으로 무장한 완전히 새로운 형태의 제조업을 만드는 것입니다. 미국은 수십 년 동안 공장들이 인건비가 싼 중국 등으로 떠났지만, 이제 AI와 로봇이 대부분의 일을 하니 인건비 차이가 별로 중요하지 않습니다. 오히려 미국에 공장이 있으면 좋은 점이 많습니다. 물건을 배로 몇 주 걸려 실어 올 필요 없으니 빠르게 만들어 바로 팔 수 있고, 문제가 생겨도 즉시 고칠 수 있습니다. 그래서 미국으로 엄청난 투자가 몰려오는 것입니다. 공장이 생각하는 시대, 그 시대의 주인공이 되기 위한 경쟁이 시작된 것입니다.

피지컬 AI와 4족 로봇이
만드는 산업안전 혁신, 애니보틱스

위험한 곳은 로봇이, 안전한 곳은 인간이

폭발 위험이 있는 가스 저장시설, 고온의 발전소 내부, 방사능에 노출될 수 있는 원자력 설비 등은 정기적 안전 점검이 필수지만, 매번 인명을 위험에 빠뜨리는 딜레마가 있었습니다. 스위스의 애니보틱스(ANYbotics)는 바로 이 문제에 혁신적인 해답을 제시했습니다.

애니보틱스는 산업시설 자율 로봇 검사 솔루션 회사로, 2016년 스위스 취리히연방공대의 로봇 연구소에서 분사되었습니다. 사람이 접근하기에는 위험하거나 어려운 환경에서 작동하는 4족 보행 로봇 애니멀(ANYmal)을 개발했습니다(방폭 인증을 받은 애니멀 X 로봇도 개발함). 애니멀 로봇은 피지컬 AI가 탑재된 똑똑한 동료 직원이라고 할 만합니다.

놀라운 센싱과 지능으로 위험을 감지하는 로봇

애니멀 로봇을 처음 보면 대형 개를 떠올리게 됩니다. 4개의 다리로 능숙하게 걸어다니며 계단도 오르고 장애물도 피해갑니다.

하지만 애니멀 로봇의 진짜 능력은 '보는' 것입니다. 열화상 카메라, 초음파 마이크, 강력한 LED 조명, 라이다 센서가 통합되어 있는데, 감각이 인간의 눈과 귀, 촉각을 모두 뛰어넘습니다. 물리적 접촉 없이도 −40도~550도 온도를 측정할 수 있고, 사람이 들을 수 없는 초음파 주파수까지 감지합니다.

무엇보다 모든 데이터를 현장에서 인터넷 연결 없이도 즉시 분석합니다. AI 기반 해석이 가능한 강력한 온보드 컴퓨터가 탑재되어 있어 이상 징후를 발견하는 즉시 담당자에게 알려줍니다.

현재 약 200대의 애니멀 로봇이 실제로 영국의 글로벌 에너지 기업 BP, 노르웨이 국영 에너지 기업 에키노르, 세계 최대의 알루미늄 압연 및 재활용 전문 기업 노벨리스, 글로벌 스테인리스 스틸 제조기업 아우토쿰푸, 프랑스의 에너지 및 서비스 기업 에퀸스 같은 글로벌 기업들의 산업시설에서 일하고 있습니다. 이들 기업은 석유가스·광산·전력·화학 등 가장 위험하고 복잡한 산업 분야를 대표합니다.

로봇이 현실세계를 이해하는 방식

애니멀 로봇은 강화학습을 기반으로 다층 산업시설에서 안정적으로 움직일 수 있습니다. 매순간 바뀌는 환경에 맞추어 스스로 최적의 움직임을 찾아냅니다. 예를 들어 게이지에 빛이 반사되어 읽기 어려우

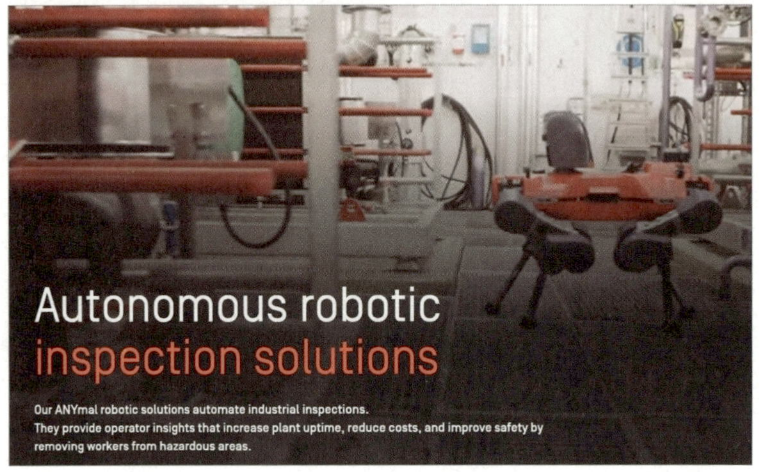

애니보틱스의 4족 보행 로봇 애니멀. 사람이 접근하기 위험한 환경에서 일한다. (출처: 애니보틱스 홈페이지)

면 로봇이 스스로 각도를 조정하고, 더 자세히 보기 위해 몸을 낮추는 등의 행동을 판단해서 합니다.

인간과 로봇이 함께 만드는 안전한 미래

애니보틱스의 비전은 로봇이 인간과 '협력'하는 것입니다. 다양한 로봇으로 포트폴리오를 확장하여 자율 로봇의 워크포스(Workforce)를 만들고 있습니다. 로봇들이 서로 연결되고 학습하는 로봇 생태계를 구축하려는 것이죠.

미래에는 건설과 농업 분야로까지 확장해 검사를 넘어 유지보수 및 수리 작업까지 가능해질 것입니다. 위험한 곳에서는 로봇이 먼저 나서고, 안전한 곳에서는 인간이 더 창의적인 일에 집중할 수 있게 하는 것, 애니보틱스가 그리는 미래입니다.

피지컬 AI로 진화하는 수술실

다빈치는 시작에 불과했다

많은 사람들이 수술 로봇이라고 하면 다빈치를 떠올립니다. 실제로 다빈치 수술 시스템은 지난 20년간 수술실의 풍경을 바꿔놓았습니다. 하지만 다빈치는 본질적으로 고급 원격조종 장비입니다. 의사가 조이스틱을 움직이면 로봇 팔이 그대로 따라 움직이는 구조이죠.

그런데 2025년 상황이 달라지기 시작했습니다. 새로운 세대의 수술 로봇들은 카메라로 수술 부위를 보면서 인식하고, 반복적인 봉합 작업은 의사가 일일이 지시하지 않아도 알아서 합니다. 심지어 지금 이 방향으로 가면 위험하다고 의사에게 경고를 보내기도 합니다.

과거의 수술 로봇이 정밀한 기계 팔을 단 원격조종 장비였다면, 지금 수술 로봇은 환경을 이해하고 스스로 계획하며 판단하는 지능형 파트너로 진화하고 있습니다.

자율 수술 로봇의 6단계, 보조에서 동료로!

자율 수술 로봇은 레벨 0부터 5까지 6단계로 구분됩니다. 레벨 0은 로봇이 없이 사람만 수술을 하는 단계이고, 레벨 5는 의사가 감독자 역할만 하고 로봇이 환자 상태를 종합적으로 판단해서 수술 여부까지 결정하고 전 과정을 혼자서 수행하는 단계입니다.

과거에 대부분의 수술 로봇은 레벨 1에 머물러 있었지만, 2024년부터 레벨 2, 레벨 3 수준의 로봇들이 미국 FDA 승인을 받기 시작했습니다. 진화의 속도가 빨라지고 있는 것입니다.

규칙이 아니라 경험으로 배우는 로봇

과거의 수술 로봇은 프로그래머가 작성한 규칙을 따랐으며, 모든 동작이 미리 코딩되어 있었습니다. 새로운 수술 기법이 생기면 엔지니어가 코드를 다시 짜야 했습니다. 하지만 피지컬 AI 시대의 수술 로봇은 다릅니다. 수천, 수만 시간의 실제 수술 영상을 학습하며, 숙련된 외과의들이 메스를 어떻게 움직이는지, 어떤 상황에서 어떻게 대처하는지를 관찰하고 패턴을 익힙니다.

특히 전 세계의 수술 데이터를 동시에 배울 수 있습니다. 서울의 로봇이 뉴욕 병원의 수술 노하우를, 런던의 로봇이 서울 의사의 테크닉을 실시간으로 학습합니다. 로봇이 집단 지식을 공유하는 시대가 온 것입니다.

보는 것도, 느끼는 것도 달라졌다

과거 수술 로봇의 눈은 의사에게 확대된 영상을 보여주는 것이 전부였지만, 피지컬 AI 시대의 수술 로봇은 카메라로 본 영상에서 혈관·신경·종양의 경계를 스스로 구분하며, CT나 MRI 같은 의료 영상과 실시간 수술 화면을 동시에 분석해서 3차원 지도를 만들고, 힘 센서와 촉각 센서로 조직의 단단함과 긴장도를 감지합니다. 심지어 '10초 후 이 부위에서 출혈 발생 가능성 높음'처럼 미래를 예측하기까지 합니다. 로봇이 수술실의 전체 상황을 파악하며 움직이는 것입니다.

지능형 시스템으로 진화하는 수술실

과거에는 수술 로봇을 장비로 생각했으며, 병원이 수십억 원을 들여 다빈치 한 대를 사면 그것으로 끝이었지만, 피지컬 AI 시대에는 수술실 전체가 하나의 거대한 지능형 시스템으로 변하고 있습니다. 로봇팔, 내비게이션 장치, 실시간 영상 장비, 마취 모니터링 시스템, 심지어 수술 계획을 시뮬레이션하는 가상 모델까지 모든 것이 네트워크로 연결됩니다. 수술 전 계획 단계에서 수집한 데이터가 수술 중에 실시간으로 활용되고, 수술 후 분석 결과가 다음 수술의 계획 수립에 반영됩니다.

이것은 마치 스마트폰의 등장과 비슷합니다. 과거 휴대폰은 전화기 한 대였지만, 지금은 앱 생태계, 클라우드 서비스, 사물인터넷(IoT) 기기들과 연결된 플랫폼이 되었습니다. 수술실도 마찬가지의 변화를 겪고 있는 것입니다. 병원의 핵심 지능 인프라가 되고 있는 것이죠.

수술 로봇의 진화가 왜 중요할까?

피지컬 AI 시대, 수술 로봇 진화의 진짜 혁명은 의료 접근성의 변화에 있습니다. 지금까지 고난도 수술은 소수의 슈퍼 닥터만 가능했고, 이로 인해 서울 대형병원에 환자가 몰리고, 지방 중소병원의 의사들은 경험을 쌓을 기회조차 얻기 어려웠으며, 지역 및 병원에 따라 의료 서비스 품질의 격차가 컸습니다.

하지만 집단 지식을 학습한 AI 수술 로봇이 상황을 바꿀 수 있습니다. 전 세계 최고 외과의들의 노하우가 담긴 로봇이 작은 병원에도 보급되면, 그곳에서도 높은 수준의 수술이 가능해집니다. 젊은 의사들은 실시간 가이드를 받으며 숙련도를 빠르게 높일 수 있고, 수술 과정이 자동으로 기록되고 분석되어 교육자료가 되면, 전체 의료계의 표준이 상향 평준화됩니다. 로봇이 지식 인프라가 되어 지역과 병원 간의 격차를 줄이고, 더 많은 사람이 양질의 의료 서비스를 받을 수 있게 만드는 것입니다.

돼지 담낭 수술에서 시작된 미래, 자율 수술 로봇 SRT-H

2025년 존스홉킨스대학에서 놀라운 뉴스가 나왔습니다. 자율 수술 로봇 SRT-H가 의사의 개입 없이 돼지의 담낭 절제술을 혼자서 수행했습니다. 과거에도 방사선 치료를 자동으로 수행하는 사이버나이프, 정맥에 자동으로 주사 바늘을 찾아 넣는 채혈 로봇 등의 자율형 의료 로봇이 있었지만, 이는 철저히 통제된 환경에서 단일 작업만 수행한 것입니다. 그런데 SRT-H는 연부조직(뼈와 치아를 제외한, 몸의 말랑한 조직

전반)이 계속 변형되는 복잡한 환경에서 조직을 잡고 혈관을 피하며 담낭을 분리하고 봉합하는 전 과정을 연속해서 처리했습니다. 이는 실험실 수준의 작업 자동화에서 실제 임상에 적용 가능한 수준의 자율 수술로 도약하는 것입니다.

물론 아직 사람을 대상으로 한 완전 자율 수술까지는 갈 길이 멀며, 윤리적·법적·기술적 과제가 산적해 있습니다. 하지만 방향은 분명합니다. 로봇이 의사와 함께 생각하고 판단하며 수술을 수행하는 동료가 되고 있는 것입니다.

우리가 맞이할 수술실의 미래

10년 후 수술실은 어떤 모습일까요? 환자가 수술대에 누우면, AI가 환자의 의료기록·CT·MRI·혈액 검사결과를 종합해 최적의 수술 계획을 수립하고, 집도의는 여러 옵션을 검토한 후 최종 결정을 내립니다. 수술이 시작되면, 로봇은 의사의 지시를 따라 반복적인 봉합이나 조직 분리 같은 작업을 하며, 의사는 더 중요한 판단과 결정에 집중합니다. 돌발 상황이 발생하면, 로봇은 즉시 전 세계 유사 사례 데이터베이스를 검색해 대응방법을 제안합니다. 그리고 수술이 끝나면, 전 과정이 자동으로 분석되어 다음 수술을 위한 개선점이 도출되며, 이 데이터는 전 세계 로봇들에 공유됩니다.

이제 수술 로봇은 의료지식이 축적·공유되며 진화하는 살아 있는 플랫폼이 되고 있습니다. 의사를 대체하는 게 아니라 의사를 더 강력하게 만드는 동료, 그것이 피지컬 AI 시대 수술 로봇의 의미입니다.

중국의 108개 팔 면화 로봇

피지컬 AI가 여는 농업 자동화의 시대

사람보다 120배 빠른 로봇, 면화 밭에 등장하다

2025년 9월, 중국 북서부 신장 위구르 자치구의 창지에서 놀라운 광경이 펼쳐졌습니다. 108개의 팔을 가진 거대한 로봇이 면화 밭을 누비며, 사람보다 120배 빠른 속도로 면화 적심 작업을 했습니다. 적심은 줄기 끝의 생장점을 자름으로써 결실과 품질을 높이는 매우 중요한 작업이지만, 지금까지는 사람의 수작업에 의존할 수밖에 없었던 고된 노동이었습니다.

중국 웨이얼 테크놀로지의 이 로봇은 6.8m의 유연한 뼈대를 가지고 있으며, 로봇의 가장 낮은 부분과 지면 사이의 지상고가 1.7m에 달하는 대형 장비입니다. 중국 징웨이사(Jingwei)의 '징웨이' 플랫폼 위에서 작동하며, 밀리미터 단위의 정확도로 면화 줄기 끝을 정밀하게 제거합니다. 야간에도 자동 운용이 가능해 24시간 작업할 수 있습니다.

지방 산업정보국 관계자는 이 로봇이 신장 면화 브랜드의 품질 고도화와 지속 가능성 향상에 기여할 것이라고 평가했습니다.

108개 팔 면화 로봇이 주목받는 진짜 이유

108개 팔 로봇은 AI 비전 시스템으로 면화의 성장 상태를 실시간으로 분석해 최적의 위치를 판단하고, 밀리미터 단위의 정확도로 사람의 손놀림을 능가합니다. 면화 밭은 매번 토양 상태·식물 밀도·성장속도가 모두 다르지만, 이 로봇은 센서와 AI를 통해 실시간으로 환경을 파악하고 작업방식을 조정합니다.

아울러 이 로봇은 대규모 병렬 처리가 가능해서 108개의 팔이 동시에 각각 독립적으로 작동합니다. 그러려면 각 팔의 움직임을 조율하고 충돌을 방지하며 전체 작업효율을 최적화하는 고도의 제어 시스템이 필요합니다. 피지컬 AI가 물리세계에서 복잡한 작업을 오케스트레이션하는 능력을 보여주는 것이죠.

농업 자동화를 넘어선 함의

우선, 108개 팔 로봇은 노동집약적 산업의 재편을 시사합니다. 지금까지 사람 손이 꼭 필요하다고 여겨졌던 섬세한 작업들이 로봇으로 대체될 수 있음을 보여줍니다. 과일 수확·채소 선별·가축 관리 등 수많은 농업 공정이 피지컬 AI의 다음 목표가 될 것입니다.

둘째, 108개 팔 로봇은 지속 가능성의 새로운 경로를 보여줍니다. 정밀 농업은 자원 낭비를 줄이고 생산성을 높입니다. AI가 각 식물의 상태를 개별적으로 분석하고 최적의 처치를 제공한다면 물·비료·노동력을 극적으로 절감할 수 있습니다.

셋째, 식량 안보 패러다임의 전환을 시사합니다. 전 세계가 기후변화와 노동력 부족으로 농업 위기를 겪고 있는데, 피지컬 AI는 이 위기에 대한 실질적 해법이 될 수 있습니다. 단위 면적당 생산성을 극대화하는 정밀 로봇 농업은 국가 전략적 자산이며, 이는 기술경쟁을 넘어 '누가 미래 세대를 먹여 살릴 것인가'의 문제입니다.

넷째, '좁고 깊은' AI 응용의 승리를 보여줍니다. 챗GPT 같은 범용 AI가 주목받는 동안, 중국은 특정 문제에 최적화된 특수 목적 AI에 집중했습니다. 108개 팔 로봇은 면화 적심이라는 단 하나의 작업만을 위해 설계되었지만, 그 분야에서는 인간을 압도합니다. 이는 AI가 모든 것을 할 필요는 없으며, 한 가지를 완벽하게 하면 된다는 교훈을 줍니다. 실제로 산업현장에서 필요한 것은 만능 AI가 아니라 특정 문제의 완벽한 해결사입니다.

앞으로 우리는 더 많은 손을 가진 AI를 목격하게 될 것입니다. 건설현장에서 벽돌을 쌓는 로봇, 병원에서 환자를 돌보는 로봇, 재난현장에서 생존자를 구조하는 로봇…. AI가 키보드와 화면을 벗어나 흙을 만지고 사람을 돌보는 순간, 우리의 세계는 근본적으로 달라질 것입니다.

호주 목장에 나타난 로봇

피지컬 AI가 축산업을 바꾸는 법

호주의 광활한 초원, 끝없이 펼쳐진 목초지에서 수백 마리의 소 떼가 한가롭게 풀을 뜯고 있습니다. 그 소 떼를 이끄는 것은 스웩봇(SwagBot)입니다. 스웩봇은 호주 시드니대학 연구진이 개발한 AI 기반 자율주행 가축 관리 로봇으로, 4개의 바퀴로 험한 땅을 달리는 빨간색 로봇입니다.

9년 만에 스마트 목동으로 진화하다

피지컬 AI의 진화로 가장 오래된 산업 중 하나인 축산업에서도 조용한 혁명이 일어나고 있습니다. 스웩봇의 이야기는 AI가 화면을 벗어나 진짜 세상에서 일을 하기 시작했을 때, 무슨 일이 벌어지는지 보여주는 생생한 사례입니다.

스웹봇은 처음 등장한 2016년, 그저 울퉁불퉁한 목장을 달리며 소를 몰 수 있는 기본적인 기능만 갖춘 로봇이었습니다. 9년이 지난 지금, 스웹봇은 센서가 추가되고 AI가 탑재되며, 머신러닝 시스템이 들어가면서 '스마트 농업 플랫폼'으로 변신하고 있습니다.

로봇이 풀의 영양 성분까지 분석하는 시대

스웹봇의 가장 놀라운 능력은 목초지를 '읽는' 능력입니다. 스웹봇은 목초지를 보고 풀의 단백질 함량과 탄수화물 비율을 실시간으로 분석합니다. 임신한 소에게는 영양가 높은 음식이 필요한데, 과거에는 농부의 경험과 감에 의존해야 했다면, 이제는 데이터 기반으로 최적의 목초지를 선택할 수 있게 되었습니다.

더 중요한 것은 과방목 방지 기능입니다. 스웹봇은 한 지역의 풀이 지나치게 뜯어먹히기 전에 소 떼를 다른 곳으로 이동시킵니다. 이는 효율성 문제뿐 아니라 토양 보호라는 환경문제와도 직결됩니다.

소들이 로봇을 '진짜 목동'으로 받아들이는 순간

시드니대학의 살라 수카리에 교수는 흥미로운 관찰 결과를 공유했습니다. "소들이 로봇에 익숙해지면 자연스럽게 로봇을 따라다닌다." 이것은 피지컬 AI의 성공을 판단하는 중요한 기준을 보여줍니다.

기술이 아무리 뛰어나도 그것을 사용하는 대상(이 경우에는 소)이 받아들이지 않으면 무용지물입니다. 소들이 스웹봇을 자신들을 이끄는 목동으로 인식한다는 것은, 이 로봇이 실제 환경과 조화를 이룬다는

피지컬 AI로 인해 인류의 가장 오래된 산업 중 하나인 축산업에도 혁명이 일어나고 있다. (AI 생성 이미지)

것을 보여줍니다. 실험실에서 아무리 완벽한 로봇을 만들어도, 실제 현장에서 동물과 사람이 어떻게 반응하는지는 직접 부딪혀봐야 알 수 있습니다. 스웩봇의 지난 9년 진화 과정은 바로 이런 현장학습의 결과물이라고 할 수 있습니다.

3천만 마리 소를 키우는 나라의 절박한 선택

호주는 세계 최대 소고기 수출국 중 하나로, 약 3,000만 마리의 소가 광활한 땅에 흩어져 있습니다. 과거에 호주 농부들은 수백, 수천 헥타르에 달하는 넓은 땅에서 소들이 정확히 어디서 풀을 뜯는지 통제하기가 거의 불가능했고, 이로 인해 과방목으로 인한 토양 황폐화, 식물과 동물의 생존 환경 악화라는 악순환 문제가 있었습니다.

스웩봇 시연회에 참석했던 농부 에린 오닐의 말이 이 문제를 정확히 짚어줍니다. "스웩봇은 우리가 목초지를 실시간으로, 훨씬 더 자세하게 평가할 수 있게 해줍니다." 여기서 핵심 단어는 '실시간'입니다.

과거에는 농부가 직접 말이나 차를 타고 목초지를 돌아다니며 일주일에 한두 번 상태를 확인했다면, 이제는 스웜봇이 매일, 매시간 데이터를 수집하며 목초지 상태를 모니터링합니다. 현장을 누비는 AI가 모으는 데이터의 가치는 비교할 수 없이 큽니다.

축산 플랫폼 경쟁의 시작

스웜봇의 진짜 가치는 로봇 그 자체가 아닙니다. 호주 목장을 누비며 수집한 목초지 데이터, 소들의 행동 패턴, 계절별 풀의 성장 데이터가 진짜 자산입니다. 이것은 피지컬 AI 산업의 본질을 보여줍니다. 로봇을 한 대 만드는 것은 시작일 뿐이고, 그 로봇이 현장에서 수집한 데이터로 AI 모델을 계속 학습시키는 것이 진짜 경쟁력입니다.

스웜봇 연구진들은 계속해서 기능을 개선하고 있습니다. 더 정교한 AI 분석 능력, 향상된 가축 건강 모니터링, 더 넓은 지역을 커버할 수 있는 능력이 추가될 예정입니다. 이 모든 개선은 실제 목장에서 수집한 데이터를 바탕으로 이루어지고 있습니다.

할리우드 촬영장에 나타난 새로운 카메라맨 로봇

촬영 현장을 뒤바꾸는 철제 팔들

촬영 현장에서 지금 놀라운 변화가 일어나고 있습니다. 물방울이 공중에서 터지는 장면, 자동차가 360도 회전하며 질주하는 액션 시퀀스, 섬세한 감정선을 따라가는 클로즈업 촬영까지, 이제 이런 장면들을 로봇이 찍어내고 있습니다. 광고나 영화 제작의 심장부에서 벌어지는 이 로봇 혁명은 우리가 상상했던 것보다 훨씬 빠르고 깊숙이 진행되고 있습니다.

초당 12미터를 달리는 철제 카메라맨의 탄생

'MRMC 볼트(MRMC Bolt)'라는 이름의 로봇 팔은 6개의 관절을 가지고 있는데, 레일 위에서 초당 12m, 시속 43km가 넘는 속도로 움직입니다. 카메라가 도심 제한속도로 달리는 자동차만큼 빠른 속도로 움직이면서도 프레임 단위로 똑같은 경로를 반복할 수 있습니다.

슬로모션 액션 장면의 경우 배우가 뛰어오르며 주먹을 날리는 순간을 여러 각도에서 찍어 합성해야 합니다. 카메라가 1mm라도 다른 경로를 따라가면 시각특수효과(VFX) 팀은 몇 주를 더 작업해야 합니다. 그런데 볼트 로봇은 3D 애니메이션 소프트웨어에서 설계한 카메라 경로를 실제 촬영장에서 그대로 재현합니다. 컴퓨터 안의 가상 카메라와 실제 카메라가 똑같이 움직이는 것입니다.

더 놀라운 것은 LED 월과의 결합입니다. 최신 가상 프로덕션 스튜디오에서는 거대한 LED 스크린에 배경을 띄우고 그 앞에서 배우가 연기를 하는데, 이때 카메라가 움직이면 배경도 원근감에 맞추어 실시간으로 변해야 합니다. 볼트 로봇은 자신의 위치와 각도 데이터를 언리얼 엔진에 전송하고, 엔진은 그에 맞춰 배경을 렌더링합니다. 로봇 카메라가 촬영 도구를 넘어 정밀 트래킹 센서로 진화한 것입니다.

공장에서 촬영장으로, 산업용 로봇의 화려한 변신

흥미로운 것은 이 시네마 로봇들의 출신 배경입니다. 자동차 공장에서 용접하고 전자제품을 조립하던 산업용 로봇들이 카메라를 들고 촬영장으로 입성하고 있습니다.

독일의 쿠카(KUKA) 로봇을 기반으로 한 C-모코스(C-MOCOS) 시스템이 대표적입니다. 원래 제조현장에서 쓰이던 경량 로봇 팔에 디지털카메라를 장착하고, 영화 촬영용 모션 컨트롤 소프트웨어를 입혔습니다. 결과적으로 항공기 화물칸에 실을 수 있을 정도로 가벼우면서도, 할리우드 블록버스터급 촬영이 가능한 시스템이 탄생했습니다. 로케이션 촬영이 많은 영화 제작사에는 매우 유용한 솔루션입니다.

미국의 시수 시네마 로보틱스(SISU Cinema Robotics)는 일반 제조용 로봇 팔을 가져다가 '시네봇(Cinebot)'이라는 이름으로 재탄생시켰습니다. 광고를 촬영할 때, 프라이팬에서 튀어 오르는 달걀, 잔에 부어지는 맥주 거품, 화장품이 피부에 스며드는 찰나 같은 장면들은 수십 번, 때로는 수백 번 반복 촬영해야 하는데, 시네봇은 한 번 프로그래밍하면 똑같은 각도, 똑같은 타이밍으로 무한 반복할 수 있습니다.

기내용 캐리어에 들어가는 로봇 카메라의 등장

시네마 로봇이 대중화되기 시작했습니다. 카메라보틱스(Camerabotics)의 '픽셀(Pixel)'이라는 로봇은 무게 14kg, 팔 길이 85cm, 운반 가능 무게 5kg으로, 비행기 기내용 캐리어에 들어갑니다. 유튜브 크리에이터가 촬영 장비를 들고 해외 로케이션을 갈 때, 삼각대와 짐벌 대신 이 로봇을 가방에 넣어 갈 수 있는 것이죠.

전문 영화 제작사만의 전유물이던 모션 컨트롤이 이제 1인 크리에이터의 손에 들어온 것입니다. 가격도 기존 고급 시네마 로봇의 10분의 1 수준입니다. 소형 스튜디오, 광고 대행사, 심지어 제품 리뷰 유튜버까지도 로봇이 찍은 영상을 만들 수 있는 시대가 열린 것입니다.

게다가 모토라이즈드 프리시즌(Motorized Precision), 마르스 모코(Mars Moco), G-카 롤리(G-ka ROLLY) 같은 회사들은 로봇 팔과 이동용 트랙(돌리)을 하나로 통합한 '올인원 촬영 로봇 플랫폼'을 내놓았습니다. 기존에는 크레인·돌리·트래킹 레일을 따로 설치하고 조율하는 데 몇 시간씩 걸렸지만, 이제 로봇 하나를 펼치고 태블릿으로 경로를 그리면 되므로, 세팅 시간이 90% 단축되어 촬영 비용도 줄어들 수 있습니다.

카메라맨 휴머노이드 로봇의 등장

2024년, 영화 촬영 역사에 상징적인 순간이 찾아왔습니다. 보스턴다이내믹스의 아틀라스가 카메라를 들었습니다. 영국의 광고마케팅 기업인 WPP와 엔비디아·캐논이 협업한 이 프로젝트에서 아틀라스는 실제 카메라맨처럼 움직이는 피사체를 추적하고 구도를 실시간으로 변경했습니다. 지금까지의 시네마 로봇이 고정된 위치에서 팔만 움직이는 존재였다면, 아틀라스는 다리로 걸어 다니는 카메라맨이었습니다. 주변을 보고(인지), 어디로 갈지 판단하고(계획), 몸을 움직여 실행하는(제어) 진정한 의미의 피지컬 AI 카메라맨인 것입니다.

아직은 실험 단계이지만 그 상징성은 엄청납니다. 창의성의 정점에 있는 영화 촬영이라는 영역에 진입했다는 것은, 피지컬 AI 혁명이 더 이상 공장이나 물류창고에 국한되지 않는다는 신호입니다.

촬영 현장을 넘어 콘텐츠 산업 재편

촬영장의 로봇들로 인해 영화와 광고를 만드는 전체 프로세스가 재설계되고 있습니다. 먼저, 촬영 기획 단계부터 달라집니다. 3D 소프트웨어에서 가상으로 카메라 경로를 설계하고(프리비주얼라이제이션), 그대로 로봇에 입력해 실제 촬영을 합니다. 감독과 촬영 감독이 촬영 전에 모든 각도를 컴퓨터로 미리 보고 시뮬레이션하며 최적화합니다. 현장에서의 즉흥성은 줄어들지만, 시행착오가 극적으로 감소합니다.

더 중요한 것은 데이터의 재사용입니다. 로봇 카메라가 촬영하면서 생성한 위치·각도·타이밍 데이터는 시각특수효과 팀에게 전달되어 CG 합성에 쓰입니다. 같은 데이터가 가상 프로덕션 팀에게 가서 LED 배경을 제어하고, 디지털 더블(배우의 3D 복제본) 제작팀에게 가서 조명 정보를 제공합니다. 로봇 카메라 한 대가 정밀 센서 인프라가 되어 영화 제작 파이프라인 전체를 연결하는 것입니다. 이는 새로운 시장도 만들어냅니다.

광고 대행사는 '로봇 카메라 패키지+촬영 서비스'를 하나로 묶어 판매하며, 중소 제작사는 로봇을 구매하는 대신 대여하고, 유튜브 크리에이터는 시간당 요금을 내고 로봇 스튜디오를 예약하게 됩니다. B2B 시장과 B2C 시장이 동시에 확대되는 것입니다.

카메라를 든 로봇이 보여주는 미래

영화 촬영장의 로봇은 피지컬 AI가 창조적 산업으로 확장되는 신호입니다. 로봇이 카메라를 들 수 있다면, 악기도 연주할 수 있고 붓도 들 수 있고 조각도 할 수 있을 것입니다. 로봇과 콘텐츠, 두 강점을 동시에 가진 나라가 이 기회를 놓친다면, 그것이야말로 아쉬운 일일 것입니다. 촬영장을 질주하는 철제 팔들은 물리세계와 디지털 세계가 결합되는 미래를 보여주는 거울입니다. 그 거울 속에 한국의 모습이 선명하게 비치길 기대합니다.

백댄서로 등장한 로봇

2025년 12월, 중국 청두의 거대한 공연장에서 가수 왕리훙의 콘서트가 절정으로 치달을 무렵, 무대 위에 유니트리 G1 휴머노이드 로봇 6대가 댄서로 등장했습니다. 은색 상의와 가죽 바지를 입고, 인간 댄서들과 완벽하게 동기화된 안무를 소화해 팔을 휘두르고 킥을 날리며 피벗 턴을 돌았고, 클라이맥스에서 동시에 앞공중제비를 했습니다. 1만 8,000명의 관객이 환호했고, 일론 머스크는 "인상적(Impressive)"이라는 한 단어를 남겼으며, 영상은 전 세계로 퍼져나갔습니다.

구경거리에서 캐스팅 멤버로

왕리훙 콘서트에서 G1 로봇들은 백댄서로 캐스팅되었고, 인간 댄서와 같은 라인에 서서 같은 안무를 수행했습니다. 관객에게 이들은 공연 멤버로 인식되기 시작했습니다. 또한 중국의 가장 큰 명절 행사인

춘절 만찬에서 유니트리 로봇들은 전통 민속춤 양거(秧歌)를 추었습니다. '양거 봇(Yangge Bot)'이라는 코너명 자체가 이미 로봇을 공연의 한 요소로 자연스럽게 받아들이고 있음을 보여줍니다. 무대가 문화와 기술이 만나는 플랫폼으로 진화하고 있는 것입니다.

2021년에는 유니트리의 4족 로봇이 가수 앤디 라우와 함께 춤을 추었는데, 2025년에는 휴머노이드 로봇으로, 그리고 조연에서 주연 급으로 바뀐 것입니다. 유니트리의 무대 전략은 일관되고 점진적입니다. 로봇을 대중에게 익숙하게 만드는 장기 프로젝트인 셈입니다.

무대는 데이터 팩토리다

콘서트에서 휴머노이드 로봇의 고속 점프, 공중회전, 밀리초 단위의 균형 조절, 조명이 바뀌는 환경에서의 위치 추정, 인간 댄서와 충돌하지 않기 위한 실시간 거리 계산, 이 모든 것이 데이터로 기록되고 학습되며 최적화됩니다. 겉으로는 화려한 쇼지만, 실제로는 거대한 피지컬 AI 데이터 팩토리가 가동되고 있는 것입니다.

이 데이터는 무대뿐만이 아니라 물류창고에서 고속으로 움직이며 장애물을 피해야 하는 로봇, 공장에서 균형을 잡으며 무거운 부품을 옮기는 로봇, 재난현장에서 불안정한 지형을 걸어야 하는 로봇 등에 흘러들어갑니다.

인간과 기계의 분업

현재 유니트리 휴머노이드 로봇 G1의 공연은 사전에 프로그래밍된

모션, 정밀한 타이밍 제어, 반복 연습을 통한 완성도 향상 등 아직은
즉흥이나 반응보다는 실행 쪽에 가깝지만, 인간 댄서와의 협업 구조
를 보면 미래가 보입니다.

인간 안무가가 전체 스토리를 설계합니다. 어떤 감정을 전달할지,
어떤 순간에 클라이맥스를 만들지, 관객과 어떻게 호흡할지 등 창의
성과 맥락 이해가 필요한 영역을 맡는 것입니다. 로봇은 반복적이고
위험한 고난도 동작을 맡습니다. 이 분업 구조는 제조현장과 같습니
다. 사람은 맥락·창의성·감정노동을 담당하고, 로봇은 반복·고위험·
고정밀 작업을 맡죠. 무대는 이 협업 모델의 리허설 공간인 셈입니다.

하지만 다음 단계가 옵니다. 관객의 박수 소리에 따라 동작 속도를
조절하는 로봇, 실시간으로 바뀌는 비트에 맞추어 즉흥적으로 움직이
는 로봇, AR(증강현실) 요소와 결합해 가상 캐릭터와 함께 춤추는 로봇
등, 기술적으로 모두 가능하고 시간 문제일 뿐입니다.

일자리, 안전, 그리고 감정

왕리훙 콘서트 이후 중국 SNS는 '로봇이 프로 댄서를 대체할까? 우리
직업이 사라지는 것은 아닐까? 그래도 인간 댄서만의 감정이 있지 않
나?'로 뜨거웠습니다.

현실적으로 지금 당장 전면 대체는 없습니다. 비용·안전·연출의
복잡성을 생각하면, 일부는 인간, 일부는 로봇인 '하이브리드 캐스트'
가 더 합리적입니다. 하지만 몇 년 후에는 군무나 반복 동작이 많은
공연에서 댄서 수가 줄어들 가능성이 있습니다. 대신 로봇 안무 디자

이너, 로봇 공연 감독, 로봇-인간 협업 코디네이터, 로봇 안전 감독관 같은 직무가 필요해질 것입니다.

안전도 중요합니다. 무대에서 로봇이 추락하거나 인간 댄서와 충돌하면, 제작사·공연장·로봇 기업 중 누구 책임인지, 아직 명확한 규정이 없지만 사고는 기다려주지 않습니다.

가장 미묘한 것은 감정입니다. 춤은 오랫동안 인간 고유의 예술로 여겨져 왔는데, 로봇이 춤을 출 때, 우리는 어떻게 느껴야 할까요? 배신감, 신기함, 아니면 새로운 가능성?

무대 위 공중제비, 그 너머의 전쟁

중국의 춘절 갈라와 왕리훙 콘서트는 대중에게 '집단심리 적응 훈련'을 시키고 있는 셈입니다. 로봇을 위협적 존재가 아니라 재미있는 동료, 새로운 무대 파트너로 받아들이게 만드는 것입니다. 이것은 나중에 병원·학교·요양원에 피지컬 AI를 들일 때 사회적 저항을 줄이는 효과를 낼 것입니다.

유니트리 로봇 댄스는 쇼가 아닙니다. 중국이 피지컬 AI 패권을 잡기 위해 벌이는 데이터 전쟁의 최전선입니다. 무대는 실험실이고, 관객은 베타테스터이며, 공연은 대규모 실증인 것입니다.

공장의 일꾼이
무대 위 스타가 되는 순간

용접 로봇이 춤을 춘다면

독일 아우크스부르크의 쿠카(KUKA) 본사, 평소라면 자동차 차체를 용접하거나 무거운 부품을 나르는 산업용 로봇들이 화려한 조명 아래 음악에 맞춰 정교한 군무를 추고 있습니다. 공장 현장에서 매일 반복 작업을 수행하던 산업용 로봇들이 용접 토치 대신 예술적 동선을, 팔레트 적재 대신 동기화된 퍼포먼스를 수행하고 있는 것입니다. 프로그램만 바꾸었을 뿐인데 말입니다.

아우크스부르크 쿠카 본사의 로봇 쇼 구역에서 방문객들은 여러 대의 로봇이 밀리초 단위로 동기화되어 움직이는 장면을 직접 볼 수 있습니다. 인간 댄서보다 정확하고, 오케스트라보다 완벽하게 박자를 맞추는 기계들의 협연입니다. 이는 쿠카가 보유한 모션 제어 기술, 경로 계획 알고리즘, 안전 시스템의 수준을 가장 직관적으로 보여줍니

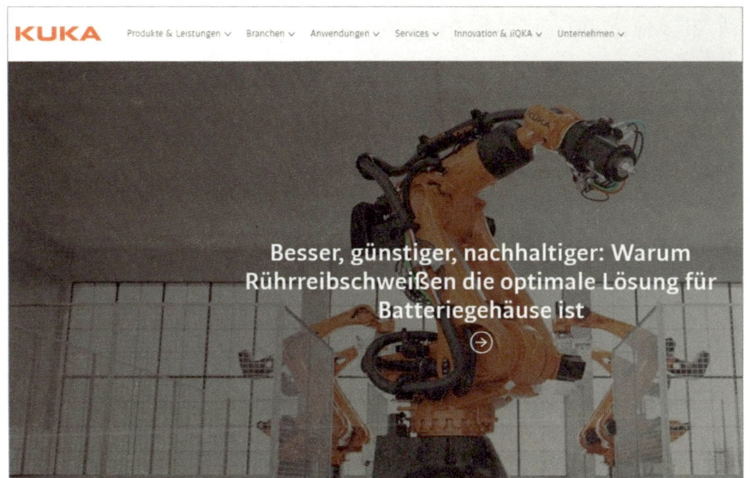

독일 쿠카의 산업용 로봇. 본사의 로봇 쇼 구역에서는 이 로봇들이 군무를 추는 것을 볼 수 있다.

다. 기술 사양서 100페이지보다 5분짜리 로봇 쇼가 더 강력한 설득력을 발휘하는 이유입니다.

딱딱한 기계가 문화 콘텐츠가 되는 순간

일반인의 산업용 로봇에 대한 이미지는 시끄럽고 위험하며 차가운 기계, 공장 안에 갇혀 똑같은 동작만 반복하는 존재입니다. 그러나 아우크스부르크의 로봇 쇼는 이런 선입견을 정면으로 깹니다. 방문객들은 로봇이 얼마나 정교하게 움직일 수 있는지, 얼마나 다양한 가능성을 가진 플랫폼인지 눈으로 확인합니다. 공대 학생들은 로봇공학의 매력에 빠지고, 잠재 고객들은 자사 공장에 도입할 상상을 하게 됩니다.

독일 로봇 전문 유튜브 채널(Der KI&Roboterkanal)이 이 쇼를 소개하는 것도 같은 맥락입니다. 채널 운영자는 로봇 프로그래밍 교육과 컨설팅을 제공하는 기업 대표로, 로봇 쇼 영상을 교육홍보와 자연스럽게 연결시킵니다. '로봇은 어렵다'는 벽을 '로봇은 멋지다'는 호기심으로 바꾸는 전략입니다.

산업의 경계가 무너지는 시대

쿠카의 로봇 쇼는 산업용 장비가 문화·엔터테인먼트·교육 영역까지 확장될 수 있다는 가능성을 보여줍니다.

실제로 독일 아우크스부르크 국립극장에서 쿠카 로봇이 무대 연출에 투입된 사례도 있습니다. 인형극에서 거대한 인형을 조종하거나, 무대 장치를 실시간으로 변환하는 역할을 맡았습니다. 배우들이 할 수 없는 동작의 정밀함과 일관성을 제공하는 것입니다.

피지컬 AI와 로봇은 더 이상 공장에만 갇혀 있지 않습니다. 병원에서 수술을 돕고, 레스토랑에서 요리를 하며, 이제는 무대 위에서 예술 작품의 일부가 됩니다. 같은 하드웨어, 다른 소프트웨어, 이것이 바로 현대 피지컬 AI와 로봇공학의 핵심입니다.

쿠카의 로봇 쇼는 마케팅이자 교육이고, 브랜딩이자 인재 유치 전략입니다. 쿠카 본사를 방문한 학생은 로봇 엔지니어가 되고 싶다고 생각하고, 기업 임원은 우리 공장에도 도입해야겠다고 결심합니다. 기술 자체만큼이나 중요한 것이 기술을 어떻게 보여주느냐인 시대인 것입니다.

투수 로봇의 등장

스포츠 로봇이 여는 새로운 가능성

야구장에 나타난 특별한 선수

보스턴다이내믹스 핵심 인력들의 RAI연구소에서 개발한 로봇이 사람과 함께 캐치볼을 하고 타격 연습까지 소화하는 놀라운 장면이 공개되었습니다. 이 로봇은 빠르게 움직이는 공을 인식하고 순간적으로 반응하는 동적 조작 능력을 갖추고 있습니다. 투구 속도는 시속 112km에 달하는데, 고등학교 야구부에서 활약하는 투수의 구속과 비슷한 수준입니다. 공을 이 정도 속도로 던질 수 있는 것은 정밀한 타이밍과 동작 제어가 가능하기 때문입니다.

캐치 능력도 인상적입니다. 7미터라는 짧은 거리에서 시속 66km로 날아오는 공을 받아낼 수 있습니다. 이는 0.5초도 안 되는 순간에 공의 궤적을 예측하고 팔을 정확한 위치로 움직여야 하는데, 사람도 상당한 연습이 필요한 고난도 동작입니다.

더욱 놀라운 점은 타격 능력입니다. 시속 48km로 날아오는 공을 배트로 쳐낼 수 있습니다. 야구에서 타격은 '0.01초의 예술'이라고 불릴 만큼 정밀한 타이밍을 요구하는 동작입니다. 마치 숙련된 야구선수가 공의 궤적을 보고 순간적으로 자세를 조정하는 것처럼, 이 로봇도 실시간으로 움직임을 미세하게 조정하며 예측 불가능한 상황에 대응합니다.

사람과 협업하는 로봇의 미래

빠르게 움직이는 물체를 다루고, 순간적인 판단이 필요한 동작을 수행하는 능력은 제조업·물류·의료·재난구조 등 다양한 분야에 응용될 수 있습니다. 공장에서 컨베이어벨트 위를 빠르게 지나가는 불량품을 골라내거나, 물류창고에서 다양한 크기의 상자를 신속하게 분류하거나, 수술실에서 의사에게 도구를 정확한 타이밍에 전달하는 등의 작업에 이 기술이 활용될 수 있습니다.

스포츠가 열어주는 로봇공학의 새 지평

스포츠는 로봇공학 연구에 이상적인 테스트베드입니다. 명확한 목표, 측정 가능한 성과, 그리고 끊임없이 변화하는 상황이 결합되어 있기 때문입니다. 야구 로봇의 성공은 피지컬 AI와 로봇이 복잡하고 예측 불가능한 실세계 환경에서도 효과적으로 작동할 수 있음을 보여줍니다. 앞으로 로봇이 사람과 자연스럽게 협업하며, 던지고 받고 치는 동작을 함께 수행하는 미래가 더 가까워지고 있습니다.

일본의 곰 전쟁에 나선 로봇 늑대 부대

일본 홋카이도의 편의점 CCTV에 자동문이 열리며 거대한 불곰이 들어오는 장면이 포착되었습니다. 곰들이 산을 떠나 마을과 도심으로 내려오고 있는데, 정부가 온갖 해법을 시도했지만 부족했습니다. 그리고 2025년 예상치 못한 해결사로 로봇 늑대 부대가 등장했습니다.

일본의 절박함, 귀엽지만 무서운 괴물 늑대의 탄생

홋카이도의 오타 세이키(Ohta Seiki)가 만든 몬스트 울프(Monster Wolf)는 빨갛게 빛나는 눈, 사방으로 회전하는 금속 관절, 그리고 50가지 이상의 무작위 소리를 내뿜는 스피커를 가지고 있습니다. 늑대 울음소리는 기본이고, 인간의 목소리까지 섞여 나오는데, 소리의 크기는 자동차 경적 수준입니다. 조용한 숲속에서 갑자기 이런 괴물이 울부짖으면 곰들이 혼비백산해 도망칩니다.

몬스터 울프가 2016년 처음 등장했을 때 사람들의 반응은 조롱 일색이었고, 로봇으로 곰을 막겠다는 발상 자체가 우스꽝스럽게 보였습니다. 하지만 2025년 상황이 달라졌습니다. 곰 출몰이 급증했고, 사람이 다치거나 사망하는 사고가 이어졌습니다. 그리고 몬스터 울프가 재평가를 받기 시작했습니다. 몬스터 울프가 설치된 지역에서 곰 출몰이 눈에 띄게 줄어들었기 때문입니다. 조롱받던 싸구려 로봇이 실질적인 해결책이 된 것입니다.

일본 전역으로 확산되는 늑대 군단

현재 일본 전역에는 약 330대의 몬스터 울프가 배치되어 있으며, 오타 세이키는 최근 곰 공격이 증가하면서 주문이 급증했다고 밝혔습니다. 이 로봇 늑대의 성공은 때로는 첨단기술이 아니라, 단순하지만 영리한 아이디어가 문제를 해결한다는 것을 보여줍니다. 곰의 본능을 이해하고, 그들이 가장 싫어하는 것을 기계로 구현한 것, 그것이 몬스터 울프의 핵심입니다.

일본의 로봇 늑대 이야기는 더 큰 질문을 던집니다. 인간의 영역이 확장되면서 야생동물과의 충돌을 피할 수 없다면, 우리는 어떻게 공존할 수 있을까요? 몬스터 울프는 곰을 죽이지 않고 다치게 하지 않으면서도 효과적으로 인간과의 경계를 만든 것입니다.

2016년 사람들이 비웃던 그 이상한 로봇이 2025년 수호자가 되었습니다. 때로는 우스꽝스러워 보이는 아이디어가 실용적인 해결책이 되기도 한다는 것, 그것이 몬스터 울프가 주는 교훈입니다.

로봇이
도로 안내 페인팅을 하는 시대

미국 클리블랜드에 본사를 둔 스타트업 로드프린츠(RoadPrintz)가 세상을 놀라게 하고 있습니다. 이들이 개발한 로봇 도로 표시 시스템은 실제 도로에서 횡단보도부터 차선까지 완벽하게 그려내며 그 가능성을 증명하고 있습니다. 이 기술의 핵심은 속도·안전성·정밀도입니다. 기존 방식보다 훨씬 빠르게 작업을 완료하면서도, 작업자들을 위험한 교통사고로부터 보호할 수 있고, 게다가 정밀도는 사람의 손작업을 뛰어넘습니다.

왜 이 기술이 중요한가?

도로 표시 작업은 생각보다 위험한 일입니다. 작업자들은 차량들이 빠르게 지나가는 도로 한가운데서 일해야 하고, 이로 인한 사고위험에 항상 노출되어 있습니다. 또한 날씨와 시간대에 제약을 받아 효율성도 떨어집니다.

로드프린츠의 로봇 시스템은 이 문제를 해결합니다. 로봇이 작업하는 동안 사람은 안전한 곳에서 모니터링만 하면 됩니다. 야간이나 악천후에도 작업이 가능하고, 무엇보다 일관된 품질을 보장합니다. 로드프린츠의 시스템은 센서 기술·컴퓨터 비전·로보틱스가 완벽하게 결합된 결과, 도로의 상태를 실시간으로 파악하고 최적의 경로를 계산하며 정확한 위치에 표시를 그립니다.

피지컬 AI와 로봇의 이러한 기술발전은 도로 표시 작업에만 그치지 않을 것입니다. 건설현장의 위험한 작업, 재난지역의 복구작업, 극한 환경에서의 유지보수 등 사람이 하기 어렵거나 위험한 모든 영역으로 확장될 수 있을 것입니다.

6장

한국은 어디에 서 있는가?

피지컬 AI 시대,
한국이 가진 8가지 기회

1만 명당 1,012대, 이 숫자가 말해주는 것

피지컬 AI가 본격적으로 시작되는 지금, 한국은 독특한 위치에 서 있습니다. 국제로봇연맹의 자료에 따르면, 한국은 제조업 현장 근로자 1만 명당 1,012대의 산업용 로봇을 보유한 나라로 세계 1위입니다. 글로벌 평균 162대의 무려 6.2배에 달합니다. 한국의 공장 현장은 이미 인간과 로봇이 협업하는 미래 작업장의 모습을 보여줍니다. 바로 이 지점에서 한국의 역사적 기회가 시작됩니다.

실전 데이터 광산을 가진 나라

로봇 밀도 1위라는 타이틀은 수십 년간 쌓아온 방대한 실전 데이터를 보유하고 있다는 뜻입니다.

삼성전자의 스마트폰 조립라인, 현대자동차의 용접공정, LG디스플레이의 OLED 제조현장, 삼성SDI의 배터리 생산라인에서 로봇들은 24시간 쉬지 않고 일하며 데이터를 생성해 왔습니다. 실제 제품을 만들며, 실제 문제를 해결하고, 실제 불량을 잡아내며 축적한 검증된 데이터입니다. 이는 현실에서 검증된 피지컬 AI 모델과 로봇 운영체제를 만들 수 있는 세계 최고의 실험장이 될 수 있음을 보여줍니다.

더욱 중요한 것은 데이터의 다양성입니다. 한국은 자동차·전자·조선·배터리·디스플레이·반도체 등 거의 모든 첨단 제조업에서 로봇을 활용합니다. 각 산업마다 요구되는 정밀도·속도·안전기준이 다르고, 그만큼 축적되는 데이터의 스펙트럼도 넓습니다. 이는 범용 피지컬 AI를 개발할 수 있는 기반이 됩니다.

GDP의 28%, 제조업이라는 든든한 뒷배

한국의 제조업 비중은 GDP의 24~28%로, OECD 평균의 약 2배에 달합니다. 선진국들이 탈제조업화로 제조업 비중이 15% 이하로 떨어지는 동안, 한국은 여전히 '만드는 나라'로서의 정체성을 유지하고 있습니다.

아무리 뛰어난 AI 알고리즘을 개발해도, 그리고 많은 로봇을 생산해도, 그것을 실전에서 테스트하고 개선할 제조현장이 부족하다면 한계가 있습니다. 한국은 울산의 현대자동차 공장, 구미의 삼성전자 단지, 거제의 조선소, 포항의 제철소, 평택의 반도체 공장까지, 전국이 피지컬 AI의 테스트베드입니다.

반도체+로봇+제조, 삼박자를 갖춘 유일한 나라

더 놀라운 것은 한국이 '피지컬 AI 스택' 전체를 한 나라 안에서 구성할 수 있다는 점입니다.

1층 반도체(두뇌): 삼성전자와 SK하이닉스는 세계 메모리 반도체 시장의 70% 이상을 점유합니다. AI 칩 설계 능력도 빠르게 성장하고 있습니다.

2층 로봇(몸체): 현대로보틱스·두산로보틱스·한화정밀기계·레인보우로보틱스 등 산업용 로봇 제조사들이 있고, 현대차그룹은 보스턴다이내믹스를 보유하고 있습니다. K-배터리는 전 세계적으로 인정받고 있고, 이제 다양한 로봇에 탑재될 것입니다.

3층 제조현장(실전장): 앞서 말한 세계 최고의 로봇 밀도와 다양한 제조업 포트폴리오가 있습니다.

세계에서 이 3가지를 모두 갖춘 나라는 한국·일본·중국 정도입니다. 하지만 일본은 제조업 비중이 감소하고 있고, 중국은 반도체 기술에서 여전히 미국과 한국에 의존합니다. 반면 한국은 이 3가지 영역에서 경쟁력을 가진 나라입니다. 스탠포드 HAI와 스팀슨(Stimson) 센터는 이를 '피지컬 AI 시대의 구조적 우위'라고 평가합니다. 칩을 설계하고, 로봇을 만들고, 실제로 운영하며 데이터를 쌓을 수 있는 완결된 생태계를 가진 나라라는 것입니다.

0.8이라는 재앙이 만든 전략적 필연

2025년 한국의 합계출산율은 0.8로 세계에서 가장 낮은 수준입니다.

2050년이 되면 생산가능인구(15~64세)는 2020년 3,700만 명에서 약 1,300만 명 감소해 2,400만 명으로 35% 이상 줄어듭니다. 일반적으로 이것은 위기 요인으로 받아들여집니다.

하지만 피지컬 AI 관점에서 보면 다른 의미로 해석될 수도 있습니다. 미국경제학회(AEA) 연례회의에 참석한 한국 경제학자들은 "한국은 노동시장 경직성과 자영업 비중, 인구 감소 때문에 새로운 인력을 뽑기보다 로봇을 빨리 도입하게 되고, 이로 인해 세계적인 피지컬 AI 테스트베드가 될 수 있다"고 언급하기도 했습니다.

실제로 한국 제조업체들은 이미 이 현실을 체감하고 있습니다. 중소 제조업체들은 젊은 인력을 구하기 어렵고 물류센터는 야간 작업자를 구하기 어렵습니다. 요양병원도 간병 인력이 부족한 상황이죠.

이러한 구조적 요인이 한국을 세계에서 가장 빠르게 피지컬 AI와 로봇을 도입하는 나라로 만들 것입니다. 다른 나라들이 '로봇을 도입할까 말까' 고민하는 사이, 한국은 '어떤 로봇을 얼마나 빨리 도입할까'를 고민합니다. 이 속도 차이가 데이터 축적 속도의 차이가 되고, 결국 기술 격차로 이어질 수 있습니다.

고령화가 만든 서비스 로봇의 시험장

인구구조의 변화는 제조업뿐 아니라 서비스업에도 거대한 기회를 만들고 있습니다. 2025년 한국의 65세 이상 고령인구 비율은 20%를 넘어섰으며, 2030년에는 25%를 돌파해 초고령사회에 진입합니다. 이것은 돌봄·의료·재활 영역에서 엄청난 인력 수요를 만들지만, 이 인력을 충당할 방법이 없습니다. 이에 따라 휴머노이드 로봇과 서비스 로봇이 필수 인프라가 될 것입니다. 이는 이 분야의 피지컬 AI 모델과 기기를 개발해 수출할 사회·시장 기반이 크다고 볼 수 있습니다.

실제로 이미 변화는 시작되었습니다. 코로나19 이후 비대면·위생·안전 수요가 폭발하면서 서울과 수도권의 음식점·카페·물류창고·병원에서 수천 대의 서비스 로봇이 운영되고 있습니다. 배달 로봇·안내 로봇·소독 로봇·재활 보조 로봇까지 다양한 형태로 확산되고 있습니다. 한국은 다른 어느 나라보다 빠르게 서비스 로봇의 실전 데이터를 축적하고 있습니다. 여기서 축적된 데이터와 노하우는 향후 전 세계가 직면할 고령화 문제를 해결하는 글로벌 솔루션이 될 수 있을 것입니다.

미중 공급망 재편 속 전략적 포지셔닝

지정학적 관점에서도 한국은 독특한 기회를 맞고 있습니다.

미국과 중국의 기술 패권 경쟁이 심화되면서, 미국은 신뢰할 수 있는 동맹국과의 공급망을 재구축하고 있습니다. 반도체·배터리·로봇 등 핵심 기술 분야에서 중국 의존도를 낮추고 동맹국 중심의 공급망을 만들겠다는 전략입니다.

미국의 싱크탱크 스팀슨 센터와 뉴스 전문 서비스 기업 엠렉스(MLex)의 분석에 따르면, 한국은 이 공급망 재편에서 '고신뢰·고정밀 제조 허브+피지컬 AI 인프라 국가'로 포지셔닝할 수 있습니다. 미국은 AI 알고리즘과 칩 설계에서 강점이 있지만, 실제 제조현장과 로봇 운영 경험은 부족하며, 한국은 이 빈틈을 채울 수 있는 최적의 파트너입니다. 실제로 엔비디아는 한국을 '물리 AI 인프라의 시험장'으로 활용하겠다는 구상을 밝혔습니다. 한국의 제조현장에서 엔비디아의 GPU와 AI 플랫폼을 테스트하고 그 결과를 글로벌 표준으로 만들겠다는 전략입니다.

이는 양날의 검이지만(뒤에서 다시 설명), 잘만 활용하면 한국은 지정학적 레버리지와 경제적 이익을 동시에 얻을 수 있습니다. 미국의 기술과 자본, 한국의 제조현장과 데이터, 그리고 동남아·유럽으로 이어지는 공급망을 연결하는 허브 역할을 할 수 있을 것입니다.

지역 제조 벨트가 피지컬 AI 혁신 거점으로

한국의 또 다른 강점은 지역별로 특화된 제조 클러스터를 가지고 있다는 점입니다.

경기는 반도체·디스플레이 생산 혁신 거점이며, 창원은 기계·로봇·항공 산업의 중심지이고, 전북은 탄소산업과 신소재 제조 기반이 강하며, 자동차 부품 산업이 집적되어 있습니다. 영남은 울산(자동차·조선)·포항(제철)·거제(조선) 등 중화학공업의 핵심 지역입니다.

정부와 지자체는 이 지역 제조 벨트에 피지컬 AI 실증센터를 구축하고 있습니다. 이 센터들은 수십 년 축적된 공정 데이터를 AI와 디지털 트윈에 올리는 플랫폼이 될 것입니다.

예를 들어 창원의 로봇 실증센터는 기계가공·용접·조립 공정에서 축적된 데이터를 활용해 '산업용 로봇 파운데이션 모델'을 개발할 수 있고, 울산의 자동차·조선 데이터는 '대형 구조물 조립 특화 피지컬 AI'로, 평택의 반도체 데이터는 '초정밀 제조 AI'로 발전할 수 있습니다. 이렇게 지역별로 특화된 피지컬 AI 모델과 장비는 고부가가치 산업용 AI 솔루션으로 해외로 수출될 수 있습니다. 베트남의 자동차공장, 폴란드의 배터리공장, 인도의 전자공장에 한국에서 검증된 피지컬 AI 패키지를 공급하는 것입니다.

K-로봇 패키지 수출의 가능성

한국무역협회(KITA)는 흥미로운 전략을 제시합니다. 핵심 부품 국산화를 '부품 – 완제품 – 시스템 통합(SI) – 사후관리(A/S)까지 묶은 K-로봇 패키지 수출'을 위한 전제조건으로 보는 것입니다.

현재 한국 로봇 기업들은 로봇을 팔고 나면, 부품 공급과 유지보수는 일본이나 중국 업체에 의존하는 경우가 많은 것이 큰 약점입니다. 이는 장기적인 고객 관계를 만들 수 없고 수익성도 낮습니다. 하지만 부품·감속기·모터·센서 등의 국산화가 진전되면 상황이 달라집니다. 가격·납기·기술지원 측면에서 동남아·중동·동유럽에 경쟁력 있는 통합 솔루션을 제공할 수 있을 것입니다.

인도의 켄 리서치(Ken Research)의 분석에 따르면, 동남아시아의 제조업 자동화 수요는 연평균 15% 이상 성장하고 있습니다. 한국은 이들 국가에 '검증된 로봇+현지 맞춤형 시스템 통합(SI)+지속적인 A/S+인력교육'을 패키지로 제공할 수 있습니다. 로봇 기계만 파는 것이 아니라 '한국식 제조 자동화 시스템' 전체를 수출하는 것입니다.

삼성 평택, 현대 울산, 포스코 광양, 공정 데이터라는 금맥

기업 강연을 다니면서 "한국이 피지컬 AI 시대에 무슨 카드를 들고 있느냐?"라는 질문을 자주 받습니다. 반도체·배터리·5G가 있다는 것은 다 아는 이야기입니다. 그런데 정작 우리가 아직 그 가치를 제대로 인식하지 못하고 있는 강력한 자산이 하나 더 있습니다. 데이터, 그것도 세계 최고 수준의 제조현장에서 수십 년간 축적되었을 공정 데이터입니다. 데이터의 양과 질은 피지컬 AI 시대의 황금 광맥이 될 가능성이 높습니다.

세계 최대 반도체 팹에서 쏟아지는 공정 데이터

삼성전자 평택 사업장은 여의도 면적에 맞먹는 약 87만 평 부지에 총 6개의 팹이 들어서고 있는 세계 최대 규모의 반도체 생산기지입니다. 2017년 1라인 가동을 시작으로 현재 4라인까지 운영 중이고, 5라인은

2028년 가동 예정으로 최소 60조 원 이상이 투자될 전망입니다. 반도체 하나를 만드는 데는 약 500개 이상의 공정이 필요하며, 각 공정마다 수백 개의 센서가 온도·압력·가스 농도·진공도·두께·정렬 상태 등을 밀리초 단위로 측정할 것입니다.

실제로 하나의 반도체 공장에서 100만 개 이상의 센서가 실시간으로 데이터를 쏟아내고, 웨이퍼 한 장이 반도체로 완성되기까지 약 2개월이 걸리며, 그 과정에서 45억 개가 넘는 데이터 포인트가 생성됩니다. 또한 센서 데이터의 수집 주기에 따라 웨이퍼 한 장에 대한 생산 정보가 수 기가바이트에 달하는 경우도 있습니다. 평택 캠퍼스 규모를 생각하면, 하루에 생성되는 공정 데이터가 얼마나 될지 가늠조차 어렵습니다.

반도체 공정은 지구상에서 가장 정밀한 제조과정입니다. 나노미터 단위에서 원자 몇 개의 차이가 수율을 좌우합니다. 삼성전자 엔지니어들은 수십 년간 이 극한의 정밀도를 추구하면서 공정 데이터를 분석하고, 이상 징후를 탐지하며, 품질을 예측하는 노하우를 축적해 왔을 것입니다.

로봇이 반도체 공장에서 일하려면 나노미터 단위의 정밀한 조작을 배워야 합니다. 웨이퍼를 다루고 장비를 점검하며 미세한 불량을 감지해야 합니다. 이런 것을 가르치려면 실제 반도체 공정 데이터가 필요합니다. 시뮬레이션으로 만든 가상 데이터로는 한계가 있습니다. 현실세계의 미세한 변수들, 예측 불가능한 이상 상황들, 그런 것은 실제 현장에서만 얻을 수 있습니다.

세계에서 삼성전자만큼 대규모로, 오랜 기간, 체계적으로 반도체 공정 데이터를 축적한 곳이 또 있을까요? TSMC가 있지만 대만 회사입니다. 인텔이 있지만 파운드리 역량은 삼성전자에 미치지 못합니다. 평택 캠퍼스의 데이터는 글로벌 반도체 산업에서 대체 불가능한 자산이 될 수 있습니다.

하루 6,000대를 만드는 현대 울산의 58년 노하우

현대자동차 울산공장은 세계 최대 규모의 단일 자동차 공장입니다. 여의도 면적의 1.7배에 달하는 약 151만 평 부지에 5개의 완성차 공장, 엔진·변속기 공장, 그리고 5만 톤급 선박 3척이 동시에 접안할 수 있는 전용 수출 부두까지 갖추고 있습니다. 이 공장에서 3만 명 넘는 임직원이 9.6초마다 자동차 한 대를 만들어냅니다. 생산능력은 하루 평균 6,000대, 연간 152만 대입니다. 여기서 아반떼·투싼·싼타페·팰리세이드·제네시스 라인업까지 18개 차종이 생산됩니다.

현대차 울산공장은 1968년 1인당 국민소득이 200달러도 안 되던 시절에 자동차를 만들겠다고 나섰고, 불과 8년 만에 독자 모델을 개발해서 해외에 수출했습니다. 58년의 세월 동안 울산공장에 무엇이 쌓였을지 생각해 보죠. 자동차 한 대를 만드는 데는 프레스·차체·도장·의장 공정을 거칩니다. 각 공정에서 로봇과 작업자가 협력하고, 수천 개의 센서가 품질을 모니터링하며, 수만 개의 부품이 정확한 타이밍에 조립됩니다. 이 모든 과정에서 데이터가 생성되었을 것입니다.

하지만 데이터보다 더 중요한 것은 노하우입니다. 수십 년간 현장에서 시행착오를 겪으며 체득한 암묵지(暗默知)입니다. 피지컬 AI가 자동차를 조립하려면 이 암묵지를 배워야 하는데, 이는 교과서에 적혀 있지 않습니다. 숙련 작업자의 손동작에 담겨 있고, 공정 기록에 흔적으로 남아 있으며, 품질 데이터에 결과로 나타납니다. 울산공장 58년의 역사는 바로 이 암묵지의 보고가 아닐까 싶습니다.

현대차는 미국 조지아주 공장에 아틀라스를 투입하기 시작했지만, 진짜 학습의 보고는 울산공장이 아닐까요? 58년간 쌓인 자동차 제조의 모든 노하우가 그곳에 있을 테니까요.

포스코 용광로가 AI에게 가르쳐 줄 수 있는 것들

포스코 광양제철소는 1987년 첫 고로 가동을 시작한 이래 연간 2,000만 톤 이상의 조강을 생산하는 세계 최대급 제철소 중 하나입니다. 포스코는 2016년부터 AI 제철소 구축에 본격적으로 나섰고, 세계 최초로 철강 연속 공정용 스마트 팩토리 플랫폼인 포스프레임(PosFrame)을 자체 개발했습니다. 이 플랫폼은 전 공정의 데이터를 실시간으로 수집하고, 빅데이터로 분석하며, AI로 최적의 제어 조건을 산출합니다. 포스코는 이 성과를 인정받아 2019년 세계경제포럼에서 한국 기업 최초로 '등대 공장'으로 선정되기도 했습니다.

철강 공정은 반도체나 자동차와는 또 다른 차원의 복잡성을 가지고 있습니다. 원료인 철광석과 석탄의 성분이 매번 다르며, 용광로 내부의 화학 반응은 수십 가지 변수에 영향을 받습니다. 압연 과정에서 미세한 온도 차이가 강판의 물성을 바꿉니다. 이런 환경에서 일정한 품질을 유지하려면 엄청난 시행착오 데이터가 필요했을 것입니다.

포스코 광양제철소에는 40년 가까운 조업 데이터가 축적되어 있을 것입니다. 어떤 원료 조합에서 어떤 조업 조건이 최적인지, 어떤 이상 징후가 어떤 품질 문제로 이어지는지, 어떤 설비 상태가 어떤 고장의 전조인지, 이 모든 게 데이터로 기록되어 있을 것입니다. 수십 톤 무게의 코일을 운반하는 크레인 조작, 24시간 멈추지 않는 연속 공정의 감시 등을 시뮬레이션만으로 가르칠 수 있을까요? 실제 현장 데이터 없이는 어려울 것입니다.

포스코DX가 최근 야스카와전기·포스코모빌리티솔루션과 손잡고 전기차 구동모터 생산 공정 자동화에 나선 것도 주목할 만합니다. 포항과 광양에서 축적한 스마트 팩토리 노하우를 로봇 자동화와 결합해서 폴란드·멕시코·인도 등 해외 생산거점으로 확장하겠다는 전략입니다. 데이터와 경험이 있으니 가능한 시도가 아닐까 싶습니다.

이 데이터를 각자 쓰고 말 것인가?

여기까지 이야기하면 대부분 "한국의 제조 데이터가 대단한 것 같다"며 고개를 끄떡입니다. 그리고 "그래서 어떻게 하면 좋겠느냐?"고 묻습니다. 여기서 한 가지 생각을 나눠보고 싶습니다.

삼성전자 평택 데이터는 삼성전자가 씁니다. 현대차 울산 데이터는 현대차가 씁니다. 포스코 광양 데이터는 포스코가 씁니다. 아마 같은 그룹 내에서도 계열사 간 데이터 공유가 원활하지 않은 경우가 있을 것입니다. 이것은 당연한 일입니다. 기업 비밀은 보호해야 하고,

경쟁사에 핵심 기술이 유출되면 안 되니까요. 다만, 피지컬 AI 시대에 데이터는 혼자 쓸 때보다 함께 쓸 때 가치가 커집니다. 테슬라가 앞서 나간 이유 중 하나는 전 세계에서 달리는 테슬라 차량들이 주행 데이터를 중앙으로 보내고, 그 데이터로 AI를 학습시키고, 다시 전 차량에 배포하는 신순환 구조를 만들었기 때문입니다.

물론 각 기업의 핵심 경쟁력이 담긴 데이터를 공유한다는 것은 민감한 문제죠. 하지만 기술적으로는 이미 원본 데이터를 공유하지 않고, 그 데이터로 학습한 AI 모델만 공유하는 연합학습(Federated Learning), 데이터를 익명화하거나 합성 데이터로 바꾸는 방법 등이 있습니다.

중국은 정부가 나서서 산업 간 조율을 하는 모습이 보입니다. 개별 기업의 기술 수준은 한국에 미치지 못할 수 있지만, 전체를 연결해서 하나의 시스템으로 만드는 속도는 빠릅니다.

한국도 누군가 이 구슬들을 꿰는 역할을 해볼 수 있지 않을까 생각합니다. 각자 활용하면 훌륭한 개별 기업의 자산이지만, 어떤 형태로든 연결하면 세계 어느 나라도 쉽게 따라오기 어려운 제조 AI의 기반이 될 수 있습니다.

삼성 평택·현대 울산·포스코 광양 등에서 매일 생성되는 데이터를 어떻게 활용하느냐에 따라, 한국이 피지컬 AI 시대에 세계에서 어떤 위치를 차지할지가 달라질 수 있습니다. 좋은 방향을 함께 찾아갔으면 합니다.

반도체+로봇,
이 조합은 우리밖에 없다

피지컬 AI의 핵심 구조를 단순화하면 두 가지입니다. 하나는 로봇을 움직이게 하는 하드웨어, 다른 하나는 로봇이 생각하게 하는 AI 반도체. 이 두 가지를 모두 설계하고 생산하며 현장에 투입할 수 있는 나라가 전 세계에 몇이나 될까요? 손에 꼽을 정도입니다. 그리고 한국은 분명히 그 손 안에 들어갑니다.

삼성이 레인보우로보틱스를 품은 진짜 이유

2024년의 마지막 날, 삼성전자가 산업용 로봇 제조사 레인보우로보틱스의 최대 주주가 되었다는 뉴스가 떴습니다. 전해에 868억 원을 투자해 지분 14.7%를 확보한 뒤, 2024년 마지막 날에 콜옵션을 행사해 지분율을 35%까지 끌어올린 것입니다(누적 투자액 약 3,542억 원). 2029년까지 추가 콜옵션을 행사하면 삼성전자의 지분율은 58.6%까지 올라

갈 수 있습니다.

삼성이 로봇 사업에 관심을 가진 것은 어제오늘 일이 아닙니다. 이재용 회장은 2021년에 이미 로봇 사업에 대규모 투자계획을 밝힌 바 있습니다. 하지만 이 인수는 로봇 사업 진출만이 아니라 피지컬 AI 시대에 대비한 수직 통합 전략이라고 볼 수 있습니다.

레인보우로보틱스는 2011년 카이스트 휴보(HUBO) 랩 연구진이 설립했습니다. 이 연구팀은 2004년 한국 최초의 인간형 2족 보행 로봇 휴보를 공개했으며, 2015년 미국방위고등연구계획국(DARPA)이 주최한 로보틱스 챌린지에서 DRC-휴보가 세계 1위를 차지하기도 했습니다. 레인보우로보틱스는 그 휴보의 DNA를 이어받은 회사입니다.

지금 레인보우로보틱스는 협동로봇·이동형 로봇(AMR)·2족 보행 휴머노이드·양팔 로봇까지, 국내 로봇 기업 중에서 가장 폭넓은 포트폴리오를 갖추고 있습니다.

더 중요한 것은 핵심 부품의 내재화입니다. 모터·감속기·구동기·엔코더·브레이크·제어기 등을 직접 개발하고 생산할 역량이 있습니다. 세종시에 새로 짓고 있는 공장이 2026년 완공되면 부품부터 완성품까지 수직 계열화된 생산체계를 갖추게 될 것입니다.

삼성전자는 AI와 반도체와 소프트웨어 역량은 있지만, 로봇 하드웨어의 원천기술은 부족했습니다. 반면 레인보우로보틱스는 뛰어난 로봇 기술은 있지만, 대규모 양산능력과 글로벌 유통망은 없었습니다.

둘이 합쳐지면, 삼성전자는 기술 공급자로서 로봇을 만들 수도 있고, 자사 공장에서 쓸 수도 있습니다. 이것은 매우 중요한 포인트입니다. 삼성전자가 평택 반도체 팹이라는 세계 최고 수준의 첨단 제조현장에서 레인보우로보틱스의 로봇을 투입하고, 실제 공정 데이터로 학습시키며, 그 경험을 바탕으로 더 나은 로봇을 만드는 선순환 구조가 가능해집니다.

공정거래위원회는 2025년 3월 이 기업 결합을 승인하면서 흥미로운 분석을 내놓았습니다. 현재 전 세계 산업용 로봇 시장은 일본과 독일 기업이 선점하고 있고, 한국의 점유율은 4.5%에 불과합니다. 삼성전자가 레인보우로보틱스를 품음으로써 이 판도를 바꿔볼 기회가 생겼다는 평가입니다.

이는 한국이 피지컬 AI 시대에 취할 수 있는 전략적 포지션을 보여줍니다. 반도체의 강자가 로봇의 원천 기술을 확보하는 것, 이것은 미국도 중국도 일본도 쉽게 따라 할 수 없는 조합입니다.

SK와 삼성의 HBM 없이는 AI GPU를 만들 수 없다

피지컬 AI 로봇의 두뇌 역할을 하는 GPU가 아무리 빨라도, 데이터를 빠르게 주고받을 메모리가 없으면 병목 현상이 생깁니다. HBM(고대역폭 메모리)은 여러 층의 D램 칩을 수직으로 쌓아 대역폭을 극대화한 것입니다. 엔비디아의 최신 AI 가속기들, H100이든 블랙웰이든 루빈이든, 모두 HBM 없이는 제 성능을 낼 수 없습니다. 그리고 이 시장에서 압도적인 1위가 바로 SK하이닉스입니다.

2025년 전 세계 HBM 시장점유율은 SK하이닉스가 55%, 삼성전자가 27% 수준입니다. 최신 세대인 HBM3E로 가면 SK하이닉스의 독주는 더 두드러집니다.

시장은 2026년 엔비디아의 차세대 루빈 플랫폼에 탑재될 HBM4 시장에서도 SK하이닉스가 약 60% 정도의 점유율을 달성할 것으로 예상합니다(일부 보도에서는 2/3 수준까지 거론). 국내 금융권에선 2026년 2분기부터 대량양산이 예정된 HBM4 시장에서 SK하이닉스와 삼성전자가 글로벌 수요의 90% 이상을 공급할 것이라는 전망도 나오고 있습니다. 피지컬 AI 생태계의 가장 깊은 곳에 한국 기업이 자리잡고 있는 것입니다.

미국도 중국도 갖지 못한 것, 만드는 자가 아는 자!

미국의 엔비디아는 전 세계 AI 반도체 시장의 80~90%를 장악한 거인이지만, 반도체를 설계할 뿐 직접 만들지는 않습니다. 생산은 대만의 TSMC에 맡기고, GPU에 필수적인 HBM은 한국의 SK하이닉스와 삼성전자에서 조달합니다.

중국에는 거대한 제조업 기반이 있으며, 휴머노이드 로봇 스타트업들이 우후죽순 생겨나고 있습니다. 하지만 중국은 첨단 반도체 제조능력이 없습니다. 미국의 제재로 최신 공정장비 도입이 막혀 있습니다. 중국 CXMT가 HBM2 개발을 시도하고 있지만, 현재 시장의 주력인 HBM3E, 그리고 차세대 HBM4와는 세대 차이가 큽니다.

일본은 로봇 제조의 오랜 역사가 있으며, 화낙·야스카와전기 같은 산업용 로봇의 명가들이 있지만, AI 반도체에서 뒤처져 있고, 메모리 반도체 시장에서는 이미 오래전에 한국에 추월당했습니다. 독일은 쿠카 같은 로봇 기업이 있고, 인더스트리 4.0의 종주국이라는 명성이 있지만, 반도체 분야에서는 존재감이 미미합니다.

한국은 세계 최고 수준의 반도체 팹·자동차 공장·제철소가 있으며, 그 현장에서 로봇을 돌리며 데이터를 모으고 AI를 학습시킬 수 있습니다. 그리고 그 AI를 구동하는 반도체도 한국에서 만듭니다. GPU의 핵심 부품인 HBM은 SK하이닉스가 세계 1위이며, 삼성전자는 HBM·D램·낸드플래시에서 모두 글로벌 최상위권입니다.

또한 로봇에 들어가는 각종 반도체와 센서도 한국에서 조달 가능합니다. 로봇 자체의 원천 기술도 레인보우로보틱스·보스턴다이내믹스(현대차그룹 자회사)·두산로보틱스 같은 기업들이 보유하고 있습니다. 이 3가지를 모두 갖춘 나라는 드뭅니다. 이것이 피지컬 AI 시대에 한국이 가진 가장 큰 경쟁력입니다.

물론 아직 갈 길이 멉니다. 세계 산업용 로봇 시장에서 한국의 점유율은 4.5%에 불과합니다. 휴머노이드 로봇 분야에서는 테슬라·피겨AI 같은 미국 기업들이 앞서가고 있습니다. AI 소프트웨어 역량에서도 여전히 미국과 격차가 있습니다.

하지만 반도체와 로봇, 제조현장이라는 3개의 축이 연결되기 시작했습니다. 삼성전자와 레인보우로보틱스의 결합, SK하이닉스와 삼성전자의 HBM 독주, 현대차그룹의 보스턴다이내믹스, 각각 떨어져 있을 때는 개별 기업의 사업 다각화였지만, 피지컬 AI라는 큰 그림 안에서 보면 하나의 퍼즐이 맞춰지고 있는 것처럼 보입니다. 이 퍼즐을 얼마나 빨리 단단하게 완성하느냐가 앞으로 승부를 가를 것입니다.

배터리,
로봇의 심장을 쥔 나라

휴머노이드 로봇이 4시간밖에 못 버티는 이유

테슬라의 휴머노이드 로봇 옵티머스가 공장에서 일하는 영상을 보면, 박스를 옮기고 부품을 정리합니다. 그런데 이 영상에서 잘 보이지 않는 게 하나 있습니다. 바로 '얼마나 오래 일하느냐'입니다.

테슬라는 옵티머스 2세대의 배터리 작동시간 목표를 8~10시간으로 잡았습니다. 그런데 현실은 조금 다릅니다. 고강도 작업을 수행하면 이 시간은 급격히 줄어듭니다. 중국 유니트리 H1 로봇의 경우 약 0.85kWh(킬로와트시) 배터리팩으로 정적 작동 기준 4시간도 채 되지 않습니다. 보스턴다이내믹스의 아틀라스도 배터리 수명이 약 4시간 정도입니다.

로봇의 배터리는 왜 이렇게 빨리 닳는가?

휴머노이드 로봇 옵티머스에는 테슬라의 자랑인 4680 배터리 셀이 90개 탑재되어 있습니다(테슬라 로보택시는 810개). 휴머노이드 로봇은 주로 몸통(토르소) 부분에 배터리를 넣습니다. 팔다리에 배터리를 분산하면 무게 중심이 흐트러지고 동작 제어가 어려워집니다. 결국 제한된 공간에 제한된 용량의 배터리만 넣을 수 있는 구조적 한계가 생깁니다.

그런데 이 배터리가 감당해야 할 일은 어마어마합니다. 옵티머스의 경우 40개 관절 하나하나에 모터가 있고, 이 모터들이 동시에 움직이면서 엄청난 전력을 소모합니다. 특히 무거운 물건을 들거나 계단을 오르거나 빠르게 반응해야 할 경우 모터에 순간적으로 높은 전류가 흐릅니다. 게다가 관절 모터가 과열되면 성능이 저하되거나 안전을 위해 작동이 멈춥니다.

이 문제를 해결하려면 두 가지가 필요합니다. 같은 크기에 더 많은 에너지를 저장할 수 있는 배터리, 그리고 순간적으로 높은 출력을 안정적으로 뽑아낼 수 있는 배터리. 바로 이 두 가지 조건을 충족시키는 게 한국 배터리 기업들이 준비하고 있는 '로봇 전용 배터리'입니다.

LG에너지솔루션의 승부수, 로봇에도 원통형

LG에너지솔루션은 일찌감치 로봇 배터리 시장에 눈을 돌렸으며, 현재 6개 이상의 글로벌 로봇 업체에 배터리를 공급하고 있습니다. 주력 제품은 2170과 4680 규격의 원통형 배터리입니다. 원통형 배터리는 구조적으로 안정성이 높아 내부 압력을 고르게 분산시킬 수 있고,

대량생산에도 유리하며, 다양한 크기의 로봇 몸체에 유연하게 배치할 수 있습니다.

또한 LG에너지솔루션의 로봇용 배터리는 하이니켈 NCM(니켈·코발트·망간) 기반으로, 니켈 함량을 높여 에너지 밀도를 끌어올렸습니다. 2026년부터는 미국 식당과 호텔에서 서빙 로봇을 운영하는 베어로보틱스에 산업용 원통형 배터리를 공급합니다.

그런데 LG에너지솔루션의 진짜 승부수는 2030년을 목표로 개발 중인 '무음극계 전고체 배터리'입니다. 2029년에 먼저 전기차용 전고체 배터리를 내놓고, 2030년에는 휴머노이드 로봇에 특화된 제품을 출시하겠다는 계획입니다. 무음극은 음극재 없이 리튬 금속을 직접 사용하는 기술로, 에너지 밀도를 크게 높일 수 있습니다.

삼성SDI의 카드, 아틀라스의 심장이 되다

삼성SDI는 더 공격적인 행보를 보이고 있습니다. 가장 주목할 만한 것은 보스턴다이내믹스의 아틀라스와의 독점 파트너십입니다. 삼성SDI는 이미 현대차의 모베드 같은 자율주행 서비스 로봇에 고출력 배터리를 공급해 왔으며, 21700 규격의 원통형 배터리를 달이(실내 배송 로봇)·모베드·로이 같은 현대차의 다양한 로봇에 탑재할 예정입니다.

하지만 삼성SDI의 가장 강력한 무기는 전고체 배터리 양산 일정입니다. 2027년 양산을 목표로 잡았는데, 이는 한국 배터리 3사 중 가장 빠른 일정입니다. 황화물계 전고체 배터리로, 기존 리튬이온 배터리 대비 에너지 밀도가 50% 이상 향상됩니다. 최근 삼성SDI는 로봇

뿐만 아니라 도심 항공 모빌리티(UAM) 같은 신규 애플리케이션에 전고체 배터리를 공급하기 위한 협의를 진행 중이라고 밝혔습니다.

SK온의 틈새 전략, 물류 현장을 잡아라

SK온은 조금 다른 접근법을 취하고 있습니다. 당장 수익이 나는 물류 로봇 시장을 먼저 공략하고 있습니다. 현대위아의 무인운반차(AGV)와 주차 로봇에 SK온 배터리가 들어갑니다. 주차 로봇은 하루 종일 무거운 차를 밀고 다녀야 하므로 배터리 성능이 관건입니다. 화려하지는 않지만, 실제로 돈이 되는 시장입니다.

SK온의 전고체 배터리 일정은 삼성SDI보다는 늦습니다. 고분자·산화물 복합계 전고체 배터리는 2028년, 황화물계는 2029년 양산 목표입니다. 하지만 SK온의 강점은 현대차그룹과의 긴밀한 협력 관계입니다. SK그룹과 현대차그룹은 배터리·수소·모빌리티 전반에서 전략적 파트너십을 맺고 있으므로, 현대차가 로봇 사업을 키우면 SK온도 함께 성장할 구조입니다.

전고체 배터리, 왜 게임 체인저인가?

기존 리튬이온 배터리는 액체 전해질을 사용하는데 불에 잘 탑니다. 스마트폰이나 전기차 화재 사고의 대부분이 이 액체 전해질 때문에 발생합니다. 전고체 배터리는 이 액체를 고체로 바꾼 것인데, 불에 잘 타지 않아서 더 안전하며, 같은 크기에 더 많은 에너지를 저장할 수 있습니다. 에너지 밀도가 50% 이상 높아지는 이유죠. 실제로 샤오펑

IRON, 엔진AI T800 같은 로봇들이 전고체 배터리를 채택해 작동시간 4시간 이상을 달성하고 있습니다.

또한 전고체 배터리는 순간적으로 높은 전류를 뽑아내는 데도 유리합니다. 로봇이 무거운 물건을 들어 올리거나 빠르게 반응해야 할 때, 이 고출력 특성이 빛을 발합니다.

로봇 배터리 시장의 성장

시장규모를 봐도 기회가 보입니다. 글로벌 휴머노이드 로봇 배터리 시장은 2025년 29억 달러(약 4조 원)에서 2030년 153억 달러(약 21조 원)로 성장할 전망입니다. 연평균 성장률이 무려 39.2%에 달합니다. 전기차 배터리 시장의 성장이 둔화되고 있는 상황에서 로봇 배터리는 새로운 성장 동력이 될 수 있습니다.

게다가 전고체 배터리는 가격 프리미엄이 있습니다. 현재 전기차용 리튬이온 배터리팩 가격은 kWh당 108달러까지 떨어졌는데, 전고체 배터리는 2026년 기준 400~800달러로 4~8배 비쌉니다. 물량은 적지만 마진은 훨씬 좋은 시장이라는 얘기죠.

B2B 시장의 특성도 유리합니다. 전기차는 소비자가 가격에 민감합니다. 배터리 가격이 비싸면 차 가격이 올라가니 다른 차를 삽니다. 하지만 기업용 로봇은 다릅니다. 로봇이 하루에 4시간 대신 6시간 이상 일할 수 있다면, 기업들은 배터리 성능이 곧 생산성으로 직결되므로 추가 비용을 기꺼이 지불합니다.

트렌드포스(TrendForce)는 휴머노이드 로봇용 전고체 배터리 수요가

2026년 대비 2035년에 1,000배 이상 증가할 것으로 전망합니다. 엄청난 시장이 열린다는 것이죠.

한국 배터리 3사의 숨은 무기, 이미 검증받은 제조역량

사실 한국 배터리 산업의 진짜 강점은 기술 자체보다 '대량생산 능력'에 있습니다. 많은 기업들이 전고체 배터리를 실험실에서 만들 수 있지만, 문제는 공장에서 수십만, 수백만 개씩 찍어내면서도 품질을 유지하는 것입니다. 배터리 셀 하나하나의 용량 편차가 커지면, 배터리 팩 전체의 수명과 안전성에 문제가 생깁니다.

한국 배터리 3사는 지난 20년간 스마트폰과 전기차 배터리를 만들면서 대량생산 노하우를 축적해 왔습니다. 전 세계 전기차 배터리 시장에서 한국 기업의 점유율이 20%가 넘는 데는 이유가 있습니다. 이 제조역량이 그대로 로봇 배터리 생산에 적용될 수 있습니다.

또 하나, 공급망의 안정성입니다. 배터리의 핵심 소재인 양극재·음극재·분리막·전해질 등을 한국 내에서 조달할 수 있는 생태계가 있습니다. 이는 중국 의존도를 낮추려는 글로벌 로봇 기업들에 큰 매력입니다.

2010년대 초만 해도 전기차가 진짜 실현될지 의문이 있었지만, 한국 배터리 기업들은 꾸준히 투자하고 기술을 쌓아왔습니다. 지금은 테슬라도 현대차도 한국 배터리 없이는 전기차를 만들지 못합니다. 피지컬 AI 시대, 로봇의 심장을 쥔 나라가 산업의 주도권을 쥡니다. 한국은 그 자격을 갖추고 있습니다.

5G 인프라 위에서
로봇이 뛴다

아무리 두뇌가 뛰어나고 몸이 민첩해도, 두뇌에서 내린 판단이 손끝까지 전달되는 데 0.5초가 걸린다면 공장에서 부품을 잡다가 미끄러질 것이고, 수술실에서 메스가 환자에게 닿는 타이밍이 어긋날 것이며, 자율주행차는 교차로에서 멈칫거리다 사고를 낼 것입니다.

로봇 원격 제어는 결국 통신 속도 싸움

사실 우리가 스마트폰으로 동영상을 볼 때는 4G와 5G의 차이를 크게 체감하지 못할 수 있습니다. 하지만 공장 안에서 수십 대의 자율주행 로봇(AMR)이 동시에 충돌 없이 움직여야 하는 상황에서는 이야기가 달라집니다. 따라서 피지컬 AI 시대의 인프라 전쟁이 통신 네트워크에서도 벌어지고 있습니다.

5G 이동통신의 핵심 서비스 중 하나인 URLLC(초고신뢰·초저지연 통

신)는 기존 4G LTE가 걸리던 서비스 지연을 10분의 1 수준 이내로 줄였습니다. 한국전자통신연구원(ETRI)은 SK텔레콤과 함께 5G 저지연 이동통신 핵심 기술을 검증하는 데 성공했으며, 모바일 엣지 클라우드(MEC) 개념을 적용해 응용 서버를 기지국과 직접 연결함으로써 서비스 지연을 획기적으로 단축시켰습니다.

최근 보스턴다이내믹스가 프라이빗(Private) 초저지연 5G 네트워크를 자사 로봇에 적용하기 위한 기술을 실증 중이라는 보도도 나왔습니다. 테슬라는 와이파이 기반 연결 방식을 사용하면서 위성통신 서비스 스타링크를 활용해 광역 통신망을 구축하려는 것으로 알려져 있습니다. 각 기업은 이처럼 자기만의 통신전략을 세우고 있습니다. 이는 피지컬 AI 생태계에서 통신 인프라가 얼마나 핵심적인 위치에 있는지를 보여줍니다.

6G 시대가 오면 그 신경계는 더 빠르고 더 촘촘해질 것입니다. 한국전자통신연구원은 이미 6G 통신기술의 핵심인 저궤도 위성통신 연구를 통해 초공간 서비스 구현을 위한 후속 연구를 진행하고 있고, 해외 대학과의 협력으로 5G 기반 대륙 간 스마트공장 원격 제어 시연에도 성공한 바 있습니다.

KT·SKT가 스마트 팩토리에서 배운 것들

한국의 통신사들이 피지컬 AI 시대에 '의외의 강자'가 될 수 있다는 이야기를 하면, 많은 분들이 의아해합니다. "KT나 SK텔레콤이 로봇을 만드는 회사도 아닌데, 왜 피지컬 AI와 연결되나요?"

로봇이 공장에서 제대로 돌아가려면 끊기지 않는 통신이 필요한데, 한국 통신사들은 이미 스마트 팩토리로 그 경험을 꽤 오래 쌓아왔습니다.

KT는 국내 통신 3사 중 로봇 사업에 가장 적극적으로 뛰어든 기업입니다. AI 로봇사업단을 별도로 운영하면서 2020년 국내 산업용 로봇 시장점유율 1위 현대로보틱스에 500억 원 규모의 전략적 투자를 단행했으며, '5G 스마트 팩토리 산업용 로봇'을 함께 출시했습니다. 이 로봇은 KT 스마트 팩토리 플랫폼 '팩토리 메이커스'와 연동되어 있습니다. 실제로 자동차 부품 제조기업에서는 작업자 한 명이 6시간 동안 하던 일을 0.3명분으로 줄였고, 박스당 평균 16초가 걸리던 작업을 11.5초로 단축했다고 합니다.

SK텔레콤 역시 일찌감치 5G 스마트 팩토리 솔루션에 공을 들여왔습니다. 이 중 5G 다기능 협업 로봇은 6축 로봇 팔과 3D 센싱 기능을 탑재한 카트형 로봇으로, 제품을 다음 생산라인으로 옮기거나 불량품만 따로 모아 별도 공간으로 운송합니다. 수백 대의 자율주행 로봇이 좁은 공장 안에서 충돌 없이 동시에 움직이려면, 와이파이로는 한계가 있으며, 5G의 초연결 특성($1km^2$ 면적당 100만 개의 단말을 동시에 연결할 수 있는 능력)이 필요합니다. 방위산업용 부품이나 반도체 부품을 제조하는 공장에는 양자암호통신까지 추가 적용해 네트워크 보안 강도를 높이는 것도 가능합니다.

피지컬 AI 생태계에서는 통신 인프라를 누가 장악하느냐가 결국 로봇 플랫폼의 주도권과 연결됩니다. KT와 SK텔레콤이 스마트 팩토리에서 수년간 쌓은 경험들은 공장 안의 로봇 제어를 넘어서 건설현장의 원격 중장비 조종, 항만과 물류센터의 자율주행 운송, 그리고 휴머노이드 로봇의 실시간 원격 지원까지 확장될 것입니다.

물론 아직은 갈 길이 멉니다. 5G가 약속했던 초저지연의 이상과 현실 사이에는 분명한 간극이 존재합니다. 무선 구간에서의 1밀리초 지연은 기지국과 단말기 사이의 이론적 수치일 뿐, 데이터가 기지국을 거쳐 서버까지 왕복하는 전체 시간은 이보다 훨씬 길어질 수 있습니다. 그래서 모바일 엣지 컴퓨팅 기술이 함께 발전해야 합니다.

피지컬 AI는 클라우드에 의존하는 AI와 로봇 내부에서 돌아가는 AI, 그리고 그 사이를 연결하는 통신 인프라, 이 3가지가 맞물려야 비로소 현실이 됩니다.

피지컬 AI 시대가 열리면 5G, 나아가 6G 인프라는 로봇이 실세계에서 뛰어다니기 위한 경기장의 바닥이 됩니다. 한국이 그 바닥을 가장 먼저, 가장 촘촘하게 깔았다는 사실은 피지컬 AI 경쟁에서 주어진 분명한 자산입니다. KT와 SK텔레콤이 스마트 팩토리에서 배운 것들은 결국 이것으로 수렴됩니다. 이는 앞으로 피지컬 AI 생태계에서 한국 통신사들이 인프라 공급자를 넘어 플랫폼 사업자로 도약할 수 있는 가능성을 열어주고 있습니다.

사람이 들어갈 수 없는 곳,
삼성 EUV 라인

반도체 팹(Fab)이라는 공간은 일반인에게 거의 알려지지 않은 세계입니다. 저도 여러 차례 취재를 통해 팹 외부까지는 가보았지만, 내부에 직접 들어간 적은 손에 꼽습니다. 방진복을 입고, 에어샤워를 거치고, 머리카락 한 올도 밖으로 나오지 않도록 해야 합니다. 사람의 피부 세포, 호흡에서 나오는 미세 입자 하나하나가 반도체 공정을 망칠 수 있는 오염원이기 때문입니다.

극자외선 공정에서는 인간이 작업할 수 없다

반도체 클린룸은 청정도를 클래스(Class)라는 단위로 관리합니다. 우리가 숨 쉬는 공간과 비교하면 100만 배 깨끗한 환경을 24시간 유지해야 합니다. 게다가 EUV, 즉 극자외선(Extreme UltraViolet) 리소그래피 공정은 빛을 사용하여 웨이퍼 위에 회로 패턴을 새기는 기술인데, 반드시 진공 상태에서 작업해야 합니다. 즉, 사람이 물리적으로 들어갈 수 없는 환경입니다.

사람이 들어갈 수 없는 이 공간은 OHT(Overhead Hoist Transport)라 불리는 천장 레일형 자동운송 로봇이 관리합니다. 삼성전자 평택 반도체 팹에서는 OHT 로봇 수천 대가 천장에 설치된 레일을 따라 쉴 새 없이 움직이며, 밀봉 용기에 담긴 웨이퍼를 공정에서 공정으로 이송합니다. 그런데 현재의 이 OHT 시스템은 본질적으로 정해진 레일 위를 정해진 경로로 움직이는 자동화 장치입니다. 예외 상황이 발생하면 자동 복구 시스템이 작동하고, 그래도 안 되면 엔지니어가 사람이 들어갈 수 없는 공간에 들어가 직접 개입해야 합니다. 피지컬 AI가 이 공간에 필요한 이유가 바로 여기에 있습니다.

웨이퍼 한 장에 수천만 원, 실수는 허용되지 않는다

피지컬 AI에 대한 반도체 업계의 요구 조건은 다른 산업과 근본적으로 다릅니다. 반도체 팹에서 로봇이 풉(FOUP, 웨이퍼 담는 전용 용기) 하나를 떨어뜨리면 수억 원이 날아갈 수도 있습니다. EUV 장비 주변에서 예상치 못한 동작을 하면 수천억 원짜리 장비에 돌이킬 수 없는 손상을 입힐 수도 있습니다. 그래서 반도체 업계에서 이야기하는 로봇의 신뢰성 기준은 99.9999%, 이른바 식스 나인(Six Nines)입니다. 100만 번 동작 시 1번의 실패만 허용하는 수준입니다.

CES 2026에서 만난 업계 관계자들도 비슷한 이야기를 했습니다. 지금 데모 영상에서 보여주는 로봇의 동작 성공률이 95%라면, 반도체 팹에서는 안 된다는 것입니다. 100번에 5번 실패하면, 그 5번이 엄청 난 손실로 직결되기 때문입니다. 바로 이 지점에서 역설적인 기회를 볼 수 있습니다. 반도체 팹 수준의 신뢰성을 확보한 피지컬 AI 솔루션 은 다른 모든 제조현장에서도 압도적 경쟁력을 갖게 됩니다.

삼성 팹이 피지컬 AI의 가장 까다로운 시험장이 된다

삼성전자는 로봇을 이미 반도체 공장에서 테스트하고 있습니다. 디일 렉(THE ELEC)의 보도에 따르면, 삼성종합연구원에서 아직 자동화가 덜 이루어진 8인치 팹의 위험한 세정 공정에 레인보우로보틱스의 이 동형 양팔 로봇 RB-Y1을 적용하는 테스트를 진행하고 있다고 합니 다. 삼성 팹이 피지컬 AI의 궁극적인 시험장이 되고 있는 것입니다.

한국 피지컬 AI 생태계에 가져올 파급 효과

생각해 보면, 반도체 팹은 피지컬 AI에게 요구할 수 있는 모든 조건을 동시에 갖추고 있는 환경입니다. 초정밀 환경에서 밀리미터 단위의 위치 제어가 필요합니다. 초청정 환경이므로 로봇 자체가 발진(입자 방 출)을 최소화하는 특수 소재로 만들어져야 합니다. 24시간 365일 무중 단 운영이 기본이며, 99.9999% 이상의 신뢰성이 요구됩니다. 진공·고 온·화학물질 등 극한환경에서도 안정적으로 작동해야 합니다.

　　삼성전자 평택캠퍼스는 현재 P1부터 P3까지 조성이 완료되었고, P4 확장 투자가 가속화되고 있으며, P5는 건설 중입니다. 업계 추산 으로 삼성전자가 평택에 투자한 금액은 200조 원이 넘는 것으로 알려져 있습니다. 이 거대한 시설이 피지컬 AI의 실증 무대가 된다면, 한국 피지컬 AI 생태계에 가져올 파급 효과를 3가지로 정리할 수 있습니다.

첫째, 삼성 팹에서 검증된 피지컬 AI는 글로벌 표준이 됩니다. 세계에서 가장 까다로운 환경에서 작동이 검증된 시스템은 자동차 공장이든 물류센터든 어디에서든 신뢰할 수 있습니다. 이것은 한국 피지컬 AI와 로봇 산업이 중국의 저가 물량 공세와는 다른 차원에서 경쟁할 수 있는 기반이 됩니다. 중국이 아무리 저렴한 휴머노이드 로봇을 양산하더라도, 반도체 팹 수준의 신뢰성을 갖춘 로봇을 만드는 것은 다른 문제이기 때문입니다.

둘째, 평택 팹의 공정 데이터는 그 자체로 피지컬 AI 학습의 핵심 자산입니다. 반도체 제조 공정에서 축적되는 센서 데이터, 장비 가동 데이터, 품질 검사 데이터는 희소한 자원입니다. 이 데이터로 학습된 피지컬 AI 모델은 범용 로봇 AI와는 질적으로 다른 정밀도를 갖추게 될 것입니다. 다만, 기업의 핵심 기밀이기도 하므로, 보호와 활용 사이의 균형 설계가 중요한 과제로 남습니다.

피지컬 AI는 반도체 팹 운영 효율의 병목을 해소하는 새로운 열쇠가 될 것입니다. 그 열쇠를 가장 먼저 만들어낼 수 있는 곳은, 세계 최대 규모의 반도체 팹을 운영하면서 동시에 휴머노이드 로봇 회사까지 보유한 삼성전자가 될 가능성이 높습니다. 물론 쉬운 길은 아닙니다. 그러나 어려운 길이기 때문에, 한번 걸어가면 아무도 따라올 수 없는 길이 될 수 있을 것입니다.

전장의 무인화, 이미 시작된 변화

한화와 LIG넥스원

강연에서 "피지컬 AI는 공장이나 물류현장에만 적용되는 것 아닌가요?"라는 질문을 자주 듣습니다. 그때마다 이렇게 대답합니다. "가장 먼저 빠르게 피지컬 AI가 들어가는 곳은 전장(戰場)입니다."

역사를 돌아보면, 전쟁은 첨단기술의 가장 강력한 촉매 중 하나였습니다. 우리가 매일 쓰는 스마트폰에 들어간 GPS·터치스크린·음성인식·카메라 센서·고속 무선통신까지, 대부분이 군사 목적에서 시작된 기술이 민간으로 넘어온 것입니다. 애플의 아이폰은 전장에서 검증된 기술들을 하나의 소비재 안에 통합해 상업화에 성공한 사례라 할 수 있습니다. 따라서 지금 전장에서 연구되고 실전에 투입되는 AI 기술을 눈여겨봐야 합니다. 그것이 5년 후, 10년 후 우리 일상의 기술이 될 가능성이 높기 때문입니다.

그런데 지금 전장에서 벌어지는 변화는 과거와 차원이 다릅니다.

러시아-우크라이나 전쟁의 경우 드론 한 대가 수백억 원짜리 전차를 무력화하는 장면이 유튜브에 올라옵니다. 미래의 전장은 사람 수가 아니라 무인 플랫폼의 지능과 연결성이 승패를 좌우할 것입니다.

2026년 한국의 국방예산은 전년 대비 7.5% 증가한 65조 8,642억 원인데, 이중 AI 기반 유무인 복합전투체계 예산이 2,161억 원, 방위력 개선비가 19조 9,653억 원, 50만 드론 전사 양성 사업에 330억 원이 배정되었습니다. 이런 배경 속에서 한국의 방산 기업들은 어떤 준비를 하고 있을까요?

한화 방산 3사, AI 국방의 설계자를 자처하다

한화 방산 3사(한화에어로스페이스·한화시스템·한화오션)는 2025년 10월 서울 국제 항공우주 및 방위산업 전시회(ADEX)에서 '내일을 위한 AI 방어'라는 슬로건을 내걸고, 방산의 미래를 AI 중심으로 재편하겠다는 의지를 보였습니다.

한화에어로스페이스는 탐지부터 지휘·결심·타격까지 전 과정을 AI로 통합 연결하는 체계를 제시했습니다. 전장 전체를 하나의 지능형 네트워크로 묶겠다는 것입니다. 구체적으로 살펴보면, 2025년 방위사업청과 약 2,700억 원 규모의 폭발물 탐지제거 로봇 양산 계약을 체결했는데, 이는 국산 국방 로봇이 전력화되는 첫 사례입니다.

또한 한국형 궤도형 무인지상차량(UGV) 테미스-K(THeMIS-K)를 공개했는데, 유럽 최대의 무인지상차량 및 방산 로봇 기업 밀렘 로보틱스의 플랫폼에 자사의 원격사격통제체계(RCWS)를 장착한 모델로, 한국 전장 환경에 최적화한 것이 특징입니다. 게다가 2028년까지 소·중·대형급의 차륜형과 궤도형 무인지상차량(UGV) 제품군을 모두 확보하겠다는 계획입니다.

아울러 K9 자주포를 K9A2에서 포탑 자동화로 운용 병력을 5명에서 3명으로 줄이고, K9A3에서는 완전 무인화를 달성한다는 계획입니다. AI 기술을 적용해 한 대의 사격지휘장갑차에서 한 명의 지휘관이 여러 대의 무인 화력 자산을 동시에 운용하는 개념입니다. 다수·다기종 무인 플랫폼 통합 운용의 한국 버전이라고 볼 수 있습니다.

한화는 특히 '국방 소버린 AI'를 강조합니다. 국내 IT 기업 및 중소·중견기업과 협력해 보안이 핵심인 국방 분야에 특화된 한국형 AI 모델을 개발하겠다는 것입니다.

LIG넥스원, 전장 전 영역을 연결하다

한화가 지상 무인 플랫폼과 화력 체계의 AI 통합에 강점을 보인다면, LIG넥스원은 위성 감시부터 유도무기·전자전·무인체계·AI 지휘통제까지를 관통하는 통합 솔루션을 지향합니다[2026년 연내 LIG디펜스&에어로스페이스(LIG D&A)로 사명 변경 예정].

2025년 12월 LIG넥스원은 국내의 반도체 설계 팹리스 기업인 보스반도체와 드론·로봇용 피지컬 AI 솔루션에 대한 MOU를 체결했습니다. 드론이나 로봇 같은 무인이동체 내부에서 직접 AI 추론을 수행할 수 있는 온디바이스 AI 칩을 개발하겠다는 것입니다. 통신이 끊기거나 교란될 수 있는 전장에서 작동하려면 실시간 인식·추론·제어가

가능한 온디바이스 AI가 필수적입니다.

또한 2025년 5월 미국의 방산 스타트업 쉴드AI(Shield AI)와 유무인 복합 솔루션 기술개발 MOU를 체결했습니다. LIG넥스원의 유도무기·센서·무인체계 기술력에 쉴드AI의 자율운항 AI를 결합한다면, 통신 불능 상황에서도 자율적으로 작전을 수행하는 무인 전투체계를 구현할 수 있을 것입니다.

아울러 해양 무인체계 분야에서도 빠르게 움직이고 있습니다. 2025년 12월 전투용 무인수상정의 핵심 기술(통합제어·자율임무·무장운용 발사 통제) 3건을 모두 수주했는데, 여기서 K-MOSA(국방 무인체계 계열화·모듈화) 아키텍처를 선제적으로 도입했습니다. 쉽게 말하면, 무인수상정의 소프트웨어 구조를 마치 레고 블록처럼 모듈화해서 임무에 따라 정찰용·전투용·수색용으로 유연하게 전환할 수 있게 만든다는 것입니다. 이는 '소프트웨어 정의 무기체계'라는 새로운 패러다임의 시작점이 될 수 있습니다.

한국형 전장 무인화의 3가지 특수성

먼저, 한국은 한 해 출생아 수가 2024년 기준 약 22만 명 수준으로 떨어져서 20년 후 현재의 병력 규모를 유지하는 것이 불가능합니다. 미국이 전략적 선택으로 무인화를 추진한다면, 한국은 생존의 문제로 무인화를 해야 합니다. K9 자주포 운용인력을 5명에서 3명으로, 다시 완전 무인으로 줄여가는 로드맵 뒤에는 인구학적 절박함이 있습니다.

둘째, 한반도는 좁고 산악지형이 많으며, 서울에서 휴전선까지 불과 40~50km입니다. 이런 환경에서는 원거리 정밀 타격 중심의 무인화만으로는 부족합니다. 좁은 산악지형에서 근접 수색·정찰을 수행하고, 도심환경에서 급조폭발물(IED)을 제거하며, 해안선과 섬 지역에서 감시를 수행하는 다양한 형태의 무인체계가 필요합니다. 한화에어로스페이스가 소·중·대형 무인지상차량(UGV) 풀 라인업을 추구하는 이유가 여기에 있습니다.

셋째, 방산 수출과의 연계입니다. 한국의 방산 수출은 K9 자주포·천궁 미사일·K2 전차 등 이미 세계적인 수준에 올랐습니다. ADEX 2025에서 한화 방산 3사와 LIG넥스원, KAI(한국항공우주산업) 등은 약 30억 달러의 수출 상담과 MOU를 진행한 것으로 알려져 있습니다. 동유럽·중동·동남아 시장에서 K-방산 패키지 계약이 주목받고 있는데, 여기에 AI 무인체계가 결합되면 경쟁력은 한층 더 강화됩니다. 전장 운영체계를 수출하는 시대가 오고 있는 것입니다.

로봇·모빌리티·AI·반도체로 확장

ADEX 2025 현장에서 인상적이었던 것은 민간 기업들의 방산 진입이 눈에 띄게 늘었다는 점입니다. 기아는 전술 차량 브랜드 KA-비히클(Vehicle)을 출범하고, 전기차 플랫폼 기반의 군용 차량 시제품을 처음 공개했습니다. 현대모비스는 드론 대응 센서 융합 기술을, 두산로보틱스는 군수 지원용 자율 물류 로봇을 선보였습니다. 방산의 외연이 로봇·모빌리티·AI·반도체로 빠르게 확장되면서 산업의 경계가 허물어지고 있습니다.

피지컬 AI 시대에 국방 분야는 민간의 AI 기술, 로봇 제조역량, 반도체 설계 능력이 직접 투입되고, 역으로 국방에서 검증된 기술이 민간으로 확산되는 양방향 순환이 본격화되고 있습니다. 한화가 국방 소버린 AI를 국내 IT 기업 및 중소·중견기업과 협력해 만들겠다고 한 것도, LIG넥스원이 국내 팹리스 기업과 온디바이스 AI 반도체를 공동 개발하는 것도 이런 맥락입니다.

이미 시작된 변화, 앞으로의 과제

한국의 방산 무인화는 아직 초기 단계입니다. 미국의 방산 스타트업 안두릴이 라티스(Lattice)라는 통합 운영체계를 이미 실전 테스트하고 있고, 중국이 로봇 늑대 군집을 실전훈련에 투입하고 있는 것과 비교하면, 한국은 아직 개별 플랫폼 개발 단계에 머물러 있습니다. 개별 무인 플랫폼들을 하나의 지능형 네트워크로 묶는 통합 운용체계의 개발, 그리고 전장 데이터의 축적과 AI 학습 사이클의 구축이 필요합니다.

한국의 전장 무인화는 다른 어떤 국가보다 절박하면서도, 동시에 다른 어떤 국가보다 유리한 조건을 가지고 있습니다. 세계 최고 수준의 반도체 역량, IT 인프라, 제조업 노하우, K9 자주포로 증명한 양산 능력, 5G와 위성통신으로 뒷받침되는 네트워크 인프라, 그리고 실전에 가장 가까운 안보환경에서 얻어지는 데이터, 이 조건들이 결합되었을 때, 한국은 전장의 지능을 설계하는 나라가 될 수 있습니다. 전장의 무인화는 더 이상 미래의 이야기가 아닙니다. 이미 시작된 변화입니다. 그리고 그 변화의 중심에 한국 기업들이 서 있습니다.

세계에서 가장 빨리 늙는 나라의 역설, 돌봄 피지컬 AI

2025년 초고령사회 진입, 돌볼 손이 부족하다

2025년 대한민국은 65세 이상 인구가 1,051만 명으로 전체의 20%를 넘어서며 공식적으로 초고령사회에 진입했습니다. 2036년에 30%, 2050년에는 40%를 넘어설 것으로 전망됩니다. 여기서 주목해야 할 것은 속도입니다. 고령화사회(7%)에서 고령사회(14%)까지 17년, 고령사회에서 초고령사회(20%)까지 불과 7년이 걸렸습니다. UN은 2054년이면 한국이 전 세계에서 고령화 비율이 가장 높은 나라가 될 것으로 전망하고 있습니다.

한편, 한국은행은 돌봄 서비스 인력 부족 규모를 2032년 38만~71만 명, 2042년에는 61만~155만 명으로 전망합니다. 게다가 실제 활동하는 요양보호사의 70%가 60대 이상입니다. 이른바 노노케어(老老 CARE)가 현실이 된 것이죠.

요양원, 재활병원, 할머니 집에 로봇이 들어간다

돌봄 로봇 기술이 가장 절실한 곳은 요양원, 재활병원, 그리고 혼자 사는 노인의 집입니다.

가장 먼저 주목할 영역은 이동과 이승(移乘)입니다. 요양 현장에서 가장 힘든 작업은 노인을 침대에서 휠체어로 옮기는 것입니다. 요양 보호사의 허리 부상이 빈번하게 발생하죠. 일본의 이승 보조 로봇 허그(Hug)는 노인을 앞에서 안듯이 일으켜 세운 뒤 이동을 돕는데, 개호 복지사 두 명이 할 일이 한 명만으로 가능합니다.

배설 관리도 어려운 문제인데, 일본의 배에 부착하는 초음파 센서 디 프리(D Free)는 방광 속 소변량을 실시간으로 측정해 배뇨 예상 시점을 알려줍니다. 또한 AI 카메라가 야간에 노인의 낙상이나 이상행동을 감지해 즉시 알림을 보내는 시스템도 운영 중입니다. 이는 거창

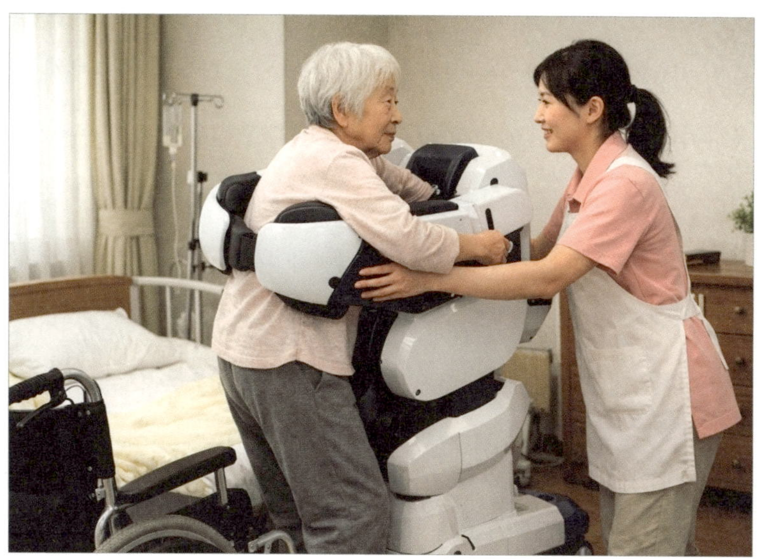

돌봄 로봇 분야에서는 이동과 이승이 가장 먼저 주목받는 영역이다. (AI 생성 이미지)

위로보틱스의 웨어러블 로봇 윔(WIM). 허리에 간편하게 착용하며 보행을
보조해 준다. (출처: 위로보틱스 홈페이지)

한 휴머노이드 로봇은 아니지만, 돌봄 현장의 실질적인 고통을 줄여
주는 현실적인 피지컬 AI의 모습입니다.

CES 2026에서 한국 스타트업 위로보틱스(WIRobotics)의 웨어러블
로봇 윔(WIM)이 큰 관심을 받았습니다. 허리에 벨트처럼 간편하게 착
용하며, 무게는 1.6kg에 불과하고, 걸을 때 고관절을 보조해 주어 에
너지 소모를 약 20% 줄여주며, 보행 속도, 균형 능력, 하체 근력 강화
에도 도움을 줍니다. 이 팀의 관련 연구는 네이처 자매지인『사이언티픽
리포트』에 게재되었습니다. 가격은 약 280만~320만 원 수준입니다.

LG전자가 CES 2026에서 공개한 가정용 로봇 클로이드는 바퀴로
이동합니다. 왜 바퀴를 선택했을까요? 가정에 보급되려면 가격이 합
리적이어야 하며, 약 먹을 시간을 알려주고 물을 갖다주고 빨래를 세
탁기에 넣어주는 수준의 기능이라면, 두 발로 걸을 필요가 없으며 바

퀴로 충분합니다. 혼자 사는 노인에게 필요한 것은 덤블링하는 로봇이 아니라 맥락을 이해하고 말벗이 되어주는 존재입니다.

네이버가 운영 중인 클로바 케어콜(CLOVA CareCall) 서비스는 AI가 독거 노인에게 주기적으로 전화를 걸어 안부를 묻고, 위기 징후가 감지되면 즉시 지자체 담당 공무원에게 알림을 보냅니다. 서울시는 서비스 대상을 2026년까지 5~6개 자치구의 중장년 1인 가구 3만 명까지 넓힐 계획입니다. 일본 정부는 이미 로봇을 돌봄 시스템의 구성요소로 편입시키고, 재정적 인센티브까지 부여하고 있습니다.

한국이 돌봄 피지컬 AI 시장의 레퍼런스가 되는 이유

우선, 한국은 세계에서 가장 빠르게 늙고 있는 나라로 돌봄 기술에 대한 수요가 가장 먼저, 가장 급격하게 폭발합니다. 게다가 요양 현장이 인력 부족으로 신음하고 있습니다. 그 절박함이 돌봄 피지컬 AI와 로봇의 최적 테스트베드를 만들고 있습니다.

둘째, 한국은 전국 어디서든 5G 통신이 가능하고, 의료 데이터의 디지털화 수준이 세계 최고이며, 건강보험 시스템을 통해 전 국민의 의료기록이 체계적으로 관리됩니다. 이런 데이터 인프라가 갖춰진 나라가 많지 않습니다.

셋째, 문화적 특수성 때문입니다. CES 2026 현장에서 한 전문가는 "한국 사람들은 AI와 사람의 관계를 설계하는 데 유리하다"는 말을 했습니다. '눈치'라는 단어가 존재할 정도로 사회적 맥락 속에서 상대방의 필요를 읽어내는 데 민감한 민족이라는 것입니다. 돌봄의 본질은 선을 넘지 않으면서도 필요한 도움을 주는 것입니다. 그런 감수성을 기술에 녹여낼 수 있는 역량이 있다는 것이죠.

이 3가지가 결합되면, 한국에서 피지컬 AI와 돌봄 로봇이 실제로 운영되며 데이터가 축적되고, 그를 기반으로 제품과 서비스가 개선되는 선순환이 만들어집니다. 그리고 그 레퍼런스는 수출 자산이 될 수 있습니다.

한국에서 검증되면 일본과 유럽이 줄을 선다

일본은 한국보다 먼저 초고령사회에 진입했고, 이미 요양시설에서 로봇 도입률이 33%에 달합니다. 후생노동성이 매년 수백억 엔을 쏟아붓고 있습니다. 하지만 아직 자국 내 수요에 대응하는 데 급급한 상황이고, 글로벌 스케일의 플랫폼으로 발전하지 못하고 있습니다. 유럽도 마찬가지입니다. 독일·이탈리아·스페인 등 고령화가 빠르게 진행 중인 나라들은 돌봄 인력 부족 문제에 직면하면서도 이민정책의 한계와 복지재정의 압박 사이에서 갈팡질팡하고 있습니다.

이들에게 한국이라는, 세계에서 가장 빠르게 늙어가는 나라에서 세계 최고 수준의 디지털 인프라를 바탕으로 검증된 저비용 고효율의 피지컬 AI와 돌봄 로봇 솔루션은 매우 강력한 설득 도구가 될 것입니다.

치킨 튀기고 김밥 마는 로봇

K-푸드 자동화의 가능성

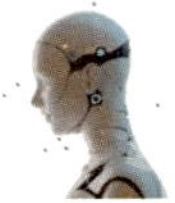

프랜차이즈의 나라, 조리 로봇의 최적 환경

피지컬 AI, 특히 조리 로봇이 작동하려면 두 가지 전제가 필요합니다. 하나는 반복 가능한 공정, 다른 하나는 디지털화된 레시피입니다. 한국은 외식 프랜차이즈 브랜드가 9,000개가 넘고, 가맹점이 18만여 개에 달합니다. 특히 치킨, 분식, 중식처럼 조리 공정의 반복성이 높은 업종이 많습니다. 그리고 중식 볶음에서 한식 찌개까지, 분식에서 양식까지, 표준화된 조리 공정을 가진 업종이 다양한 것이 특징입니다.

2025년 4월 기준 외식업 분야 인력 부족 인원은 4만 7,000명, 부족률은 3.6%로 여전히 높은 수준입니다. 게다가 인력이 고령화되고 이 일을 하려는 사람들 자체가 줄고 있습니다. 이는 전 세계 외식산업이 공통적으로 직면한 구조적 위기입니다. 바로 이 지점에서 조리 로봇의 가치가 드러납니다. 조리 로봇은 가장 힘들고 반복적인 공정을 맡

아 인간 조리사의 부담을 줄이는 방식으로 도입됩니다. 기존에 2~3
명이 필요했던 주방을 한 명이 운영할 수 있게 도와주는 식이죠.

로봇이 주방의 플랫폼이 되는 시대의 비즈니스 모델

만다린로보틱스 쇼룸을 방문한 적이 있는데, 주문이 들어오면 해당
메뉴의 정보를 담은 QR코드가 생성되고, 이것을 로봇에 입력하면 로
보틱소스메이커(SOKiS)가 레시피에 맞춰 양념을 배합하고, 웍 조리 로
봇 로보틱웍이 요리를 만듭니다.

　5가지 요리를 맛보았는데, 아마 로봇이 만들었다는 사실을 모르
고 먹었다면 눈치채지 못했을 것입니다. 특히 불맛이 인상적이었습니
다. 이 기술의 핵심은 영상 분석에 있습니다. 만다린로보틱스는 유명
요리사들이 조리하는 모션 영상 약 3,000개를 분석해 웍질의 각도·속
도·타이밍을 데이터화했으며, 100가지가 넘는 메뉴의 레시피를 로봇

피지컬 AI 시대에 업계에서는 '조리 로봇+K-푸드 레시피'를 결합한 비즈니스 모델을 모색 중이다.
(AI 생성 이미지)

에 탑재했습니다.

주목할 점은 만다린로보틱스의 사업 모델입니다. 이 회사는 로봇 하드웨어 판매만이 아니라 유명 요리사의 레시피를 로봇에 입력·관리해서 지식재산권(IP)으로 사업화하려는 전략을 갖고 있습니다. 로봇이 주방의 핵심 플랫폼이 되는 미래를 구상하고 있는 것이죠. 로봇을 플랫폼으로 보는 것, 물리적 조리능력과 디지털 레시피 IP를 결합하는 것, 이것이야말로 피지컬 AI 시대의 비즈니스 모델입니다.

조리 로봇의 대규모 상용화

한국에서는 이미 다양한 조리 로봇 스타트업들이 경쟁하고 있습니다. 튀김 전문 로봇, 바리스타 로봇, 서빙 로봇은 이미 상용화 단계에 접어들었습니다.

한국 외식 프랜차이즈 산업은 피지컬 AI의 거대한 테스트베드가 될 수 있습니다. 18만 개 매장, 표준화된 공정, 심각한 인력 부족이라는 3가지 조건이 동시에 존재하는 시장은 전 세계적으로 흔치 않습니다. 여기에 한국 특유의 빨리빨리 문화와 새로운 기술에 대한 높은 수용성까지 더해지면, 조리 로봇의 대규모 상용화가 먼저 일어나는 나라가 한국이 될 가능성은 충분합니다.

K-푸드가 세계로 갈 때 로봇도 같이 간다

K-푸드의 글로벌 확산이라는 메가트렌드와 조리 로봇 기술이 만나면 어떤 일이 벌어질까요?

2025년 K-푸드 플러스(K-Food+) 수출액은 136억 2,000만 달러로 역대 최고치를 경신하며 전년 대비 5.1% 상승했습니다. 정부는 2026년 수출 목표를 160억 달러로 정했습니다. 특히 북미 시장 24.3%, EU 시장 23.9% 등 서구권에서의 수요가 폭발적으로 늘고 있습니다. 한편 해외 현지의 한식 레스토랑도 빠르게 늘어나 56개국에 4,644개가 운영 중입니다. 미국이 1,106개(23.8%)로 가장 많고, 중국 830개, 베트남 634개, 태국 231개(2.1배 성장)순입니다.

K-푸드는 재료 수출 단계를 넘어 조리된 음식과 식당 경험 자체를 수출하는 단계로 진화하고 있습니다. 그런데 한국에서도 구하기 어려운 숙련 조리사를 해외에서 구하는 것은 사실상 어렵습니다. 바로 이 지점에서 조리 로봇이 게임 체인저가 될 수 있습니다. '조리 로봇+K-푸드 레시피'를 하나의 패키지로 수출하는 비즈니스를 생각해 볼 수 있습니다. 일본이 스시 로봇과 라멘 자판기를 통해 일식의 글로벌 표준화를 이뤄냈듯이, 한국도 조리 로봇을 통해 K-푸드의 글로벌 스케일업을 달성할 수 있습니다.

물론 현실적인 과제도 있습니다. 조리 로봇의 가격이 아직 높고, 메뉴의 다양성에 한계가 있으며, 식재료의 편차(크기, 수분 함량 등)에 대한 대응력도 더 키워야 합니다. 하지만 이런 과제들은 기술이 발전하면 해결될 문제입니다. 중요한 것은 방향입니다. K-푸드가 세계로 갈 때 로봇도 같이 가는 방향은 되돌릴 수 없는 흐름이며, 한국이 피지컬 AI 시대에 조리 자동화 분야에서 글로벌 리더십을 확보할 수 있는 기회이기도 합니다.

피지컬 AI 시대에
한국이 넘어야 할 8가지 산

40%에 그친 핵심 부품 국산화율

한국 로봇 산업의 핵심 부품 국산화율은 약 40%에 불과하며, 나머지 60%는 해외, 특히 일본과 중국에서 수입됩니다. 개중 해외 의존도가 높은 영구자석·정밀감속기·컨트롤러·센서 부분을 한번 보죠.

로봇의 모터에 들어가는 핵심 소재인 영구자석은 중국에서 88.8%가 수입됩니다. 네오디뮴과 같은 희토류 자석은 중국이 전 세계 생산량의 90% 이상을 장악하고 있습니다. 로봇의 관절을 정밀하게 제어하는 핵심 부품인 정밀감속기는 일본의 하모닉드라이브와 나가세 인테그렉스가 시장을 지배하고 있습니다. 한국산 감속기도 있지만, 내구성과 정밀도에서 일본 제품을 따라잡지 못하고 있습니다. 로봇의 두뇌와 신경계 역할을 하는 컨트롤러와 센서는 일본과 독일 기업들의 기술력이 압도적입니다.

한국이 로봇을 더 많이 생산할수록, 역설적으로 핵심 부품 수입 의존도가 심화됩니다. 로봇 산업이 성장하면 할수록 부가가치의 상당 부분이 해외로 유출되는 구조입니다.

더 심각한 것은 공급망 리스크입니다. 중국과의 외교적 마찰이 생기면 영구자석 공급이 끊길 수 있고, 일본과의 무역분쟁이 재연되면 감속기 수입에 차질이 생길 수 있습니다. 2019년 일본의 반도체 소재 수출 규제 사태가 로봇 부품 영역에서도 언제든 반복될 수 있습니다. 이는 기술 주권의 취약성 문제입니다. 완제품을 잘 만들어도, 핵심 부품을 남이 쥐고 있으면 진정한 경쟁력이 아니라는 것입니다.

플랫폼과 운영체제의 공백

더 근본적인 문제는 소프트웨어 영역에 있습니다. 한국은 로봇을 현장에 설치하고 통합하는 시스템 통합(SI) 역량은 강합니다. 자동차공장에 용접 로봇을 설치하고, 전자공장에 조립 로봇을 배치하며, 각각의 로봇이 생산라인에서 조화롭게 작동하도록 만드는 능력은 높습니다. 하지만 로봇 운영체제(OS), 표준 플랫폼, 소프트웨어 스택은 미국 등 주요 선진국에 뒤처져 있습니다.

전 세계의 로봇 개발자들이 사용하는 사실상의 표준 운영체제인 ROS(Robot Operating System)는 미국의 오픈소스 프로젝트입니다. 미국 엔비디아는 옴니버스로 로봇 시뮬레이션과 디지털 트윈을 위한 플랫폼을 장악하고 있습니다. 테슬라는 옵티머스 휴머노이드 로봇을 위해 테슬라 봇 플랫폼을 개발 중입니다.

반면 한국에는 이런 주목받는 플랫폼이 없습니다. 로봇은 많이 쓰지만, 세계 표준이 되는 운영체제나 플랫폼은 없는 것이죠. 이것은 스마트폰 시대의 교훈을 떠올리게 합니다. 삼성전자와 LG전자는 세계 최고의 하드웨어를 만들었지만, 운영체제는 구글의 안드로이드와 애플의 iOS였습니다. 결국 소프트웨어 생태계의 수익과 지배력은 많은 부분 미국 기업에 돌아갔습니다.

로봇 산업에서도 같은 일이 반복될 위험이 큽니다. 한국이 아무리 훌륭한 로봇 하드웨어를 만들어도, 그 로봇이 ROS 위에서 돌아가고, 엔비디아 플랫폼에서 학습되며, 미국이나 중국의 AI 모델을 사용한다면, 부가가치의 대부분은 플랫폼 기업에 돌아갈 것입니다.

데이터 자산의 낮은 활용도

한국은 세계 최고 수준의 제조현장 데이터를 가지고 있지만, 이를 AI 학습 데이터로, 디지털 트윈으로, 글로벌 서비스로 전환하는 작업은 초기 단계에 머물러 있습니다. 왜 이런 일이 벌어질까요?

먼저, 데이터가 파편화되어 있습니다. 현대자동차의 용접 데이터, 삼성전자의 조립 데이터, LG화학의 배터리 생산 데이터가 각각의 공장에 흩어져 있고, 서로 공유되지 않습니다. 대기업 간에도 데이터를 나누지 않고, 대기업과 중소기업 사이는 더욱 단절되어 있습니다.

둘째, 데이터 표준화 이슈도 있습니다. 같은 용접 작업이라도 공장마다 센서 형식이 다르고, 데이터 형식과 저장방식이 다릅니다. 이것을 AI가 학습할 수 있는 형태로 통합·정제하는 작업이 방대합니다.

셋째, 데이터 거버넌스 문제도 있습니다. 공장 데이터를 외부 AI 기업과 공유했을 때, 영업 비밀이 유출되지 않을까, 경쟁사에 비해 불리해지지 않을까, 데이터 소유권과 수익 배분은 어떻게 할까 같은 질문에 대한 명확한 룰이 없습니다.

중견·중소 제조업체는 품질 데이터·GPU·장비에 접근하기 어려워 피지컬 AI 확산이 대기업에만 편중될 수 있다는 점도 생각해 볼 문제입니다. 결국 한국이 가진 가장 큰 자산인 '현장 데이터'가 금고 안에 잠겨 있는 상황입니다. 금광을 가지고 있지만 제련소가 없는 것과 마찬가지입니다.

투자규모의 격차는 냉혹하다

중국은 휴머노이드 로봇과 피지컬 AI와 관련해 1조 위안(약 190조 원) 규모의 투자를 계획하고 있습니다. 중앙정부 예산뿐 아니라 지방정부의 산업기금, 국영기업의 투자, 민간 벤처 캐피털까지 포함한 숫자입니다. 반면 한국의 '제4차 지능형 로봇 기본계획'은 2030년까지 정부 예산 1조 원대, 민간 포함해서 2조~3조 원 수준을 목표로 합니다. 이는 중국의 100분의 1 규모입니다.

더 걱정스러운 것은 중국의 배치 속도입니다. 중국은 '일단 배치하고, 현장에서 완성한다(Deploy first, perfect later)'는 전략을 취합니다. 완벽하지 않아도 일단 로봇 1만 대를 공장에 투입하고, 현장에서 데이터를 모으고 빠르게 개선하는 방식입니다. 반면 한국은 완벽주의 성향이 강합니다. '충분히 검증되고, 안전하며, 성능이 보장된' 로봇을 도입하려고 합니다. 이것은 품질 측면에서는 장점이지만, 속도 경쟁에서는 약점이 될 수 있습니다.

중국의 유니트리 로보틱스, 애지봇, 딥로보틱스 같은 로봇 스타트업들은 이미 수천 대의 휴머노이드 로봇과 4족 보행 로봇을 공장과 물류센터에 배치해 실전 데이터를 쌓고 있습니다. 한국이 완벽한 로봇 한 대를 만드는 동안, 중국은 불완전한 로봇 1만 대를 현장에 풀어 학습시키고 있는 것입니다.

피지컬 AI 분야는 데이터 게임입니다. 더 많은 로봇이, 더 다양한 현장에서, 더 오래 작동할수록 더 좋은 피지컬 AI가 나옵니다. 투자규모와 배치 속도에서 밀리면 기술격차는 빠르게 벌어집니다.

규제와 제도의 병목

한국 로봇 산업 조사에서 규제 애로를 겪는 기업의 67.2%가 관련 법·제도 미비를 가장 큰 문제로 꼽았습니다. 구체적으로 어떤 문제들이 있을까요?

산업용 로봇은 안전망 안에 격리되어 작동하지만, 서비스 로봇과 휴머노이드 로봇은 사람 옆에서 일합니다. 그런데 충돌·화재·해킹 위험에 대한 명확한 기준이 없습니다.

로봇이 사고를 냈을 때 로봇 제조사·운영자·AI 알고리즘 개발사·부품 공급사 중 누가 책임질까요? 현행법은 이런 복합적 책임 구조를 다루지 못합니다.

아울러 공장 데이터를 AI 학습에 사용하려면 개인정보보호법·산업기술보호법·영업비밀보호법 등 여러 법률을 동시에 고려해야 합니다. 기업들은 어디까지 공유 가능하고, 어디서부터 위법인지 명확하지 않아 안전하게 데이터를 잠가두는 쪽을 선택합니다.

노동 갈등

현대자동차의 휴머노이드 로봇 도입 시도는 노조의 강한 반발에 부딪혔습니다. 이는 현대차만의 문제가 아니라 조선·철강·전자 등 주요 산업에서 유사한 문제가 제기될 것입니다.

그런데 피지컬 AI와 로봇 도입은 선택의 문제가 아닙니다. 앞서 말했듯이 0.8 합계출산율, 급격한 고령화, 글로벌 경쟁 심화 속에서 피지컬 AI와 로봇 도입을 늦추는 것은 곧 산업 경쟁력 상실을 의미합니다. 따라서 '언제 로봇을 도입할 것인가'가 아니라 '어떻게 안전하게 통제하면서 도입할 것인가'를 고민해야 합니다. 공공의 신뢰를 확보하지 못하면 도입 자체가 늦어질 수 있습니다.

해법은 투명한 대화와 이익 공유입니다. 로봇이 위험하고 반복적인 작업을 대체한다면, 인간 노동자는 더 안전하고 창의적인 업무로 이동할 수 있어야 합니다. 로봇 도입으로 생산성이 올라가면, 그 이익을 노동자와 나누는 구조를 만들어야 합니다.

독일의 '산업 4.0' 전략은 노조와의 긴밀한 협력 속에서 진행되었습니다. 로봇 도입 과정에 노동자 대표가 참여하고 재교육 프로그램이 함께 제공되었습니다. 한국도 이런 사회적 합의 모델을 만들지 못하면, 기술은 있어도 적용하지 못하는 상황에 직면할 수 있습니다.

엔비디아 의존의 딜레마

한국은 엔비디아·마이크로소프트·아마존 등 글로벌 빅테크들과 적극적으로 협력하고 있습니다. 특히 엔비디아는 한국을 '물리 AI 인프라의 시험장'으로 활용하겠다는 구상을 밝혔습니다. 이것은 단기적으로는 윈윈입니다. 한국은 엔비디아의 최신 GPU와 AI 플랫폼(옴니버스·아이작 심 등)을 활용해 피지컬 AI를 빠르게 개발할 수 있고, 엔비디아는 한국의 다양한 제조현장에서 자사 기술을 검증하고 성공 사례를 쌓을 수 있습니다.

하지만 글로벌 규제 전문 뉴스 서비스 엠렉스(MLex)의 분석은 날카롭습니다. "엔비디아 등의 GPU와 플랫폼에 과도하게 의존하면, 한국은 세계 물리 AI 인프라를 시험해 주는 실험실이 되는 반면, 핵심 지적재산권과 플랫폼 지배력은 해외 기업에 귀속될 위험이 있다."

더 구체적으로 살펴보죠.

첫째, 한국 공장에서 생성된 데이터가 엔비디아의 클라우드 플랫폼에 저장되고 학습된다면, 그 데이터의 진정한 주인은 누구일까요? 이는 데이터 주권의 문제입니다.

둘째, 플랫폼 종속 위험입니다. 한국이 개발한 피지컬 AI 모델이 엔비디아 플랫폼에서만 작동하도록 설계된다면, 플랫폼 사업자의 협상력은 압도적으로 커집니다.

셋째, 엔비디아의 기술에 익숙해질수록 자체 기술을 개발하려는 동기와 역량은 약해집니다. 기술격차가 고착화될 수 있습니다.

이를 완화하려면 어떻게 해야 할까요? 미국의 정보기술혁신재단

(ITIF)과 여러 전문가들은 다음을 제안합니다.

첫째, 국산 신경망처리장치(NPU)를 개발해야 합니다. 삼성전자·SK하이닉스·리벨리온·퓨리오사AI 등이 개발 중인 AI 칩을 적극 육성하고, 피지컬 AI 특화 칩을 개발해야 합니다.

둘째, 로봇용 파운데이션 모델 구축이 필요합니다. 한국의 제조현장 데이터로 학습한 한국어 기반의, 한국 산업 특화 피지컬 AI 모델을 만들어야 합니다.

셋째, 공장 데이터를 국내 클라우드에 저장하고, 국내 AI 기업이 우선 접근하도록 하는 정책적 보호장치가 필요합니다.

협력하되 종속되지 않는 줄타기, 이것이 한국이 넘어야 할 가장 어려운 산입니다.

내수 중심 구조의 한계

한국 로봇 산업은 압도적으로 내수 중심입니다. 로봇 밀도는 높지만 수출 경쟁력은 그에 미치지 못합니다. 한국 로봇 산업은 내수·제조현장 활용 위주이고, '로봇+시스템 통합(SI)+서비스' 패키지로 해외에서 성공 사례를 가진 경우는 제한적입니다. 이유가 무엇일까요?

첫째, 브랜드 인지도 부족 때문입니다. 해외 시장에서 한국 로봇 브랜드는 일본(화낙·야스카와)·독일(쿠카)·스위스(ABB)·중국(시아순 Siasun) 대비 인지도가 낮습니다.

둘째, 표준화가 미흡합니다. 각 고객사 요구에 맞춘 맞춤형 솔루션은 강하지만, 글로벌 시장에서 통하는 표준 제품 라인업이 약합니다.

셋째, 서비스망 부재 때문입니다. 로봇을 판 후 유지보수·A/S·부품 공급을 지속적으로 제공할 해외 서비스 네트워크가 부족합니다.

결국 한국은 높은 로봇 활용도가 글로벌 사업 및 수출 경쟁력과 직결되지 않는 구조입니다. 국내에서 아무리 잘 써도 수출로 연결되지 않으면 산업규모의 한계가 명확합니다.

2030년, 한국의 선택

한국은 지금 역사적 기회와 구조적 위협이 교차하는 지점에 서 있습니다. 2030년까지 세계 최고 피지컬 AI 테스트베드로 자리잡겠다는 목표는 야심차지만, 현실을 직시하고 기회와 위협 요소를 고려한 종합적인 대응이 필요합니다.

한국이 가진 가장 큰 자산인 현장 데이터를 AI로 전환할 수 있는 시스템, 중소기업도 접근 가능한 공유 플랫폼, 그리고 로봇 파운데이션 모델 개발이 시급합니다. 부품이 아닌 피지컬 AI 인프라 전체를 수출하는 국가 마케팅(Country Marketing)도 적극 추진해야 합니다. 아울러 노동과 로봇의 공존 모델도 필요합니다. 로봇 도입을 막을 수는 없지만, 사회적 신뢰 없이 강행하면 도입 속도가 늦어집니다. 결국 한국의 피지컬 AI 전략은 제조·로봇 강국의 구조적 기회를 최대한 살리면서, 기술 종속·투자 격차·사회 갈등의 위협을 지혜롭게 관리하는 고난도 줄타기입니다. 2030년, 한국이 피지컬 AI 플랫폼과 솔루션을 세계에 수출하는 기술강국으로 도약할 수 있을지는 바로 지금 이 순간의 선택에 달려 있습니다.

7장

피지컬 AI 판을
뒤집을 수 있을까?

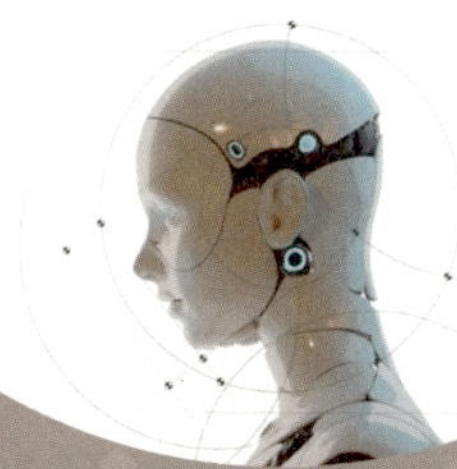

"3년이다. 딱 3년!",
왜 3년인가?

2022년 11월 30일, 오픈AI가 챗GPT를 세상에 내놓은 후 출시 5일 만에 100만 명이 몰려들었고, 두 달이 채 되기 전에 월간 활성 사용자가 1억 명을 돌파했습니다. 이전에도 언어모델은 있었는데, 대중이 직접 손으로 만지고 체험하며 경험하는 순간 모든 게 달라졌습니다. 그 뒤 생성형 AI 시장은 순식간에 재편되었고, 후발주자들은 이미 굳어버린 생태계 앞에서 고전을 면치 못하고 있습니다.

피지컬 AI에서도 똑같은 패턴이 반복될 것입니다. 젠슨 황이 CES 2025에서 처음 '피지컬 AI'라는 말을 대중에게 던진 지 1년 만에, CES 2026에서는 전시장 전체가 휴머노이드 로봇과 자율주행 시스템, 피지컬 AI로 뒤덮였습니다. 불과 1년 사이에 벌어진 일입니다. 이는 산업 구조 전환의 신호탄으로 볼 수 있습니다.

시장조사업체 카운터포인트리서치는 2026년을 휴머노이드 로봇이 시범 운영을 마치고 초기 대량생산으로 전환하는 결정적 시기로 봅니다. 2026년 안에 수십만 명이 공장·물류센터·도로에서 직접 피지컬 AI를 경험하게 될 것입니다. 그 경험이 입소문을 타기 시작하면, 챗GPT 때와 같은 폭발이 일어날 것입니다. 그런데 이 성장은 어떤 방식으로 이루어질까요?

2026~2028년, 표준과 생태계가 결정되는 시간

기업 임원들에게 강연할 때, "기술산업에서 플랫폼 전쟁은 의자 뺏기 게임과 같다"는 비유를 자주 합니다. 음악이 멈추기 전까지는 다들 의자를 빙빙 돌면서 기회가 있는 것처럼 보이지만, 음악이 멈추는 순간 의자에 앉지 못한 사람들은 탈락하며, 한 번 탈락하면 다음 판에 다시 들어가기가 극도로 어렵습니다.

PC 시대의 음악은 1980년대 초에 멈추었는데, 그때 의자에 앉은 것은 마이크로소프트와 인텔이었습니다. PC 운영체제 표준을 가져간 것은 마이크로소프트였고, 1981년 PC를 출시한 IBM은 결국 PC 사업부를 매각하는 신세가 되었습니다. 스마트폰 시대의 음악은 2010년 전후에 멈추었는데, 애플과 구글이 의자를 차지했고, 노키아와 블랙베리는 영원히 탈락했습니다. 2007년 아이폰 출시 이후 불과 3년 만에 iOS와 안드로이드가 시장을 양분했고, 노키아의 심비안, 마이크로소프트의 윈도우 모바일, 삼성의 바다 OS 모두 역사의 뒤안길로 사라졌습니다. 클라우드 시대의 음악은 2015년쯤 멈추었는데, AWS·애저·GCP가 의자에 앉았고, 나머지는 틈새시장에서 살아남기 위해 몸

부림치고 있습니다.

생성형 AI 시대의 음악은 언제 멈추었을까요? 저는 2024년 초라고 봅니다. 오픈AI·구글·앤트로픽이 의자를 차지했고, 후발주자들의 진입장벽은 이미 하늘 높이 올라갔습니다. 그리고 피지컬 AI 시대의 음악은 아직 연주 중입니다. 그런데 제 귀에는 음악이 점점 느려지는 소리가 들립니다. 2028년쯤이면 멈출 것이라고 봅니다.

왜 하필 2028년일까?

우선, 핵심 하드웨어의 양산체계가 2028년쯤 확립됩니다. 휴머노이드 로봇의 원가구조에서 액추에이터는 약 60%로 가장 비중이 큽니다. 지금은 대당 생산원가가 13만~14만 달러지만, 3만 대 양산 시 3만 5,000달러, 5만 대 이상이면 3만 달러까지 떨어질 수 있다는 분석이 나옵니다. 현대차그룹이 2028년까지 아틀라스 연간 3만 대 생산체계를 목표로 잡은 것은 이런 손익분기점 계산에 기반한 것입니다.

둘째, AI 모델의 표준화가 완료됩니다. 지금 피지컬 AI 영역에서는 비전-언어-행동(VLA) 모델이 대세로 자리잡고 있습니다. 엔비디아의 그루트(GR00T), 구글 딥마인드의 제미나이 로보틱스, 피겨AI의 헬릭스 등이 경쟁하고 있는데, 2~3년 내에 2~3개의 지배적 모델로 수렴할 것입니다. 거대언어모델 시장에서 GPT·클로드·제미나이로 압축된 것처럼요.

셋째, 규제와 인증 체계가 정립됩니다. 2025년 어질리티 로보틱스의 디지트가 휴머노이드 최초로 미국 노동부 산하 직업안전보건청

(OSHA)이 인정한 민간 시험소(NRTL)의 안전규격 인증을 받았습니다. EU의 AI 법도 2024년부터 시행에 들어갔습니다. 향후 2~3년 동안 각국에서 로봇의 안전기준·책임소재·운영규정이 구체화될 것입니다. 이 규제 프레임워크가 굳어지면, 거기에 맞추지 못한 플레이어들은 시장 진입 자체가 막히게 됩니다. 피지컬 AI 시대의 음악이 멈추기 전에 의자를 확보해야 합니다. 3년 남았습니다.

지금 안 뛰면, 영원히 부품 납품업체로 남는다

CES 2026에서 한국 기업들의 발표를 보면서 복잡한 감정이 들었습니다. LG전자가 액추에이터 브랜드 악시움(AXIUM)을 공개했는데 훌륭한 기술이었습니다. 현대모비스는 아틀라스 로봇에 액추에이터를 공급합니다. 대단한 성과입니다. HL만도는 2035년까지 로봇 액추에이터 시장점유율 10%를 목표로 잡았습니다. 야심찬 계획입니다.

그런데 이것은 '방석 납품' 전략입니다. 물론 방석 납품도 돈이 되긴 합니다. 핵심 부품에서 독보적인 위치를 차지하면 막대한 수익을 올릴 수 있습니다. 하지만 두 가지 문제가 있습니다.

첫째, 방석은 의자 주인이 바뀌면 바뀝니다. 만약 테슬라가 옵티머스 로봇의 액추에이터를 내재화하기로 결정하면, 또는 중국 업체가 80% 싼 가격에 비슷한 품질의 제품을 들고 나오면 어떻게 될까요? 생태계를 설계하는 자가 아니라, 생태계 안에서 부품을 공급하는 자는 항상 이런 리스크에 노출됩니다.

둘째, 방석 납품으로는 가치사슬의 가장 큰 부분을 가져갈 수 없습니다. 삼성디스플레이는 아이폰에 최고급 OLED를 공급하는데 기술적으로 대단한 일이지만, 아이폰 한 대가 팔릴 때 삼성디스플레이의 마진과 애플의 마진을 비교해 보세요. 이것이 생태계 주도권을 가진 자와 부품 공급자의 차이입니다.

방석 납품의 덫에 빠지지 않으려면

피지컬 AI 시대에 한국이 방석 납품의 덫에 빠지지 않으려면 어떻게 해야 할까요?

첫째, 수직 통합의 야망을 가져야 합니다.

현대차그룹이 보스턴다이내믹스를 인수하고, 구글 딥마인드와 협력하며, 미국 조지아주 공장에 아틀라스를 투입하는 것은 로봇 사업 진출에 그치는 것이 아닙니다. 자동차 제조에서 축적한 양산 역량, 공급망 관리 능력, 현장 운영 노하우를 로봇이라는 새로운 플랫폼과 결합하려는 시도입니다. 이것은 방석 납품이 아니라 '의자 만들기'입니다.

삼성전자는 애플에 메모리와 디스플레이 납품만으로도 돈을 벌 수 있었지만 직접 스마트폰을 만들었고, 그 결과 스마트폰 시장에서 2010~2023년 점유율 1위를 차지했으며, 지금도 1~2위 다툼을 벌이고 있습니다. 물론 이익률은 애플에 미치지 못하만, 적어도 게임의 최상위권 플레이어로 남아 있습니다.

피지컬 AI 시대에도 마찬가지입니다. 한국 기업들이 부품만 납품하는 데 만족하면, 10년 후에는 중국 완제품 업체들의 하청업체로 전락할 수도 있습니다. 직접 완제품을 만들고, 생태계를 설계하고, 플랫폼을 구축하려는 야망이 필요합니다.

둘째, 데이터 주권을 확보해야 합니다.

피지컬 AI가 발전하려면 물리세계의 데이터가 필요합니다. 엔비디아가 옴니버스와 코스모스에 크게 투자하는 것도, 테슬라가 자율주행 데이터를 그토록 중시하는 것도 데이터가 피지컬 AI의 핵심 연료이기 때문입니다.

한국에는 세계 최고 수준의 제조현장 데이터가 있습니다. 삼성전자 평택 반도체 공장, 현대차 울산공장, 포스코 광양제철소 등의 공장들에서 매일 생성되는 공정·센서·품질 데이터는 피지컬 AI 학습의 황금 자원입니다. 예를 들어 원본 데이터는 각 기업이 보유하되, 그 데이터로 학습한 AI 모델은 공유하는 방식을 생각해 볼 수 있습니다. 일본이 제조업 데이터 플랫폼을 구축하려고 시도하고 있으므로, 한국도 더 빠르게 움직여야 합니다.

셋째, 글로벌 연합의 핵심 파트너가 되어야 합니다.

피지컬 AI 시대의 경쟁은 '생태계와 생태계의 경쟁'입니다. 엔비디아 생태계, 테슬라 생태계, 구글 생태계, 그리고 중국의 국가 주도 생태계가 경쟁하고 있습니다.

한국은 시장규모가 작고 AI 원천 기술에서 뒤처져 있기 때문에, 현실적으로 독자적인 생태계를 구축하기는 어렵습니다. 하지만 기존 생태계의 필수불가결한 파트너가 될 수는 있습니다.

엔비디아 젠슨 황 CEO가 왜 직접 한국에 와서 재벌 총수들과 회동했을까요? 한국의 반도체·배터리·자동차 역량이 필요하기 때문입니다. 구글 딥마인드가 왜 보스턴다이내믹스와 손잡았을까요? 현대차그룹의 양산 역량과 제조현장 접근성이 필요하기 때문입니다.

이 협상 테이블에서 한국이 더 강한 카드를 쥐려면 대체 불가능한 역량을 갖추어야 합니다. 아무나 만들 수 있는 범용 부품이 아니라, 한국만 만들 수 있는 핵심 기술, 즉 휴머노이드 로봇의 정밀 손 제어, 극한환경에서의 신뢰성, 반도체 웨이퍼 수준의 초정밀 조작, 이런 영역에서 글로벌 원탑이 되면, 어떤 생태계와도 유리한 조건으로 협력할 수 있을 것입니다.

기업 강연에서 종종 "미래는 예측하는 것이 아니라 만드는 것"이라는 말을 합니다. 피지컬 AI의 미래가 어떻게 될지는 아직 아무도 모릅니다. 하지만 한 가지는 확실합니다. 지금 움직이는 자와 구경하는 자의 운명은 완전히 달라질 것입니다.

3년 후, 2028년에 피지컬 AI의 음악이 멈추었을 때, 한국 기업들은 의자에 앉아 있을까요, 아니면 탈락자 명단에 올라 있을까요? 그것은 지금 우리가 어떤 선택을 하느냐에 달려 있습니다.

한국을 피지컬 AI의
글로벌 실험장으로

미국과 중국은 어떻게 움직이고 있나?

미국 트럼프 행정부는 2025년 1월 취임 직후 AI 리더십 확대를 위한 규제 철폐 행정명령(Executive Order 14179)을 발표하며, 혁신을 가로막는 규제를 최소화하겠다는 기조를 명확히 했습니다. 같은 해 12월에는 한 걸음 더 나아가 'AI에 대한 국가 정책 프레임워크 확립'이라는 추가 행정명령을 통해 주(州)정부 차원의 개별 AI 규제법이 혁신을 저해한다며, 연방 차원의 최소 규제 체계를 선언했습니다.

2025년 말 하워드 러트닉 상무장관이 주요 로보틱스 기업 CEO들과 비공개 회동에서 논의한 '로보틱스 이니셔티브(Robotics Initiative)'의 골격은 3가지입니다. 연방정부 및 주정부 프로젝트에서 로봇 기반 생산라인 자동화 비중을 50% 이상 권장, 로봇 도입 세액공제를 신설하여 생산성 향상분을 법인세에서 자동 공제, 그리고 리쇼어링 가속 법안과 연계하여 미국 내 생산 복귀 기업의 설비투자에 최대 40% 세제 혜택 부여입니다.

또한 2025년 9월에는 미국 연방 차원의 AI 규제 샌드박스를 제도화하는 샌드박스 법(SANDBOX Act)도 발의되었습니다. 우리처럼 부처별로 조각난 샌드박스가 아니리, 연방 차원에서 통합적으로 운영하는 체계를 구축하겠다는 것입니다. 더 똑똑한 AI가 더 안전하다는 것, 혁신의 속도를 늦추는 것이 오히려 위험하다는 것이 미국 정책의 기저에 깔린 논리입니다.

중국은 더 공격적입니다. 중국의 전략을 한마디로 요약하면, 규제 자체를 나중에 만들겠다는 것입니다. 먼저 시장을 키우고, 기술을 축적한 후 그에 맞춰 표준과 규제를 설계한다는 것이죠.

중국은 2025년까지 제조업 로봇 밀도를 2020년 대비 2배로 늘리겠다고 선언했습니다. 실제로 이 목표는 거의 달성되었습니다.

특히 휴머노이드 로봇 분야에서 중국의 속도는 경이적입니다. 2025년 2월 중국 산업정보화부는 휴머노이드 로봇이 차세대 혁신을 주도할 것이라며, 연내에 강력한 혁신 시스템 구축과 대량생산 체제 확립을 목표로 제시했습니다. 지방정부도 앞다투어 움직이고 있습니다. 베이징시는 AI와 로봇 분야에 140억 달러(약 20조 원) 규모의 기금을 조성했고, 상하이도 체화형 AI 전용 기금을 별도로 출범시켰습니다. 중국은행은 AI 산업 사슬 발전을 위해 1,380억 달러(약 200조 원) 규모의 5개년 금융 프로그램까지 시작했습니다.

표준 선점에도 속도가 붙었습니다. 중국은 2025년 4월 세계 최초로 휴머노이드 로봇에 대한 국가 표준을 발표했고, 5월에는 역시 세계 최초로 휴머노이드 로봇 지능화 분류 표준(L1~L5 등급)까지 만들어냈습니다. 우리가 규제를 풀어야 할지 말아야 할지 논의하는 동안, 중국은 아예 새로운 표준을 제정하여 글로벌 시장의 게임 규칙 자체를 쓰고 있는 것입니다.

미국과 중국은 이미 고속도로를 달리고 있는데, 우리는 아직 교차로에서 신호등이 바뀌기를 기다리고 있습니다. 마차가 달리던 시대의 신호체계를 피지컬 AI 시대에 맞게 빨리 다시 설계해야 합니다.

작은 나라가 가진 거대한 피지컬 AI 실험실

피지컬 AI는 책상 위에서 완성되지 않으며, 가상과 현실을 오가는 수많은 반복을 통해 완성됩니다. 가상에서 학습한 자율주행차가 실제 도로에서 수만 번 좌회전을 반복해야 하고, 공장 로봇이 조립라인에서 수천 가지 부품의 무게와 질감을 직접 경험해야 하며, 배달 드론이 바람과 전선줄 사이를 수백 번 오가야 비로소 '쓸 만한 기술'이 됩니다. 현실세계에서 부딪히고 넘어지며, 가상에서 더 배우고 다시 일어서는 과정 자체가 피지컬 AI의 학습 데이터입니다.

그렇다면 질문은 단순해집니다. 이 실험을 어디에서 가장 빠르게, 가장 다양하게, 가장 많이 반복할 수 있을까요? 놀랍게도 그 답이 한국입니다.

한국은 초고밀도 수도권, 촘촘한 제조 벨트, 섬과 산간과 항만과 공항이 2~3시간 안에 모두 연결되는 드문 나라입니다. 국토는 작지만, 산업 포트폴리오는 세계 어느 나라보다 다양하고, 초고속 통신 인프라가 전국에 깔려 있습니다. '동일한 기술을 전혀 다른 환경에서 반복 검증'하기 위한 조건이 세계 최고 수준이라는 뜻입니다.

이 천혜의 조건을 활용하는 전략이 필요한 순간입니다. 다양한 실험들을 하나의 거대한 '리빙랩(Living Lab)'으로 묶을 수만 있다면, 한국은 세계 피지컬 AI의 실험장이 될 수 있습니다.

서울, 1,000만 도시를 통째로 시험대에 올리다

서울은 피지컬 AI에게 가장 까다로운 시험 문제를 던지는 도시입니다. 복잡한 도로, 미로 같은 지하철, 좁은 골목길과 넓은 대로가 번갈아 나타나는 보행망은 어떤 AI에게도 녹록하지 않습니다. 하지만 바로 그 까다로움이 서울의 가치입니다. 여기서 작동하면, 세계 어디서든 통합니다.

서울의 전략은 '도시 전체를 실험장으로' 바꾸는 것입니다. '자율주행 비전 2030'이라는 이름 아래, 상암·강남·여의도·마곡에 자율주행 시범운행지구를 단계적으로 확대하고, 공공 셔틀과 로보택시, 청소·순찰·제설 같은 로봇 기반 공공 서비스를 도시 운영체계에 하나씩 얹어가는 중입니다.

양재에서 수서까지 이어지는 '피지컬 AI 벨트' 구상도 주목할 만합니다. 양재 R&CD 지구에서 개발된 AI 알고리즘과 로봇 기술을 수서·강남 등 도심 실증 공간으로 곧바로 내려보내는 구조입니다. 연구에서 실증으로, 실증에서 제도 개선으로, 제도 개선에서 사업화로 이어지는 전 과정을 하나의 순환주기로 묶어 정책이 기술을 따라가는 속도를 끌어올리겠다는 것입니다.

공원과 보행공간에 이동로봇이 들어갈 수 있도록 규제를 풀어낸 '로봇플러스 테스트필드' 경험은, 실증이 곧 제도개선으로 이어지는 선례가 될 수 있습니다. 한강 상공에서는 김포공항에서 여의도까지, 잠실에서 인천공항까지를 잇는 도심항공교통(UAM) 실증도 주목할 만합니다. 드론 기반 3D 공간정보와 디지털 트윈 구축까지 더하면, 지상과 공중을 동시에 활용하는 피지컬 AI 도시의 밑그림이 그려집니다.

물론 서울에서 위험도가 높은 실험을 마음껏 할 수는 없습니다. 하지만 세계 어느 대도시보다 복잡한 현실 속에서 피지컬 AI가 실제로 작동하는 사례를 만들어낸다면, 그것은 글로벌 기업에 가장 중요한 '라스트 마일(Last Mile)' 검증 무대가 될 것입니다.

경기도, 삼각벨트로 설계된 피지컬 AI의 심장부

경기도는 수도권의 IT·제조·방산·바이오를 모두 품고 있는 거대한 산업 생태계입니다. 최근 경기도는 이 자산을 한 단계 끌어올려 도 전역을 대상으로 한 '피지컬 AI 비전'을 선포했습니다. 지도를 3개의 축으로 나누어 도 전체를 하나의 실증 삼각벨트로 설계한다는 것이 핵심입니다.

경기 북부는 접경지대가 만든 '방산·재난'의 실험장입니다. 의정부·양주·포천 등 접경지역과 방위산업 클러스터가 자리한 북부권은 군수 로봇, 재난 대응 드론, 감시·정찰 시스템 등 고위험·고보안 분야에 특화된 벨트입니다. 민간에서 쉽게 시도하기 어려운 실험이 바로 이곳의 강점입니다.

서남부는 반도체에서 바이오까지 '제조현장'의 최전선입니다. 시흥·안산·화성·평택으로 이어지는 서남부권은 반도체·자동차·부품·바이오 제조벨트의 한가운데입니다. 공장 안에서 자율주행 물류 로봇이 부품을 나르고, 검사 자동화 시스템이 불량품을 걸러내며, 스마트 팩토리가 스스로 공정을 조율하는 미래가 이 지역에서 실증되고 있습니다.

동남부는 '두뇌와 도심 실증이 만나는 곳'입니다. 판교·성남·용인·수원·이천은 IT와 반도체·자율주행·스타트업이 모인 두뇌 구역입니다. 판교테크노밸리에는 네이버·카카오를 비롯한 수많은 AI·로봇 스타트업이 밀집해 있고, 네이버 1784 빌딩은 건물 전체가 로봇과 자율주행 관제 시스템의 실험장으로 쓰이고 있습니다. '실내 피지컬 AI'의 글로벌 레퍼런스를 만들어내는 공간입니다.

판교제로시티와 자율주행 시범운행지구에서는 레벨 4 자율주행을 목표로, 엔드투엔드(End-to-End) 모델 개발과 실제 도로 실증이 동시에 진행됩니다. 판교에서 축적된 실주행 데이터를 학습한 자율주행 모델을 다른 도시로 이전하는 구조까지 설계되고 있습니다. 성남에서는 도로와 교량, 시설물 점검을 드론으로 수행하고, 3D 디지털 트윈과 결합해 도시 인프라 관리의 피지컬 AI 모델을 시험하고 있습니다.

경기도가 주목받는 진짜 이유는 따로 있습니다. 피지컬 AI를 산업 정책에만 묶지 않고, '기본사회·기본도시' 전략으로 확장했다는 점입니다. AI 주치의, 돌봄 로봇, 스마트 주거를 취약 계층이 많은 지역부터 우선 도입해서 '피지컬 AI 기반 기본 서비스'를 제공하겠다는 구상입니다.

경기도는 '로봇이 사람을 대체한다'는 공포 대신, '로봇과 함께 일하는 사람의 일자리'를 만드는 방향으로 나아가고 있습니다. AI 현장 감독, 로봇 운용사, AI 돌봄사 같은 새로운 직종을 만들고, 교육에서 실증 현장으로, 실증 현장에서 취업으로 연결되는 경로를 설계하는 것입니다. 궁극적으로 경기도민이라면 어느 도시에서든 최소 수준의 AI 기반 생활 서비스를 누릴 수 있는 상태, 즉 '피지컬 AI 기본도시'를 목표로 합니다.

전북·새만금, 바다와 농업과 방산이 만나는 프런티어

수도권과는 전혀 다른 유형의 실증 데이터가 쌓이는 곳이 전북과 새만금입니다. 서울에서 자율주행차가 좌회전을 연습하는 동안, 이곳에서는 자율주행 농기계가 논과 밭을 가로지릅니다.

전북 내륙의 완주·김제·남원 일대에는 지능형 농기계 실증단지와 농산물 선별·포장·물류 자동화 실증센터가 조성되고 있습니다. 자율주행 트랙터가 밭을 갈고, 농업 로봇이 수확을 돕고, 스마트 APC(산지유통센터)가 선별과 포장을 자동으로 처리하는 풍경이 이 지역의 미래입니다.

새만금은 또 다른 차원입니다. 광활한 매립지와 해안, 내륙이 만나는 지형을 활용해 군과 민간이 공동으로 드론 실증 테스트베드를 운영하고, 해양 무인로봇과 안티드론 시스템을 시험하고 있습니다. 서울에서는 시도조차 어려운 고위험·대규모 실험을 이곳에서 진행할 수 있습니다. 수소와 재생에너지, 방산 기술과 결합된 피지컬 AI 복합 생태계가 새만금의 청사진입니다.

특히 현대자동차그룹은 2026년 2월 전북 새만금 지역에 약 9조 원 규모의 대규모 투자를 발표했습니다. AI 데이터센터와 로봇 제조 클러스터, 수소 에너지 인프라를 결합한 미래 산업 거점을 구축하려는 전략입니다.

부산, 340만 대도시에 AI를 담다

부산은 피지컬 AI를 시험하기에 한국에서 가장 독특한 조건을 갖춘 도시입니다. 컨테이너 항만과 급속히 고령화되는 원도심이 하나의 행정구역 안에 공존합니다. 한쪽에서는 수만 개의 컨테이너가 매일 쉬지 않고 오가고, 다른 한쪽에서는 65세 이상 인구 비율이 전국 평균을 훌쩍 넘어서는 마을들이 언덕 위에 자리 잡고 있습니다. 이 극단적인 대비가 부산을 특별한 실험장으로 만듭니다.

부산항은 이미 스마트항만으로의 전환에 속도를 내고 있습니다. 자동화 터미널이 가동 중이고, 무인이송장비(AGV)가 사람의 조작 없이 컨테이너를 나르고 있습니다. 순찰 로봇, 디지털 트윈, AI 물류 최적화 시스템 등을 항만 현장에 직접 투입하는 실증을 시작했습니다.

한편, 부산의 원도심 오래된 동네들, 특히 중구·동구·서구·영도구 일대는 가파른 언덕과 좁은 골목으로 이루어져 있고, 젊은 인구가 빠져나가면서 독거 노인의 비율이 해마다 높아지고 있습니다. 이런 곳에서 피지컬 AI의 수요는 항만 물류와는 전혀 다른 형태로 나타납니다. 근력 보조 로봇이 무릎이 아픈 노인의 언덕길 보행을 돕고, AI 기반 돌봄 로봇이 혼자 사는 노인의 건강 상태를 모니터링하며, 배달 로봇이 계단을 올라 약과 식료품을 가져다주는 시나리오입니다.

부산 강서구 쪽의 신도시 에코델타시티에서는 이미 순찰 로봇, 바리스타 로봇, 짐 운반 로봇, 청소 로봇 등 4종의 생활밀착형 로봇 서비스가 공동주택 단지에서 시범 운영에 들어갔습니다.

대구, 로봇 클러스터의 심장

대구를 '로봇의 도시'라고 부르는 데는 이유가 있습니다. 한국의 로봇 산업 정책을 총괄하는 국가기관인 한국로봇산업진흥원(KIRIA)이 본원을 두고 있고, 그 주위로 로봇산업 클러스터가 형성되어 있습니다.

대구 북구 3공단 일대에 자리 잡은 이 클러스터에는 250여 개의 로봇 기업이 밀집해 있으며, 로봇 창업보육센터, 시제품 제작 시설, 시험·인증 기관, 수출 지원 기관까지 한곳에 모여 있습니다. 로봇 기업이 아이디어를 떠올리는 순간부터 제품을 만들고 시험하고 인증받고, 해외에 내보내는 전 과정을 한 동네 안에서 해결할 수 있는 구조입니다. 이것이 대구의 핵심 강점입니다.

서울이나 판교에 AI와 소프트웨어 인재가 몰려 있다면, 대구에는 로봇의 몸통을 설계하고 관절을 깎고 모터를 조립하고, 완성된 로봇을 시험 필드에서 굴려보는 '하드웨어 현장'이 집약되어 있습니다. 대구는 바로 로봇의 몸을 만들고 검증하는 도시인 것입니다. 이곳에서 만들어진 산업용 로봇이 전국의 공장에 투입되고, 그 현장 데이터가 다시 대구로 돌아와 다음 세대의 로봇을 개선하는 순환 구조를 구상할 수 있습니다.

대구의 또 하나의 자산은 자동차 부품·기계·섬유 등 전통 제조업이 도시 경제의 근간을 이루고 있다는 점입니다. 이 전통 산업들은 인력 부족과 고령화로 로봇 자동화에 대한 수요가 절실합니다.

대구에는 로봇을 만드는 공급자와 로봇을 필요로 하는 수요자가 같은 도시에 공존합니다. 연구와 제조, 시험과 인증, 그리고 실수요가 한 도시 안에 모두 갖춰진 구조는 한국에서 대구만이 가진 독보적인 강점입니다. 피지컬 AI의 '두뇌'가 판교 등에서 설계된다면, 그 두뇌가 장착될 '몸'의 완성도는 대구에서 결정되는 형태인 것이죠.

광주·해남, 두뇌와 실증 도시를 한 권역에

광주는 한국의 피지컬 AI 지형에서 독특한 위치를 차지하고 있습니다. AI 산업의 초기 인프라를 선제적으로 구축한 도시이면서, 동시에 자동차 산업의 중심지이기도 합니다. 이 두 가지 자산이 만나면서 '대한민국 최초의 AI 모빌리티 국가시범도시'라는 초대형 프로젝트가 탄생했습니다.

광주는 자율주행차·드론·로봇·도심항공교통(UAM)이 일상의 기본 인프라로 작동하는 미래형 복합도시를 건설하려 합니다. 자율주행 전용 데이터센터, 첨단 모빌리티 통합관제센터, 연구개발 및 스타트업 지원 시설, 버티포트(UAM 이착륙장), 시험 트랙까지 갖춘 거대한 실증 플랫폼을 도시 자체로 구현하겠다는 구상입니다.

광주가 이런 구상을 현실로 만들 수 있는 배경이 있습니다. 광주 전역이 국내 최초의 '자율주행 실증도시'로 지정되었기 때문입니다. 도시 전체가 하나의 메가샌드박스로 운영됩니다. 미국의 샌프란시스코나 중국의 우한처럼, 자율주행차가 도시 전체를 자유롭게 다니며, 기술개발과 서비스 상용화를 동시에 검증하는 무대가 되는 것입니다. 광주에 이미 구축된 국가AI데이터센터의 GPU 자원은 자율주행 AI 학습과 가상환경 시뮬레이션에 직접 투입됩니다.

전남 해남 솔라시도 데이터센터 파크에는 국가AI컴퓨팅센터가 자리 잡아가고 있습니다. 로봇과 자율주행 파운데이션 모델을 학습시키기 위해서는 막대한 컴퓨팅 파워가 필요한데, 그 엔진이 바로 해남에 있는 것입니다. 광주에서 자율주행차 200대가 매일 쏟아내는 주행 데이터, 공장에서 로봇이 축적하는 작업 데이터가 해남의 컴퓨팅 인프라로 흘러들어가 파운데이션 모델을 학습시키고, 그 모델이 다시 광주의 현장으로 돌아오는 구조입니다.

이로써 피지컬 AI의 '두뇌'를 만드는 컴퓨팅 허브와 그 두뇌를 시험하는 실증 도시가 같은 권역 안에 있게 됩니다. 수도권에서 연구하고, 수백 킬로미터 떨어진 곳에서 데이터를 처리하는 비효율 대신, 한 권역 안에서 연구와 학습과 실증이 빠르게 순환하는 구조를 실험하는 것이 광주·해남 권역의 핵심 가치입니다.

제주, 하늘에서 내려오는 치킨&극한 환경 데이터

제주는 피지컬 AI에 대도시에서는 결코 만들 수 없는 데이터를 제공하는 곳입니다. 섬과 바다, 해발 1,950미터의 한라산, 고령화가 빠르게 진행되는 어촌 마을, 그리고 연간 1,500만 명에 달하는 관광객의 계절적 쏠림 현상이 한 공간 안에 얽혀 있습니다. 이 복잡한 조건의 조합은 세계 어디에서도 재현하기 어렵습니다.

제주의 피지컬 AI 실험은 이미 주민의 일상 속으로 들어와 있습니다. 가파도·마라도·비양도 같은 부속 섬에서는 선박이 운항하지 않는 오후 시간대에 드론이 생활물품을 배송합니다. 공공배달 앱 '먹깨비'에서 치킨을 주문하면 뜨끈한 치킨이 하늘에서 내려옵니다. 또한 서귀포시 서부보건소 옥상에서 가파도와 마라도 보건진료소까지 일반 의약품과 의료소모품을 드론으로 보내는 의료 물류 서비스도 추진 중입니다. 고령자에게 도시락을 배달하고 다회용기를 역수거하는 '제주가치돌봄' 서비스와의 연계까지 이루어지면서, 부속 섬 주민의 복지 사각지대를 드론이 메우기 시작했습니다.

제주 전체가 전국 최대 규모 '드론특별자유화구역'으로 지정되어 있습니다. 한라산 국립공원에서는 수직이착륙기(VTOL)와 드론이 탐방로를 자동 순찰하고, AI 영상 분석으로 실종자 위치를 파악하며, 비탐방로 불법 출입을 실시간으로 감시하는 공공 서비스가 실증되고 있습니다. 오름과 해안에서 실종 신고가 잦은 제주의 특성에 맞춘 표준 수색 항로 제작까지 진행 중입니다.

제주의 가치는 '완성된 기술의 전시장'이 아니라 '미완의 기술이 부딫히는 현장'에 있습니다. 겨울철 강풍, 안개, 해류의 변화, 관광 성수기의 폭발적 인구 유입과 비수기의 정적이라는 극단적 변동 속에서 드론과 로봇이 안정적으로 작동할 수 있는지를 시험합니다. 제주는 피지컬 AI의 '스트레스 테스트' 현장이라 할 만합니다.

따로 또 같이, 좁은 국토를 최대의 자산으로!

한국의 진짜 강점은 서로 다른 발전단계와 인구구조를 가진 도시들이 좁은 국토 안에 밀집해 있다는 것입니다. 피지컬 AI의 관점에서 보면, 하나의 나라 안에 여러 종류의 실험실이 동시에 존재하는 것이죠.

초고밀도 수도권에서는 생활 서비스와 도심 자율주행의 상용화 직전 단계를 검증합니다. 경기 서남부와 구미·창원·울산 같은 고도 산업·제조 지역에서는 제조 로봇과 물류 자동화의 투자 대비 수익(ROI)을 검증하고, 세종·송도·부산 에코델타 같은 계획형 신도시에서는 디지털 트윈 기반 도시 관리와 글로벌 실증 포털을 운영합니다. 대구와 광주는 로봇 클러스터와 AI 모빌리티 특화 도시로서 고난도 기술의 실증 거점이 되고, 제주와 보령, 전북 농촌과 새만금에서는 드론·해양로봇·농업·방산 분야의 극한 환경 실증이 이루어집니다. 해남 등의 컴퓨팅·데이터 허브에서는 이 모든 실증에서 쌓인 데이터를 학습시키는 국가 수준의 AI 인프라가 가동됩니다.

'따로' 각자의 강점을 살려 실증을 수행하되, '같이' 흩어진 실험을 한데 모으는 통합 플랫폼이 곧 한국의 피지컬 AI 경쟁력 그 자체가 될 것입니다.

인재 전쟁,
싸울 사람이 부족하다

반도체 전쟁이 그랬고, AI 전쟁이 그랬듯이, 피지컬 AI 시대의 승패 역시 사람에게 달려 있습니다. 그런데 한국은 대학에서 키운 인재가 피지컬 AI나 로봇 산업으로 오지 않고, 온다 해도 대기업에 집중되며, 가장 혁신적인 실험을 할 수 있는 스타트업에는 도달하지 못합니다. 그리고 이 파이프라인 전체에서 가장 역량 있는 상위 인재들 중 많은 이들이 아예 한국이라는 시장을 벗어나 미국으로 가기도 합니다.

국제경영개발원(IMD)의 2025년 세계 인재 순위에서 한국은 37위로 전년 대비 11계단 하락했습니다. 피지컬 AI라는 전장에서 한국이 지금 직면한 가장 시급한 과제는 인재 확보입니다. 그렇다면 어떻게 키우고, 어떻게 잡을 수 있을까요?

삼성 지역전문가 제도가 주는 힌트

인재를 어떻게 키울 것인가를 고민할 때, 종종 삼성의 지역전문가 제도를 떠올립니다. 피지컬 AI 인재 양성의 맥락에서 다시 한번 짚어볼 가치가 있습니다.

1990년 이건희 회장이 도입한 지역전문가 제도는 입사 3년 차 이상 직원을 선발해 1~2년간 해외에 보내되, 아무런 업무를 부여하지 않으며 출근을 안 해도 됩니다. 연봉은 그대로 지급하고, 체류비를 별도로 지원합니다. 1인당 연봉 외에 약 1억 원 안팎의 비용이 들어갑니다. 35년이 지난 지금, 삼성은 90여 개국에 7,000명 이상의 지역전문가를 파견했고, 하버드 비즈니스 리뷰는 이를 2011년 삼성이 글로벌 기업으로 빠르게 성공한 핵심 비결로 꼽기도 했습니다.

이 제도에서 주목하는 것은 다음과 같이 3가지입니다.

첫째, 단기 성과를 요구하지 않습니다. 현장에서 몸으로 부딪히며 체득한 경험을 자유로운 형식으로 사내 시스템에 공유하면 됩니다. 이 방대한 현지 정보는 삼성 주재원들이 경쟁사보다 한발 앞선 위치에서 출발할 수 있게 만든 자산이 되었습니다.

둘째, 개인의 커리어와 연결됩니다. 해외 주재원으로의 파견, 나아가 글로벌 보직으로 이어지는 커리어 파이프라인으로 설계되었습니다. 이들 중에서 사장급 경영진이 나오기도 합니다.

셋째, 최고경영자가 직접 밀어붙였습니다. 한 해에 수백 명을 파견하면 연간 최소 수백억 원이 필요한데 CEO, 아니 총수만이 할 수 있는 결정입니다.

피지컬 AI 인재 양성에 이 3가지 원칙을 적용하면 어떨까요? 한국의 대기업들이 소속 엔지니어를 미국의 피지컬 AI 핵심 연구소나 스타트업에 1~2년간 파견하는 프로그램을 운영하는 것이죠. 물론 이는 해외 대학과의 공동연구, 정부 간 협력이 함께 맞물려야 가능할 것입니다. 하지만 삼성이 35년 전에 글로벌 인재에 대해 내린 판단을 지금 피지컬 AI 분야에서도 고려할 만합니다.

해외 대학과의 공동연구 확대

피지컬 AI 인재를 키우려면, 그 인재가 성장할 수 있는 연구환경 자체를 업그레이드해야 합니다. 한국 대학의 연구실이 글로벌 최전선의 연구 주제와 인프라에 접근할 수 있어야 합니다. 가장 효과적인 방법이 해외 대학과의 공동연구입니다.

현재 정부 차원에서 국제공동연구사업이나 글로벌 AI 인재양성사업 등이 진행되고 있지만 부족해 보입니다. 대부분의 해외 공동연구 프로그램이 단기 파견이나 교환학생 수준에 머무는데, 피지컬 AI의 핵심 역량은 단기 체류로는 습득하기 어렵습니다.

먼저, 한국 대기업과 해외 대학 간의 공동연구소 설립을 생각해볼 수 있습니다. MIT·카네기멜런·스탠퍼드 같은 대학과 피지컬 AI 분야 공동연구소를 설립하고, 한국 대학원생들이 이 연구소에서 2~3년간 공동연구를 수행하는 형태입니다.

또한 정부 주도의 피지컬 AI 글로벌 연구거점을 만드는 것도 방법일 듯합니다. 해외 대학의 연구 프로젝트에 한국 정부 예산이 공동 투입되고, 한국 연구자가 정식 구성원으로 참여하며 연구성과와 IP(지식재산권)를 공유하는 구조입니다.

국내 기관 간 협력만으로는 글로벌 최전선의 연구역량과 네트워크에 접근하기 어렵습니다. 해외 대학과의 공동연구가 깊어져야 그 네트워크를 통해 인재가 순환하고 지식이 흘러들어옵니다. 특히 실질적인 연구비와 인력이 투입되는 장기 프로젝트여야 합니다. 한국의 많은 대학이 해외 유명 대학과 MOU를 체결하지만, 실제로 공동 논문이 나오고 학생이 왕래하며 기술이 이전되는 사례는 극히 일부입니다. 피지컬 AI 분야에서 이런 관행을 반복해서는 안 됩니다.

대학원에서 현장으로 이어지는 파이프라인

현재 교육부와 산업부가 각각 추진하고 있는 인재 양성 사업들을 피지컬 AI에 맞게 재설계할 필요가 있습니다. 산업통상자원부의 '산업혁신 인재 성장 지원사업'은 산학프로젝트 수행 비용과 학생 인건비를 지원하며, 2025년 1,282명의 학생이 530개 팀으로 참여했습니다. 이 사업에서 반도체·로봇·배터리 등 첨단 전략산업 중심으로 산학프로젝트를 확대하고, 박사후연구원 지원사업도 신설 계획이라고 합니다.

한양대 에리카(ERICA) 캠퍼스를 중심으로 한 '지능형 로봇 혁신융합대학 사업단'은 7개 대학 컨소시엄으로 교육 자원을 공유하고 수업을 운영하고 있으며, 경상북도는 독자적으로 K-톱티어 석·박사 프로젝트를 추진해 포항공대·경북대에서 석·박사 장학생에게 월 500만원 수준의 지원을 제공하고 있습니다.

이런 개별 사업들은 각각 의미가 있지만, 피지컬 AI라는 분야의 특성에 맞춘 통합적인 인재 양성 설계가 필요합니다. 지금은 각 단계가 분절되어 있어 대학원에서 배운 이론이 기업 현장에서 바로 적용되지 않고, 해외에서 쌓은 역량이 한국으로 돌아올 유인이 약합니다.

우리는 중국이 2001년부터 코딩 교육을 의무화하고 24년 동안 인재를 길러온 결과가 딥시크 같은 성과로 나타난 것을 목도했습니다. 인재 양성은 결국 시간과의 싸움입니다. 지금 시작하지 않으면 5년 후에는 이미 늦습니다.

결론적으로 대기업의 장기적 투자로 글로벌 현장 경험을 쌓게 하고, 해외 대학과의 공동연구를 통해 세계 수준의 연구 인프라에 접근하게 하며, 대학원에서 산업현장으로 끊김없이 이어지는 융합교육 파이프라인을 구축해야 합니다. 이들이 유기적으로 연결될 때, 비로소 한국은 피지컬 AI 인재를 자체적으로 재생산할 수 있는 생태계를 갖추게 될 것입니다.

스톡옵션과 보상체계의 현실화

인재 유치에서 가장 먼저 부딪히는 벽이 보상체계입니다. 연봉만 놓고 보면 한국은 미국 빅테크와 경쟁이 안 됩니다. 또한 미국 실리콘밸리에서 스톡옵션은 핵심 보상의 축입니다. 구글·메타·엔비디아 같은 기업뿐 아니라 피겨AI·1X 테크놀로지스 같은 피지컬 AI 스타트업들도 스톡옵션을 무기로 최고급 인재를 영입합니다.

한국에서도 스타트업의 스톡옵션 제도가 존재하지만, 실현 가능성에 대한 신뢰가 낮습니다. 다음과 같은 3가지 방향의 제도 개선이 필요합니다.

먼저 비상장 주식의 유동성을 높여야 합니다. 현재 한국거래소가 운영하는 비상장 주식 거래 플랫폼인 K-OTC가 있지만, 스타트업이 여기에 등록하기까지의 절차가 복잡하고 거래가 활발하지 않습니다. 스타트업 직원이 일정 조건 아래 스톡옵션으로 취득한 주식을 기관투자자에 매각할 수 있는 시장이 활성화되어야 합니다. 스톡옵션이 실질적인 자산이라는 인식이 형성되지 않으면, 세제혜택을 늘려도 인재 유치의 무기가 되기 어렵습니다.

또한 현재 벤처기업법상 스톡옵션은 부여 후 2년이 지나야 행사할 수 있고, 행사기간은 통상 10년 이내로 설정되는데, 휴머노이드 로봇 같은 하드웨어 스타트업의 경우 개발주기가 길기 때문에 행사기간 연장이나 단계별 베스팅(vesting) 조건 완화 등의 유연성이 필요합니다.

아울러 대기업-스타트업 간의 보상 격차를 줄이는 보완 장치가 있어야 합니다. 예를 들어 피지컬 AI 분야의 핵심 인재로 인증된 연구자가 스타트업에 취업하면, 주거비 보조나 자녀교육비 지원 같은 정주 여건을 정부가 보완해 주는 제도를 검토할 수 있을 것입니다. 이미 K-테크 패스 프로그램에서 외국인 인재에게 제공하는 교육·주거·세제 혜택 패키지가 있지만, 이를 한국인 인재에게도 확대 적용하는 방안이 논의되어야 합니다.

R&D 환경을 글로벌 수준으로!

국내 AI 스타트업의 한 임원이 웃돈을 얹어도 수석 엔지니어급 인력을 구하기가 불가능하다고 토로하면서, 엔비디아 최신 GPU를 어렵게 확보해도 이를 활용할 핵심 인재가 없다는 얘기를 했습니다. 그 이유 중 하나는 GPU가 있어도 미국만큼의 규모가 안 되기 때문입니다.

이상적인 R&D 환경은 연구자가 3~5년 단위의 장기연구에 몰입할 수 있는 안정적인 펀딩, 필요할 때 바로 접근할 수 있는 대규모 GPU 클러스터와 로봇 실험 인프라, 해외 연구자와 자유롭게 협업할 수 있는 개방적인 연구 네트워크, 그리고 실패를 중간 성과가 아닌 학습과정으로 인정하는 평가체계입니다. 이 4가지가 갖추어져야 한국에서 피지컬 AI 연구를 하는 것이 최소한 동등한 조건이 됩니다.

아울러 대기업의 R&D는 사업부의 요구에 맞춰 제품개발에 집중되는 경향이 있는데, 피지컬 AI 연구 인력을 유지하려면 사업부 성과와 분리된 독립적인 연구 트랙을 운영하고, 연구자에게 학회 발표와 논문 게재의 자유를 보장하는 등의 조치가 필요할 것입니다.

피지컬 AI 연구의 매력적인 허브로 인식되려면

미국·캐나다·영국·독일 등은 이미 AI 인재 유치를 위한 비자 패스트트랙과 세제혜택을 적극 운용하고 있습니다. 한국 또한 2025년 첨단산업 글로벌 인재를 위한 톱티어(Top-Tier) 비자 신설을 의결했고, AI 전문가 등 해외 우수인력이 국내로 복귀하는 경우 주는 세제혜택을 2028년까지 연장했습니다. 하지만 성과가 아직 제한적이라는 평가가 있습니다.

먼저, 자격요건이 너무 높습니다. 톱티어 비자의 대상이 세계 100대 대학 석·박사 출신에 글로벌 500대 기업 경력 3년 이상인데, 이들은 이미 미국이나 유럽에서 충분히 좋은 대우를 받고 있을 가능성이 높습니다. 또한 인도·중국·동남아시아의 유능한 엔지니어들은 이 자격요건에 맞지 않을 수 있습니다.

피지컬 AI 분야에서 실무역량이 뛰어난 인재 중에는 세계 100대 대학 출신이 아닌 경우도 많습니다. 오픈소스 프로젝트 기여, 로봇대회 수상, 실무 포트폴리오 등 다양한 역량 지표를 인정하는 유연한 평가체계가 필요합니다. 또한 자녀교육을 위한 국제학교 접근성, 외국인 의료 서비스, 영어 가능한 행정 서비스 등 정주 여건 전반의 개선이 동반되어야 합니다.

무엇보다 피지컬 AI 연구의 매력적인 허브로 인식되어야 합니다. 피지컬 AI 연구의 글로벌 허브로 포지셔닝하기 위해서는 구체적으로 3가지가 필요합니다.

먼저, 피지컬 AI 분야에 특화된 비자 패스트트랙이 필요합니다. 자격요건을 완화하되, 한국의 피지컬 AI 프로젝트에 참여하겠다는 구체적인 계획을 심사기준으로 삼는 방식입니다.

또한 외국인 연구자가 한국에서 창업할 수 있는 경로를 넓히는 것을 고려할 수 있습니다. 피지컬 AI 분야의 외국인 연구자가 한국에서 스타트업을 설립하고, 한국의 제조 인프라와 부품 생태계를 활용해 로봇을 만들 수 있다면, 이것 자체가 강력한 유인이 됩니다. 현재 외국인 창업비자(D-8-4)가 있지만, 피지컬 AI의 특성인 긴 개발기간과 높은 초기 투자를 감안한 유연한 운영이 필요합니다.

아울러 한국에서 피지컬 AI를 연구하면 얻을 수 있는 고유한 가치를 만들어야 합니다. 시뮬레이션에서 학습한 피지컬 AI를 실제 로봇에 탑재하고, 실제 환경에서 테스트하는 과정을 한국만큼 빠르게 수행할 수 있는 곳은 많지 않습니다.

결국 인재 문제는 돈의 문제이자 환경의 문제이며, 동시에 비전의 문제입니다. 한국이 피지컬 AI에서 어떤 미래를 그리고 있는지, 그 미래에서 연구자 개인이 어떤 역할을 할 수 있는지를 설득력 있게 보여줄 수 있어야 합니다.

스톡옵션이 실제 자산이 되는 생태계, 세계 수준의 연구에 몰입할 수 있는 환경, 그리고 글로벌 인재가 자연스럽게 모여드는 허브. 이 3가지가 갖추어질 때, 인재가 떠나지 않게 만들고, 동시에 인재가 들어오게 만드는 선순환이 시작됩니다. 사람이 곧 전략입니다.

길목을 잡아라, 대체 불가능한 부품 공급자가 되는 법

피지컬 AI처럼 기술의 스펙트럼이 넓고, 자본이 막대하게 드는 분야에서는 모든 것을 다 잘하기는 쉽지 않습니다. 우리의 강점을 어디에 집중해야 하는지 구체적으로 살펴보겠습니다.

피지컬 AI 산업의 지형도를 그려보면, 흥미로운 구조가 보입니다. 상층부에는 AI 플랫폼이 자리하고, 하층부에는 완성품 로봇이 있습니다. 그런데 이 상층부와 하층부를 연결하는 중간 지대, 그러니까 AI의 지능을 물리적 움직임으로 변환시키는 핵심 부품 영역에서 아직 확고한 지배자가 없습니다. 미국과 중국 양쪽에서 러브콜을 받을 수 있는 기술을 전략적으로 개발해야 합니다.

로봇 원가의 60~70% 액추에이터 승부처

로보티즈·레인보우로보틱스·에스비비테크·SPG·HL만도·삼성전기·현대모비스

테슬라의 옵티머스든 보스턴다이내믹스의 아틀라스든, 인간과 유사한 움직임을 구현하려면 그만큼 많은 관절이 필요합니다. 휴머노이드 로봇 한 대에 들어가는 액추에이터가 40~90개에 달합니다. 액추에이터는 모터·감속기·제어기·센서를 결합한 복합 시스템으로, 로봇이 팔을 뻗고 물건을 집고 걸음을 옮기는 모든 동작의 출발점입니다.

밸류에이츠 리포트(Valuates Reports)는 특히 휴머노이드 전용 액추에이터 시장이 2024년 1억 5,000만 달러에서 2031년 98억 6,000만 달러로 성장해 연평균 80%의 성장률을 기록할 것으로 예상했습니다. 한 대에 수천만 원에서 억 단위인 로봇 원가에서 액추에이터의 비중은 60~70%에 달합니다. 액추에이터의 성능과 가격 경쟁력이 사실상 로봇 전체의 경쟁력을 좌우하는 셈입니다.

그렇다면 한국 기업들은 어디쯤 서 있을까요? 가장 주목할 기업은 로보티즈로, 다이나믹셀(Dynamixel)이라는 브랜드로 전 세계 연구용 로봇 시장에서 사실상 표준 지위를 확보하고 있습니다. LG전자가 7.45%의 지분을 확보했는데, 향후 가정용 로봇 생태계 구축에서 액추에이터 공급을 확보하려는 전략적 포석으로 읽힙니다.

레인보우로보틱스는 로봇의 핵심 구동부와 감속기를 자체적으로 개발하는데, 외부 의존도를 낮추고 기술 자립을 추구하는 전략은 장기적으로 공급망 안정성 면에서 큰 강점이 됩니다. 삼성전자가 인수하면서 대기업 생태계에 편입되었습니다. 삼성전자의 제조역량과 결

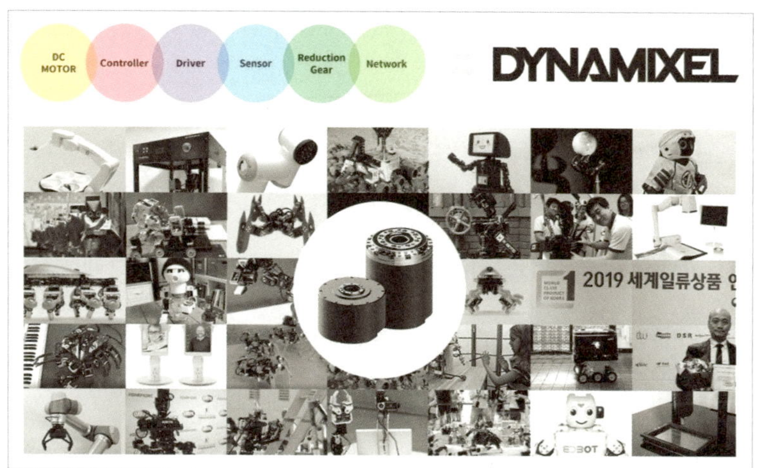

로보티즈의 스마트 액추에이터 다이나믹셀. 모터·감속기·제어기·센서가 하나로 합쳐진 일체형으로, 로봇을 쉽게 제작할 수 있도록 지원한다. 전 세계 연구용 로봇 시장에서 사실상 표준 지위를 확보하고 있다. (출처: 로보티즈 홈페이지)

합되면 양산 단계에서 상당한 시너지가 기대됩니다.

감속기 영역에서는 에스비비테크(SBB Tech)가 눈에 띕니다. 오랫동안 일본이 독점해온 분야에서 국내 유일의 하모닉 감속기 국산화 기업으로, 국내 주요 로봇 제조사에 핵심 부품을 공급하고 있습니다. SPG도 초정밀 유성감속기와 SH감속기 분야에서 국내 대표 기업의 위치를 확보하고 있습니다.

대기업의 움직임도 본격화되고 있습니다. HL만도는 자동차 부품에서 축적한 정밀 요소 기술을 로봇 액추에이터로 확대하고 있습니다. 자동차의 조향장치와 브레이크 시스템에서 검증된 양산 품질 기술력은 대량생산 단계의 로봇 액추에이터 시장에서 강점이 될 수 있습니다. 삼성전기·현대모비스도 로봇 부품 사업을 확대하고 있습니다. 모건스탠리는 '휴머노이드 테크 25' 보고서에서 향후 휴머노이드 로봇 시장을 지배할 25개 핵심 부품 기업에 삼성전자와 삼성전기를 포함시켰습니다.

다만, 고출력·고효율 모터의 핵심 소재인 네오디뮴 자석(NdFeB)은 공급망이 중국에 압도적으로 집중되어 있습니다. CES 2026 현장에서 전문가들이 반복적으로 지적한 것이 바로 이 소재 공급망 문제였습니다. 휴머노이드 경쟁이 부품과 소재, 제조역량의 문제로 귀결되고 있음을 보여주는 대목입니다.

한국 액추에이터 산업이 지위를 확보하려면 3가지 방향의 투자가 필요합니다. 먼저, 휴머노이드의 관절은 점점 더 작은 공간에 더 강한 힘을 필요로 하므로 소형화와 높은 토크 밀도가 필요합니다. 또한 다양한 로봇 플랫폼에 유연하게 적용할 수 있는 표준화된 모듈을 개발해야 합니다. 아울러 소재 공급망의 다변화가 필요합니다. 네오디뮴 의존도를 낮출 수 있는 대체 소재 연구나, 자석 사용량을 줄이는 모터 설계 혁신이 중장기적으로 반드시 뒷받침되어야 합니다.

한국 제조업 정밀 센싱과 제어 노하우를 '센서 퓨전'으로

에이딘로보틱스·에이엘로봇

센서 퓨전(Sensor Fusion)은 로봇이 카메라로 물체를 인식하고(시각), 라이다와 초음파로 거리를 측정하며(공간 감각), 힘·토크 센서로 접촉 강도를 파악하고(촉각), 관성 측정 장치(IMU)로 자세를 유지하는(균형 감각) 일련의 과정을 실시간으로 통합하는 기술입니다. 로봇에 필요한 99.9999%의 신뢰성을 달성하는 데 결정적 역할을 합니다.

한국에는 세계적 경쟁력을 갖춘 기업들이 이미 존재합니다. 대표적으로 에이딘로보틱스(AIDIN Robotics)가 개발한 초소형 6축 힘·토크 센서는 세계에서 가장 작은 크기로, 사람의 촉각처럼 3차원 공간에서 힘과 토크를 동시에 감지하되, 외국산 제품 대비 가격은 약 10분의 1 수준입니다. 2025년 IR52 장영실상을 수상했으며, 현재 14개국의 로봇 제조사와 AI 연구기관에 공급되고 있습니다.

에이엘로봇(AL Robot)도 주목할 만합니다. 고정밀 6축 힘·토크 센서와 관절형 토크 센서를 국내 대표 로봇 기업과 글로벌 의료기기 제조사에 공급하고 있으며, 일본 주요 로봇 기업들과의 공동개발도 확대하고 있습니다. CES 2026에서는 액티브 컴플라이언스 컨트롤(Active Compliance Control) 기반 제어 기술까지 선보이며, 로봇 제어 기술 전반으로의 확장 의지를 분명히 했습니다.

센서 퓨전은 시스템 통합 역량이 중요한데, 한국 제조업이 수십 년간 축적해 온 정밀 센싱과 제어 노하우가 여기서 빛을 발합니다. 그런데 이 자산들이 로봇 산업이라는 새로운 도메인으로 체계적으로 이전되지 못하고 있으므로 이 벽을 깨야 합니다.

도전의 질이 달라지고 있는 엣지 AI 칩

리벨리온·퓨리오사AI·딥엑스·모빌린트

로봇은 이동하면서 동시에 물체를 집고, 사람의 움직임을 예측하며, 힘의 강도를 조절해야 합니다. 이 모든 추론이 로봇의 몸 안에서 밀리초 단위로 이루어져야 합니다. 클라우드에 의존하는 순간, 반응 지

AI 반도체 설계(팹리스) 스타트업 리벨리온. 전력 효율이 높고 저렴한 AI 칩을 만들어 전 세계 데이터센터 시장에 도전하는 것이 목표다. 2026년 3월 4억 달러 투자를 유치했고, 미국 시장 진출을 본격화할 계획이다. (출처: 리벨리온 홈페이지)

연이 발생하고 안전사고로 이어질 수 있습니다. 엣지 AI 칩 시장은 이러한 필요성을 반영하며 급성장하고 있습니다. 아이디테크엑스(IDTechEx)는 엣지 AI 칩 시장이 2024년 30억 달러에서 2034년 220억 달러 규모로 성장할 것으로 전망합니다.

이 거대한 시장에서 한국의 포지션은 어떨까요? 솔직히 말하면, 아직 도전자 단계입니다. 그러나 도전의 질이 달라지고 있습니다.

리벨리온(Rebellions)은 2024년 말 SK텔레콤의 자회사 사피온코리아와 합병하면서 국내 최초 AI 반도체 유니콘 기업으로 올라섰습니다. 2026년 진행된 투자 라운드에서 기업가치 23억 4,000만 달러(약 3조 5,000억 원)를 인정받았습니다. 그동안 ARM·삼성증권·아람코, 그리고 이번 투자 라운드에서는 국민성장펀드 등 국내외 굵직한 투자자들이 참여한 것은 기술력에 대한 시장의 신뢰를 보여줍니다. 삼성전자 4nm 공정과 HBM3e 메모리를 기반으로 설계한 리벨 쿼드(REBEL Quad)는

NPU 칩 4개를 칩렛으로 결합한 구조로, 2025년 하반기 양산에 들어 갔습니다. 일본 NTT 도코모, 사우디 아람코 등과 개념검증(PoC)을 진 행하며 글로벌 시장 진입을 가속화하고 있습니다.

퓨리오사AI(FuriosaAI)는 전력 효율 중심의 다른 경로를 선택했습니다. TSMC 5nm 공정과 HBM3을 적용한 2세대 NPU 레니게이드(RNGD)로 엣지와 온프레미스 시장을 공략합니다. 벤치마크에서 엔비디아 T4 대비 4배 빠른 영상 인식 성능을 시연한 바 있으며, LG AI연구원의 거대언어모델 엑사원(EXAONE)에 도입되었습니다. 메타로부터 8억 달러 규모의 인수 제안을 거절하고 독자 노선을 택한 것으로 화제가 되기도 했습니다.

딥엑스(DeepX)와 모빌린트(Mobilint)는 로봇이나 사물인터넷(IoT) 기기에 직접 탑재되는 엣지 AI 칩을 개발합니다. 데이터센터용 칩을 만드는 리벨리온·퓨리오사AI와는 타깃이 다르지만, 피지컬 AI의 말단에서 실시간 추론을 수행하는 역할은 오히려 이들의 칩이 더 직접적입니다.

한국 반도체 산업의 구조적 강점도 여기서 작동합니다. 리벨리온이 삼성전자 파운드리와 HBM을 활용하고, 퓨리오사AI가 SK하이닉스의 HBM3을 탑재하는 구조는 한국 내에서 'AI 칩 설계-제조-메모리'의 수직적 생태계가 형성되고 있음을 보여줍니다.

다만, 현실적인 한계도 있습니다. 글로벌 팹리스 시장에서 한국의 점유율은 약 1%에 불과합니다. 엔비디아의 쿠다 생태계라는 거대한 해자를 넘는 것도 쉽지 않습니다. 그러나 AI 추론 시장이 폭발적으로 확대되면서 GPU만으로 감당하지 못하는 영역이 분명히 생길 것이라는 것이 업계의 일관된 전망입니다. 비용 효율성과 전력 효율성이 핵심인 엣지 추론 시장에서 NPU가 GPU 대비 구조적 우위를 가질 수 있다는 점이 한국 AI 칩 기업들의 전략적 근거입니다.

'없으면 안 되는 존재'가 진정한 강자다!

앞에서 소개한 3가지 기술을 관통하는 원칙이 하나 있습니다. 바로 '대체 불가능성'입니다. 네덜란드라는 작은 나라의 ASML은 EUV 노광장비라는 길목을 장악함으로써, 전 세계 첨단 반도체 생산의 통행료를 받고 있습니다.

실리콘밸리의 스타트업들의 화려한 데모 영상에 등장하는 로봇의 모터와 센서, 칩의 상당 부분이 일본과 독일, 그리고 점점 더 한국에서 만들어지고 있습니다.

물론 쉽지 않습니다. 액추에이터 소재의 중국 의존, AI 칩의 쿠다 생태계 종속, 센서 핵심 기술의 일본 선점이라는 현실적 장벽이 있습니다. 그러나 에스비비테크가 하모닉 감속기를, 에이딘로보틱스가 초소형 힘·토크 센서를, 리벨리온이 NPU를 각각 국산화해낸 것은 이 장벽이 넘지 못할 벽은 아니라는 증거입니다.

핵심은 속도입니다. 피지컬 AI 시장이 본격적으로 폭발하기 전에 자리를 잡아야 합니다. 시장이 형성된 다음에 진입하면, 이미 다른 나라의 기업이 그 자리를 차지하고 있을 것입니다.

26만 장 GPU 삼각편대가
하나로 움직이면

2025년 10월, APEC 정상회의가 열리는 기간 엔비디아는 한국에 GPU 26만 장을 공급하겠다는 빅딜(약 14조 원)을 했습니다. 이 중에서 현대차·삼성·SK가 각각 5만 장씩 가져가는 구조가 마치 삼각편대 같다는 생각이 들었습니다(네이버 6만 장). 각기 다른 역할을 맡되, 하나의 목표를 향해 함께 날아가는 형국입니다.

현대차, 로봇을 만든다 보스턴다이내믹스·현대로보틱스

현대차 그룹은 2025년 엔비디아와 AI 기술센터를 설립하고, 자율주행·스마트 제조·로보틱스 분야에서 공동 개발에 나섰습니다. 5만 장의 GPU는 이 세 영역의 초대형 AI 모델을 학습시키는 데 투입될 것으로 보입니다.

현대차그룹의 보스턴다이내믹스는 CES 2026에서 구글 딥마인드와 전략적 파트너십을 체결하고 향후 로드맵을 발표했습니다. 2026년부터 미국에 실제 공장과 동일한 환경에서 로봇을 훈련하고 검증하는 로봇 메타플랜트 응용 센터(RMAC)를 가동하고, 2028년부터 미국 조지아주 현대차 공장에 아틀라스를 실제 투입하며, 2030년에는 조립 같은 복잡한 공정까지 확장한다는 계획입니다.

여기서 한 발 더 나아간 시나리오가 있습니다. 피겨AI·앱트로닉 같은 수많은 로봇 스타트업은 기술을 보유하고 있지만 대량양산 체제를 갖춘 곳은 사실상 없습니다. 현대차는 글로벌 자동차 양산의 노하우를 갖고 있고, 보스턴다이내믹스의 기술력까지 확보했습니다. 현대차가 다른 기업들이 설계한 휴머노이드를 대신 양산해 주는 '파운드리' 모델이 가능해질 수 있습니다. 만약 현대차가 반도체에서 TSMC가 차지하는 위치를 로봇 영역에서 가져간다면 그 가치는 상상을 초월할 것입니다.

삼성, 두뇌를 만든다 반도체·레인보우로보틱스

삼성전자가 확보한 5만 장의 GPU는 반도체 AI 팩토리에 투입됩니다. 반도체 설계부터 생산에 이르는 모든 과정을 AI가 통제하는 '거대한 두뇌'를 만들겠다는 것입니다. 삼성은 2024년 반도체 업계 최초로 엔비디아 옴니버스 기반의 디지털 트윈 플랫폼을 도입했습니다. 실제 반도체 공장을 가상공간에 그대로 재현하고, AI가 공정 최적화를 시뮬레이션한 뒤 그 결과를 실제 생산라인에 적용하는 구조입니다.

삼성전자가 레인보우로보틱스의 로봇을 실제 반도체 공장에서 테스트하는 중이라는 이야기가 나오고 있는데, 상반신만 있고 하반신은 바퀴로 이동하는 형태의 로봇이 반도체 공정의 특정 작업을 수행하는 방식이라는 소리도 들립니다.

삼성의 더 큰 역할은 피지컬 AI 생태계의 '두뇌 공급자'라는 점에서 나옵니다. 엔비디아 GPU에는 삼성전자와 SK하이닉스가 생산한 고대역폭 메모리(HBM)가 탑재됩니다. 블랙웰 GPU 칩 하나에 HBM3E(5세대) 12단 제품 8개가 들어갑니다. 26만 장 계약으로 한국이 확보하게 될 HBM 물량은 200만 개를 넘는 것으로 추산됩니다. 삼성은 차세대 HBM4 공급도 엔비디아와 긴밀히 협의 중이라고 밝혔습니다. 즉, 삼성은 로봇의 두뇌를 직접 만들기도 하고(레인보우로보틱스), 그 두뇌를 구동하는 반도체의 핵심 부품(HBM)도 공급하는 이중 역할을 맡고 있는 것입니다.

SK, 인프라를 깐다 HBM·통신·배터리

SK그룹은 또 다른 차원에서 이 삼각편대를 완성합니다. SK하이닉스는 HBM 시장의 절대 강자입니다. 젠슨 황은 SK하이닉스와 삼성전자가 장기적인 파트너로서 HBM4, HBM5, 나아가 HBM97까지 함께 개발해 나갈 것이라고 확신한다는 식의 농담처럼 들리는 말을 하기도 했습니다.

SK그룹은 자체적으로도 5만 장의 GPU를 활용해 AI 팩토리를 구축합니다. 반도체 연구, 클라우드, AI 에이전트 개발에 투입한다는 계획입니다. SK텔레콤은 AI 서비스 에이닷(A.)을 통해 통신 인프라와

AI를 결합하고 있고, SK이노베이션 계열의 배터리 사업은 피지컬 AI 시대에 필수적인 에너지 인프라를 담당합니다. 휴머노이드든 자율주행차든 AI 데이터센터든, 결국 전력이 없으면 아무것도 돌아가지 않습니다. 26만 장의 GPU를 돌리려면 중소도시 하나에 버금가는 전력이 필요하다는 분석도 있습니다.

삼각편대가 하나로 움직이면, 수직 통합의 그림

이제 이 세 축을 하나의 밸류체인으로 연결해 보겠습니다.

SK하이닉스나 삼성전자가 HBM을 만들고, 이는 엔비디아 GPU에 탑재됩니다. 이 GPU가 삼성의 반도체 AI 팩토리에서 공정을 최적화하고, 현대차의 로봇 메타플랜트 응용센터에서 아틀라스를 훈련시킵니다. 훈련을 마친 아틀라스가 현대차 공장에 투입되어 제조공정을 수행합니다. 이 과정에서 발생하는 제조 데이터가 다시 AI 학습의 원료가 됩니다. SK텔레콤의 5G 네트워크가 이 모든 것을 실시간으로 연결하고, SK의 배터리가 로봇과 데이터센터에 에너지를 공급합니다. 이것이 하나의 순환고리를 형성하는 것입니다.

이 구조의 진짜 강점은 각 그룹이 서로 경쟁하면서도 보완적이라는 점입니다. 이런 경쟁적 보완 생태계는 미국의 빅테크들 사이에서는 흔하지만, 제조업 기반으로 이 정도의 수직 통합이 가능한 국가는 미국과 중국을 제외하면 한국이 거의 유일합니다. 그래서 중국에 대적할 수 있는 유일한 국가가 대한민국이라는 말을 하는 이들도 있습니다.

그러나 냉정하게 봐야 할 것들

이 삼각편대 구조가 자동으로 작동하는 것은 아닙니다. 몇 가지 구조적 과제가 있습니다.

먼저, 그룹 간 데이터 공유나 기술협력은 쉽지 않습니다. 2025년 출범한 K-휴머노이드 연합, 제조 AX(제조 AI 전환, M.AX, 맥스) 얼라이언스가 이 역할을 할 수도 있지만, 발표 수준에서 실질적인 기술 공유 플랫폼으로 진화해야 합니다.

또한 엔비디아 종속의 위험이 있습니다. 26만 장의 GPU는 결국 엔비디아 생태계 안으로의 편입을 의미합니다. 엔비디아의 소프트웨어 플랫폼에 한국의 제조 데이터가 올라가면, 그 데이터의 가치를 누가 가져가는 것인지에 대한 고민이 필요합니다.

게다가 GPU 26만 장을 설치하고 AI 팩토리를 구축하는 데 2~3년이 걸리는데, 2~3년 후면 GPU 세대 자체가 바뀝니다. 업그레이드 사이클 관리와 추가 투자가 관건입니다.

아울러 피지컬 AI 생태계가 대기업 중심으로만 형성되면 혁신의 다양성이 줄어들 수 있습니다. 네이버가 확보한 6만 장을 클라우드를 통해 얼마나 개방하느냐, 정부의 5만 장이 어떤 방식으로 배분되느냐가 생태계의 폭을 결정할 것입니다.

그럼에도 불구하고 이 삼각편대의 가능성은 부정하기 어렵습니다. 문제는 이 조건들을 '따로따로' 활용할 것이냐, '하나로' 엮을 것이냐입니다. 젠슨 황이 한국의 치킨집에서 보여준 것은 연결의 가능성이라고 볼 수 있습니다.

피지컬 AI 강국으로 가는
4단계 로드맵

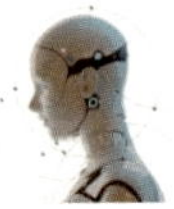

아무리 훌륭한 비전도 실행의 타임라인이 없으면 구호에 그칩니다. 이 책에서는 2026~2030년 4개의 전략적 이정표를 설정하고, 각 시점에서 반드시 통과해야 하는 관문이 무엇인지를 점검할 것입니다. 하나의 관문이라도 제때 통과하지 못하면, 다음 단계의 실행이 구조적으로 지연됩니다. 연쇄 지연이 발생하면, 2030년이라는 최종 목표는 공허한 수치로 전락할 수밖에 없습니다.

2026년 기반 구축의 해

데이터 공유 플랫폼과 실증특구 지정

2026년의 핵심 과제는 하나입니다. "데이터를 움직이게 하라."

한국은 데이터가 없는 것이 아니라 흐르지 않는 것이 문제입니다. 데이터를 한 기업이 독점하면 그 기업의 로봇만 똑똑해지지만, 산업 전체가 공유하면 한국 전체 피지컬 AI가 똑똑해집니다. 데이터가 표준화되고 공유되는 구조가 없으면, 26만 장의 GPU는 그저 비싼 전기 소비 장치에 불과합니다.

데이터 공유 플랫폼은 결국 교통규칙을 정하는 일입니다. 로봇 동작 데이터 표준 포맷, 공정 데이터 익명화·비식별화 프로토콜, 데이터 기여자에 대한 보상체계 같은 것들이 2026년 안에 합의되어야 합니다.

동시에, 실증특구 지정이 필요합니다. 피지컬 AI를 현실에 배치하기 위해 일일이 법 개정으로 풀려면 수년이 걸립니다. 실증특구는 이 시간을 단축하는 우회로입니다. 정부는 이미 자율주행 실증도시를 2026년 상반기 내 조성하겠다고 밝혔고, 로봇·자동차·선박·가전 등 7대 선도 분야를 집중 지원하겠다는 방침을 내놓았습니다. 실증특구에서 로봇이 현장에서 실수하고 그 실수에서 배우고 다시 개선하는 순환고리를 돌릴 수 있어야 합니다.

2025~2027년 100개 이상의 휴머노이드 실증 사업이 계획되어 있는데, 이 실증 사업에서 확보되는 데이터의 소유권과 활용 범위를 명확히 해야 합니다. 데이터를 먼저 내놓는 기업이 손해 본다는 인식이 바뀌지 않으면, 어떤 플랫폼도 작동하지 않습니다.

2026년의 성공 지표를 정리해 보죠. 제조 데이터 공유 플랫폼의 거버넌스 체계 수립, 최소 3개 이상의 피지컬 AI 실증특구 지정, 그리고 2025년에 출범한 민관 협력체(K-휴머노이드 연합·제조 AX 얼라이언스·피지컬 AI 글로벌 얼라이언스)가 실질적인 기술 공유 플랫폼으로 작동하기 시작하는 것, 이들이 달성되지 않으면 이후의 로드맵은 사상누각입니다.

2027년 첫 번째 킬러 애플리케이션의 해

제조 AX&투자 대비 효과 증명

2027년은 피지컬 AI가 처음으로 산업현장에서 '투자 대비 효과가 증명되는 해'가 되어야 합니다. 2027년에 킬러 애플리케이션이 될 수 있는 것은 무엇일까요? 두 가지 영역을 최우선 타깃으로 생각해 볼 수 있습니다.

먼저, 제조현장의 로봇 자동화 혁신입니다. 2027년의 도약은 기존 로봇 인프라 위에 피지컬 AI를 얹는 것에서 시작됩니다.

CES 2026에서 출범한 K-휴머노이드 연합과 제조 AX 얼라이언스가 바로 이 방향의 첫 걸음입니다. 구체적으로, 2027년까지 협동로봇에 AI 비전과 자율 판단 기능을 결합한 스마트 협동로봇의 자동차·전자·배터리 공장 최소 50개 라인 배치를 달성 목표로 할 수 있습니다. 뉴로메카·두산로보틱스·레인보우로보틱스 등이 이미 이 방향으로 제품을 개발하고 있고, 정부의 규제혁신 로봇 실증사업과 서비스 로봇 실증사업이 뒷받침하고 있습니다.

또한 K-푸드 로봇의 상용화도 주목할 만합니다. 한국이 세계 시장에서 차별화된 포지셔닝을 할 수 있는 서비스 로봇 분야입니다. 리서치 네스터(Reseach Nester)에 따르면, 세계 조리 로봇 시장은 2028년까지 약 3억 2,000만 달러 규모, 연평균 성장률이 16.1%에 달할 것으로 전망됩니다. 거대한 시장은 아니지만, 한류 콘텐츠와 K-푸드의 글로벌 확산이라는 거대한 트렌드와 결합하면 문화 수출의 도구가 됩니다.

뉴로메카는 이미 교촌치킨·고피자·CJ푸드빌 빕스 등에 조리용 협동로봇을 공급하고 있으며, 엑스와이지는 바리스타 로봇 바리스, 아이스크림 로봇 아리스 등을 상용화하며 푸드 자동화의 가능성을 보여주고 있습니다. 이런 기업들이 2027년까지 해외 프랜차이즈 체인에 로봇을 납품하기 시작한다면, 한국은 푸드 로봇 카테고리의 선점자가 될 수 있습니다.

이 영역을 강조하는 이유가 하나 더 있습니다. 음식 조리는 피지컬 AI 입장에서 매우 도전적인 과제입니다. 불규칙한 형태의 식재료를 다루고 온도와 시간을 정밀하게 제어하며 위생기준을 충족해야 합니다. 이 영역에서 성공적인 로봇을 만들어내면, 그 기반 기술은 제조업·물류·의료 등 다른 분야로도 자연스럽게 확장될 수 있습니다.

2027년의 성공 지표는 다음과 같습니다. 제조현장에 스마트 협동로봇 최소 50개 생산라인 배치, K-푸드 로봇 해외 5개국 이상 수출, 이 과정에서 축적된 현장 데이터가 2026년에 구축한 데이터 공유 플랫폼으로 환류되기 시작하는 것. 이 순환구조가 만들어지면 2028년의 글로벌 진출에 필요한 실적 기반이 확보됩니다.

2028년 글로벌 시장 진출 본격화

'메이드 인 코리아'에서 '메이드 바이 코리아'로!

2028년은 한국 피지컬 AI 산업의 결정적 분기점입니다. 국내 실증에서 '글로벌 상용화'로 전환하는 해이기 때문입니다.

2028년 글로벌 경쟁환경은 지금보다 훨씬 치열해져 있을 것입니다. 보스턴다이내믹스의 아틀라스가 미국 조지아주 공장에 단계적으로 투입되는 시점이고, 테슬라의 옵티머스도 자체 공장 배치를 넘어 외부 판매를 시도하고 있을 것입니다. 중국은 이미 2027년까지 수십 개의 휴머노이드 기업이 가격경쟁을 벌이며 동남아·중동 시장을 석권하고 있을 가능성이 높습니다.

한국이 택할 수 있는 글로벌 진출 전략은 3가지입니다.

첫째, 부품 및 서브 시스템 수출입니다. 중국이 완제품 시장에서 가격으로 밀어붙이면, 한국은 그 완제품 안에 들어가는 핵심 부품으로 수익을 거둘 수 있습니다. 정밀 감속기, 토크 센서, 로봇 핸드의 촉각 센서, 엣지 AI 프로세서 같은 것들입니다. 이는 반도체 산업에서 이미 검증된 전략입니다. 전 세계 스마트폰이 어느 나라에서 조립되든, 그 안의 메모리 칩은 한국산입니다. 같은 구조를 로봇 분야에서도 만들 수 있느냐가 관건입니다.

둘째, 하드웨어만이 아니라 '한국형 스마트 팩토리 패키지'를 통째로 파는 것입니다. '로봇 하드웨어+AI 소프트웨어+공정 설계 노하우+디지털 트윈 시뮬레이션'을 하나의 패키지로 묶어 동남아·중동·동유럽 등 제조업을 막 고도화하려는 국가들에 제공하는 모델입니다.

두산로보틱스는 이미 협동로봇 판매 채널을 2026년까지 219개로 확대하겠다는 계획을 발표했으며, 유럽 법인 설립과 함께 중남미·동남아 시장 진출을 추진 중입니다. 레인보우로보틱스는 미국 현지법인을 설립하며 글로벌 시장 확보에 나서고 있습니다. 이런 개별 기업의 노력이 국가 차원의 수출 지원 체계와 결합되면 시너지가 발생할 것입니다.

셋째, 가장 야심찬 것인데, 바로 '로봇 제조 파운드리 모델'입니다. TSMC가 세계 최고의 반도체 제조 서비스를 제공하듯, 한국이 글로벌 로봇 기업들의 생산기지 역할을 하는 것입니다.

한국은 정밀기계 가공, 전자부품 표면실장(SMT), 배터리 팩 조립 등에서 세계 최고 수준의 제조역량을 보유하고 있습니다. 현대차그룹이 2028년 보스턴다이내믹스의 아틀라스를 3만 대 규모로 양산하겠다는 계획 자체가, 한국의 자동차 제조라인을 로봇 생산에 전용(轉用)할 수 있다는 가능성을 보여줍니다. 만약 이 역량이 외부 로봇 기업들에도 개방된다면, 한국은 반도체에서 TSMC가 차지하는 것과 유사한 포지션을 로봇 산업에서 확보하게 됩니다.

물론 이 전략에는 전제조건이 있습니다. 2026~2027년에 구축한 데이터 공유 플랫폼과 실증 인프라가 제대로 작동해서, 한국에서 로봇을 만들면 다른 곳에서 만드는 것보다 빠르고 안정적이라는 트랙 레코드가 쌓여야 합니다. '제조 파운드리' 전략은 신뢰의 산업입니다. 기존 자동차·전자 제조에서 축적한 신뢰가 이전될 수 있다는 점이 한국의 유리한 출발점입니다.

2028년의 성공 지표는 다음과 같습니다. 로봇 관련 수출 전년 대비 30% 이상 증가, 최소 2개 이상의 글로벌 로봇 기업이 한국에 생산거점 또는 R&D 센터 설립, 그리고 한국 기업이 개발한 로봇 솔루션이 글로벌 10개국 이상에서 상용 서비스 개시, 이 지표들이 달성되면 2030년의 목표는 비로소 현실적인 사정권에 들어옵니다.

2030년 피지컬 AI 글로벌 톱3 달성, 무엇으로 측정할 것인가?

정부는 2030년 피지컬 AI 분야에서 세계 1위를 달성하겠다는 목표를 공식화했습니다. 제4차 지능형 로봇 기본계획에서는 2030년까지 민관 합동으로 3조 원 이상을 투자하고, 첨단 로봇 100만 대를 보급하겠다는 목표도 제시되어 있습니다.

피지컬 AI 강국의 위상을 측정하려면 최소한 4가지 축이 필요합니다.

첫째, 핵심 AI 모델과 학습 인프라를 자체적으로 보유하고 있는가 하는 기술 주권 문제입니다. 현재 한국은 엔비디아의 옴니버스·아이작 심·코스모스 등에 상당 부분 의존하고 있습니다. 2030년까지 한국 독자의 로봇 파운데이션 모델을 만드는지, 아니면 여전히 미국 플랫폼 위에서만 운영되는지가 기술 주권의 핵심 척도가 됩니다.

둘째, 100만 대 보급이라는 양적 목표만이 아니라 제조업을 넘어 물류·의료·농업·국방·서비스업까지 확장되어야 진정한 의미의 피지컬 AI 강국이라 할 수 있습니다.

셋째, 글로벌 시장점유율입니다. 국제로봇연맹이 발표한 '월드 로보틱스 2025'에 따르면, 2024년 기준 한국은 전체 제조용 로봇 시장의 5.6%로 중국(54%), 일본(8.2%), 미국(6.3%)에 이어 세계 4위입니다. 이 시장에서 한국이 10% 이상의 점유율을 확보하면 톱3 진입의 실질적 근거가 됩니다.

넷째, 피지컬 AI 생태계의 건전성을 확보해야 합니다. 로봇 스타트업의 수, 피지컬 AI 관련 특허 출원 건수, AI·로봇 분야 석·박사 인력의 충원율, 그리고 대기업-스타트업-학교-연구소 간의 인력과 기술순환 속도 같은 지표들이 건강해야 2030년 이후에도 지속 가능한 성장을 꾀할 수 있습니다.

피지컬 AI 분야에서 미국은 플랫폼과 기술의 최전선을 장악하고 있고, 중국은 규모의 경제와 국가 주도 집중 투자로 빠르게 추격하고 있습니다. 그러나 톱3는 충분히 가능한 목표라고 봅니다.

다만, 이 모든 것은 자동으로 일어나지 않습니다. 2026년 데이터 플랫폼 구축이 늦어지면 2027년 킬러 애플리케이션이 나오지 않고, 2027년에 실적이 쌓이지 않으면 2028년 글로벌 진출에 신뢰를 줄 수 없으며, 2028년의 글로벌 레퍼런스가 없으면 2030년 톱 1은커녕 톱 3 마저 공허한 구호에 그칩니다. 각 단계는 독립적이 아니라 순차적이면서 누적적입니다.

냉정한 자기 진단, 3가지 구조적 리스크

마지막으로 이 로드맵의 실행을 가로막을 수 있는 구조적 리스크 3가지를 짚어두겠습니다.

먼저, 한국은 빠른 추격에 탁월한 역량을 보여왔지만, 피지컬 AI는 기존 산업과 다른 속도 구조를 가지고 있습니다. 로봇 하드웨어의 설계-시제품-양산 주기는 최소 18~24개월이며, 그 사이에 AI 모델은 3~4세대가 바뀝니다. 하드웨어와 소프트웨어의 이 시간 불일치를 어떻게 관리할 것인지가 핵심 과제가 될 것입니다.

또한 피지컬 AI 융합 인재는 전 세계적으로 극히 부족합니다. 정부가 4대 과학기술원에 AI 단과대학을 신설하겠다고 발표했지만, 대학에서 인재가 배출되기까지는 최소 4~5년이 걸립니다. 2030년 목표에 필요한 인력을 지금 당장 산업현장에서 양성해야 합니다. 기업 내부의 재교육과 글로벌 인재 유치가 병행되지 않으면, 인력 부족이 모든 계획의 발목을 잡을 것입니다.

아울러 현재 피지컬 AI 관련 정책은 여러 부처에 분산되어 있는데, 이런 구조에서는 부처 간 조율 비용이 발생하고, 일관된 정책방향을 설정하기 어려워집니다. 한국의 피지컬 AI 전략을 하나의 컨트롤 타워 아래 통합할 수 있느냐가 2030년 목표 달성의 숨은 변수입니다.

이 3가지 리스크는 모두 경영과 정책의 문제입니다. 한국의 피지컬 AI가 성공하느냐 실패하느냐는 결국 의사결정의 속도에 달려 있다고 볼 수도 있습니다.

피지컬 AI를 위한
구슬을 꿰려면

정주영 회장이 영국 바클레이즈 은행에 500원짜리 지폐의 거북선을
보여주며 조선소 차관을 따냈을 때, 한국은 배를 만들어본 경험이 없
었습니다. 삼성이 반도체 사업에 뛰어들었을 때, 전문가들은 무모하
다고 했습니다. 현대차가 미국 시장에 진출했을 때, 처음엔 품질 불량
으로 조롱을 받았습니다. 그런데 지금 한국은 세계 1위의 메모리 반도
체 강국이고, 세계 5위의 자동차 제조국이며, 조선업에서는 고부가가
치 선박 시장을 석권하고 있습니다. 이 역사가 피지컬 AI 시대에 반복
되지 말라는 법은 없습니다.

그런데 조건을 갖추고 있는 것과 그것을 활용하는 것은 다른 문제
입니다. 여기서는 한국의 근본적인 약점을 기술이나 자본의 부족뿐만
아니라 파편화된 국가 전략과 통일된 국가 서사의 부재로 꼽겠습니
다. 반도체는 반도체대로, 배터리는 배터리대로, 로봇은 로봇대로 각

자의 전쟁을 치르고 있습니다. 이 구슬들을 하나의 목걸이로 꿰는 작업이 빠져 있습니다.

정부가 CEO이자 투자자인 중국, 기업 주도 생태계 미국

이미 중국은 정부가 CEO이자 벤처 투자자 역할을 하며, 초기 시장을 열어주고 교통정리를 해주며 가속도를 붙여주고 있습니다. DJI에는 하늘의 데이터를, 바이두에는 지상의 자율주행 데이터를, 유니트리 로보틱스에는 공장의 로봇 데이터를 맡기고, 화웨이에는 이 모든 것을 뒷받침할 AI 칩을 개발하게 했습니다. 2025년까지 연간 1만 8,000대였던 휴머노이드 로봇 출하량은 2026년 6만 대를 넘어설 전망입니다. 아울러 핵심 부품의 국산화율은 이미 80%를 돌파했습니다.

미국도 다른 방식으로 판을 짜고 있습니다. 엔비디아는 GPU를 넘어 피지컬 AI의 운영체제가 되려 하고 있고, 구글 딥마인드는 로봇의 두뇌를 장악하려고 하며, 보스턴다이내믹스는 현대차그룹과 손잡고 2028년부터 공장에 휴머노이드를 실전 배치하겠다는 로드맵을 발표했습니다. 기업 주도의 생태계가 빠르게 형성되고 있습니다.

패스트 팔로워에서 퍼스트 무버로!

솔직히 말하면, 한국은 아직 출발선에서 신발끈을 매고 있는 상태입니다. 길목 기술에 집중하고, 현장 데이터를 국가 자산으로 인식하며, 규제 샌드박스를 넘어 글로벌 테스트베드로 도약하는 전략이 필요합니다. 그런데 이 모든 전략의 전제 조건이 있습니다.

과거의 전략이 남들이 만든 것을 빨리 따라 만드는 것이었다면, 피지컬 AI 시대의 '빨리빨리'는 남들보다 먼저 표준을 만들고, 먼저 생태계를 구축하며, 먼저 현장에서 검증하는 것이어야 합니다. 패스트 팔로워(Fast Follower)에서 퍼스트 무버(First Mover)로, 이 전환이 3년 안에 이루어져야 합니다.

'한국'이라는 국가 브랜드, 글로벌 피지컬 AI 파트너를 향하여

앞에서도 얘기했지만, CES 2026 현장에서 중국 로봇을 보면서 "신기하다"로 끝났던 관람객들이, 한국 로봇 부스에서는 "이 로봇 우리 공장에 들어올 수 있느냐?"고 물었습니다. 로봇에 백도어가 있으면 그 공장의 노하우가 전부 털립니다. CES 현장에서의 반응은 '한국이라는 국가 브랜드'가 주는 신뢰가 경쟁력이 될 수 있음을 보여줍니다.

제조현장의 실전경험과 국가 신뢰도를 결합한 '믿을 수 있는 피지컬 AI 파트너', 글로벌 기업들이 자국의 핵심 공정에 로봇을 투입할 때, "어디 것을 쓸 것인가?"라는 질문 앞에서 한국이 첫 번째 선택지가 되는 것, 이것이 한국을 피지컬 AI 강국으로 만드는 길입니다.

앞으로 3년 안에 표준이 정해지고 생태계가 굳어지며 승자와 패자가 갈립니다. 누군가는 판을 짜고, 누군가는 판에 올라타고, 누군가는 판 밖에서 구경하게 될 것입니다. 한국은 지금 판을 짜는 쪽에 설 수 있는 마지막 기회 앞에 서 있습니다.

8장

K-피지컬 AI로
리딩하는 대기업

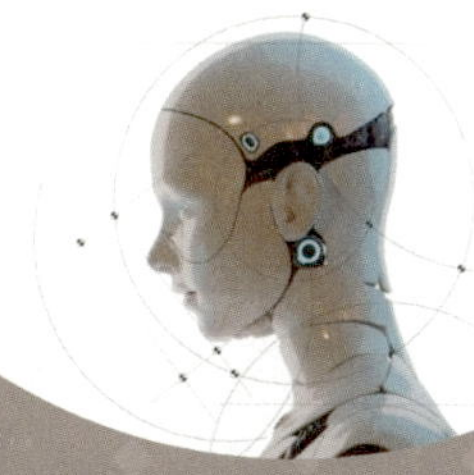

정주영의 '해봤어?' 정신이
피지컬 AI 시대에 필요한 이유

현대조선소와 거북선 그림 일화 vs 피지컬 AI 시대의 유사점

1971년, 한국은 1인당 국민소득이 300달러도 채 되지 않던 나라로 세계 어디를 가든 신용이라는 것 자체가 없었습니다. 그런 나라의 기업인이 영국 바클레이즈 은행에 가서 4,300만 달러의 차관을 따내겠다고 했으니, 상식적으로 불가능한 일이었습니다.

정주영 회장이 가장 먼저 찾아간 사람은 영국의 조선소 경영인 롱바톰 회장이었습니다. 울산에 세계적인 조선소를 짓겠다는 계획을 설명했지만, 조선 경험도 없고 도크도 없고 기술자도 없는 나라에 누가 배를 맡기겠느냐며 반응은 냉담했습니다. 그때 정주영 회장은 주머니에서 500원짜리 지폐를 꺼내 이순신 장군이 건조한 거북선을 보여주며, 우리 민족은 영국보다 300년 앞서서 이미 16세기에 철갑선을 만들었는데, 그런 DNA를 가진 민족이 배를 못 만들 리가 없다고 역설했습니다. 결국 롱바톰은 추천서를 써주었고, 이를 바탕으로 그리스의 세계적인 선주 리바노스로부터 26만 톤급 유조선 2척을 수주하는 데 성공했습니다. 그리고 주문서가 확보되자, 영국 수출신용보증부(ECGD)의 보증을 받아 바클레이즈 은행으로부터 차관을 도입할 수 있었습니다.

이 과정에서 핵심은 정주영 회장이 '순서'를 뒤집었다는 점입니다. 보통이라면 조선소를 먼저 짓고, 기술력을 증명한 다음 수주를 받고, 그제야 자금을 조달합니다. 정주영 회장은 반대로 갔습니다. 아직 짓지도 않은 조선소의 비전을 팔아서 수주를 먼저 따내고, 그 수주서를 들고 은행에 가서 돈을 빌렸습니다. 1972년 울산조선소가 착공되었고, 1974년 첫 번째 배가 진수되었습니다. 조선소를 지으면서 동시에 배를 건조한 것입니다. 세계 조선 역사에서 전례가 없던 방식이었습니다. 이 일화를 강연에서 자주 소개합니다.

청중이 대기업 임원이든 스타트업 대표든, 이 이야기를 들으면 표정이 달라집니다. 피지컬 AI 시대에 벌어지는 일들이 정확히 이 패턴을 따르고 있기 때문입니다. 아직 완성되지 않은 기술을 미리 팔고, 그 수요를 근거로 투자를 유치하며, 투자금으로 기술을 완성하는 구조, 테슬라의 옵티머스도 피겨AI의 시리즈 C 펀딩도, 그리고 현대차그룹의 보스턴다이내믹스 전략도 본질적으로는 같은 게임을 하고 있는 것입니다.

현대자동차 일화 vs 피지컬 AI 분야에서 한국 기업이 서 있는 자리

정주영 회장의 도전 가운데 또 하나 빼놓을 수 없는 것이 자동차입니다. 1967년 현대자동차는 미국 포드와 기술제휴를 맺고 포드 코티나를 조립 생산했습니다. 기술은 포드가 제공하고, 현대는 조립만 하는 구조였죠. 정주영 회장은 50 대 50 지분으로 합작법인을 세우자고 포드에 제안했는데, 포드가 더 많은 지분을 요구해 협상은 1973년 결렬되었습니다. 이에 정주영 회장은 독자 모델 개발이라는 결단을 내렸습니다. 미쓰비시에서 엔진을 가져오고, 이탈리아의 전설적인 디자이너 조르제토 주지아로에게 디자인을 맡겼습니다. 그렇게 탄생한 차가 바로 포니입니다.

1974년 이탈리아 토리노 모터쇼에서 포니가 공개되었을 때, 국제 자동차 업계는 놀랐습니다. 한국이라는 나라에서 독자 모델이 나올 수 있다는 사실 자체가 뉴스였습니다. 1975년 포니가 출시되면서 한국은 세계에서 9번째, 아시아에서는 일본에 이어 2번째로 고유 모델을 보유한 자동차 생산국이 되었습니다. 출시 이듬해인 1976년에는 10,726대가 팔리며 국내 시장점유율 43.5%를 기록했습니다.

이 이야기는 한국이 기술 주권을 확보해 나가는 방식의 원형을 보여줍니다. 처음에는 선진국의 기술을 빌려 조립만 하고, 그다음 자체 역량을 키워 독자 모델을 만들며, 결국 글로벌 시장에서 경쟁하게 됩니다. 반도체도 디스플레이도 스마트폰도 이 경로를 따랐습니다.

피지컬 AI 분야에서 한국 기업들이 지금 서 있는 자리가 바로 여기입니다. 보스턴다이내믹스라는 '엔진'을 인수하고, 구글 딥마인드라는 '디자인'을 파트너십으로 확보한 현대차그룹의 전략은 반세기 전 미쓰비시 엔진과 주지아로 디자인으로 포니를 만들어냈던 방식과 놀라울 만큼 닮아 있습니다.

폐유조선으로 바다를 막은 서산 간척지의 교훈

세 번째 일화는 아마 정주영 회장의 수많은 도전 가운데 가장 극적인 장면일 것입니다. 1979년 시작된 서산 간척지 사업은 충남 서해안의 바다를 메워 국토를 넓히는 대역사였습니다. 그런데 1984년 착공 5년째 되던 해에 6,400미터가 넘는 방조제 중 마지막 270미터 구간에서 초속 8미터의 무시무시한 급류로 인해 물막이 공사가 최대 난관에 봉착했습니다. 현장 엔지니어들은 최신 장비를 다 써봐도 소용이 없다고 하고, 학계도 해외 건설사도 하나같이 답이 없다고 했습니다.

그때 정주영 회장은 쓸모없어진 22만 6,000톤급 폐유조선을 끌고 와서 그 자리에 침몰시키면 급류를 막아주는 댐 역할을 하리라는 발상을 했습니다. 전문가들은 고개를 저었습니다. 교과서 어디에도 없는 방법이었으니까요. 하지만 1984년 2월 이 공법은 극적으로 성공했고, 공사비 280억 원을 절감했으며, 공기를 36개월이나 단축시켰습니다. '정주영 공법'이라는 이름이 붙었고, 뉴스위크와 뉴욕타임스에 소개되었습니다.

완공된 서산 간척지의 면적은 여의도의 33배에 달하며, 대한민국 국토의 약 1%가 이 공사를 통해 새로 만들어진 셈입니다. 바로 이 서산 방조제 현장에서 정주영 회장의 명언이 탄생했습니다. 엔지니어들이 불가능하다고 보고했을 때 정주영 회장이 물었다고 합니다. "임자, 해봤어?" 해보지도 않고 안 된다고 말하지 말라는 뜻입니다.

'해봤어?' 정신이 피지컬 AI 시대에 필요한 이유

이 책에서는 이 3가지 일화를 영웅담으로 소비하고 싶지 않습니다. 피지컬 AI라는 새로운 산업이 열리는 지금, '해봤어?' 정신이 왜 여전히 유효한지를 짚어보고자 합니다.

첫째, 피지컬 AI는 교과서가 없는 분야입니다. 언어모델은 자연어처리라는 학문적 계보가 수십 년간 쌓여 왔습니다. 하지만 로봇이 스스로 보고, 판단하고, 손으로 물건을 집어올리는 일은 아직 표준적인 방법론이 확립되지 않았습니다. 비전-언어-행동(VLA) 모델, 월드 모델 같은 개념들이 나오고 있지만, 실제 공장현장에서 검증된 사례는 극히 적습니다. 서산 방조제에서 전문가들이 교과서에 없다며 고개를 저었던 것처럼, 피지컬 AI 분야에서도 참고할 교과서가 존재하지 않습니다. 그렇다고 해서 멈추면 안 됩니다. 해봐야 압니다.

둘째, 순서를 뒤집을 줄 아는 용기가 필요합니다. 정주영 회장이 조선소를 짓기도 전에 배를 수주한 것처럼, 피지컬 AI 시대에는 완벽한 기술이 완성되기를 기다리면 이미 늦습니다.

테슬라의 일론 머스크는 옵티머스가 아직 시제품 수준일 때부터 연간 10억 대 양산이라는 비전을 선언했습니다. 피겨AI는 아직 상용 제품 한 대 팔지 못한 상태에서 기업가치 56조 원을 인정받았습니다. 이런 세상에서 기술이 완성될 때까지 기다리겠다는 것은, 조선소를 먼저 짓고 나서 수주를 따겠다는 1970년대식 사고와 다를 바 없습니다.

셋째, '해봤어?' 정신의 핵심은 무모함이 아니라 실행력입니다. 정주영 회장이 폐유조선을 가져온 것은 갑자기 떠오른 기발한 아이디어가 아니라, 수십 년간 건설현장을 누비면서 쌓은 경험과 직관이 그 순간에 결합된 결과였습니다.

마찬가지로 피지컬 AI 시대의 승자는 기발한 아이디어를 가진 사람이 아니라, 현장에서 부딪치며 데이터를 축적하는 사람이 될 것입니다. 시뮬레이션만으로는 부족합니다. 실제 공장에 로봇을 집어넣고, 실패하고, 고치고, 다시 넣는 그 반복의 과정이 결국 남들이 뛰어넘지 못하는 기술의 해자가 됩니다.

종종 이런 생각을 합니다. 만약 정주영 회장이 지금 살아 계셨다면, 피지컬 AI를 어떻게 바라보셨을까요? 500원짜리 지폐 대신 아틀라스 로봇 영상을 들고 실리콘밸리에 갔을지도 모릅니다. 어쩌면 이렇게 말했을 것입니다. "로봇이 못 한다고? 임자, 해봤어?"

보스턴다이내믹스를 8.8억 달러에 산 결단

2020년 12월, 현대차그룹은 보스턴다이내믹스를 8억 8,000만 달러(약 1조 원)에 인수한다고 발표했습니다. 자동차회사가 로봇 회사를 사겠다니, 시장의 반응은 당혹스러움에 가까웠습니다.

보스턴다이내믹스는 기묘한 이력을 가진 회사입니다. 1992년 MIT 교수 마크 레이버트가 창업한 이후 2013년 구글에 인수되었다가, 2017년 소프트뱅크에 다시 넘겨졌고, 소프트뱅크가 비전펀드의 손실이 커지면서 매각을 서둘러 2020년 현대차그룹의 손에 들어왔습니다. 사실상 주인이 3번이나 바뀐 것입니다. 당시 유튜브 영상 조회수가 매출의 대부분일 정도로 사업 모델이 빈약했고, 적자는 계속 누적되고 있었습니다.

정의선 회장은 본인 돈 약 2,600억 원을 들여 보스턴다이내믹스 지분 20%를 직접 매입했습니다. 현대차그룹의 미래가 여기에 달려 있다는 일종의 선언이었습니다. 이후 2025년 8월에는 약 9억 7,000만 달러(약 1조 3,000억 원) 규모의 유상증자까지 단행했는데, 이는 이전에 진행한 세 차례 유상증자의 총액보다 많은 규모였습니다.

이 결정을 볼 때마다 정주영 회장이 조선소도 없는 상태에서 유조선을 수주한 그 순간이 떠오릅니다. 당시에도 지금도 핵심은 같습니다. 남들이 보지 못하는 미래를 먼저 보고, 그것에 전부를 거는 용기 말입니다.

아틀라스에 구글 제미나이를 탑재한 현대의 베팅

CES 2026에서 현대차그룹이 공개한 차세대 전동식 아틀라스는 기술적으로 완전히 새로운 로봇이었습니다. 하지만 하드웨어보다 더 주목해야 할 것은 같은 자리에서 발표된 구글 딥마인드와의 전략적 파트너십입니다. 아틀라스 로봇에 구글 딥마인드가 고도화하고 있는 제미나이 로보틱스를 통합하는 것이 이 협력의 핵심입니다.

1970년대에 현대차는 미쓰비시 엔진(핵심 동력)과 주지아로 디자인(외형과 경험)을 조합해서 포니라는 독자 모델을 만들었습니다. 2020년

대에 현대차그룹은 보스턴다이내믹스의 하드웨어(로봇 육체)와 구글 딥마인드의 AI(로봇 두뇌)를 조합해서 차세대 아틀라스라는 독자 플랫폼을 만들고 있습니다.

다만, 한 가지 결정적인 차이가 있습니다. 포니 시절에는 엔진과 디자인을 빌려온 것이었고, 결국 시간이 지나면서 자체 기술로 대체해야 했습니다. 하지만 지금의 아틀라스는 하드웨어 자체가 이미 현대차그룹의 자산입니다. 구글 딥마인드와의 관계도 기술 라이선스가 아니라 공동 개발 파트너십입니다. 출발선이 50년 전과는 비교할 수 없을 만큼 높습니다.

2028년 조지아 공장 투입, 쇼가 아니라 실전이다

현대차그룹은 CES 2026에서 구체적인 양산 로드맵을 공개했습니다. 보스턴다이내믹스의 매사추세츠 왈섬 본사에 신형 아틀라스를 연간 최대 1,000대 생산할 수 있는 파일럿 라인을 이미 구축했고, 2028년까지 3만 대 수준의 대량생산 체제를 갖추겠다고 밝혔습니다. 2026년부터 미국 조지아주의 현대자동차 공장(HMGMA, 현대차그룹 메타플랜트 아메리카)에서 개념 검증(PoC) 작업이 시작되었고, 2028년에는 부품 분류를 위한 서열 작업(sequencing)에 본격 투입될 예정이며, 2030년부터는 부품 조립까지 작업 범위를 넓힌다는 계획입니다.

사실 2025년 말부터 이미 아틀라스의 현장 투입은 시작되었습니다. 보스턴다이내믹스의 프로덕트 매니저는 2025년 온라인 웨비나에서 이미 아틀라스가 자동차 공장 현장에 들어가기 시작했다고 밝힌 바 있고, 현대차그룹 관계자 역시 메타플랜트에서 시범 운영 중인 개념 검증 단계라고 확인했습니다.

이 부분이 중요합니다. 많은 로봇 기업들이 화려한 시연 영상을 만들어 투자를 유치하는 데 집중할 때, 현대차그룹은 실제 공장에 로봇을 집어넣고 부딪치며 데이터를 모으고 있었습니다. 정주영 회장이 서산 간척지에서 폐유조선 공법을 떠올릴 수 있었던 것은 수십 년간 현장에서 부딪쳤기 때문입니다. 마찬가지로 현대차그룹이 자동차 공장이라는 세계에서 가장 복잡한 제조환경에서 로봇을 운용한 경험은 돈으로 살 수 없는 것입니다.

그룹 내 역할 분담도 주목할 만합니다. 보스턴다이내믹스가 로봇 본체를 설계하고, 현대모비스가 액추에이터 등 핵심 부품을 공급하며, 현대글로비스가 물류를 맡는 구조입니다. 2026~2030년 5년간 국내 투자만 125조 2,000억 원을 계획하고 있으며, 미국에는 4년간 260억 달러(약 37조 원) 규모를 투자할 예정입니다.

현대차그룹은 로봇 산업의 TSMC가 될 수 있을까?

현대차그룹의 전략을 보면서 반도체 산업의 TSMC를 자주 떠올립니다. TSMC가 위대한 기업이 된 이유는 반도체를 설계해서가 아닙니다. 다른 회사가 설계한 칩을 세계에서 가장 잘 찍어내는 '제조 플랫폼'이 되었기 때문입니다. 애플도 엔비디아도 AMD도 자사의 칩을 직접 만들지 않고 TSMC에 맡깁니다. 설계는 여러 회사가 할 수 있지만, 나노미터 단위의 정밀한 양산은 TSMC가 할 수 있기 때문입니다.

현대차그룹이 꿈꾸는 것도 이와 비슷한 구도가 아닐까 싶습니다. 휴머노이드 로봇의 AI 소프트웨어는 구글 딥마인드·오픈AI나 다양한 스타트업들이 개발할 수 있지만, 그 소프트웨어를 물리적인 로봇 본체에 담아 연간 수만 대 규모로 양산할 수 있는 곳은 세계에 몇 군데 되지 않습니다. 현대차그룹은 이미 자동차를 연간 수백만 대 생산하는 제조역량, 글로벌 공급망, 부품 내재화 능력을 보유하고 있습니다. 이 인프라를 로봇 양산에 가져와 쓰면, TSMC와 같은 '로봇 파운드리(Foundry)' 모델이 가능해집니다.

물론 현실적인 과제도 있습니다. JP모건의 분석에 따르면, 아틀라스의 2030년 양산 판매가격은 대당 약 13만 달러(약 2억 원)로 전망됩니다. 현재 시제품 단계의 원가가 약 30만 달러(약 4억 4,000만 원)인 점을 감안하면 상당한 원가절감이지만, 테슬라가 목표로 하는 2만 3,000달러(약 3,400만 원) 수준과 비교하면 여전히 5~6배 높습니다. 초기에는 현대차그룹 내부 공장과 물류센터에 우선 배치하는 이른바 캡티브 수요(Captive Demand, 그룹 내부 수요)로 시작할 수밖에 없다는 지적도 나옵니다.

그러나 포니 자동차의 첫해 판매량은 1만 대 남짓이었고, 아무도 현대차가 50년 뒤 글로벌 3위 자동차 그룹이 될 것이라고 예상하지 못했습니다. 서산 간척지의 폐유조선 공법도 처음에는 다들 황당하게 여겼지만, 결과적으로 세계 건설 역사에 기록되었습니다.

시장의 반응은 이미 움직이고 있습니다. CES 2026 이후 주가 급등으로 현대차그룹 주요 계열사의 시가총액은 약 23조 9,000억 원이 증가했습니다. KB증권은 보스턴다이내믹스의 기업가치를 128조 원,

한화투자증권은 테슬라와의 비교 분석을 통해 146조 원, JP모건은 약 490억 달러(약 72조 원)로 보았습니다. 2021년 인수 당시 기업가치가 1조 2,000억 원이었다는 점을 감안하면, 불과 5년 사이에 수십에서 100배 이상 상승한 것입니다.

보스턴다이내믹스의 나스닥 상장도 검토되고 있는 것으로 전해집니다. 현대차그룹 부회장 직속으로 사업기획 태스크포스가 구성되었다는 소식도 있습니다. 2028년 조지아 공장에서 아틀라스가 실전에 투입되는 시점이 기업가치를 극대화할 수 있는 최적의 상장 시점이 될 것이라는 분석이 지배적이지만, 그 시점이 앞당겨질 가능성도 배제할 수 없습니다.

현대차그룹의 전략은 자사 공장의 자동화에 머무르지 않습니다. TSMC 모델이 성립하려면, 결국 외부 고객에도 로봇을 공급해야 합니다. 현대차그룹이 아틀라스를 자체 공장에서 충분히 검증한 뒤, 그 레퍼런스를 바탕으로 다른 제조업체에도 로봇을 판매하거나, 로봇 운용 서비스를 제공하는 모델로 확장할 가능성은 충분합니다. 자동차 공장이라는, 세계에서 가장 까다로운 제조환경에서 검증된 로봇이라는 사실 자체가 가장 강력한 마케팅이 될 것입니다.

피지컬 AI 시대는 교과서에 답이 없는 시대, 해봐야 아는 시대입니다. "임자, 해봤어?"라는 질문이 반세기를 건너 지금 우리에게 다시 던져지고 있습니다.

피지컬 AI 시대에
이건희의 '마하 경영'이 주는 교훈

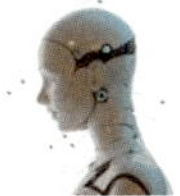

제트 엔진은 빠른 프로펠러가 아니다

프로펠러 비행기를 아무리 개량해도 음속을 돌파할 수 없습니다. 공기를 밀어내는 방식 자체가 음속 근처에서 한계에 부딪히기 때문입니다. 그 벽을 넘은 것은 1947년 미 공군의 비행사가 벨 X-1 실험기를 타고 마하 1.06을 기록한 순간이었습니다. 벨 X-1은 기존 전투기와 달리 로켓 엔진을 달았고, 동체구조를 완전히 재설계했으며, 날개 형상도 기존 항공역학의 상식을 뒤집는 것이었습니다.

이건희 회장이 남긴 경영 철학의 핵심이 바로 이것입니다. 그는 이를 '마하 경영'이라 불렀습니다. 제트기가 음속을 돌파하려면 설계도는 물론 엔진·소재·부품 등을 모두 바꿔야 한다는 비유였습니다. 속도만 올리는 것이 아니라 체질과 구조 자체를 총체적으로 혁신해야 한다는 것이죠. 지금 피지컬 AI 시대를 맞이하는 대한민국 기업들에

이 철학이 왜 다시 소환되어야 하는지 살펴보겠습니다.

프랑크푸르트의 68일

1993년 초, 삼성전자 도쿄 주재원이었던 일본인 직원 후쿠다가 56장 짜리 보고서 한 통을 올렸습니다. 일본 현지 가전매장 구석에 먼지를 뒤집어쓴 채 방치된 삼성 TV, 소니와 파나소닉 옆에서 아예 가격표조 차 붙지 않은 세탁기, 후쿠다의 보고서는 삼성의 민낯을 보여주는 거 울이었습니다. 비슷한 시기, 이건희 회장은 더 충격적인 영상을 하나 봤습니다. 삼성전자 수원 공장의 세탁기 조립라인을 촬영한 영상이었 는데, 부품 규격이 맞지 않으면 작업자가 칼로 깎아 억지로 끼워넣는 장면이 담겨 있었습니다.

그해 6월, 이건희 회장은 독일 프랑크푸르트의 한 호텔에 삼성 경 영진을 불러모았습니다. 그리고 그 유명한 선언이 나왔습니다. "마 누라와 자식 빼고 모든 것을 바꿔라!" 이건희 회장은 이후 68일 동안 1,800여 명의 임직원과 350시간에 걸친 마라톤 회의를 이어갔습니다. 프랑크푸르트에서 시작해 런던·오사카·도쿄, 그리고 서울까지, 삼성 이 왜 바뀌어야 하는지를 설파했습니다.

말로만 끝나지 않았습니다. 1995년 3월, 구미공장에서 생산된 애 니콜 무선전화기에서 대량 불량이 발견되자 이건희 회장은 전량 폐 기를 지시했습니다. 무려 15만 대, 당시 가치로 500억 원어치의 제품 이 공장 앞마당에 쌓였고, 임직원들이 지켜보는 앞에서 불태워졌습니 다. 그 자리에서 이건희 회장은 불량을 만드는 시스템 자체가 문제라는 점을 각인시켰습니다. 이후 삼성은 불량이 발견되는 즉시 생산라인 전체를 멈추는 라인스톱 제도를 도입했습니다. 단기적으로는 생산량이 줄지만, 불량의 근본 원인을 현장에서 즉시 해결하는 문화가 자리잡았습니다.

신경영 선언 당시인 1993년 삼성그룹의 매출은 약 29조 원이었는데, 20년 후인 2013년에는 380조 원을 넘어섰고, 세계 1위 제품은 D램 하나에서 20개로 늘어났습니다. 프로펠러를 더 빠르게 돌린 것이 아니라 엔진 자체를 바꾼 결과였습니다.

갤럭시는 애니콜의 업그레이드가 아니다

마하 경영의 진가는 2010년에 다시 한번 증명됩니다. 2007년 아이폰이 등장하고, 2009년부터 스마트폰 시장이 급격히 재편되기 시작했을 때, 삼성의 주력은 여전히 피처폰 애니콜이었습니다. 애니콜은 국내 시장에서 압도적인 1위였고, 해외에서도 나쁘지 않은 실적을 올리고 있었습니다. 하지만 이건희 회장은 지금이 진짜 위기라며, 10년 내 삼성의 대표 사업과 제품 대부분이 사라질 것이라고 경고했습니다.

갤럭시S의 출시는 그 철학의 결과물이었습니다. 갤럭시S는 애니콜의 후속작이 아니며, 운영체제·설계철학·공급망·수익모델도 달랐습니다. 갤럭시S는 70일 만에 국내 100만 대, 7개월 만에 글로벌 1,000만 대를 돌파했습니다. 삼성전자는 프로펠러를 버리고 제트 엔진을 장착함으로써 스마트폰 시대의 최강자로 올라섰습니다.

이 이야기를 할 때마다 한 가지 질문을 던집니다. "지금 여러분의 사업은 애니콜입니까, 갤럭시입니까?" 잘되고 있는 사업을 조금씩 개선하고 있는 것인지, 아니면 판 자체를 새로 설계하고 있는 것인지를 묻는 것입니다. 피지컬 AI 시대에 이 질문은 더욱 날카로워집니다.

가전도 아니고, 휴대폰도 아닌데, 왜 로봇인가?

2026년 1월 기준 레인보우로보틱스의 시가총액은 약 8조 6,000억~13조 7,000억 원 사이를 오가고 있습니다. 삼성전자가 3,500억 원대를 투자해서 잡은 회사의 가치가 수조 원대로 뛰어오른 셈입니다.

여기서 흥미로운 점은 삼성전자의 선택지입니다. 삼성에는 로봇보다 더 익숙한 사업이 많습니다. 반도체를 더 키울 수도 있고, 가전의 스마트화를 가속할 수도 있으며, 스마트폰에 AI를 더 넣을 수도 있습니다. 그런데 왜 굳이 로봇이었을까요? 왜 그것도 국내 최초의 2족 보행 로봇 휴보를 만들어낸 팀의 회사를 택했을까요?

레인보우로보틱스는 2011년 카이스트 휴보랩 출신 연구진이 설립한 회사로, 한국 로봇 기술의 원류와 같은 곳입니다. 핵심 기술은 전동식 액추에이터입니다. 로봇의 관절을 구동할 때 유압식은 힘이 세지만 무겁고 소음이 크며 유지보수가 어려운 반면, 전동식은 가볍고 조용하며 정밀한 제어가 가능합니다. 가정이나 사무실, 또는 반도체 클린룸처럼 민감한 환경에서 작동해야 하는 로봇에는 전동식이 필수적입니다.

레인보우로보틱스가 보유한 이 기술은 로봇이 사람 곁에서 일할 수 있게 만드는 기술입니다. 삼성전자는 인수 직후 미래로봇추진단을 신설했습니다. 신사업 탐색에 그치는 것이 아니라 그룹 차원의 전략적 베팅이라는 것입니다.

HBM이 로봇의 뇌가 된다

삼성전자가 레인보우로보틱스를 품은 전체 설계도를 보려면, 반도체와 연결해야 합니다.

2025년 10월 30일, 삼성전자 이재용 회장과 엔비디아 젠슨 황 CEO가 만났고, 양측은 20년 이상의 협력관계를 강조하며 차세대 AI 인프라 구축에 대한 논의를 이어갔습니다. 이 만남 직후, 삼성전자의 HBM(고대역폭 메모리) 관련 소식이 쏟아졌습니다.

2026년 2월 삼성전자는 차세대 HBM4를 엔비디아 및 AMD에 출하하기 시작했습니다. HBM3E 및 차세대 HBM4 물량을 늘리며, 2026년 HBM 시장점유율을 30% 중반까지 끌어올릴 것으로 전망됩니다. 특히 차세대 엔비디아 AI 플랫폼 베라 루빈의 HBM 물량 중 절반 수준을 공급할 것으로 예상됩니다.

또한 삼성전자 자체적으로도 GPU를 5만 개 이상 도입한 것으로 알려져 있습니다. 여기에 자사 HBM이 탑재되어 있습니다. 자사가 만든 메모리로, 자사가 산 GPU를 돌리고, 그 GPU로 자사가 키우는 로봇의 AI를 훈련시키는 구조입니다.

메모리-로봇-AI 수직 통합의 설계도

삼성전자가 그리고 있는 그림은 이렇습니다. 최상단에는 HBM이 있습니다. AI 연산의 근간이 되는 고대역폭 메모리(HBM)를 삼성이 만듭니다. 이 메모리가 엔비디아 GPU에 들어가고, 그 GPU가 로봇의 두뇌를 훈련시킵니다. 중간 단에는 AI 모델과 소프트웨어가 있는데, 삼성전자의 자체 AI 역량으로 로봇의 행동 모델을 개발하고, 시뮬레이션 환경에서 훈련시킵니다. 최하단에는 로봇 하드웨어가 있는데, 레인보우로보틱스의 전동식 액추에이터와 2족 보행 기술이 물리적 구현을 담당합니다.

'메모리'에서 시작해 'GPU→AI 모델→로봇 하드웨어'까지 이어지는 수직 통합 구조를 갖고 있는 기업은 전 세계적으로도 극히 드뭅니다. 테슬라가 자체 AI 칩(D1)과 옵티머스 로봇으로 비슷한 시도를 하고 있고, 엔비디아가 GPU와 아이작 플랫폼으로 로봇 생태계를 구축하고 있지만, 메모리 반도체부터 로봇 하드웨어까지 모두 자체 역량으로 커버할 수 있는 기업은 삼성전자가 거의 유일합니다.

실제로 이미 작동하고 있습니다. 2024년 3분기 레인보우로보틱스의 삼성전자향 매출은 69억 원을 기록했습니다. 아직 크지 않은 숫자지만, 삼성전자 반도체 공장에서 협동로봇이 테스트 중이라는 의미입니다. 반도체 팹(fab)은 극도로 민감한 환경입니다. 미세한 먼지 하나가 수율에 영향을 미치는 곳에서 로봇이 작동하려면, 그 로봇은 단순히 튼튼하거나 힘이 센 것만으로는 안 됩니다. 정밀하고 조용하고 예측 가능한 움직임이 필요합니다. 레인보우로보틱스의 전동식 기술이 필요한 이유가 바로 여기에 있습니다.

CES 2026에 로봇을 가져오지 않은 이유

CES 2026에서 삼성전자는 레인보우로보틱스의 로봇을 가져오지 않았습니다. 당시 업계에서는 의아하다는 반응도 있었지만, 이는 오히려 삼성다운 판단이라고 생각합니다. CES 현장에서는 아직 명확한 콘셉트가 잡히지 않은 상태, 산업용으로 갈지, 가정용으로 갈지 방향성이 미정인 상태라는 얘기도 들렸습니다.

실제로 레인보우로보틱스는 아직 자체 파운데이션 모델을 갖고 있지 않습니다. 현대차의 아틀라스가 구글 딥마인드의 제미나이 로보틱스를 탑재하고 현장에서 실시간 판단을 시연한 것과 비교하면, 소프트웨어 측면에서는 갈 길이 남아 있는 것입니다. 전동식 액추에이터의 자연스러운 움직임도 아직 개발 중인 단계라고 합니다.

그런데 이것이 약점일까요? 저는 오히려 이것이 삼성의 방식이라고 봅니다. 삼성은 역사적으로 퍼스트 무버가 아니라 패스트 팔로워 전략으로 성공한 기업입니다. D램도 LCD도 스마트폰도 시장을 처음 연 것은 아니었지만, 한번 시장에 진입하면 규모의 경제와 수직 통합의 힘으로 압도해 버리는 것이 삼성의 패턴입니다. 레인보우로보틱스에 대한 전략도 그 맥락에서 읽을 수 있을 듯합니다.

현대차가 보스턴다이내믹스로 시장의 문을 열고 있는 동안, 삼성은 수직 통합의 설계도를 완성하고 있을 가능성이 높습니다. 갤럭시S가 아이폰이 열어놓은 시장에 뛰어들어 단숨에 점유율을 뒤집었던 것처럼, 삼성의 로봇도 비슷한 경로를 밟을 수 있을 것으로 보입니다.

마하 경영 2.0, 피지컬 AI도 기존 사업의 연장선이 아니다

마하 경영의 본질은 프로펠러를 더 빠르게 돌리는 것이 아니라, 제트 엔진으로 갈아타야 할 때를 아는 것입니다. 그리고 갈아탈 때는 엔진만이 아니라 기체 구조 전체를 뜯어고쳐야 한다는 것입니다.

기존에 잘하고 있는 사업에 AI를 얹는 수준으로는 음속을 돌파할 수 없습니다. CES 2026 현장에서 만난 한 기업 관계자는 "로봇 한 대가 충분히 똑똑해지면, 냉장고의 부가 기능들은 다 필요 없어지지 않겠느냐?"라는 얘기를 했습니다. 로봇이 냉장고 문을 열어주고 재고를 파악하고 주문까지 해주면, 냉장고에 터치스크린이 달려 있을 이유가 없어질 수 있다는 것이죠. 이는 가전제품에 붙어 있던 부가가치가 '로봇'이라는 새로운 플랫폼으로 옮겨가는 것입니다. 전자제품의 부가 기능에 매겨지던 프리미엄이 로봇 한 대로 수렴될 수도 있습니다.

피지컬 AI는 프랑크푸르트 선언과 500억 원을 태운 애니콜 화형식의 기억을 가진 삼성에 또 한 번의 음속 돌파를 요구하고 있습니다. HBM에서 GPU로, GPU에서 AI 모델로, AI 모델에서 로봇 하드웨어로 이어지는 수직 통합은 그 돌파를 위한 새로운 기체 설계입니다.

지금 삼성이 레인보우로보틱스를 품고, HBM으로 엔비디아의 GPU를 먹이고, 반도체 공장에서 로봇을 테스트하고 있는 이 장면은, 30년 전 프랑크푸르트의 한 호텔에서 시작된 것과 같은 종류의 변혁일 수 있습니다. 지금, 삼성전자는 음속을 돌파하기 위해 비행기 자체를 다시 설계하고 있습니다.

따로 또 같이,
SK의 SKMS가 그리는 협력의 방정식

한국 재벌 그룹들은 저마다 창업주의 정신을 이야기합니다. 그중에서 경영철학을 한 권의 체계적인 문서로 정리하고, 45년 넘게 보완하며 살아 있는 경영원칙으로 유지해온 그룹이 있습니다. 바로 SK그룹입니다.

피지컬 AI 시대에 SKMS에 주목하는 이유

1979년, 최종현 SK 선대회장은 SKMS(SK Management System)라는 이름의 경영철학 문서를 처음 작성했습니다. 당시 SK는 석유화학 중심의 중견 기업이었는데, 매출 1조 원 규모의 회사가 경영철학을 문서화하는 것은 꽤 이례적인 일이었습니다. SKMS의 핵심에는 독특한 개념이 하나 있는데, SUPEX(Super Excellent Level), 즉 '인간이 할 수 있는 최대'입니다. 자기 한계를 기준으로 삼지 말라는 것이죠.

피지컬 AI 시대에 이 말은 더욱 깊은 울림을 가집니다. 로봇이 인간의 물리적 한계를 넘어서고, AI가 인간의 인지적 한계를 확장하는 시대에 '인간이 도달할 수 있는 최고 수준'의 정의 자체가 달라지고 있기 때문입니다.

SKMS에서 또 하나 주목해야 할 개념은 VWBE, 즉 자발적이고(Voluntarily) 의욕적으로(Willingly) 두뇌를 활용(Brain Engagement)하라는 것입니다. 이는 구성원이 전체의 행복을 위해 자발적으로 움직일 때 최고의 성과가 나온다는 일종의 '분산 지능 모델'입니다. 각 구성원이 스스로 생각하고 최적의 판단을 내리는 구조는 로봇공학에서 말하는 멀티 에이전트 시스템의 원리와 닮아 있습니다.

그런데 SKMS에서 피지컬 AI 시대와 관련하여 가장 중요한 개념이 하나 더 있습니다. 바로 SK 고유의 그룹 운영방식인 '따로 또 같이' 경영입니다. 이것이 왜 피지컬 AI 시대에 중요한지 본격적으로 이야기해 보겠습니다.

SK의 카드, 반도체·통신·에너지

피지컬 AI 생태계는 단일 기술로 완성되지 않으며, 로봇이 스스로 생각하고 움직이려면 최소한 3가지가 필요합니다. 엄청난 연산을 처리할 AI 칩, 실시간으로 데이터를 주고받을 통신 인프라, 오랜 시간 작동할 수 있는 에너지원 말입니다. SK그룹에는 이 3가지를 각각 담당하는 계열사가 있습니다. 바로 SK하이닉스·SK텔레콤·SK온입니다.

HBM의 최강자, SK하이닉스

SK하이닉스의 HBM(고대역폭 메모리)이 없으면 엔비디아의 GPU가 제 성능을 발휘하지 못합니다. SK하이닉스는 이 HBM 시장에서 세계 1위를 달리고 있습니다. 2025년 9월, SK하이닉스는 세계 최초로 HBM4 양산체제를 구축했고 4분기부터 출하를 시작했습니다. 엔비디아의 차세대 GPU인 베라 루빈에 SK하이닉스의 HBM4가 탑재됩니다. 피지컬 AI 생태계의 최상위에 엔비디아가 있다면, 그 엔비디아를 가능하게 하는 핵심 부품 공급자가 SK하이닉스입니다. 그만큼 SK하이닉스의 기술력이 대체 불가능한 수준에 이르렀다고 볼 수 있습니다.

5G 인프라 위에서 먼저 움직일 통신사, SKT

피지컬 AI 시대의 로봇은 클라우드와 실시간으로 데이터를 주고받으며, 다른 로봇들과 협업하고, 중앙관제시스템의 지시를 받는 연결형 로봇입니다. 여기서 통신 인프라의 역할이 결정적입니다. 특히 로봇의 자율주행에는 밀리초 단위의 초저지연 통신이 필수적입니다. 공장에서 로봇 팔이 0.1초만 늦게 반응해도 불량이 발생하고, 자율주행차가 0.1초만 늦게 판단해도 사고가 발생합니다.

SK텔레콤은 이 영역에서 이미 깊은 준비를 해왔습니다. 자체 개발한 텔코 엣지 AI(Telco Edge AI) 인프라를 기반으로 자율주행 로봇 기술을 실증해 왔습니다. 2025년 판교 사옥에서 진행된 실증에서는 로봇에 탑재된 카메라 영상을 실시간 분석해 정밀한 위치를 파악하는

VLAM(Visual Localization And Mapping) 기술이 적용되었습니다.

텔코 엣지 AI의 핵심은 로봇의 두뇌에 해당하는 핵심 연산을 로봇 안에 다 넣는 것이 아니라 가까운 통신 기지국에서 처리하는 것입니다. 대규모 연산을 클라우드에서 처리하면 지연이 발생하고, 단말기에서 처리하기에는 성능이 부족한 문제가 있는데, 이를 해결하기 위해 통신망 요소 각각이 AI 연산을 담당하는 구조인 것이죠. 특히 자율주행차, 공장·물류 로봇, 휴머노이드 로봇 등에서 이 방식을 사용하면, 하드웨어를 경량화할 수 있고 제조원가가 낮아지며 배터리 소모도 줄어듭니다.

더 나아가 한국 정부도 이 흐름에 맞춰 움직이고 있습니다. 2025년 12월, 과학기술정보통신부는 이동통신 3사의 주파수 재할당 조건에 '5G 단독모드(SA)' 전환 의무를 포함시켰습니다. AI 경쟁이 휴머노이드 로봇·자율주행 등 피지컬 AI로 확장되는 상황에서 5G 단독모드 전환이 필수라는 판단 때문입니다. 이 인프라 위에서 가장 먼저 움직일 수 있는 통신사가 SK텔레콤일 것입니다.

미중 대립에 따른 배터리 수혜 가능, SK온

배터리는 현재 휴머노이드 로봇 상용화의 가장 큰 병목 중 하나입니다. 이 문제의 해법으로 업계가 주목하는 것이 전고체 배터리입니다.

SK온은 2025년 9월 대전 미래기술원에 약 1,400평 규모의 전고체 배터리 파일럿 플랜트를 준공했습니다. 2030년이던 상용화 목표를 2029년으로 1년 앞당겼고, 에너지 밀도 800Wh/L의 전고체 배터리를 우선 상용화한 뒤 장기적으로 1000Wh/L까지 달성하겠다는 계획을 발표했습니다.

SK온은 이미 현대위아의 물류 로봇(AGV)과 주차 로봇에 배터리를 공급하고 있으며, 다목적 무인차량·선박용 ESS(에너지저장시스템)·전기버스·도심항공교통(UAM) 등 다수의 애플리케이션 관련 업체들과 추가 공급 계약 및 협업을 논의 중이라고 밝혔습니다.

시장조사기관 트렌드포스에 따르면, 휴머노이드 로봇용 전고체 배터리 수요는 2035년까지 2026년 대비 1,000배 이상 증가할 것으로 전망됩니다. 전기차에 이어 로봇 분야가 전고체 배터리의 새로운 적용처로 부상하고 있는 것입니다.

미중 대립 구도로 인해 미국 휴머노이드 로봇 산업에 중국산 배터리가 들어갈 여지는 사실상 없습니다. 이것은 한국 배터리 기업들이 전략적으로 준비해야 할 기회입니다.

세 계열사가 하나로 연결되면 어떤 그림이 나올까?

이제 '따로 또 같이'의 진짜 의미가 보이기 시작합니다. SK하이닉스가 만든 HBM이 엔비디아의 GPU에 들어가고, 그 GPU가 로봇의 두뇌가 됩니다. SK텔레콤이 깔아놓은 5G/엣지 AI 인프라 위에서 로봇이 실시간으로 데이터를 주고받으며, SK온의 전고체 배터리가 로봇을 8시간, 12시간, 나아가 24시간 작동하게 될 것입니다.

세 회사가 각자의 영역에서 세계 최고 수준의 기술을 확보하고 있으면서, 동시에 그것이 하나의 생태계로 연결될 수 있는 구조, 반도체·통신·에너지가 각각 독립적으로 최고 수준에 도달하면서, 동시에 하나의 시스템으로 작동해야 하는 것, 이것이 '따로 또 같이'가 피지컬 AI 시대에 빛을 발할 수 있는 지점입니다.

다만, 각 계열사가 자율 경영을 하면서도 피지컬 AI라는 공동의 기회를 향해 어떻게 시너지를 만들어낼 것인지가 과제일 것입니다. 현대차그룹이 보스턴다이내믹스를 중심으로 로봇 사업을 그룹 차원에서 밀어붙이고 있는 것처럼, SK그룹도 세 계열사의 역량을 피지컬 AI라는 하나의 그림 안에서 조율하는 컨트롤타워가 필요할 것입니다. SKMS의 협의회 구조가 그 역할을 할 수 있을지, 아니면 새로운 형태의 협력 메커니즘이 필요할지는 앞으로 지켜봐야 할 부분입니다.

피지컬 AI 시대의 핵심인 세계 최고 수준의 반도체·통신·에너지 3가지를 동시에 보유한 그룹은 전 세계에서 SK그룹이 거의 유일합니다. 문제는 이 카드를 얼마나 빠르게, 얼마나 효과적으로 조합하느냐일 것입니다. SK그룹에 그 '최상의 수준'이란 세 계열사의 역량이 하나로 합쳐져 세계 어디에도 없는 피지컬 AI 생태계를 만들어내는 것이 아닐까 싶습니다. 그것이 SK그룹의 SKMS가 45년간 추구해온 SUPEX의 21세기 버전이 될 수 있을 것입니다.

정도경영,
LG가 피지컬 AI 시대에 걷는 길

럭키에서 시작해서 로봇까지

1959년, 대한민국 최초의 국산 라디오 A-501이 세상에 나왔습니다. 만든 곳은 금성사, 오늘날 LG전자의 전신입니다. 부품 국산화율 60%, 당시 라디오라는 물건 자체가 전부 외국산이었던 시대에 우리 손으로 만들어보겠다고 나선 것만으로도 대단한 일이었습니다. 임원들이 기술도 없는데 라디오를 어떻게 만드느냐고 반대하자, 창업자인 구인회 회장은 "기술수준이 낮으면 외국에서 배워오면 된다"고 하며, 미래 사업인 전자공업을 개척하여 국익에 이바지해 보자고 했다고 합니다. 선풍기·흑백TV·냉장고·에어컨·세탁기까지, 대한민국 가전산업의 역사가 곧 LG의 '최초 국산화' 역사였다고 해도 과언이 아닙니다.

LG를 이어받은 구자경 회장은 종전의 개척정신과 연구개발이라는 창업정신을 진일보시켜 '고객을 위한 가치 창조'와 '인간 존중의 경영'이라는 두 축으로 재정립했으며, 1995년 3대 회장으로 취임한 구본무 회장은 이 경영이념을 현실에서 실천하는 행동방식을 '정도경영(正道經營)'으로 구체화했습니다.

피지컬 AI 시대에 LG의 정신이 갖는 의미

2026년 CES에서 LG전자는 "우리 손으로 가정용 휴머노이드 로봇을 만들겠다"고 선언했습니다. 우리 손으로 라디오를 만들겠다고 했던 것과 67년의 시차가 있지만, 본질은 같습니다. 그렇다면 정도경영이 피지컬 AI 시대에 어떤 의미를 가질까요? 이것이 LG만의 강력한 차별화 요소가 될 수 있다고 봅니다.

휴머노이드 로봇이 가정에 들어온다는 것은 우리의 가장 사적인 공간에 AI가 상주한다는 것입니다. 이때 소비자가 가장 먼저 묻는 질문은 "이 로봇을 믿어도 되나요?"일 것입니다. 데이터 보안은 괜찮은지, 아이들에게 안전한지, 내 생활정보가 어디로 가는지, 바로 이 지점에서 정도경영의 철학이 기술력만큼이나 중요한 경쟁력이 됩니다. 빠르게 만들어서 빠르게 시장을 점령하는 것이 전부가 아닙니다. 신뢰를 기반으로 고객의 가정에 들어가는 것, 그것이 LG가 걸어온 정도(正道)의 다음 장입니다.

가전 생태계를 '움직이는 허브'로!

CES 2026에서 LG전자가 공개한 가정용 로봇 클로이드는 업계의 시선을 사로잡았습니다. 상반신은 사람처럼 두 팔이 달려 있고, 하반신

CES 2026에서 공개된 LG전자의 클로이드. 가정이라는 생활공간에 초점을 맞추고 있으며, 가전 생태계의 '움직이는 허브'로 가는 전략을 엿볼 수 있다.

은 바퀴로 이동하는 구조입니다. 시연 장면을 보면 클로이드가 세탁기에 빨래를 넣고 수건을 개고, 오븐에 빵을 넣는 동작을 합니다. LG전자의 스마트홈 플랫폼 싱큐(ThinQ)와 연동되어 가전제품을 제어하면서 동시에 물리적 작업까지 해내는 것이 핵심 콘셉트입니다. LG전자는 당초 계획이던 2027년 상용화 실증 일정을 더 앞당겨야 하지 않을까 고민이 된다고 밝혔습니다.

보스턴다이내믹스의 아틀라스는 공장 물류라는 산업현장에 초점을 맞추고 있고, 클로이드는 가정이라는 생활공간에 초점을 맞추고 있습니다. 클로이드는 완전한 휴머노이드 로봇은 아니지만, LG가 이 로봇에 담은 전략은 매우 명확합니다. 가전 생태계의 '움직이는 허브'를 만들겠다는 것입니다.

LG의 진짜 무기는 클로이드라는 로봇 하나가 아닙니다. 세탁기·

냉장고·에어컨·오븐 등 수십 년간 축적해온 가전 생태계 전체입니다. 집 안에 이미 LG 가전이 깔려 있는 상태에서 그 가전들과 자연스럽게 소통하며 물리적 도움까지 주는 로봇이 등장한다면, 이것은 로봇 판매에 그치는 것이 아니라 '가전 구독 서비스'의 물리적 확장이 됩니다. 진자제품 회사들이 수십 년간 꿈꿔온 '스마트홈'이라는 개념을, LG는 로봇이라는 물리적 존재를 통해 비로소 현실로 구현하려는 것입니다.

LG그룹 4계열사의 피지컬 AI 집결

더 흥미로운 것은 LG그룹 전체가 이 로봇 사업에 계열사 역량을 총집결하고 있다는 점입니다. 로봇 본체와 핵심 하드웨어 플랫폼은 LG전자, 카메라·힘 센서·레이더·라이다 같은 정밀부품은 LG이노텍, 배터리는 LG에너지솔루션, AI 모델과 소프트웨어 인프라는 LG CNS가 맡습니다.

LG전자, 가정용 로봇 & 액추에이터로 B2B 시장까지

특히 LG전자는 로봇의 근육에 해당하는 액추에이터를 내재화하여 '악시움(AXIUM)'이라는 브랜드로 외부 고객사에 판매하겠다는 계획까지 밝혔습니다. LG가 세탁기에서 수십 년간 쌓인 모터 제어 노하우가 로봇 관절의 정밀구동이라는 새로운 영역에서 빛을 발하는 셈입니다. 완성품(로봇)만 만드는 것이 아니라 핵심 부품(액추에이터)까지 B2B로 공급하겠다는 전략은, 피지컬 AI 생태계에서 '부품 공급자'로서의 역할까지 노리는 것입니다.

LG에너지솔루션, 로봇 K-배터리의 전략적 기회

LG에너지솔루션은 글로벌 선도기술을 보유한 6개 이상의 로봇 업체에 원통형 배터리를 공급 중이며, 테슬라 옵티머스 2세대에 탑재된 2170 원통형 배터리, 그리고 클로이드에도 같은 배터리가 적용되었습니다. 또한 차세대 모델용으로 스펙과 양산 시점을 협의하고 있다고 합니다. 나아가 2026년부터 4680 원통형 배터리의 대규모 양산을 시작합니다. 이 배터리는 기존 대비 에너지 밀도가 약 5배 높아 로봇의 구동 시간을 획기적으로 늘릴 수 있습니다.

국내 배터리 3사가 전기차 시장의 캐즘(일시적 수요 정체)으로 모두 어려운 시기를 보내고 있습니다. 2025년 4분기 LG에너지솔루션·삼성 SDI·SK온 모두 적자를 기록했습니다. 그런데 이 위기가 역설적으로 새로운 기회의 문을 열고 있습니다.

휴머노이드 로봇은 전기차와 달리 탑재 공간이 매우 좁으면서도 순간 고출력이 필요하기 때문에, 가격경쟁에서 중국 LFP 배터리에 밀려왔던 한국의 삼원계(NCM) 고밀도 배터리가 결정적 우위를 점할 수 있는 시장입니다. 중국산 LFP 배터리는 무겁고 에너지 밀도가 낮아 로봇처럼 정밀한 동작과 가벼운 몸체가 요구되는 분야에서는 한계가 뚜렷합니다. 게다가 미중 기술 갈등이 심화되면서 미국 휴머노이드 로봇 기업들이 중국산 배터리를 채택하기 어려운 상황이 전개되고 있습니다. K-배터리에 전략적 기회가 열리고 있는 것이죠.

LG에너지솔루션은 여기서 한 발 더 나아가 차세대 배터리 로드맵까지 제시하고 있습니다. 2029년에는 흑연계 전고체 배터리를 전기차용으로 상용화하고, 2030년에는 에너지 밀도와 안전성이 한 차원 높은 무음극계 전고체 배터리를 휴머노이드 로봇 전용으로 선보인다는 구상입니다.

LG CNS, 스마트 팩토리 역량을 피지컬 AI로!

잘 알려지지 않았지만, LG CNS의 스마트 팩토리 역량도 피지컬 AI 맥락에서 중요한 자산입니다. LG CNS는 이미 철강공장에서 가열로 자동 제어율을 50% 개선하고 연료 효율을 5% 향상시킨 사례가 있습니다. 화학공장에서는 고무 배합과정의 개발 리드타임과 불량률을 30% 줄인 실적을 가지고 있습니다. 디지털 세계의 데이터를 물리세계의 행동으로 변환하는 것, 그것이 스마트 팩토리든 휴머노이드 로봇이든 핵심 원리는 같습니다.

정리하면, LG그룹이 피지컬 AI에서 갖고 있는 카드는 수십 년간 한국 가정에 침투해온 가전 생태계라는 플랫폼, 세탁기 모터 기술에서 파생된 로봇 액추에이터라는 핵심 부품, 글로벌 6개 이상 로봇 기업에 공급 중인 배터리 기술, 그리고 제조현장에서 검증된 스마트 팩토리 AI 역량입니다. 이 4가지가 하나의 그룹 안에 모여 있다는 것은, 피지컬 AI 시대의 수직 통합 전략이 가능하다는 것입니다.

LG는 지금 '남이 아직 완성하지 못한 일 중 우리가 가장 잘할 수 있는 일'을 찾아 가정용 로봇의 길을 걷고 있습니다. 물론 그 길이 쉽지 않지만, 최초의 국산 라디오를 만들고 가전왕국을 세운 그룹이 이번에는 로봇이라는 새로운 '최초'를 향해 걸어가고 있습니다.

9장

작지만 날카로운 칼날들, 스타트업 생태계

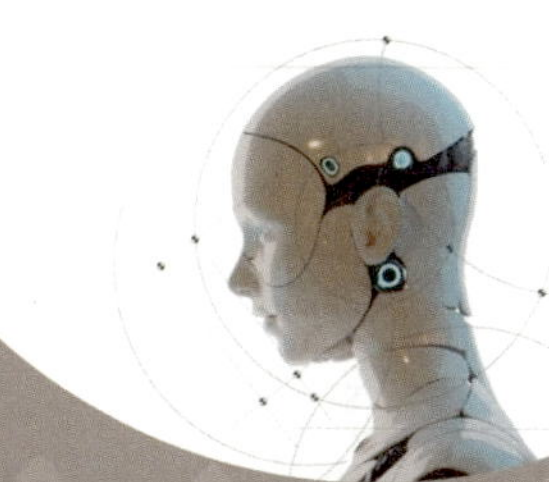

상장사 4인방, 시장이 건 기대

한국 증시에는 '피지컬 AI'라는 단어가 아직 생소하던 시절부터 로봇이라는 꿈에 자본을 건 4개의 상장사가 있습니다. 바로 레인보우로보틱스·두산로보틱스·로보티즈·마음AI입니다. 한국이 피지컬 AI 시대에 어떤 위치를 차지할 수 있는가, 그 답이 이 네 회사 안에 들어 있습니다.

레인보우로보틱스에 삼성이 베팅한 이유

2004년 카이스트 오준호 교수 연구팀은 국내 최초 2족 보행 로봇 휴보를 세상에 내놓았고, 7년 뒤인 2011년 레인보우로보틱스라는 회사를 만듭니다. 로봇을 밑바닥부터 설계할 수 있는 능력, 즉 로봇의 관절을 구성하는 핵심 부품(모터·감속기·구동기·엔코더·브레이크·제어기 등)을 자체 설계하고 제작할 수 있다는 것은 세계적으로도 드문 역량이었습니다. 대부분의 로봇 회사들이 일본이나 독일에서 핵심 부품을 수입해 조립하는 방식으로 사업을 하는데, 레인보우로보틱스는 부품부터 완성 로봇까지 수직 계열화가 가능했습니다. 레인보우로보스틱스는 2021년 코스닥 기술특례 상장을 하는데, 당시 시가총액은 약 4,000억 원 수준이었습니다.

삼성 품에 안긴 뒤 무엇이 달라졌나?

2023년 1월, 삼성전자가 레인보우로보틱스에 590억 원을 투자하며 지분 10.3%를 확보합니다. 삼성전자의 첫 로봇 기업 직접 지분 투자입니다. 같은 해 3월, 삼성전자는 278억 원 규모의 장외 매수로 지분을 14.7%까지 끌어올리고, 2024년 12월 31일 콜옵션을 행사해 지분율을 35%로 올리면서 최대주주에 오릅니다. 2025년 2월, 레인보우로보틱스는 공식적으로 삼성전자의 연결 재무제표상 자회사로 편입됩니다. 이 과정에서 삼성전자가 투입한 누적 자금은 약 3,500억 원으로 추산됩니다. 삼성전자는 추가로 25%에 해당하는 콜옵션도 보유하고 있어 향후 지분율을 60%까지 늘릴 수 있습니다.

삼성전자는 레인보우로보틱스 인수와 동시에 DX 부문 대표이사 직속으로 미래로봇추진단을 만들고, 초대 단장으로 레인보우로보틱스를 창업한 오준호 교수를 영입합니다. 이는 삼성의 로봇 전략 전체를 레인보우로보틱스의 기술 위에 세우겠다는 선언에 가까웠습니다.

2024년 3월 공개된 이동형 양팔 로봇 RB-Y1은 9,000만 원의 가격에 사전 판매를 시작했고, 초기 선주문 30대를 국내외 주요 연구기관에 납품하면서 정식 판매에 돌입했습니다. 2025년 12월 기준 누적 130대가 판매된 것으로 집계되었습니다. 레인보우로보틱스는 2026년에는 150대 이상으로 생산·출하를 확대할 계획이라고 밝혔습니다. 현재까지 RB-Y1은 대부분 학술·연구용 플랫폼으로 도입되고 있으며, AI 연구자들 사이에서 VR 기반 텔레오퍼레이션을 통한 작업 데이터 수집 용이성이 높은 평가를 받고 있습니다.

레인보우로보틱스의 매출은 2025년 3분기 누적 기준 약 211억 원으로, 전년 동기 대비 117.6% 증가했지만, 영업손실은 42억 원으로 적자가 이어지고 있습니다. 삼성전자향 매출은 3분기 누적 기준 약 69억 원으로, 전체 매출의 약 33%를 차지합니다. 생산 자동화용 협동로봇을 삼성 공장에 공급한 것으로 추정되지만, 투자자들이 기대했던 대규모 양산이나 폭발적 매출 성장은 아직 실현되지 않은 상태입니다.

하지만 레인보우로보틱스의 가치는 당장의 매출 숫자가 아니라, 삼성이라는 거대한 생태계와 결합했을 때 나올 시너지에 있습니다. 삼성전자 반도체 공장부터 삼성디스플레이·삼성SDI에 이르기까지, 삼성그룹 전체의 제조라인이 잠재적 수요처입니다. 삼성디스플레이와 디스플레이 공정 특화 휴머노이드 로봇 개발 과제를 추진할 예정이며, 삼성서울병원과는 정부 출연금 175억 원 규모의 의료형 양팔 로봇 프로젝트도 시작했습니다.

세종시에 2026년 준공될 신사옥에서 협동로봇뿐 아니라 2족·4족 보행 로봇, 자율주행 로봇(AMR), 양팔 로봇, 핵심 부품까지 일괄 생산할 수 있는 체계를 갖출 것으로 예상됩니다. 레인보우로보틱스의 부품 수직 계열화 역량과 삼성의 대량생산 노하우, 그리고 글로벌 영업 망이 만나게 될 것입니다.

2025년 말 기준 레인보우로보틱스의 시가총액은 약 8조 6,000억 원입니다. 기술특례 상장 시점 대비 1,341% 상승한 수치입니다. 매출 211억 원짜리 회사에 8조 원의 몸값이라니 버블이라고 볼 수도 있겠 지만, 이는 시장이 삼성이 로봇 사업을 본격적으로 시작했다는 사실 에 건 베팅이라고 볼 수도 있습니다.

두산로보틱스, 협동로봇 시장의 터줏대감

두산로보틱스는 2015년 두산그룹이 직접 설립한 회사로, 2023년 10 월 코스피 시장에 상장했고, 상장 당시부터 '한국을 대표하는 협동로 봇(Cobot) 기업'이라는 타이틀을 달고 나왔습니다. 협동로봇은 쉽게 말 하면 안전 울타리 없이 사람 바로 옆에서 함께 일할 수 있도록 설계된 로봇으로 힘 제어 기술과 충돌 감지 센서가 핵심입니다.

이 회사의 가장 큰 강점은 라인업의 다양성입니다. M시리즈·A시 리즈·H시리즈·E시리즈·P시리즈까지 총 14종의 협동로봇 라인업을 갖추고 있으며, 이는 글로벌 협동로봇 기업 중에서도 매우 많은 수준 입니다. 가반하중(로봇이 들어올릴 수 있는 무게) 기준으로 1kg부터 25kg까 지 다양합니다. 산업현장의 수요는 천차만별인데, 어떤 고객이 와도 맞춤형 솔루션을 제안할 수 있는 것이죠.

글로벌 시장 공략은 어디까지 왔나?

두산로보틱스의 진짜 승부처는 해외입니다. 2024년 전체 매출액 449억 원 중 해외 매출이 약 307억 원으로 비중이 68.5%에 달합니다. 글로벌 약 40여 개국에 판매 채널을 구축해 놓았고, 북미와 유럽이 핵심 시장입니다. 2022년 미국 텍사스에 법인을 설립한 데 이어, 2024년에는 독일에도 유럽 지사를 열었습니다.

그러나 글로벌 시장의 경쟁은 녹록지 않습니다. 덴마크의 유니버설로봇은 글로벌 시장점유율 1위를 굳건히 지키고 있으며, 일본의 화낙, 대만의 테크맨로봇도 만만치 않은 경쟁자입니다. 여기에 중국의 아우보로보틱스 같은 저가 공세 기업까지 가세하고 있습니다.

두산로보틱스는 국내시장에서는 1위이며, 글로벌 시장점유율은 2025년 누비아매거진 평가 기준 세계 8위 정도입니다. 문제는 매출 규모입니다. 2025년 3분기 누적 기준 연결 매출이 전년 동기 대비 43.5% 감소했고, 영업손실은 76.7% 증가했습니다. 협동로봇 하드웨어 판매만으로는 성장에 한계가 있다는 신호입니다.

두산로보틱스는 이 문제를 돌파하기 위해 두 가지 전략을 추진하고 있습니다. 하나는 솔루션 사업 비중 확대입니다. 로봇 하드웨어뿐만 아니라, 로봇을 활용한 자동화 솔루션 전체를 패키지로 파는 것이죠. 솔루션 비중을 40%까지 끌어올리는 것이 목표입니다. 2025년 미국의 로봇 솔루션 업체 원엑시아(ONExia)를 인수하며 북미 시장 솔루션 역량을 강화하고 있습니다.

다른 하나는 커피 로봇, 조리 로봇 등 다양한 애플리케이션을 개발하는 것입니다. 세일즈 채널도 2024년 말 기준 130개 이상으로 확대했습니다.

두산로보틱스의 연간 생산능력은 자체 생산 2,200대, 외주 생산 1,000대를 합쳐 약 3,200대 수준입니다. 아직은 생산능력보다 수요가 부족한 상황인 셈입니다. 시가총액은 약 5조 3,700억 원 수준으로 레인보우로보틱스와 비슷한데, 매출은 더 큰 편이지만 성장 스토리에서의 기대감은 다소 차이가 있습니다.

두산로보틱스의 가치는 '시간이 걸리지만 확실한 시장'에 있습니다. 협동로봇 시장은 연평균 36~43% 성장할 것으로 전망됩니다. 한화로보틱스·HD현대로보틱스 같은 대기업 계열 신규 진입자들이 협동로봇 시장에 뛰어들고 있습니다. 이는 위협이자 동시에 시장 자체가 커지고 있다는 반증이기도 합니다. 아직 이 시장은 폭발하지 않았고, 두산로보틱스는 그 폭발의 순간을 기다리며 글로벌 네트워크와 라인업을 깔아놓고 있는 셈입니다.

글로벌 빅테크들이 로보티즈를 찾는 이유

터틀봇 하나로 전 세계 로봇 교육·연구 플랫폼 입성

로보티즈의 터틀봇(TurtleBot) 3는 로봇 운영체제인 ROS(Robot Operating System)에서 자주 활용되는 대표적인 실습용 하드웨어입니다. MIT·스탠포드대학·칭화대학·카이스트 등에서 학생들이 자율주행 알고리즘을 처음 배울 때 터틀봇 위에서 시작합니다. SLAM(동시 위치 추정 및 지도 작성)·내비게이션·자율주행 알고리즘을 실험하고 검증하는 기본 도구이기도 합니다. 안드로이드가 스마트폰 운영체제 시장을 장악한 것처럼, 터틀봇은 로봇 교육·연구 플랫폼을 장악하고 있습니다.

글로벌 빅테크와 연구기관들이 찾는 다이나믹셀과 로봇 손

1999년에 설립된 로보티즈는 터틀봇보다 더 중요한 제품이 있습니다. 모터·감속기·제어기·통신 기능이 하나로 통합된 모듈형 로봇 액추에이터인 다이나믹셀(DYNAMIXEL)입니다. 로봇의 관절 하나하나가 바로 이 다이나믹셀로 만들어집니다. 이 부품 하나가 로보티즈 전체 매출의 약 98%를 차지합니다.

구글 딥마인드·애플·MIT·스탠포드대학·유니트리 로보틱스 등 세계 굴지의 빅테크들과 연구기관들이 로보티즈의 다이나믹셀을 채택하고 있습니다. 보스턴다이내믹스에도 액추에이터 부품을 공급하고 있습니다. 이것이 로보티즈를 '조용한 강자'라고 부르는 이유입니다. 마치 거의 모든 PC 안에 인텔 칩이 들어가 있었던 것과 비슷한 구조입니다.

마침내 실적도 돌아서고 있습니다. 2023년까지 적자를 면치 못하던 로보티즈는 2025년 매출 389억 원, 영업이익 33억 6,000만 원으로 흑자 전환을 달성했으며, 주가는 2025년 한 해 동안 1,052% 상승하며 코스닥 시장의 대장주 반열에 올랐습니다. 다이와증권은 로보티즈의 액추에이터 매출이 2027년 970억 원까지 커지고, 현재 개발 중인 휴머노이드 로봇 AI 워커(Worker) 매출은 2025년 35억 원에서 2027년 632억 원으로 급증할 것으로 내다봤습니다.

로보티즈의 휴머노이드 로봇 'AI 워커'. 다이나믹셀 제어, 확장형 핸드 모듈, 오픈소스 플랫폼 등이 특징이다. (출처: 로보티즈 홈페이지)

로보티즈는 2025년 10월 '아이포럼 2025'에서 독자 개발한 정밀 로봇손 HX5-D20을 공개하며, 오픈AI·구글·애플 등으로부터 선주문을 받았다고 밝혔습니다. 이 로봇 손은 다섯 손가락 20자유도 구조에 손끝마다 촉각 센서 9개가 내장되어 있는데, 1,000만 원 이하를 목표로 합니다. 중국 경쟁사와도 가격경쟁이 가능한 수준이죠.

LG전자는 2017년 로보티즈의 유상증자 참여 이후 지속적으로 협력 중입니다. 2024년 자율주행 로봇 '개미' 공급 계약, 2025년 휴머노이드 로봇 'AI 워커' 공동연구 협약을 맺었습니다. LG전자가 2대 주주(지분 약 7.36%)입니다. 이는 대기업의 로봇 전략에 로보티즈의 기술이 깊숙이 엮여 있음을 보여줍니다.

로보티즈의 매출 중 해외 비중은 약 70%에 달하며, 북미가 50%에 육박합니다. 한국 로봇 기업 중 이 정도로 글로벌화가 진행된 경우는 드뭅니다. 먼저 오픈소스 전략으로 개발자 생태계를 장악하고, 그 위에 하드웨어 매출을 쌓아 올리는 전략이 마침내 열매를 맺기 시작한 것입니다.

마음AI, 로봇의 두뇌를 설계하다

국내 최초로 비전-언어-행동(VLA) 모델 공개

앞에서 소개한 세 회사가 로봇의 '몸'에 집중하는 기업이라면, 마음AI 는 로봇의 '두뇌'를 만드는 회사로 비전-언어-행동(VLA) 모델을 개발합 니다.

2014년 '마인즈랩'이라는 이름으로 설립되어 한국전자통신연구원 (ETRI)의 음성인식 기술을 기반으로 AI 콜센터·챗봇·AI 휴먼 등이 주 력이었습니다. 2021년 코스닥에 기술성장기업으로 상장하고, 2023년 '마음AI'로 사명을 바꾸면서 피지컬 AI라는 새로운 영역으로 과감하 게 전환합니다. 2024년 마음AI는 세계 최고 권위의 AI 학회인 신경정 보처리시스템학회(NeurIPS)에서 최우수 논문상을 수상한 논문에서 국 내 최초의 비전-언어-행동(VLA) 모델 '캔바스(CANVAS)'를 공개하고, 카 메라로 환경을 인지하고 이를 언어적으로 이해하며 로봇의 행동을 제 어하는 새로운 AI 기술의 표준을 제안했습니다.

속속 드러나는 가시적 성과

마음AI가 보유한 파운데이션 모델은 언어모델(MAAL), 오디오 모델 (SUDA), 자율주행 비디오 모델(WoRV), 그리고 비전 모델(BODA) 등 4가 지입니다. 이 모델들을 조합하면, 로봇이 말을 알아듣고 주변환경을 눈으로 파악하며 스스로 판단해서 행동하는 것이 가능해집니다.

특히 오디오 모델 수다(SUDA)는 기존의 3단계 음성 대화과정(음성 인식→언어모델→음성 합성)을 하나로 통합한 모델입니다. 퀄컴의 저전력 칩에 이 3가지를 세계 최초로 동시 탑재하는 데 성공했으며, 1.5초 이내 응답 지연을 구현해 자연스러운 대화가 가능합니다.

실제 현장 적용도 빠르게 진행되고 있습니다. 마음AI는 '농기계의 테슬라'로 불리는 긴트(GINT)와 농기계 자율주행 기술 공급 계약을 체결했고, 국방 분야에서는 미국 고스트로보틱스(Ghost Robotics)의 4족 보행 전술 로봇 '비전 60'에 자사의 오디오 모델(SUDA)과 자율주행 비디오 모델(WoRV)을 통합한 AI 자율 경비 로봇 소라(SORA)를 개발했습니다. 24시간 자율순찰, 상황탐지, 지능형 판단 및 보고, 지휘소 통합 관제가 가능한 로봇으로, 남원시 공급을 시작으로 국방 분야 대기업들과 협력을 확대하고 있습니다. 제조현장에서는 한화로보틱스 협동 로봇에 마음AI의 자율주행 비디오 모델(WoRV)을 적용한 정밀용접과 모션 트래킹 시연도 진행한 바 있습니다.

CES 2026에서는 엣지 기반 AI 두뇌 장치 MAIED(Maum AI Edge Device)를 선보이며 주목받았습니다. 상하이에서 중국 로봇 기업 애지봇과의 협력을 논의하기도 했습니다.

마음AI의 수직 통합 전략

재무적으로 보면, 마음AI는 아직 적자 기업입니다. 2025년 3분기 누적 기준 매출은 전년 동기 대비 9.5% 증가했지만, 영업손실과 당기순

손실이 이어지고 있습니다.

하지만 한국에서 비전-언어-행동(VLA) 모델 영역에 도전하는 상장사는 마음AI가 사실상 유일합니다. 대부분 구글 딥마인드, 엔비디아 같은 빅테크들이 장악하고 있죠. 한국 로봇 산업이 하드웨어의 강점만으로는 글로벌 시장에서 경쟁하기 어렵고, 소프트웨어, 특히 AI 두뇌 역량을 반드시 확보해야 한다는 절박한 과제를 짊어지고 있는 것입니다.

마음AI는 반도체부터 엣지 디바이스, 로봇 두뇌, 자체 브랜드 로봇('진도'라는 이름의 로봇 개 출시 예고)까지 이어지는 수직 통합 전략을 선언했습니다. 마음AI의 행보가 어디까지 갈 수 있을지 아직은 불확실하지만, 이 회사가 존재한다는 것 자체가 한국 피지컬 AI 생태계에 '두뇌'라는 퍼즐 조각이 하나 있는 것입니다. 그리고 그 퍼즐이 완성될 때, 한국 로봇 산업의 그림은 완전히 달라질 수 있습니다.

앞에서 소개한 4개 회사를 하나로 꿰는 키워드가 있습니다. '아직'입니다. 아직 글로벌 1위가 아니며, 아직 대량양산에 들어가지 못했습니다. 하지만 삼성이 로봇에 베팅한 이유, 두산이 글로벌 네트워크를 깔아놓은 이유, 로보티즈가 개발자 생태계를 선점한 이유, 마음AI가 세계 최고 권위의 AI 학회에서 수상한 이유, 이 모든 것은 '앞으로'의 시장을 보고 움직인 것입니다. 한국 로봇 상장사들이 시장에서 받고 있는 기대가 현실이 되는 시점이 피지컬 AI 시대의 본격적인 시작점이 될 것입니다.

지금 이름을 기억해둘
K-로봇의 숨은 강자들

레인보우로보틱스 등이 대기업 편입과 글로벌 무대 진출이라는 화려한 스포트라이트를 받는 동안, 각자의 영역에서 묵묵히 실력을 키워온 기업들이 있습니다. 아직 대중에게는 낯선 이름일 수 있지만, 업계 안에서는 이미 '반드시 알아야 할 기업'으로 통합니다.

에이로봇, 젠슨 황의 무대에 선 한국 기업

에이로봇(AeiRobot)은 한양대 로봇공학과 한재권 교수 연구실에서 태어난 기업으로, 그는 오랫동안 로보컵(RoboCup)이라는 세계적 로봇 축구대회에 도전하며 휴머노이드 로봇의 기초체력을 다져왔습니다. 로보컵은 2050년까지 로봇 팀이 월드컵 우승 팀을 상대로 이기는 것을 목표로 하는데, 클라우드 컴퓨터와의 통신이 금지되고 인간을 뛰어넘는 센서 사용도 제한됩니다. 즉, 로봇 자체의 두뇌와 신체 능력만으로 경기를 해야 합니다.

　에이로봇의 휴머노이드 로봇 앨리스(ALICE)가 보여주는 부드럽고 강인한 움직임의 비밀이 바로 여기에 있습니다. 실제로 물리세계에서 작동해야 하는 기술을 갈고닦아 온 것입니다.

조선·건설 등 현장에 투입되는 로봇

앨리스는 CES 2026 젠슨 황의 기조연설 인트로 화면에 조선소에서 용접 작업을 하는 모습이 나왔는데요. 에이로봇은 2025년 산업통상자원부의 로봇산업기술개발 국가 R&D 과제에 선정되어 국내 최초로 포스코이앤씨를 비롯한 건설사 2곳, 현대미포·삼성중공업 등 7개 조선사, 한양대·부산대와 함께 휴머노이드 로봇 앨리스를 조선·건설현장에 투입하는 대규모 실증에 나섰습니다. 한국 조선업은 세계 1위의 경쟁력을 유지하면서도 만성적인 인력난에 시달리고 있으며, 특히 용접은 가장 인력 수급이 어려운 분야 중 하나입니다.

환경에 맞춘 다양한 로봇 구성

에이로봇의 기술적 특이점은 '작고 빠른 근육'에 있습니다. 자체 개발한 250W급 액추에이터는 부드러우면서도 강인한 움직임을 가능하게 합니다. 바닥이 평탄한 제조공정에는 이동 효율이 높은 바퀴형 로봇 앨리스 M1을, 계단이나 비정형 지형이 많은 조선소와 건설현장에는 2족 보행 앨리스 4를 투입합니다. 환경에 맞게 구동 방식을 분리한 현장 중심의 접근입니다.

에이로봇의 휴머노이드 로봇 앨리스. 조선·건설 등 현장에 투입되는 로봇으로, 환경에 맞춘 다양한 로봇 구성이 특징이다. (출처: 에이로봇 홈페이지)

투자 흐름도 가파릅니다. 2024년 하나벤처스 주도로 35억 원의 시드 투자를 받았고, 1년 후인 2025년 7월 본엔젤스벤처파트너스 등이 참여한 약 100억 원 규모의 시리즈 A를 마무리했습니다. 특히 2025년 엔비디아의 GTC에서 엔비디아상과 오키나와혁신상을 동시 수상하고, 엔비디아 투자팀과 미팅을 함으로써 글로벌 투자 파이프라인에 올라섰습니다. 에이로봇은 엔비디아의 최신 로봇 파운데이션 모델인 그루트(GR00T) N1.5를 조기 채택한 기업이기도 합니다.

더욱 놀라운 것은 임직원 수십 명의 작은 팀이 글로벌 무대에서 인정받는 데 걸린 시간입니다. 에이로봇은 2017년 설립되어 8년이라는 시간 동안 실전에서 기술을 검증하고, 논문이 아닌 용접 현장에서 로봇의 가치를 증명해 왔습니다. 이것이야말로 한국형 피지컬 AI 스타트업의 전형이 될 수 있다고 봅니다.

8년 연속 '올해의 로봇 기업', 뉴로메카

뉴로메카(Neuromeka)는 2017년부터 2024년까지 8년 연속으로 '올해의 대한민국 로봇 기업' 산업용 로봇 부문에 선정되었으며, 2024년에는 협동로봇 국내 연매출 1위를 기록했습니다. 2013년에 설립되어 협동로봇 인디(Indy) 시리즈로 한국 제조현장에서 꾸준히 존재감을 키워왔고, 2021년에는 코스닥 시장에 상장했습니다.

100% 국산 내재화

뉴로메카의 강점은 '100% 국산 내재화'입니다. 자체 개발한 스마트 액추에이터 코어(CORE)와 뉴로드라이브(NeuroDrive), 비전 솔루션 인디아이(IndyEye)까지, 로봇의 핵심 부품을 스스로 만들고 있습니다. 중국산 부품 의존도가 높은 글로벌 로봇 업계에서 핵심 부품 국산화 전략은 공급망 리스크 관점에서도 상당한 경쟁력입니다.

협동로봇의 강자가 휴머노이드 분야로!

뉴로메카는 2025년 로보월드(Robot World)에서 한꺼번에 산업용 젠(ZEN), 서비스용 나미(NAMY), 의료용 렉시스(RAXIS), 연구용 에이르(EIR)까지 4종의 휴머노이드 로봇을 공개하고, 각 분야에 최적화된 휴머노이드 플랫폼도 내놓았습니다. 여기에 비전-언어-행동(VLA) 기반 AI를 적용하겠다는 계획도 발표했습니다. 협동로봇의 강자가 휴머노이드 로봇으로 영역을 확장하는 것입니다.

뉴로메카는 이미 수천 곳의 공장에 협동로봇을 납품하며 데이터를 축적해 왔습니다. 포스코와는 로봇공동연구센터를 설립하고 30억 원 규모의 계약을 체결했으며, HD현대삼호와는 AI 기반 협동로봇 용접 교육 시스템을 공동 개발하고 있습니다. 포스코가 향후 20조 원 규모의 제철소 자동화 투자를 예고한 상황에서, 뉴로메카가 그 생태계의 핵심 파트너로 자리잡아갈 가능성이 있습니다.

물론 현실적인 어려움도 있습니다. 2025년 기준 뉴로메카는 영업손실이 났으며, 누적 결손금은 약 500억 원에 달하는 것으로 추정됩니다. 하지만 2024년 포스코홀딩스와 DN솔루션즈의 지분 투자, 2025년 삼성자산운용의 5% 이상 지분 취득 등을 보면, 시장은 뉴로메카의 잠재력에 여전히 베팅하고 있습니다. 미국 텍사스, 베트남 호치민, 중국 장쑤성에 해외 거점을 두고 있으며, 포항 영일만에 로봇 제조공장과 신사옥도 추진 중입니다. 흑자 전환 시점이 2026년으로 연기된 것은 아쉽지만, 피지컬 AI 시대의 본격 개화가 바로 이 시기와 맞물린다는 점은 우연이 아닐 것입니다.

삼성전자 출신들이 꿈꾸는 '1인 1로봇' 시대, 위로보틱스

위로보틱스(WIRobotics)는 삼성전자 로봇개발팀 출신들이 2021년 설립한 회사로, 대기업에서 20년 가까이 쌓은 경험을 바탕으로 '실질적으로 사람을 돕는 로봇'을 목표로 합니다.

CES 3년 연속 혁신상, 웨어러블 보행 로봇 윔

위로보틱스의 첫 번째 무기는 허리에 착용하는 웨어러블 보행 보조 로봇 윔(WIM)으로, CES에서 2024~2026년 3년 연속 혁신상을 수상하며 글로벌 시장에서 기술력을 입증했습니다. 4가지 보행 모드를 제공하며, 이미 중국·일본·이탈리아·네덜란드 등지에서 판매되고 있습니다. 2026년까지 연간 생산량 1만 대, 2027년에는 매출 1,000억 원과 코스닥 상상을 목표로 하고 있습니다.

휴머노이드 알렉스의 손

특히 2025년 8월에 공개한 휴머노이드 로봇 알렉스(ALLEX)는 시각과 위치 인식을 넘어 힘·접촉·충격 같은 물리적 자극에 반응하는 로봇입니다.

알렉스의 핵심 기술은 '손'에 있습니다. 각 손은 15자유도(DOF)를 가지고 있는데, 설계방식이 매우 독특합니다. 일반적인 로봇은 손가락 관절마다 모터를 달지만, 알렉스는 팔의 이두박근 위치에 케이블과 와이어를 연결해 손가락을 구동합니다. 마치 사람의 근육이 힘줄을 당겨 손가락을 움직이는 것과 같은 원리입니다. 덕분에 촉각 센서 없이도 100gf(그램포스)의 미세한 힘을 감지하면서, 훅 그립을 사용하면 최대 30kg까지 들어올릴 수 있습니다. 성인 남성 수준의 악력과 달걀을 깨뜨리지 않는 섬세함을 동시에 구현하는 것입니다. 알렉스와 악수를 해보았는데, 마치 사람과 악수하는 느낌이었습니다.

오늘의 매출원과 내일의 성장 엔진, 둘 다 가진 스타트업

위로보틱스는 2023년 프리 A 40억 원, 2024년 시리즈 A 130억 원을 유치했고, 엔비디아·메타·아마존 등과 협력을 논의 중이라는 소식도

위로보틱스의 휴머노이드 로봇 알렉스. 알렉스의 핵심 기술은 손에 있다.

들립니다. 위로보틱스는 웨어러블 로봇이라는 '오늘의 매출원'과 휴머노이드 로봇이라는 '내일의 성장 엔진'을 동시에 가지고 있습니다. 스타트업에는 꽤 전략적인 포트폴리오입니다. 궁극적으로 2030년 누구나 일상에서 활용 가능한 범용 휴머노이드 로봇 플랫폼을 만들겠다는 야심찬 비전을 가지고 있는데, 웨어러블 로봇에서 쌓은 인체역학 데이터와 양산 경험이 그 도전의 기반이 될 것입니다.

'수아랩 신화'를 쓴 창업가의 두 번째 도전, 홀리데이로보틱스

한국 테크 스타트업 역사에서 수아랩(SuaLab)은 전설적인 이름입니다. 딥러닝 기반 비전 검사 기업으로, 2019년 미국 코그넥스(Cognex)에 2억 달러(약 2,660억 원)에 인수되어 국내 기술 스타트업의 최대 해외 M&A 사례로 기록되었습니다. 이 딜의 주인공인 송기영 대표가 2024년 4월 다시 설립한 것이 홀리데이로보틱스(Holiday Robotics)입니다.

홀리데이로보틱스는 설립 5개월 만에 175억 원의 시드 투자를 유치했습니다. 인터베스트·스프링캠프·현대차 제로원·에이티넘인베스트먼트 등 한국 벤처투자 업계의 주요 플레이어들이 총출동했습니다. 대부분이 초창기부터 수아랩을 지켜보고 투자했던 곳입니다. '사람에 투자한다'는 벤처투자의 원칙이 그대로 적용된 사례입니다.

산업용 휴머노이드 로봇 프라이데이의 탁월한 '손' 발상

홀리데이로보틱스는 설립 1년 반 만인 2025년 10월 산업용 휴머노이드 로봇 프라이데이(FRIDAY)를 공개했습니다. 이 로봇에는 상용화와 투자 대비 효율(ROI)을 중시하며, 산업현장 휴머노이드 로봇 경쟁의 본질은 손 작업(매니퓰레이션)이라고 보는 회사의 철학이 녹아 있습니다.

프라이데이 로봇은 20자유도의 손에 손바닥과 손가락 전체의 80% 면적에 자체 제작 촉각 센서가 내장되어 있습니다. 이 센서는 0.01N(약 1g) 수준의 힘과 방향, 토크까지 감지합니다. 센서의 구조도

홀리데이로보틱스의 산업용 휴머노이드 로봇 프라이데이. 산업현장 상용화가 목표다. 뛰어난 로봇 손 기술로 이목이 집중되었다. (출처: 홀리데이로보틱스 홈페이지)

독특합니다. 실리콘 위에 자석을 올리고 자기 센서로 미세한 변위를 감지하는 방식인데, 제작단가가 약 3만원에 불과합니다. 마치 사람이 손톱을 자르듯, 실리콘이 마모되면 교체형 모듈로 바꿀 수 있어 센서를 주기적으로 교체할 수 있습니다.

또한 프라이데이 로봇의 팔은 기존 협동로봇보다 훨씬 가볍습니다. 유압 케이블을 몸통 쪽으로 빼내 가동부의 회전 관성을 줄였기 때문인데, 부딪혀도 사람 팔보다 덜 위험합니다. 산업현장에서 사람과 로봇이 함께 일하는 피지컬 AI 시대에 핵심적인 안전설계입니다.

비전-언어-스킬 프레임워크로!

AI 전략에서도 홀리데이로보틱스는 독자적인 길을 가고 있습니다. 요즘 로봇 AI 업계의 화두인 비전-언어-행동(VLA) 모델 대신, 비전-언어-스킬(Vision-Language-Skill, VLS) 프레임워크를 구축하고 있습니다. VLA는 액션을 엔드투엔드(End-to-end, 처음부터 끝까지)로 생성해서 예측이 어렵고 안정성을 보장하기가 좀 힘든데, VLS는 충분히 검증된 제어 스킬을 조합하는 방식입니다. 또한 시뮬레이터 홀리데이심(Holiday Sim)도 개발 중인데, 실제 촉각 센서의 물리 모델과 동일한 소프트 컨택을 구현해 시뮬레이션과 현실 성능 격차를 해소했다고 합니다.

산업현장에서 활발한 실증 작업

2025년 12월, 홀리데이로보틱스가 창업 1년 8개월 만에 1,500억 원 규모의 시리즈 A에 착수했다는 보도가 나왔습니다. 투자금은 로봇 생산시설 확충, 미국 실리콘밸리 연구 거점 구축, 글로벌 인재 확보에 사용될 예정이며, 2026년 1분기 내 마무리가 목표입니다. 2026년 초 로봇 생산 공장을 가동해 연 100대 규모로 시작하고, 하반기부터 50 대 판매, 2027년 이후에는 연 1,000대 생산체제를 목표로 합니다. 판 매가는 1억 원대를 목표로 제시했습니다.

실증 현장도 이미 확보하여 SK에너지 울산 콤플렉스(울산CLX)에서 시료 샘플링·분류 작업을 자동화하는 실증 사업을 진행 중이며, 자동 차 부품·전자 조립·물류 기업 등과 비밀유지계약(NDA) 기반 협의도 이루어지고 있습니다. 산업통상자원부가 주도하는 제조 AX 얼라이 언스에서도 SK에너지의 파트너로 참여하고 있습니다.

한국에서는 '연쇄 창업가(Serial Entrepreneur)'라는 개념이 아직 익숙 하지 않은데, 송기영 대표는 그 가능성을 보여주는 사례입니다. 수아 랩이 비전 검사의 딥러닝 상용화를 선도했듯, 홀리데이로보틱스가 휴 머노이드 로봇의 산업현장 상용화를 선도할 수 있을지 기대됩니다.

앞에서 소개한 스타트업들에는 공통점이 있습니다. 뉴로메카는 협동로봇, 위로보틱스는 웨어러블 로봇, 홀리데이로보틱스는 AI 비 전, 즉 각자 가장 잘하는 영역에서 출발해 휴머노이드 로봇이라는 더 큰 판으로 이동하고 있습니다. 한국이 피지컬 AI 시대에 조립공장이 아니라 핵심 기술의 원산지가 되려면, 스타트업들이 성장할 수 있는 생태계를 어떻게 만들어갈 것인가, 이것이 우리 사회가 풀어야 할 숙 제입니다.

혼자서는 이길 수 없다

이 책을 쓰면서 계속 CES 2026에서 셀 수 없이 마주한 중국 휴머노이드 로봇 부스들이 떠올랐습니다. 저마다의 휴머노이드 로봇을 들고 나왔고, 유니트리 로보틱스의 사람 키만 한 로봇은 우리 돈 700만 원대에 판매되었으며, 하이센스 같은 가전회사조차 부드럽게 걸어다니는 휴머노이드 로봇을 내놓았습니다. 이 광경 앞에서 한국의 현주소를 냉정하게 바라보지 않을 수 없었습니다.

규모로는 중국, 기술 플랫폼으로는 미국을 이기기 어렵다

중국은 2025년 한 해에만 휴머노이드 로봇 관련 스타트업에 수십억 달러의 투자가 이루어졌고, 유니트리 로보틱스·애지봇·갤봇(Galbot) 등이 공장 단위의 양산체제를 갖추기 시작했습니다. 광둥성 선전을 중심으로 로봇 부품 공급망이 이미 촘촘하게 형성되어 있고, 네오디뮴 자석 같은 핵심 소재의 글로벌 공급망도 압도적으로 장악하고 있습니다. 무엇보다 로봇이 학습할 수 있는 공장과 물류현장이 끝없이 펼쳐져 있습니다. 이른바 '로봇 학교'가 가동되고 있다는 소식도 들려옵니다.

반대편에서는 미국이 기술 플랫폼을 장악하고 있습니다. 엔비디아는 피지컬 AI 개발에 필요한 거의 모든 스택을 오픈소스로 풀며 생태계의 지배자가 되었고, 구글 딥마인드는 제미나이 로보틱스를 아틀라스에 심고 있으며, 오픈AI는 로봇 AI 스타트업에 직접 투자를 시작했습니다. 피지컬 AI의 두뇌, 즉 파운데이션 모델의 영역에서 미국 빅테크와 정면으로 겨루는 것은 현실적으로 어렵습니다.

반면, 한국의 2025년 스타트업 투자 총액은 약 5조 9,000억 원이었고, 이 중 AI와 로봇이 차지하는 비중이 빠르게 커지고 있지만, 절대 규모로 보면 미국과 중국의 단일 기업 투자액에도 미치지 못하는 경우가 많습니다. 그렇다고 절망할 필요는 없습니다. 오히려 이 현실을 직시하는 것이 전략의 출발점이기 때문입니다.

레고 조립은 한국이 세계에서 가장 잘한다

강연에서 종종 "피지컬 AI 시대의 경쟁은 '레고 블록을 누가 더 잘 만드느냐'가 아니라, '누가 더 빠르고 정확하게 조립하느냐'의 싸움"이라는 말을 합니다. 그 조립을 세계에서 가장 잘하는 나라가 바로 한국입니다.

앞에서도 말했듯, 피지컬 AI는 하드웨어·소프트웨어·제조역량·

운영 노하우가 동시에 필요합니다. 바로 이 지점에서 한국의 제조업 DNA가 빛을 발합니다.

CES 2026에서 에이로봇의 한재권 CTO가 했던 얘기가 아직도 귓가에 맴돕니다. 관람객들이 에이로봇의 부스에 와서 가장 많이 한 질문은 "이것이 중국 것이에요?"였다고 합니다. 하도 그런 질문이 쏟아지다 보니, 아예 태극기를 달고 설명을 했다고 합니다. 그런데 한국 기업이라는 것을 알게 된 관람객들, 특히 제조업 현장의 관계자들은 곧바로 다른 질문을 던졌습니다. "저 로봇, 우리 공장에 지금 들어올 수 있나요?"

이 질문 자체가 한국 피지컬 AI 및 로봇 산업의 경쟁력을 보여줍니다. 중국 로봇이 쿵푸와 춤으로 관람객을 즐겁게 했다면, 한국 로봇은 "공장에 지금 투입될 수 있나요?"라는 비즈니스 질문을 이끌어냈습니다. 피지컬 AI 시대에 한국이 제조업 강국이라는 말은 제조 데이터가 많고, 로봇이 학습할 수 있는 현장이 넘쳐난다는 것이죠.

한국 기업들은 여러 기술과 부품을 가져다가 세계 최고 수준의 제품으로 통합하는 능력이 뛰어납니다. 삼성 반도체는 ASML의 노광기, 도쿄일렉트론의 장비, 다양한 화학소재를 가져와서 세계 최고의 메모리 칩을 만들어냈습니다. 현대자동차도 마찬가지입니다. 보쉬의 부품, ZF의 변속기, 다양한 글로벌 공급 체인을 엮어 글로벌 5위의 자동차 제조역량을 구축했습니다.

피지컬 AI 시대에도 이 공식은 유효합니다. 엔비디아가 GPU와 소프트웨어 플랫폼을 제공하고, 구글이 AI 파운데이션 모델을 만들며, 중국이 저가 부품을 공급한다 해도, 이 모든 것을 하나의 작동하는 시스템으로 통합하여 실제 현장에서 돌아가게 만드는 것은 별개의 역량입니다. 그 역량에서 한국은 세계 최정상급입니다.

대기업과 스타트업이 붙어야 승산이 생긴다

한국에 이렇게 좋은 자산이 있는데, 왜 아직 피지컬 AI 분야에서 압도적인 존재감을 보여주지 못하고 있을까요?

가장 큰 문제는 이 자산들이 각자의 성 안에 갇혀 있다는 것입니다. 제조 데이터, 공정 노하우, 현장경험이 기업 울타리를 넘어 공유되어 한국형 피지컬 AI와 로봇의 학습 자원이 되지 않고, 지금은 각 회사의 서버 안에 잠들어 있습니다.

반면 스타트업들은 기술과 아이디어는 넘치지만, 피지컬 AI와 로봇을 실제로 투입해 테스트할 현장이 없습니다. 에이로봇이 조선소와 제조현장에서 솔루션을 검증하려 해도, 대기업의 문을 두드리는 것은 쉬운 일이 아닙니다. 로보티즈의 터틀봇이 전 세계 연구실에서는 표준처럼 쓰이고 있지만, 정작 국내 대기업의 공장에서는 외국산 로봇이 더 많이 쓰이는 현실도 있습니다.

한국 자동차 산업이 오늘날의 글로벌 경쟁력을 갖게 된 것은 현대차 혼자의 힘이 아닙니다. 전국에 분포한 수천 개의 1차·2차·3차 부품 협력업체가 촘촘한 공급망을 형성하고, 수십 년에 걸쳐 기술을 축적하고 품질을 끌어올린 결과입니다. 피지컬 AI 시대에도 같은 구조가 필요합니다. 아니, 더 빠르게 만들어져야 합니다.

다행히 움직임이 시작되고 있습니다. CES 2026에서 발표된 K-휴머노이드 제조 AX 얼라이언스가 하나의 신호탄입니다. 산업통상자원부의 지원을 받아 한국 로봇 기업 10곳이 처음으로 공동관을 차렸습니다. 수많은 중국 기업 사이에서 한국이라는 존재감을 각인시킨 것만으로도 의미 있는 성과였습니다. 하지만 이 얼라이언스가 진정한 힘을 발휘하려면 지금보다 훨씬 더 깊은 협업이 필요합니다. CES에서 함께 전시하는 수준을 넘어 기술과 데이터를 실질적으로 공유하는 플랫폼으로 진화해야 합니다.

구체적으로 어떤 협업이 필요할까?

먼저, 제조현장 데이터의 전략적 공유가 필요합니다. 대기업들이 보유한 공정 데이터를 보안이 담보되는 형태로 피지컬 AI 학습에 활용할 수 있는 구조를 만들어야 합니다.

또한 부품 공급망을 내재화해야 합니다. 지금은 부품의 상당수를 해외에서 조달하고 있지만, 한국에는 이를 국산화할 수 있는 기술역량이 분명히 존재합니다. LG전자의 모터 기술, 만드로의 초소형 액추에이터, 에이딘로보틱스의 로봇 센서, 테솔로의 로봇 그리퍼, 이런 기업들이 완성 로봇 제조사와 긴밀하게 협력하여 한국형 로봇 부품 공급망을 빠르게 구축해야 합니다.

아울러 로봇 스타트업들이 대기업의 제조현장에서 자신들의 기술을 시험해볼 수 있어야 합니다. 이것은 대기업 입장에서도 손해가 아닙니다. 다양한 스타트업의 기술을 빠르게 검증하고, 자사에 맞는 솔루션을 선별하는 오픈 이노베이션의 기회가 됩니다.

한국산업기술기획평가원이 2026년 로봇 분야 R&D 과제로 AI 로봇과 제조기업–부품기업 간 협업을 제시하고, 한국AI·로봇산업협회가 350여 개 회원사를 기반으로 통합 산업 생태계 강화에 나선 것도 같은 맥락입니다.

한국의 피지컬 AI 분야 성공을 위한 핵심 공식

결국 피지컬 AI 시대에 한국만이 할 수 있는 조합을 만들어내야 합니다.

글로벌 로봇 공급망에는 아직 포착해야 할 가치가 상당히 많이 남아 있습니다. 배터리·액추에이터·고출력 모터·센서·컴퓨팅 분야에서 대규모 양산 수준으로 제품화되지 않은 새로운 기회들이 존재합니다. 단, 혼자서는 안 됩니다. 공장 데이터와 AI 기술이 만나야 하고, 반도체 노하우와 비전-언어-행동(VLA) 모델이 연결되어야 하며, 모터 기술과 스타트업의 로봇 손 설계가 하나의 공급망으로 엮여야 합니다.

다만, 이번에는 속도가 관건입니다. 자동차 부품 생태계를 만드는 데 30년이 걸렸다면, 피지컬 AI와 로봇 생태계는 3~5년 안에 만들어야 합니다. 중국이 물량으로 시장을 잠식하기 전에, 미국이 플랫폼으로 모든 것을 흡수하기 전에 말입니다.

10장

피지컬 AI와 함께 사는 시대

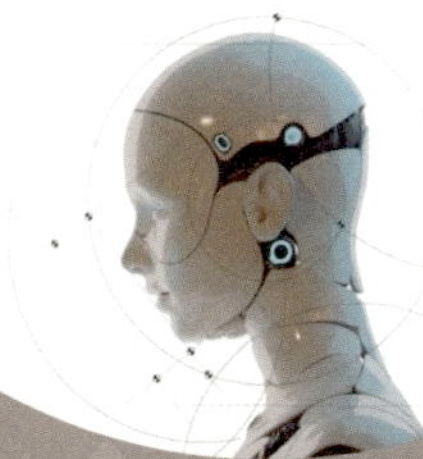

피지컬 AI 시대의
새로운 안전 패러다임

자동차가 처음 등장했을 때 마차보다 빨랐고 효율적이었지만, 교통법규·면허제도·보험체계·도로설계 기준이 갖춰지기까지 수십 년이 걸렸습니다. 피지컬 AI는 기술발전 속도가 자동차 시대와는 비교할 수 없이 빠르기에 그 과정을 훨씬 압축적으로 겪어야 합니다.

기존의 산업용 로봇 안전 철학은 분리에 기반해 있었습니다. 로봇과 사람 사이에 울타리를 세우고, 사람이 들어가면 로봇이 멈추는 방식이었죠.

그런데 피지컬 AI, 특히 휴머노이드 로봇은 같은 공간에서 인간과 함께 일합니다. 이에 따라 안전 패러다임도 '분리'에서 '공존'으로 바뀌고 안전설계의 철학 자체를 바꾸어야 합니다.

어질리티 로보틱스의 안전 아키텍처

기존 로봇의 안전 시스템은 '장애물이 있다'는 수준의 인식에 머물렀지만, 인간과 같은 공간에서 일하는 로봇은 그 장애물이 무엇인지, 특히 인간인지 아닌지를 구별할 수 있어야 합니다.

또한 기존의 산업용 로봇은 비상 정지 버튼을 누르면 즉시 전원이 차단되는데, 2족 보행 로봇의 전원을 즉시 차단하면 쓰러져 위험할 수 있습니다. 어질리티 로보틱스의 휴머노이드 로봇 디지트는 사람이 너무 가까이 다가오면 점차 속도를 줄이고, 들고 있던 물건을 내려놓은 후 손과 무릎을 짚은 자세로 낮춘 후 전원을 차단하는 CAT1(Category 1) 정지 시퀀스를 도입했습니다.

휴머노이드 업계 최초의 NRTL 인증

2025년 11월 디지트는 휴머노이드 로봇 최초로 미국 직업안전위생국(OSHA)이 인정하는 국가 인정 시험기관(NRTL)으로부터 실제 상업용 물류현장에서 기계적 위험, 전기적 위험, 인간-로봇 상호작용 위험 등 다방면의 평가를 통과했습니다. 아마존이나 GXO 같은 대형 물류현장에서는 이 인증이 중요합니다.

어질리티는 여기서 한 걸음 더 나아가 3~4년 내 2족 보행 로봇 특유의 안전 요건을 규정하는 ISO 25875라는 새로운 국제 표준의 제정을 이끌고 있습니다.

엔비디아의 이중 안전 스택

자율주행 분야에서도 근본적으로 새로운 접근법이 등장하고 있습니다. 현대 항공기에는 자동조종 장치가 있지만, 그 위에 비행 제어 컴퓨터가 별도로 작동하며, 자동조종 장치가 위험한 시도를 하면 이를 차단합니다. 마찬가지로 엔비디아의 자율주행 시스템 알파마요의 핵심은 이중 스택(Dual Stack) 안전 아키텍처에 있습니다. 비전-언어-행동(VLA) 모델 기반의 AI가 상황을 판단하고 주행 경로를 생성하되, 물리적 한계를 벗어나는 행동은 감시 중이던 할로스(Halos)라는 고전적 안전 시스템이 차단합니다. 알파마요는 사고 발생 시 원인 분석은 물론 규제 당국의 안전성 검증에도 유리합니다.

구글 딥마인드의 안전헌법

구글은 2025년 3월 로봇에게 안전헌법(Robot Safety Constitution)을 적용하는 접근법을 내놓았습니다. 로봇이 행동하기 전에, 해당 행동이 사전에 정의된 안전 원칙에 위배되는지를 자체적으로 판단하는 메커니즘입니다. 예를 들어 노인이 로봇에게 높은 선반의 머그컵을 꺼내기 위해 의자 위에 올라가라는 지시를 내렸다고 해보죠. 안전헌법이 적용된 로봇은 그 지시가 사용자의 안전을 위협한다고 판단하고, 손잡이가 있는 발판을 사용하거나, 더 접근하기 쉬운 위치에 있는 다른 머그컵을 사용할 것을 제안합니다. 구글의 실험에서 안전헌법이 적용된 제미나이 로보틱스 모델은 안전 평가 정확도가 적용 전 82~84%에서 88%로 향상되었습니다.

안전의 새로운 공식, 하드웨어×소프트웨어×표준

피지컬 AI 시대의 안전 패러다임은 3가지 축으로 구성됩니다.

먼저, 하드웨어 수준의 본질적 안전입니다. 1X 테크놀로지스의 네오 로봇이 무게 30kg, 텐던(Tendon) 구동 방식의 소프트 바디(Soft Body)를 채택한 것은 하드웨어 자체가 안전하도록 설계한 사례입니다.

둘째, 소프트웨어 수준의 지능형 안전입니다. 어질리티 로보틱스의 인간-물체 구별 시스템, 엔비디아의 이중 스택 아키텍처, 구글의 안전헌법이 모두 이 범주에 속합니다. AI가 상황을 이해하고 맥락에 맞는 안전 판단을 내리는 것입니다.

마지막으로 제도 수준의 표준과 인증입니다. 어질리티 로보틱스의 미국 직업안전위생국 NRTL 인증, ISO 25875 신규 표준 제정 움직임, 그리고 각국의 규제 프레임워크 정비가 이에 해당합니다. 이 3가지 축 중 어느 하나라도 부족하면 안전은 보장되지 않습니다.

피지컬 AI와 로봇이 널리 확산되기 위해서는 먼저 안전해야 합니다. 한국은 세계 최고의 로봇 밀도를 보유한 나라답게, 산업용 로봇 사고에 대한 풍부한 경험과 데이터를 가지고 있습니다. 피지컬 AI 시대에는 '공존'을 전제로 한 새로운 안전 표준이 필요하며, 이 표준을 누가 먼저 만드느냐가 글로벌 시장의 주도권을 결정할 것입니다.

로봇이 사고를 내면
누가 책임지는가?

전통적인 민형사 책임론은 '사람'이 '의도'를 가지고 '행위'를 한다는 전제 위에 서 있습니다. 그런데 AI 로봇이 자율적으로 판단하고 물리적 행동을 수행하는 상황에서 이 3가지 전제가 모두 무너집니다. 학계에서는 이를 '책임의 공백(Accountability Gap)'이라 합니다. 피지컬 AI가 본격적으로 사회에 진입하기 전에 이 공백을 메우는 작업이 시급합니다.

책임의 공백, 다층 구조의 딜레마

자동차 사고라면 제조사의 결함이나 운전자의 과실로 비교적 명확하게 나뉩니다. 그런데 피지컬 AI 시스템은 하드웨어 설계자, AI 모델 개발자, 데이터 공급자, 시스템 통합업체, 운영자, 최종 사용자라는 다층적 가치사슬로 이루어져 있어서 책임의 경계가 본질적으로 모호합니다. 게다가 AI의 의사결정 과정은 이른바 '블랙박스'입니다. 수십

억 개의 매개변수(Parameter)로 이루어진 신경망이 왜 그런 판단을 내렸는지, 개발자조차 완전히 설명하지 못하는 경우가 많습니다.

국제적으로 이 문제를 해결하기 위해 법리적 접근이 논의 중입니다.

먼저, 엄격책임 접근으로, 과실 여부와 관계없이 AI 시스템의 운영자나 제조자에게 손해배상 책임을 지우는 방식입니다.

두 번째는 위험책임 개념의 도입으로, 본질적으로 위험한 활동을 수행하는 주체가 그 위험으로 인한 손해에 대해 과실 없이도 책임을 진다는 원리입니다. 원자력 발전소나 항공기 운항에 이미 적용되고 있는 법리를 피지컬 AI에도 확장하자는 논의입니다.

마지막으로 책임 집중 접근으로, 특정 주체(예컨대 AI 시스템의 운영자 또는 최종 배포자)에게 1차적 배상 책임을 집중시키고, 이후 내부적으로 구상권을 행사하도록 하는 방식입니다.

AI의 자율행동이라는 변론의 종말, 캘리포니아 AB 316법

미국 캘리포니아에서 2026년 1월 1일부터 시행된 AB 316법의 핵심을 보면, AI 시스템으로 인한 피해 소송에서 "AI가 자율적으로 해를 끼쳤다"는 변론을 금지합니다. 제조사가 AI 시스템을 개발·배포하는 순간, 그 시스템이 물리적 또는 가상환경에서 일으키는 결과에 대해 인과성·예견 가능성 등의 일반 변론만 허용되며, 직접적 책임을 지게 됩니다. 이는 자율주행 차량 규제가 아닌 AI 전반에 적용되는 원칙입니다.

이 법은 사실상 책임의 방향을 운전자에서 제조사로 바꾸었습니다. 제조사가 AI 시스템을 개발하고 배포하는 순간, 그 시스템이 물리세계에서 일으키는 결과에 대해 직접적 책임을 져야 한다는 원칙이 법제화되기 시작한 것입니다. 이제 인과성이나 예견 가능성 같은 일반 변론은 허용되지만, 'AI 자율성' 카드는 못 쓰게 된 것이죠. 글로벌 시장에 진출하려면, 제품의 기술적 완성도뿐 아니라 책임체계와 사고 대응 프로토콜까지 갖춰야 하는 시대가 된 것입니다.

보험과 배상의 새로운 설계

전통적인 보험은 '사람'의 과실에 기반한 위험을 산정했지만, 피지컬 AI 시대에는 이런 전통적인 위험 산정 모델이 근본적으로 흔들립니다. 기존 프레임으로는 답하기 어려운 질문들이 쏟아지고 있습니다.

EU의 시도와 좌절, AI 민사책임 지침의 교훈

2022년 9월 유럽집행위원회가 발표한 'AI 민사책임 지침(AI Liability Directive)' 초안에서는 AI로 인한 피해를 입은 사람의 입증 부담을 대폭 완화하고, 고위험 AI 시스템에 엄격책임에 가까운 수준의 배상 의무를 부과했습니다. 하지만 산업계의 반발, 각 회원국 간 기존 책임법제의 차이, AI 기술발전 속도에 규제가 따라가지 못한다는 현실적 한계가 복합적으로 작용해 2025년 2월 공식 철회되었습니다.

다만, EU는 2024년 10월 '제조물 책임 지침(Product Liability Directive)'을 개정하여 AI 소프트웨어가 결함이 있는 '제품'으로 간주될 수 있는 법적 근거를 마련하고, 복수의 관련 주체가 연대하여 배상 책임을 질 수 있도록 했으며, 제조사가 핵심 정보를 공개하지 않을 경우 법원이 결함을 추정할 수 있는 장치도 도입했습니다.

EU의 경험은 피지컬 AI에 대한 포괄적인 책임 규정을 한꺼번에 만들려는 시도는 산업현실과 충돌할 수 있다는 교훈을 줍니다. 분야별(자율주행·산업 로봇·서비스 로봇 등) 특성에 맞는 세부규정을 단계적으로 마련하는 것이 현실적인 접근일 수 있습니다.

영국의 선진적 모델, 보험사 선보상-제조사 후구상

영국은 2024년 공포한 자율주행차법(Automated Vehicles Act 2024)은 체계적인 보험·책임 모델을 보여줍니다.

자율주행 모드에서 사고가 발생하면, 피해자가 차량 보험사에 직접 보상을 청구하고, 보험사가 먼저 피해자에게 보상합니다. 이후 보험사는 사고 원인이 자율주행 시스템의 결함으로 밝혀지면 제조사에 구상권을 행사합니다. 자율주행 모드에서 운전자는 속도위반이나 신호위반 같은 교통법규 위반에 대한 면책을 받으며, 대신 제조사가 차량 행동에 대한 법적 책임을 집니다. 2026년부터는 자율주행 여객 서비스(APS) 허가제도도 시행될 예정입니다. 무인택시나 자율주행 버스의 운영에 관한 구체적인 책임 체계가 마련되고 있는 것이죠.

이 '보험사 선보상–제조사 후구상' 모델은 피해자 보호와 산업발전이라는 두 가지 목표를 동시에 추구합니다. 피해자는 책임 소재 논쟁에 휘말리지 않고 빨리 보상받을 수 있고, 제조사는 결함이 입증되었을 때만 최종 비용을 부담하므로 혁신의 동기가 유지됩니다.

한국, 시작은 했으나 갈 길이 멀다

한국도 이 방향으로 첫걸음을 떼고 있습니다. 2020년 4월 개정된 자동차손해배상보장법(자배법)은 자율주행 중 발생한 사고에 대해 보험사가 먼저 피해자에게 보상하고, 이후 사고 원인을 규명하여 시스템 결함이 확인되면 제조사에 구상하는 구조입니다. 주요 손해보험사들이 업무용 자율주행차 전용 특약을 판매하고 있습니다.

실외이동로봇(배달 로봇 등) 분야에서도 변화가 시작되었습니다. 2023년 11월 운영자에게 보험가입이 의무화되었고, 한국로봇산업협회가 손해보험사들과 공제사업을 수행하고 있습니다. 그런데 레벨 4 이상의 완전자율주행과 산업용·서비스용 AI 로봇에 대한 책임 법제는 아직 공백 상태입니다.

한국이 피지컬 AI 분야에서 글로벌 경쟁력을 갖추려면, 기술개발 못지않게 보험과 배상체계의 혁신도 병행해야 합니다. 영국의 모델처럼 책임 주체를 명확히 하고, 보험사 선보상을 통해 피해자 보호를 우선한 후 내부적으로 구상하는 체계를 분야별로 마련하는 것이 현실적인 출발점이 될 것입니다. 자율주행차에서 시작된 이 프레임워크를 산업 로봇·서비스 로봇·드론·배달 로봇 등으로 점진적으로 확장해나가는 전략이 필요합니다.

구글 딥마인드의 로봇 안전헌법과 아시모프 벤치마크

2025년 3월 구글 딥마인드는 '로봇 안전헌법'이라는 개념을 제시했습니다. 로봇의 행동을 지도하는 원칙을 사람이 읽을 수 있는 자연어 헌법의 형태로 만들고, AI가 이 헌법에 따라 행동하도록 하는 것입니다.

'아시모프(ASIMOV) 벤치마크'로 위험 시나리오를 활용해 테스트한 결과, 안전헌법을 적용한 경우 위험한 상황에서도 안전 정렬 비율이 84.3%에 달했습니다. 이는 인간이 직접 작성한 안전규칙보다 더 효과적입니다. 사람은 모든 위험 상황을 다 정리하기 어렵지만, AI는 스스로 학습하며 실제 테스트 상황에 맞게 최적화되었기 때문입니다.

2025년 10월 발표된 제미나이 로보틱스-ER 1.5 모델은 사고 능력이 추가되어 안전 판단의 정확도가 더욱 높아졌으며, 특히 AI의 안전원칙을 우회하려는 적대적 프롬프트에 대한 방어 능력이 크게 개선되었습니다.

상식적 안전의 코드화

구글 딥마인드의 아시모프 벤치마크는 상식적 안전규칙을 데이터 기반으로 자동 생성합니다.

예를 들어 실제 병원 부상 보고서에서 가정 내 사고 패턴을 추출하고, 실제 생활환경의 이미지에서 잠재적 위험 요소를 식별하여 안전헌법의 조항들을 자동으로 만들어냅니다. 그리고 '자동 수정' 과정에서 AI가 기존 헌법 조항의 예외 상황을 스스로 찾아내고 이를 보완하는 수정안을 제안합니다. 이는 피지컬 AI 시대의 윤리 문제에 대한 패러다임을 바꾼 것입니다.

'로봇이 어떤 윤리 원칙을 따라야 하는가'라는 철학적 질문을 '어떤 데이터에 기반하여 안전규칙을 생성하고, 그 규칙의 효과를 어떻게 측정하며, 예외 상황을 어떻게 보완하는가'라는 공학적 질문으로 전환한 것이죠. 물론 극단적 상황에서의 윤리적 선택은 여전히 사회적 합의의 영역으로 남아 있습니다.

구글 딥마인드의 안전헌법 방법론은 오픈소스로 공개되어 있어, 연구기관과 기업이 자체적인 안전헌법을 개발하고 검증할 수 있습니다. 한국적 맥락에 맞는 안전규칙, 사고 통계에 기반한 위험 시나리오, 문화적 가치를 반영한 윤리적 판단 기준을 데이터화하여 글로벌 아시모프 벤치마크에 기여하는 것도 가능합니다.

피지컬 AI 시대의 책임 문제는 기술적 안전장치, 법적 책임체계, 보험 배상설계, 윤리적 판단 프레임워크가 유기적으로 결합해야 합니다. 이 모든 것의 출발점은 결국 사회적 합의입니다.

피지컬 AI 제품이 세계 시장에 진출하려면, 제품의 성능뿐 아니라 사고 발생 시 명확한 책임체계와 보상 프로토콜을 갖추고 있는지가 경쟁력의 핵심 요소가 될 것입니다.

글로벌 규제 전쟁

피지컬 AI가 공장의 로봇 팔이 되고, 도로 위의 자율주행차가 되고, 병원의 수술 보조 장치가 되는 시대에, 각국이 서로 다른 규제체계를 세우고 있다는 것은 기업에 큰 변수가 됩니다. 규제는 기업활동을 제약하는 장벽에 그치는 것이 아니라, 어떤 기술이 먼저 시장에 나오고, 어떤 기업이 글로벌 표준을 선점하느냐를 결정짓는 게임의 규칙 그 자체가 될 수 있기 때문입니다.

세계 최초의 포괄적 EU AI 법

유럽은 늘 규제의 선발 주자였습니다. 2024년 8월 1일 발효된 EU AI 법은 세계 최초의 포괄적 AI 규제법입니다. 이 법은 AI를 위험 수준에 따라 수용 불가 위험, 고위험, 제한적 위험, 최소 위험으로 나누고, 차등 규제합니다. 수용 불가 위험 AI는 2025년 2월 이미 금지되었고,

8월부터 범용 AI(GPAI) 모델에 대한 투명성 의무와 거버넌스 규정이 적용되기 시작했으며, 2026년 8월부터 고위험 AI 시스템에 대한 본격적인 규제가 시행됩니다. 자율주행차의 AI 시스템, 수술 보조 로봇의 의사결정 알고리즘, 공장 설비를 제어하는 AI 등이 고위험 AI에 해당됩니다. 위반 시 글로벌 매출의 최대 7%, 또는 3,500만 유로 중 높은 금액이 벌금으로 부과됩니다.

EU는 자신들이 AI 기술개발에서 미국이나 중국에 뒤처져 있다는 것을 잘 알고, 규칙으로 경쟁합니다. GDPR(일반데이터보호규정)이 그랬듯이, EU AI 법도 사실상의 글로벌 표준이 될 가능성이 높습니다.

2025년 11월 유럽집행위원회가 발표한 디지털 옴니버스(Digital Omnibus) 패키지는 특히 고위험 AI에 의무를 적용하는 시점을 조화된 표준의 가용성에 연동시키겠다는 내용을 담고 있습니다. 최장 2027년 12월까지 유예가 가능합니다. EU도 법을 만들어 놓고, 현실과의 격차를 인식하고 있는 것입니다.

EU AI 법은 EU 밖에서 개발된 것이라도 EU 시장에서 사용되면 적용됩니다. 피지컬 AI 기반 제품을 수출하려면 이 법의 적합성 평가를 통과해야 합니다. 지금부터 준비하지 않으면, 2026년 8월 이후 유럽 시장 진입에 심각한 장벽이 생길 수 있습니다.

미국, 연방 vs 주의 규제 실험실

미국의 AI 규제 지형은 유럽과 정반대입니다. 하나의 포괄적인 연방법이 아니라, 50개 주가 각자의 실험을 벌이고 있는 거대한 규제 실험실입니다. 2025년 한 해에만 미국 전역에서 1,000건 이상의 AI 관련 법안이 발의되었습니다. 이 파편화된 규제환경이 미국 AI 산업의 강점이자 약점입니다.

트럼프 행정부는 2025년 12월 '국가 AI 정책 프레임워크 확보'라는 제목의 행정명령을 통해 연방 차원의 통일된 프레임워크를 만들겠다고 나섰습니다. EU가 처음부터 하나의 법을 만드는 하향식 방식이라면, 미국은 주정부들이 먼저 실험하고 연방이 나중에 정리하는 상향식 방식입니다. 다만, 행정명령 자체가 기존 주법을 무효화하지는 못하며, 의회의 입법이나 법원의 판결이 필요합니다. 따라서 당분간은 주법과 연방정책 사이의 긴장이 계속될 것입니다.

주 차원에서 가장 적극적인 곳은 캘리포니아입니다. 2025년 9월, 주지사가 서명한 '프론티어 AI 투명성 법(SB 53)'은 미국 최초로 프론티어 AI 모델의 안전 공시를 의무화한 법으로, 2026년 1월부터 시행되었습니다. 안전 프레임워크를 공개하고, 재난적 위험 평가를 수행하며, 중대 안전사고 발생 시 15일 이내에 보고해야 하고, 위반 시 건당 최대 100만 달러의 민사 벌금이 부과되며, 내부 고발자 보호 규정도 포함됩니다.

콜로라도 AI 법(SB 24-205)은 미국 최초의 포괄적 주 AI 법으로, 고위험 AI 시스템의 개발자와 배포자에게 알고리즘 차별 방지를 위한 위험 관리 프로그램, 연간 영향 평가, 소비자 통지 의무를 부과합니다. 당초 2026년 2월 시행 예정이었으나, 산업계 반발 등으로 6월로 연기되었습니다.

텍사스의 AI 법인 TRAIGA는 2026년 1월부터 시행되었는데, 위험 기반 분류체계 대신 '의도 기반 책임' 프레임워크를 채택한 것이 특징입니다. AI를 이용한 행동 조작, 의도적 차별, 아동 착취 콘텐츠 생성, 헌법적 권리 침해 등 특정 유해 행위를 금지하되, 의도적인 것이 아니라면 책임을 묻지 않겠다는 것입니다. 미국 최초의 주 단위 AI 규제 샌드박스도 도입해 36개월간 규제완화 환경에서 AI 시스템을 시험할 수 있습니다.

미국의 경우 아직 연방 차원의 포괄적 AI 법이 없기 때문에 주마다 다른 규제를 모두 파악해야 합니다. 트럼프 행정부가 연방법으로 주법을 무력화하려고 하지만, 법적 분쟁으로 이어질 가능성이 높아 보입니다. 불확실성이 상당 기간 지속될 것입니다. 캘리포니아의 '프론티어 AI 투명성 법'이 보여주듯, 프론티어 모델에 대한 투명성과 안전공시 의무는 사실상 업계 표준이 되고 있습니다.

중국, 혁신 촉진과 통제의 이중 전략

중국은 혁신의 문은 활짝 열되, 그 혁신이 체제를 위협하지 않도록 촘촘한 통제망을 깝니다. EU나 미국이 개인의 권리 보호와 시장질서 유지에 초점을 맞추고 있다면, 중국은 국가안보와 사회안정, 당의 통치 기반 보호가 최우선 목표입니다.

중국은 세계에서 가장 먼저 생성형 AI에 대해 규제를 시행했습니다. 2023년 8월 생성형 AI 서비스 제공자에게 알고리즘 등록, 거대언어모델 신고, 콘텐츠 거버넌스, 안전 점검 의무를 부과했습니다. 중국 사이버공간관리국(CAC)은 이미 딥시크, 바이두의 어니봇 등 수천 개의 생성형 AI 플랫폼을 등록·승인했습니다.

2025년에는 3가지 중요한 규제 진전이 있었습니다.

먼저 2025년 7월 중국 정부는 자율주행차 윤리 지침을 도입하고, 자율주행 시스템의 알고리즘 투명성, 데이터 보호, 인간-AI 공유 제어 상황에서의 명확한 책임 분담을 의무화했습니다. 피지컬 AI가 도로에 나서는 시대에 맞춘 선제적 규범입니다.

또한 생성형 AI 보안을 위한 국가 표준 3종을 발표했습니다. AI가 만든 텍스트·오디오·영상·이미지에 명시적·암시적 라벨을 의무화하여 추적할 수 있도록 했습니다.

2025년 9월 발표된 'AI 안전 거버넌스 프레임워크 2.0'에서는 AI 지능 수준과 자율성 정도, 적용 분야를 종합적으로 고려한 위험 등급 체계가 도입되었습니다. 그리고 부록에서 인간의 최종 통제권과 가치 정렬을 핵심 거버넌스 원칙으로 천명했습니다.

중국은 공장 자동화, 물류 로봇, 자율주행에 AI를 적용하는 것을 최대한 촉진하면서도, 사회적 통제의 도구로 전용되지 않도록, 또는 체제에 위협이 되지 않도록 감시망을 유지할 것입니다. 한국 기업이 중국 시장에 피지컬 AI 제품을 수출하거나, 중국 기업과 합작 투자를 할 때, 이 이중구조를 정확히 이해하지 못하면 예상치 못한 규제장벽에 부딪힐 수 있습니다.

한국의 현주소와 과제

한국은 이제 막 출발선에 선 상태입니다. 2026년 1월 AI 기본법이 시행에 들어갔습니다. EU에 이어 세계에서 두 번째로 포괄적인 AI 규제체계입니다. EU가 고위험 AI 규제 적용 시점을 단계적으로 늦추고 있어서, 한국이 전면 적용 면에서 가장 이른 사례가 될 가능성이 있습니다.

한국 AI 기본법의 핵심은 '우선 허용, 사후 규제' 원칙입니다. 산업 진흥에 무게를 두고, 필요한 최소한의 규제체계를 도입하는 방향입니다. 고영향 AI에는 투명성 및 안전성 확보, AI 영향 평가 등의 의무를 부과하고, 생성형 AI에는 AI 생성물 표시 의무를 규정합니다. 과태료 부과 전에 최소 1년 이상의 계도 기간을 두겠다는 방침이어서, 실제 제재가 시작되는 시점은 빨라도 2027년 이후가 될 것으로 보입니다.

그런데 현행 AI 기본법에는 피지컬 AI에 대한 구체적인 규정이 없습니다. 따라서 피지컬 AI 특별법의 제정이 필요합니다. 이 특별법에 담겨야 할 핵심 내용은 다음과 같습니다.

먼저, 피지컬 AI 시스템의 위험 등급 분류 체계가 필요합니다. EU AI 법의 고위험 AI 분류를 참조하되, 한국의 제조업 특성과 로봇 산업 구조에 맞게 현실화해야 합니다.

또한 인간–로봇 공존 안전기준의 법제화가 시급합니다. 예를 들어 로봇의 힘과 속도 제한, 충돌 감지 시스템, 비상 정지 프로토콜 등이 법적 구속력을 가져야 합니다.

아울러 사고 데이터 수집과 공유체계가 필요합니다. 미국의 도로 교통안전국이 자율주행차 사고 데이터를 의무적으로 수집·공개하는 것처럼, 피지컬 AI 관련 사고의 보고·분석·공개 체계가 법적으로 뒷받침되어야 합니다. 데이터 없이는 정책도 보험 설계도 기술 개선도 불가능합니다.

마지막으로 한국도 피지컬 AI 분야의 규제 샌드박스를 확대하고, 한 발 더 나아가 글로벌 테스트베드가 되는 전략을 규제 프레임워크에 녹여야 합니다. EU의 적합성 평가, 미국의 프론티어 모델 안전 공시, 중국의 보안 표준을 모두 수용할 수 있는 다중 인증체계를 구축한다면, 한국에서 검증받은 제품이 어느 시장에나 진출할 수 있는 '규제 허브'가 될 수 있습니다.

규제 전쟁에서 승리하는 방법은 남의 규칙에 맞추는 것이 아닙니다. 우리의 규칙이 글로벌 표준이 되게 하는 것입니다. 그렇지 않으면, 한국 기업들은 글로벌 시장에서 남의 규칙에 맞춰야 하는 추격자로 남게 됩니다. 피지컬 AI 시대의 규제를 기업을 옥죄는 족쇄로만 봐서는 안 됩니다. 글로벌 시장의 입장권이라는 인식의 전환이 필요합니다.

피지컬 AI 시대,
일자리의 재구성

피지컬 AI를 이야기할 때 가장 자주 받는 질문이 있습니다. "로봇이 결국 우리 일자리를 빼앗는 거 아닙니까?" 먼저 숫자가 가리키는 방향을 따라가 보겠습니다.

팩트 체크, 숫자로 보는 노동력

2025년 8월 기준 미국 제조업 분야에서 채워지지 않은 일자리는 약 40만 9,000개입니다. 이는 6년째 구조적으로 고착화되어 있습니다. 딜로이트와 미국제조업연구소는 공동연구에서 2033년까지 미국 제조업에는 380만 명의 신규 인력이 필요하지만, 이 중 약 190만 명이 충원되지 못할 것으로 전망합니다. 일본은 더 심각합니다. 세계에서 가장 빠르게 고령화가 진행되는 나라에서 제조업 현장의 숙련공 은퇴는 산업 기반 자체를 위협하고 있습니다.

한국의 현실은 더욱 절박합니다. 한국조선해양플랜트협회 추산에 따르면, 국내 조선업계는 연평균 1만 2,000명의 인력이 부족한 상황이며, 2027년에는 그 규모가 13만 명으로 불어날 전망입니다. 게다가 조선 분야 고용 인력의 평균 연령은 44~45세로 추정되며, 중소 협력업체의 40대 이상 고용 비중은 61%에 달합니다.

조선업만의 문제가 아닙니다. 산업연구원의 분석에 따르면, 자동차 제조업 남성 근로자의 13.7%인 약 5만 2,000명이 5년 내 노동시장에서 이탈할 고령 근로자이며, 전문 건설업은 18.6%인 약 19만 3,000명이 은퇴가 임박한 것으로 나타났습니다.

한국의 생산가능인구는 2020년대 3,728만 명에서 2030년대 3,381만 명, 2050년대 2,419만 명으로 지속적으로 감소할 전망입니다. 일할 사람이 물리적으로 줄어들고 있는 것입니다. 로봇이 일자리를 빼앗는다는 공포보다 일할 사람이 없어서 공장이 멈출 수 있다는 현실이 더 급박합니다.

젠슨 황의 'AI 이민자' 개념

젠슨 황 엔비디아 CEO는 CES 2026 기자 간담회에서 로봇을 'AI 이민자(AI immigrants)'라고 표현했습니다. 이 비유는 정치적으로는 논쟁적이지만, 인구 감소와 고령화 시대에 경제적으로는 상당한 현실 인식을 담고 있다고 봅니다. 한국의 조선소, 미국의 농장, 독일의 육가공 공장에서 이민 노동자 없이는 산업이 돌아가지 않는 것이 현실입니다.

모건스탠리는 글로벌 휴머노이드 보고서에서 2050년까지 약 10억 대 이상의 휴머노이드 로봇이 가동되고, 이중 약 90%가 반복적이고 단순하며 구조화된 작업에 투입될 것으로 전망합니다.

물론 현재 기술 수준에서 휴머노이드 로봇이 당장 외국인 노동자를 대체할 수 있는 것은 아닙니다. 조선소의 용접, 건설현장의 비정형 작업은 로봇이 가장 어려워하는 비구조적 환경입니다. 하지만 5~10년의 시간을 두고 보면, 물류창고의 단순 이동·적재 작업이나 식품 가공 라인의 반복 작업은 자동화의 대상이 될 것입니다.

이것은 단순히 일자리 숫자의 문제가 아니라 사회적 합의의 문제입니다. 로봇이 3D 직종을 대체하면, 외국인 노동자 정책은 어떻게 바뀌어야 하고, 로봇이 만들어낸 생산성 향상의 이익은 누구에게 돌아가야 할까요? 이런 질문들에 대한 답이 준비되어 있지 않다면, 기술 도입은 사회적 갈등으로 이어질 수밖에 없습니다.

다만, PwC의 2025 글로벌 AI 고용 바로미터에 따르면, AI 기술이 적용된 업종에서도 고용은 38% 증가했으며, AI 관련 기술을 보유한 노동자의 임금 프리미엄은 56%에 달했습니다. 문제는 이 전환이 저절로 일어나지 않으며, 정책과 교육과 제도가 뒷받침되어야 한다는 것입니다.

일자리 전환의 구조, 누가 밀려나고, 누가 올라가는가?

현재의 휴머노이드 로봇은 아직 작업 능력이 부족하지만, 앞으로 성능이 점점 좋아지고 비용은 내려갈 것입니다. 뱅크오브아메리카는 휴머노이드 로봇 출하량이 2030년 100만 대, 2035년 1,000만 대로 폭발적으로 늘어날 것으로 전망합니다.

이에 따라 사라지는 직무와 새로 생기는 직무가 생길 것입니다.

주로 반복적이고 구조화된 작업인 물류창고의 피킹과 팩킹, 조립라인의 단순 조립, 품질검사 중 시각적 패턴 매칭, 식품 가공의 단순 포장, 건설현장의 자재 운반 같은 직무는 사라지거나 크게 축소될 것입니다.

반면, 구체적으로는 로봇 시스템 엔지니어, 로봇 행동 분석가, 로봇 안전 감독관, AI 학습 데이터 라벨러, 인간-로봇 상호작용(HRI) 설계자, 시뮬레이션 환경 개발자, 로봇 윤리 감독관 같은 직무들은 새로 생기거나 수요가 폭증할 것입니다.

아마존은 로봇 도입 과정에서 새로운 직무 유형이 700개 이상 생겼다고 밝힌 바 있습니다. 현장에서는 '앰네스티 워커(Amnesty Worker)'라 불리는 로봇 장애 대응 인력, 신뢰성 유지보수 엔지니어(RME) 같은 새로운 직무도 생겨나고 있습니다.

그런데 양극화가 문제입니다. 새로 생기는 일자리는 대부분 높은 기술수준과 교육을 요구하는 반면, 사라지는 일자리는 저숙련 노동입니다. 고숙련 전문 인력의 임금은 올라가고, 저숙련 단순노동 인력의 일자리는 줄어들며 임금 하락의 압박을 받는 K자형 양극화가 벌어질 가능성이 높습니다. 이 간극을 메우는 교육과 전환 지원 시스템이 필요합니다.

모건스탠리는 건설업의 경우 전체 일자리의 약 70%가 피지컬 AI에 영향을 받을 수 있고, 농업·어업·임업 분야도 67%의 일자리가 잠재적 영향권에 있다고 전망했습니다. 기술 전환이 이들에게 새로운 기회가 될지, 또 다른 배제가 될지는 우리가 지금 어떤 시스템을 설계 하느냐에 달려 있습니다.

한국형 일자리 전환 전략

한국은 이 전환에서 독특한 위치에 있습니다. 세계 최고의 로봇 밀도 를 자랑하면서도, 동시에 세계에서 가장 빠르게 인구가 줄어들고 있 습니다. 그런데 한국의 로봇 밀도가 높은 것은 반도체와 자동차라는 대규모 자동화 산업이 경제의 축을 이루고 있기 때문입니다. 중소기 업의 자동화 수준은 높지 않습니다. 여기서 한국형 일자리 전환의 첫 번째 과제가 도출됩니다.

숙련공의 경험을 AI 학습 데이터로 전환

조선소에서 30년간 용접을 해온 베테랑 기술자의 손끝 감각, 장비 를 30년간 다뤄온 엔지니어의 미세한 이상징후 감지 능력, 금형 제작 에 일생을 바친 장인의 경험적 판단력 같은 것들은 교과서에 없습니 다. 이 암묵지는 현재 한국 제조업의 핵심 경쟁력이면서, 동시에 고령 화와 함께 사라질 위기에 놓인 자산입니다. 베테랑 숙련공이 은퇴 전 2~3년간 자신의 작업을 센서와 카메라로 기록하고, 그 데이터를 AI 학습에 제공하는 대가로 퇴직 후 컨설팅 역할을 맡는 구조를 생각해 볼 수 있습니다.

일본은 이미 이 방향에서 앞서가고 있습니다. 일본 경제산업성은 연간 900억 엔을 돌봄·보조 로봇 국내 제조에 투입하면서, 고령 장인의 기술을 로봇에 학습시키는 프로그램을 병행하고 있습니다.

프로그램의 설계

현재 한국의 직업훈련 체계는 피지컬 AI 발전으로 인한 변화 속도를 따라가지 못하고 있습니다.

필요한 교육은 크게 3개의 층위로 나눌 수 있습니다.

먼저, 현장의 로봇 운영·정비 기술자입니다. 이는 기존의 설비 관리 인력이 비교적 짧은 교육(6개월~1년)을 통해 전환할 수 있습니다.

두 번째로, 공장의 기존 생산 시스템에 로봇을 통합하고 작업 공정을 재설계하는 로봇 시스템 통합(SI) 전문가입니다. 기계공학·소프트웨어·AI에 대한 복합적 이해가 필요하며, 대학 교육이나 전문 교육 과정이 필요합니다.

마지막으로 로봇 AI 학습 데이터 관리자와 안전 감독관입니다. 이 분야는 완전히 새로운 직무이므로, 기존 교육체계에서는 아직 다루고 있지 않습니다.

이 교육체계는 기업·정부·교육기관의 삼자 협력으로 설계해야 합니다. 대기업이 자사의 로봇 운영 경험을 교육 커리큘럼으로 제공하고, 정부가 재직자와 실직자의 교육비를 지원하며, 대학과 폴리텍이 실습 인프라를 제공하는 구조입니다. 특히 한국의 직업전문학교와 폴리텍이 이 역할을 감당할 잠재력이 있을 것으로 보입니다.

중소기업의 딜레마

한국 중소기업의 현실은 냉혹합니다. 자동화를 해야 살아남을 수 있지만, 자동화를 할 자본이 없습니다. 개별 기업의 노력만으로는 해결되지 않으며 정부의 구조적 개입이 필요합니다. 로봇 도입 보조금, 리스 방식의 로봇 보급, 중소기업 공동 활용 스마트 팩토리, 로봇 서비스형 모델(RaaS) 활성화 등 다양한 정책 수단이 동원되어야 합니다. 특히 RaaS 모델은 로봇을 월 사용료만 내고 쓰는 방식으로 초기 투자 부담을 크게 낮춥니다. 실제로 미국에서는 월 499달러부터 시작하는 RaaS 서비스가 등장하고 있습니다.

아직 정부의 중소기업 자동화 지원에 대한 구체적인 로드맵이 부족합니다. 현실적인 지원 체계가 마련되지 않으면, 한국 제조업의 양극화는 더 심해질 것입니다.

일자리 전환의 시간표

모건스탠리는 휴머노이드 로봇이 2028년부터 제조·물류·의료 분야에서 유의미하게 도입되기 시작되고, 2030년대에 소매·교통·헬스케어로 확대되며, 2040년 이후에야 수직적으로 성장하기 시작할 것이라고 전망합니다. 우리에게 아직 10년 정도의 준비 시간이 있다는 것입니다.

하지만 자율주행차의 교훈을 기억해야 합니다. 완성은 20년이 걸릴 수 있지만, 그 과정의 자본형성과 생태계 구축은 지금 이 순간에도 일어나고 있습니다.

일자리의 미래는 로봇을 어떻게 도입하고, 그 과정에서 사람을 어떻게 준비시키느냐가 결정합니다. 기술은 방향을 제시하지만, 사회는 속도를 선택할 수 있습니다.

한국은 세계 최고의 로봇 밀도라는 인프라, 빠른 기술 적응력이라는 문화적 자산, 그리고 인구 감소라는 절박한 동인을 결합하면, 피지컬 AI 시대의 일자리 전환을 가장 먼저 잘 해내는 나라가 될 수 있습니다. 하지만 그 전환이 일부 대기업과 고숙련 인력에게만 유리한 방식으로 이루어진다면, 기술의 성공이 사회의 실패가 되는 역설을 피할 수 없을 것입니다.

인간-로봇 공존의 설계,
기술을 넘어 사회의 문제로

기술이 아무리 뛰어나도, 사람이 그 기술과 함께 사는 방식에 대한 합의가 없다면 사회에 안착하지 못합니다. 자율주행차가 기술적으로 가능해진 지 10년이 넘었는데도 완전한 상용화가 지연되는 이유가 바로 여기에 있습니다. 피지컬 AI 시대에 인간과 피지컬 AI 및 로봇이 함께 살아가기 위해 설계해야 할 4가지 영역을 살펴보죠.

공존의 프로토콜, 사람 옆에서 일하는 로봇의 조건

사람 옆에서 일하는 로봇의 가장 중요한 조건은 예측 가능성입니다. 로봇이 다음에 무엇을 할지 사람이 예측할 수 있어야 합니다. 예측할 수 없는 동료는 그것이 사람이든 기계이든 위험합니다.

전통적인 산업용 로봇은 이 문제를 아주 단순하게 해결했습니다. 사람과 로봇을 물리적으로 분리한 것입니다. 그런데 피지컬 AI 시대의 로봇은 사람과 같은 공간에서 일하기에 완전히 새로운 안전설계가 필요합니다.

2025년 국제표준화기구(ISO)는 14년 만에 산업용 로봇 안전 표준인 ISO 10218을 전면 개정하고, '협동 적용(Collaborative Application)'이라는 개념을 도입하여 로봇이 사용되는 방식이 협동적인지를 평가하는 표준을 제시했습니다. 핵심 내용을 보면, 인간과 로봇이 접촉할 때 허용 가능한 힘과 압력의 한계를 신체 부위별로 규정하고, 협동 작업의 안전 방식을 체계화하며, 사이버 보안 요건이 새롭게 추가했습니다.

그런데 이 표준은 산업환경의 로봇에만 적용되며, 서비스 로봇, 돌봄 로봇, 그리고 휴머노이드 로봇의 이동 기능은 적용 범위 밖에 있습니다. 이동 플랫폼에 장착된 로봇(사실상 휴머노이드)의 매니퓰레이터 부분은 표준 적용 대상에 있지만, 이동 자체의 위험성은 별도의 표준이 필요하다고 명시했습니다. 서비스 로봇의 경우 ISO 13482가 있지만, 이 역시 현재의 피지컬 AI 기술 수준을 반영하지 못하고 있습니다.

한국이 세계 최고의 로봇 밀도를 가진 나라로서 수십 년간 축적된 인간-로봇 공존의 현장경험을 체계화하여 국제 표준에 반영한다면, 피지컬 AI 시대의 안전 표준을 주도할 수 있습니다. 규제를 통해 세계 최고의 안전체계를 만들고 그것을 글로벌 표준으로 수출하는 전략입니다.

독일이 인더스트리 4.0의 안전표준으로 세계를 선도했듯이, 한국이 피지컬 AI 시대의 인간-로봇 공존 표준으로 세계를 선도하는 것은 충분히 가능한 시나리오입니다.

돌봄과 감정, 로봇에게 마음을 맡겨도 될까?

일본 산업기술종합연구소(AIST)가 개발한 파로(PARO)는 아기 물범 모양의 치료용 로봇으로, 미국 FDA에 의료기기로 등록된 이후 전 세계 30개국 이상에서 치매 환자 돌봄에 사용되고 있습니다. 치매환자의 행동·심리 증상·통증 인식·불안·우울 증상을 줄이고, 약물 사용까지 감소시키는 것으로 나타났습니다.

일본의 그루브 X(GROOVE X)가 개발한 러봇(LOVOT)은 컴패니언(동반자) 로봇으로, 큰 눈으로 사용자를 바라보고, 안기면 체온을 느낄 수 있으며, 사용자의 행동에 따라 감정을 표현합니다. 장기 요양시설에서 1년간 러봇을 활용한 연구에서 고령 입소자들은 정서적 유대를 느끼는 것으로 나타났습니다.

하지만 이 기술들이 제기하는 윤리적 질문은 간단하지 않습니다.

첫째, 중등도 이상의 치매 환자는 로봇이 기계라는 것을 인식하지 못할 수 있으며, 파로를 진짜 동물이라고 믿고, 이름을 붙여주며, 감정적으로 의존합니다. 이 상태에서 로봇 사용에 대해 사용자에게 유의미한 동의를 받았다고 할 수 있을까요? 브리티시컬럼비아대학 연구팀은 매 세션마다 구두 동의를 구하고, 거부 반응이 나타나면 즉시 중단하는 방식을 제안했습니다.

둘째, 로봇 물범을 쓰다듬는 80대 노인의 모습이 유아화에 해당하지 않는지, 돌봄의 본질인 인간 대 인간의 관계를 기계가 대체하는 것이 옳은지에 대한 논쟁이 있습니다. 로봇은 인간 돌봄의 대체가 아니라 보완이어야 합니다. 로봇이 감정적 위안을 제공하는 사이에, 인간

간호사는 더 높은 수준의 의료적·정서적 케어에 집중할 수 있어야 합니다. 기술이 인간의 관계를 대체하는 순간, 그것은 혁신이 아니라 방임이 됩니다.

셋째, 일본은 로봇에 대한 수용성이 세계적으로 가장 높은 반면(사물에도 영혼이 깃들 수 있다는 세계관 때문이라는 견해가 있음), 서구 사회에서는 로봇에 대한 감정적 의존을 경계하는 시각이 강합니다. 기계에게 감정을 맡기는 것은 인간관계의 빈곤을 드러내는 증상이지 해결책이 아니라는 것이죠.

한국은 이 스펙트럼의 어디에 있을까요? 한국은 일본보다 실용적 태도가 강하고, 서구보다 공동체적 돌봄 문화가 남아 있습니다. 한국의 고령화 속도는 일본을 추월하고 있고, 요양 인력 부족은 이미 현실입니다. 돌봄 로봇에 대한 수요는 분명히 있지만, 로봇 돌봄에 대한 사회적 논의가 기술 도입과 함께 이루어져야 합니다.

데이터와 프라이버시, 내 집 안의 센서가 수집하는 것들

현재 대부분의 가정용 로봇과 스마트홈 기기의 이용약관에는 수집된 데이터가 서비스 개선, 맞춤형 경험 제공, 제3자와의 공유에 사용될 수 있다는 내용이 포함되어 있습니다. 사용자는 기기를 처음 설정할 때 동의 버튼을 누르지만, 실제로 어떤 데이터가 수집되고, 어디에 저장되며, 누구와 공유되는지를 정확히 파악하는 경우는 드뭅니다.

피지컬 AI 및 로봇이 가정에 본격적으로 들어오면, 이 문제는 완전히 새로운 차원으로 확대됩니다. 로봇이 수집하는 데이터는 시청 기록이나 음성 명령 수준이 아니라 감정상태, 건강상태, 일상의 루틴, 가족 간의 대화, 아이의 행동패턴까지 포괄하는 생활의 총체입니다. 이 데이터가 기업의 서버에 저장되고 AI 학습에 활용되며 타사에 판매될 가능성이 있다면, 이것은 프라이버시 문제를 넘어 삶의 주권에 대한 문제입니다.

한국 기업들이 이 분야에서 선도적 행보를 보이고 있는 것은 긍정적입니다. 삼성전자의 비스포크 AI 챗봇 콤보는 로봇 청소기 최초로 한국인터넷진흥원(KISA)의 '프라이버시 바이 디자인(Privacy by Design)' 인증을 획득했습니다. 제품의 기획단계부터 생산·폐기까지 개인정보 보호를 고려하는 71개 평가 항목을 통과한 것입니다. 또한 UL솔루션스의 사물인터넷(IoT) 보안 등급에서도 최고 등급인 다이아몬드 인증을 받았습니다.

하지만 인증과 등급은 시작일 뿐입니다. 피지컬 AI 로봇의 데이터 문제에 대해 3가지 원칙이 필요합니다.

먼저, 데이터 최소 수집 원칙입니다. 최소한의 데이터만 수집하고, 나머지는 기기 내에서 처리한 후 즉시 삭제해야 합니다.

둘째, 데이터 주권의 법적 보장입니다. 로봇이 수집한 가정 내 행동 데이터에 대한 소유권은 사용자에게 있으며, 기업은 사용자의 명시적 동의 없이 이를 활용하거나 제3자에게 제공할 수 없도록 법으로 보장해야 합니다.

셋째, 투명성의 의무입니다. 로봇이 현재 어떤 데이터를 수집하고 있는지를 사용자가 실시간으로 확인할 수 있어야 합니다. 로봇이 카메라를 사용 중일 때, 마이크가 활성화되어 있을 때, 데이터가 클라우드로 전송 중일 때 이를 명확하게 표시하는 인터페이스가 필요합니다.

자율살상무기 체계와 국방 로봇의 윤리

피지컬 AI의 가장 어둡고 무거운 주제는 군사적 활용입니다. 자율살상무기 체계(LAWS)는 일단 활성화되면 인간의 개입 없이 목표물을 선택하고 공격할 수 있습니다. 2025년 5월, UN 총회에서 열린 비공식 회의에는 96개국이 참여하여 자율무기 규제에 대한 논의를 진행했으며, 120개국 이상이 조약 협상을 지지하고 있습니다.

이 논의에서 주요국의 입장은 선명하게 갈립니다. 미국은 일관되게 자율무기의 선제적 금지에 반대해 왔습니다. 기존 국제인도법이 자율무기에도 충분히 적용 가능하다며, 오히려 인간보다 더 정확하게 군사 목표물을 식별함으로써 민간 피해를 줄일 수 있다는 논리를 폅니다. 러시아도 선제적 금지에 반대합니다. 중국은 흥미로운 중간 입장을 취하고 있습니다. 살상·자율·중단 불가능·무차별 공격·자율 학습이라는 5가지 요건을 모두 충족하는 '용납할 수 없는' 자율무기의 금지는 지지하되, 그 범위를 매우 좁게 설정하고 있습니다.

한국의 경우 안보환경이 완전한 자율무기 금지와 무제한적 자율무기 허용 사이의 어딘가에서 현실적 균형을 찾아야 하는 특수성을 갖고 있습니다. 하지만 자율감시·자율탐지·자율추적은 허용하더라도, 최종적인 공격 결정에는 반드시 인간이 개입해야 합니다. UN 사무총장이 말한 것처럼, 인류의 운명을 블랙박스에 맡길 수는 없습니다.

피지컬 AI의 군사적 활용이 가져올 글로벌 안보 구도의 변화도 주시해야 합니다. 자율무기의 개발비용이 하락하면, 기존에 첨단무기를 보유하지 못했던 국가나 비국가 행위자도 치명적인 공격 능력을 갖출 수 있게 됩니다. 핵무기는 원료 획득과 농축이 어렵지만, AI 기반 자율무기는 상용 드론과 오픈소스 AI를 결합하는 것만으로도 제작이 가능한 시대가 오고 있습니다.

피지컬 AI가 아무리 똑똑해져도, 최종적인 결정은 인간이 내려야 합니다. 그리고 그 결정의 결과에 대한 책임도 인간이 져야 합니다. 이것이 피지컬 AI 시대에 우리가 지켜야 할 최소한의 선입니다.

글로벌 공급망을 흔드는
피지컬 AI

피지컬 AI에 대한 논의는 대부분 선진국의 관점에서 이루어집니다. 미국·중국·한국·일본·독일이 기술을 개발하고, 그 기술이 가져올 변화를 논합니다. 하지만 이 기술이 전 세계에 미치는 영향은 균일하지 않습니다.

기술 격차의 글로벌 불평등

피지컬 AI 시대에 인프라를 갖추지 못한 나라는 생태계에 진입하는 것 자체가 불가능합니다.

2024년 국제로봇연맹의 보고서에 따르면, 전 세계 산업용 로봇의 가동 대수는 466만 대에 달하며, 2024년 한 해에만 54만 2,000대가 새로 설치되었습니다. 그런데 이 설치의 74%가 아시아, 16%가 유럽, 9%가 아메리카에 집중되었습니다. 한국의 로봇 밀도는 노동자 1만 명당 1,012대로 세계 1위인 반면, 아프리카 대부분의 나라는 10대 미만일 것으로 추정됩니다. 선진국이 수십 년에 걸쳐 쌓아온 로봇 생태계를 개발도상국이 단기간에 구축하는 것은 사실상 불가능합니다.

더 심각한 문제는 이중 소외의 구조입니다. 개발도상국은 피지컬 AI 기술을 스스로 개발할 역량이 부족할 뿐만 아니라, 그 기술이 확산되면서 기존에 보유하고 있던 경쟁력마저 잃을 수 있습니다.

글로벌 공급망 재편의 영향

지난 수십 년간 글로벌 제조업의 공급망은 선진국 기업이 설계하고, 개발도상국이 저임금 노동력을 제공하는 구조로 운영되어 왔습니다. 자라의 의류가 방글라데시에서 봉제되는 것처럼요. 이 오프쇼어링(Offshoring) 모델은 개발도상국에게 일자리를 제공하고 빈곤을 줄이며 경제성장의 발판을 마련해 주었습니다.

그런데 지금, 이 구조가 흔들리고 있습니다. 코로나19 팬데믹이 글로벌 공급망의 취약성을 드러냈고, 미중 무역갈등이 지정학적 리스크를 부각시켰으며, AI 및 자동화 기술의 발전이 저임금 노동의 비용 우위를 약화시키고 있습니다.

2025년 QIMA 글로벌 소싱 서베이에 따르면, 미국 기업의 33%, EU 기업의 28%가 본국 및 가까운 인접국가로 공장을 옮기는 니어쇼어링(Nearshoring)을 계획하고 있으며, 딜로이트는 2026년까지 미국 기업의 40%가 공급망의 일부를 북미로 재배치할 것으로 전망했습니다. 로봇과 AI를 활용하면, 선진국에서도 개발도상국의 저임금에 필적하는 생산비용을 달성할 수 있기 때문입니다.

학술 연구에서도 제조업 분야에서 노동자 1,000명당 로봇 1대가 추가될 때, 리쇼어링(본국 복귀) 활동이 평균 3.5% 증가하는 것으로 나타났습니다. 그런데 자동화된 공정 때문에, 본국의 저숙련 노동자에게 새로운 일자리를 만들어 주지도 못합니다. 고숙련 노동자의 임금은 올라가고, 저숙련 노동자의 임금은 정체되어 불평등이 심화되는 구조입니다.

선진국의 리쇼어링이 개발도상국에게 의미하는 바는 심각합니다. 방글라데시의 의류 산업은 GDP의 약 11%, 수출의 80% 이상을 차지하며, 400만 명 이상이 의류 공장에서 일하고 있습니다. 그런데 선진국 의류 브랜드들이 본국에서 생산을 시작하면, 방글라데시는 국가 경제의 근간이 흔들릴 수 있습니다.

아프리카의 상황은 더욱 우려스럽습니다. 아프리카의 GDP에서 제조업 비중은 2023년 기준 13% 미만에 머물고 있으며, 1970년대 약 3%였던 글로벌 제조업 점유율은 2%로 하락했습니다. 많은 아프리카 국가들이 아직 가난한 채로 조기 탈산업화 현상을 겪고 있습니다. 피지컬 AI 시대에 이 나라들은 산업화의 사다리에 올라타기도 전에, 그 사다리 자체가 치워지는 상황에 처할 수 있습니다.

피지컬 AI 시대의 새로운 디지털 격차

1990년대의 디지털 격차는 인터넷 접속의 문제였고, 2010년대에는 정보 활용의 문제, 2010년대에는 플랫폼과 데이터 문제였는데, 2020

년대에는 AI와 물리적 AI 인프라의 문제가 될 것입니다.

인터넷이 처음 등장했을 때도 디지털 격차에 대한 우려가 있었지만, 스마트폰의 대중화와 클라우드 컴퓨팅의 확산으로 아프리카의 농부도 모바일 뱅킹을 사용하고, 인도의 학생도 온라인 강의를 들을 수 있게 되었습니다. 하지만 피지컬 AI에서는 이와 같은 현상이 일어나기가 쉽지 않습니다. 디지털 AI는 소프트웨어이기 때문에 복제와 배포의 한계 비용이 거의 0에 가깝지만, 피지컬 AI는 하드웨어가 필요합니다. 로봇은 복사가 되지 않으며, 공장은 다운로드할 수 없습니다. 피지컬 AI 시대의 디지털 격차는 디지털 AI 시대보다 더욱 심각해질 수 있습니다.

한국이 서야 할 자리

한국은 기술 선진국이면서 동시에 개발도상국의 경험을 가진 거의 유일한 나라입니다. 1960년대 세계 최빈국이었던 나라가 반세기 만에 세계 최고의 로봇 밀도를 가진 제조업 강국이 되었습니다. 이 경험은 피지컬 AI 시대에 선진국과 개발도상국 사이의 다리 역할을 할 수 있는 자산입니다.

기술 적정화의 허브

개발도상국에 필요한 것은 인프라·인력수준·산업구조에 맞게 적정화된 기술입니다. 한국은 이 적정화를 할 수 있는 능력을 가지고 있습니다. 한국 기업들은 1970년대에서 2026년까지 세계 최고 수준의 자동화 라인도, 반자동화된 라인도, 수작업 중심의 라인도 모두 설계하고 운영해 본 경험이 있습니다. 개발도상국이 어떤 수준에서 출발해야 하는지를 가장 잘 이해할 수 있는 위치에 있습니다. 예를 들어 공적개발 원조에서 스마트 팩토리 개발 프로젝트와 같은 기존 사업을 로봇 자동화와 AI 기반 품질 관리까지 확대하는 것입니다.

이것은 자선이 아니라 전략입니다. 개발도상국에 한국형 스마트 팩토리를 보급하면, 그 나라의 제조업이 한국의 로봇과 센서, 소프트웨어 생태계에 편입됩니다. 한국산 장비로 훈련받은 엔지니어는 한국 기업의 글로벌 인력 풀이 됩니다. 한국이 만든 표준과 프로토콜이 해당 국가의 산업 표준이 되면, 장기적으로 한국 기업이 그 시장에서 우위를 점하게 됩니다. 일본이 아시아개발은행을 통해 인프라 수출 전략을 구사해 온 것과 같은 논리입니다.

피지컬 AI 교육·인증의 글로벌 허브

한국은 세계 최고의 로봇 밀도를 가진 나라인 만큼, 로봇과 함께 일하는 인력을 교육하고 인증하는 체계를 글로벌 표준으로 만들 수도 있습니다. 구체적으로, 한국 주도로 '피지컬 AI 인력 인증 시스템' 같은 국제적 자격체계를 설계하는 것입니다. 이 인증이 인정받게 되면, 한국은 피지컬 AI 인력의 글로벌 공급 기지가 될 수 있습니다.

교육 인프라도 한국의 강점입니다. 폴리텍 대학, 한국국제협력단(KOICA) 연수 프로그램, 기업 연수원들이 보유한 실습 설비와 교육 노하우는 개발도상국 인력을 대상으로 한 피지컬 AI 교육에 바로 활용할 수 있습니다. 현재 한국국제협력단은 매년 수천 명의 개발도상국 인력에 기술연수를 제공하는데, 여기에 로봇 운용, AI 데이터 관리, 스마트 팩토리 운영 등의 과목을 추가하면, 단기간에 피지컬 AI 인력 교육의 글로벌 허브로 자리매김할 수 있습니다.

물론 국내에서도 피지컬 AI 인력이 부족한 상황에서 해외까지 신경 쓸 여력이 있는가 하는 반론이 나올 수 있습니다. 그러나 한국 기업이 해외에서 스마트 팩토리를 운영하려면 현지 인력이 필요하고, 그 인력을 한국이 직접 양성하면 시너지를 낼 수 있습니다. 삼성전자가 베트남과 인도에서 수만 명을 고용하고 있고, 현대자동차가 인도네시아와 체코에서 공장을 운영하고 있는 현실을 생각하면, 한국 기업의 글로벌 오퍼레이션과 피지컬 AI 인력 양성은 이미 연결되어 있는 문제입니다.

피지컬 AI가 글로벌 불평등을 줄이는 힘이 될지, 오히려 더 벌리는 힘이 될지는 그 기술을 어떻게 배분하고 확산하느냐에 달려 있습니다. 한국은 이 질문에 대해 의미 있는 답을 내놓을 수 있는 몇 안 되는 나라 중 하나입니다. 한강의 기적을 이룬 나라가 피지컬 AI 시대에 다른 나라들의 기적을 도울 수 있다면, 그것이야말로 한국이 글로벌 리더십을 발휘하는 가장 설득력 있는 방식일 것입니다.

피지컬 AI 시대를
준비하는 사회적 합의

지금까지 다뤄온 논의는 결국 하나의 질문으로 수렴합니다. '우리는 피지컬 AI를 신뢰할 수 있는가?' 기술은 이미 빠르게 발전하고 있지만, 그 기술을 받아들이는 사회의 준비는 기술의 속도를 따라가지 못하고 있습니다. 이 간극을 어떻게 좁힐 것인지 살펴보죠.

기술 신뢰의 구축, 설명 가능한 로봇

화면 속의 AI가 이상한 답을 내놓으면 무시하면 되지만, 피지컬 AI가 예측 불가능한 행동을 하면 사람이 다치거나 죽을 수 있습니다. 그래서 설명 가능한 AI, 즉 XAI(eXplainable AI)는 피지컬 AI에서는 선택이 아닌 필수입니다. XAI 시장규모는 2025년 약 97억 9,000만 달러로 추정되며, 연평균 20.6%의 성장률로 2029년까지 207억 4,000만 달러에 달할 전망입니다. 이 성장의 상당 부분은 의료·자율주행·국방 등 피지컬 AI 영역에서의 수요가 견인하고 있습니다.

그런데 현실은 녹록지 않습니다. XAI를 로봇에 통합하는 것이 종종 설명 가능성의 환상을 만들 뿐이라는 회의론도 나옵니다. 아직 XAI가 한계가 있지만, 완벽한 설명은 불가능하더라도 투명성을 향한 노력을 계속해야 합니다.

국제전기전자공학회(IEEE)는 '윤리적으로 정렬된 설계(Ethically Aligned Design, EAD)'라는 자율 및 지능 시스템의 윤리 가이드라인을 발표했습니다. 여기서 AI 시스템의 의사결정 근거는 항상 발견 가능해야 하며, 모든 결정에 대해 모호하지 않은 근거를 제공해야 한다고 규정합니다. 이는 IEEE P7000 시리즈라는 구체적인 기술표준으로 이어지고 있습니다. 특히 IEEE 7001-2021은 자율 시스템의 다양한 이해관계자에 대한 투명성의 수준을 규정하고 있습니다.

EAD는 로봇을 설계하는 첫 번째 단계에서부터 인간의 가치와 윤리적 원칙을 내재화해야 한다고 강조합니다. 또한 윤리적 고려가 시스템의 초기화부터 시장 출시 후 감시까지 전 과정에 걸쳐 이루어져야 한다고 명시합니다.

사회적 합의의 프레임워크

2026년 1월 다보스에서 열린 세계경제포럼은 신뢰는 약속이 아니라 설계를 통해 구축된다고 강조했습니다. AI 시스템을 감사 가능하고, 설명 가능하며, 실패에 대응할 수 있도록 만드는 설계적 선택이 곧 신뢰의 기반이라는 것입니다. 특히 피지컬 AI 시스템은 안전하게, 반복적으로, 측정 가능하게 작동해야 하며, 이를 위해서는 명확한 거버넌스 체계, 감사 가능한 설계, 그리고 책임 소재의 투명성이 필요하다는 것입니다.

앤트로픽의 CEO 다리오 아모데이는 다보스 포럼에서 "기업과 정부가 AI의 영향에 대비하고 있느냐?"는 질문에 단호하게 "그렇지 못하다"고 답했습니다. AI가 어디에서 어떻게 사용되고 있는지를 면밀히 관찰해야 하는데, 그전에 만들어지는 정책은 맹목적이고 잘못된 전제에 기반할 수밖에 없다는 것입니다.

한편, MIT 미디어랩의 케이트 달링 교수는 로봇을 인간의 라이벌이나 대체재로 보는 시각이 우리의 사고를 제한하고 있다며, 인간과 동물의 역사에서 배우자고 합니다.

인간은 수천 년 동안 동물과 함께 일해왔습니다. 소를 이용해 농경을 혁신하고, 말을 타고 장거리를 이동했습니다. 하지만 동물은 인간을 대체하지 않았고, 인간의 능력을 보완하고 확장했습니다. 달링 교수는 로봇을 인간처럼 생각하는 순간, 우리는 대체와 경쟁의 프레임에 갇히게 된다고 지적합니다. 하지만 로봇을 인간과는 다르게 세상을 인식하고 반응하지만 인간의 기능을 보완하는 자율적 존재로 보면, 공존의 새로운 가능성이 열린다는 것입니다. 인류가 동물과 맺어온 관계처럼, 로봇과도 상호 보완적이면서 존중에 기반한 관계를 설계하는 것이 피지컬 AI 시대의 사회적 합의가 지향해야 할 방향이 아닐까 합니다.

사회적 합의의 구체적인 프레임워크로 3가지 축을 제안합니다.

먼저, 피지컬 AI 시스템의 모든 의사결정을 사후에 추적하고 검증할 수 있어야 합니다. 자율주행차의 블랙박스처럼, 모든 피지컬 AI에 행동 로그가 의무화되어야 합니다.

둘째, 피지컬 AI가 자율적으로 판단할 수 있는 범위와, 반드시 인간의 승인을 받아야 하는 범위를 사전에 명확히 규정해야 합니다.

아울러 한 번 인증받은 AI 시스템도 지속적으로 성능과 안전성을 모니터링하고 재검증하는 체계가 필요합니다. AI 시스템은 업데이트되고 학습하면서 변화하기 때문에 정적인 인증 체계로는 부족합니다.

공존의 기술에서 공존의 문화로

피지컬 AI의 성패는 기술 완성도가 아니라 사회적 수용에 달려 있습니다.

역사적으로 봤을 때, 기술적으로 뛰어났지만 사회적 수용에 실패한 혁신은 수없이 많습니다. 구글 글래스는 기술적으로 앞섰지만, 프라이버시 우려로 사회적으로 받아들여지지 못했습니다.

피지컬 AI가 이러한 전철을 밟지 않으려면 기술개발과 사회적 합의가 병행되어야 합니다. 로봇이 할 수 있는 것을 증명하는 것만큼, 로봇이 하지 말아야 할 것에 대한 합의가 중요합니다.

로봇의 지능은 데이터에서 오지만, 로봇의 진정성은 설계자에게서 옵니다. 윤리적 로보틱스는 데이터·의사결정·배포라는, 기술의 전 생명주기에 걸쳐 내재화되어야 합니다.

그렇다면 한국이 피지컬 AI 윤리 선진국이 될 수 있는 이유는 무엇일까요?

먼저 인간-로봇 공존의 현장경험을 가장 풍부하게 축적하고 있습니다. 현장에서 축적된 경험은 어떤 윤리 가이드라인보다 설득력 있는 기반이 됩니다.

둘째, 한국은 기술과 인문의 교차점에서 논의할 수 있는 학문적 역량을 갖추고 있습니다. 카이스트·서울대·한양대 등에서 로보틱스와 AI 윤리를 결합한 연구가 진행되고 있으며, 이미 인간-로봇 상호작용 분야에서 국제적으로 인정받는 연구자들이 활동하고 있습니다.

셋째, 한국은 새로운 기술을 빠르게 받아들이는 사회입니다. 스마트폰 보급률, 인터넷 속도, 디지털 결제 비율 등에서 세계 최고 수준을 유지하고 있습니다. 수용이 빠르다는 것은 문제의 발견도 빠르다는 의미입니다. 배달 로봇·서빙 로봇·공장 자동화에서 한국 사회가 빠르게 경험하는 문제들과 그에 대한 해결과정은 글로벌 표준의 토대가 될 수 있습니다.

마지막으로, 한국의 AI 기본법은 혁신 촉진과 위험 관리를 동시에 추구하는 구조를 갖고 있습니다. 이를 피지컬 AI 영역으로 구체화하면, EU의 과도한 규제도 아니고 미국의 방임적 태도도 아닌, 실용적이면서도 책임감 있는 거버넌스 모델을 만들어낼 수 있습니다.

한국의 기회는 로봇 하드웨어를 만드는 것에만 있지 않습니다. 로봇과 함께 사는 방법을 설계하는 것, 그 사회적 합의의 모델을 세계에 제시하는 것에도 기회가 있습니다.

공존의 기술은 엔지니어가 만들지만, 공존의 문화는 사회 전체가 만듭니다. 세계 최고의 로봇 밀도를 가진 나라에서 세계 최고의 인간-로봇 공존 문화를 만들어내는 것, 이것은 피지컬 AI 시대에 한국이 기여할 수 있는 가치 중 하나입니다. 기술적 리더십과 윤리적 리더십이 결합될 때, 그것이야말로 지속 가능한 경쟁력이 됩니다.

피지컬 AI는 결국 인간의 이야기입니다. 로봇이 얼마나 똑똑해지느냐가 아니라, 우리가 얼마나 현명해지느냐가 이 시대의 진정한 질문입니다. 그리고 현명함이란 기술을 두려워하지 않으면서도, 기술에 대한 경계를 늦추지 않는 균형감에 있다고 생각합니다.

피지컬 AI 시대, 그래도 남는 것

이 책의 마지막 문장을 쓰고 있는 지금, 서재 창밖으로 봄빛이 들어옵니다. 1장의 첫 문장을 쓰기 시작한 것이 엊그제 같은데, 그사이에도 피지컬 AI 세상은 쉬지 않고 앞으로 나아갔습니다. CES 현장에서 두 발로 걷는 휴머노이드 로봇을 처음 마주했을 때의 전율이 아직도 손끝에 남아 있습니다.

천 번이 넘는 방송과 강연에서 AI를 이야기하면서, 가장 많이 받은 질문은 "결국 사람이 할 일이 남긴 하나요?"였습니다. 『피지컬 AI 2026』을 통해 그 질문에 정면으로 답하고 싶었습니다. 7경 원의 시장, 미중 패권 경쟁, 한국의 레고 조립 전략까지, 숫자와 전략을 이야기하면서도 머릿속에서 떠나지 않았던 것은 결국 '사람'이었습니다.

피지컬 AI는 분명 우리의 삶을 바꿀 것입니다. 로봇이 공장을 돌리고, 자율주행차가 도로를 달리며, AI가 농작물을 수확하는 시대는 먼 미래가 아닙니다. 이 책에서 다룬 것처럼, 이미 시작되었습니다. 기술의 속도는 우리의 예상을 늘 앞질러 왔고, 앞으로도 그럴 것입니다.

그런데 기술을 오래 들여다본 사람일수록 역설적인 확신 하나에 도달하게 됩니다. 기계가 사람을 닮아갈수록, 사람만이 할 수 있는 것의 가치는 더 선명해진다는 것. 로봇이 완벽한 온도의 커피를 내릴 수 있는 시대에, "오늘 힘들었지?"라고 건네는 동료의 한마디가 가지는 무게는 오히려 더 커집니다. AI가 세상의 모든 데이터를 학습하는 시대에, 말없이 옆에 앉아 있어 주는 사람의 존재가 가지는 의미는 오히려 더 깊어집니다.

『피지컬 AI 2026』이 독자 여러분께 피지컬 AI라는 거대한 변화의 지도가 되었기를 바랍니다. 어디에 기회가 있는지, 무엇을 준비해야 하는지, 한국이 어떤 전략으로 움직여야 하는지. 그 답의 실마리를 이 책에서 찾으셨다면 저자로서 더 바랄 것이 없습니다.

글을 마무리하면서, 어느덧 초등학교 4학년이 된 아이가 떠올랐습니다. 이 아이가 어른이 될 무렵이면, 피지컬 AI는 스마트폰처럼 당연한 일상이 되어 있겠지요. 아마도 로봇과 함께 살아가는 첫 번째 세대가 될 것입니다. 그 세상에서 이 아이가 기술을 두려워하지 않되, 사람의 눈을 바라보는 법을 잊지 않기를 바랍니다. 옆 사람의 목소리에 귀 기울이고, 함께 웃고, 손을 잡아주는 사람으로 자라기를. 그것이 어떤 AI도 대신할 수 없는, 사람과 사람 사이의 호흡이니까요.

피지컬 AI의 시대, 가장 강력한 기술은 결국 사람의 마음을 이해하는 기술일 것입니다. 이 책을 읽어주신 모든 분들께 감사드리며, 여러분의 내일이 기술과 사람 모두에게 따뜻한 날이기를 진심으로 바랍니다.

2026년 봄
김덕진 드림